ESV ERICH SCHMIDT VERLAG

Aufsichtsrat der AG im Bankgesellschaftsrecht

Praxishandbuch für Aufsichtsratsmitglieder in Kreditinstituten

Herausgegeben von

Dr. Stephan Fackler

Dr. Denise Blessing

Bearbeitet von

Dr. Denise Blessing
Dr. Stephan Fackler
Dr. Lisa Kopp
Dr. Benedikt Leffers
Holger Lehnen
Dr. Sara Romig

ERICH SCHMIDT VERLAG

Bibliografische Information der Deutschen Nationalbibliothek
Die Deutsche Nationalbibliothek verzeichnet diese Publikation in der Deutschen Nationalbibliografie; detaillierte bibliografische Daten sind im Internet über http://dnb.dnb.de abrufbar.

Weitere Informationen zu diesem Titel finden Sie im Internet unter
https://ESV.info/978-3-503-24197-2

Zitiervorschlag:
Fackler/Blessing (Hrsg.), Aufsichtsrat der AG im Bankgesellschaftsrecht, 2026

ISBN 978-3-503-24197-2 (gedrucktes Werk)
ISBN 978-3-503-24198-9 (eBook)
DOI https://doi.org/10.37307/b.978-3-503-24198-9

Genthiner Straße 30 G, 10785 Berlin
info@ESVmedien.de, www.ESV.info

Druck: Beltz Grafische Betriebe, Bad Langensalza

Vorwort

Das nachfolgende Werk steht unter dem Eindruck einer volatilen Weltlage verbunden mit einer spürbaren Verdichtung multipler Risikofaktoren. Für unsere international eng mit Wirtschaft und Gesellschaft vernetzte Finanzbranche liegen diese Risiken nicht nur in einer Vielzahl dynamischer und komplexer rechtlicher Anforderungen, sondern auch in einer vor einigen Jahren kaum vorstellbaren Gemengelage aus multi-globalen Krisen und geopolitischen Unwägbarkeiten.

Diese Umstände haben die nationalen und supranationalen Gesetzgeber und Aufsichtsbehörden veranlasst, die regulatorischen Anforderungen an die Finanzbranche in den letzten Jahren signifikant zu erhöhen. Organmitglieder von Instituten, sei es in der Rolle als Vorstand oder als Aufsichtsrat, sehen sich dadurch nicht nur mit neuen Fragestellungen, sondern auch mit strengeren und umfangreicheren regulatorischen Vorgaben und damit auch höheren Haftungsrisiken konfrontiert. So wurden einsetzend mit den Erfahrungen aus der Finanzmarktkrise 2007/2008 die Sorgfalts-, Organisations-, Dokumentations- und Reportingpflichten für Banken stetig erweitert und damit auch die Anforderungen für Mitglieder von Geschäftsführungs- und Aufsichtsorganen deutlich verschärft.

Beispielhaft zu nennen sind die Corona-Krise 2020 und die hiermit verbundene weltweite Unterbrechung von Lieferketten und Wirtschaftsströmen, die digitale Transformation und der Einsatz KI-gestützter Prozesse, der Schutz der operationellen Infrastruktur vor Cyberangriffen und die Steuerung von IT-Risiken, die Einführung umfangreicher Nachhaltigkeitsstandards in die Finanzberichterstattung und Vertriebsaktivitäten von Unternehmen sowie die Auswirkungen von globalen Zöllen, Sanktionen und geopolitischen Unsicherheiten auf die strategische Ausrichtung und Stressszenarien von Finanzinstituten. Wie der Fall des Zusammenbruchs der Credit Suisse 2023 zeigt, sind Finanzinstitute und ihre Organe mehr denn je gefordert, ein solides Risikomanagement zu etablieren, das relevante Risikofaktoren erkennt und die operative und finanzielle Resilienz auch in Krisenzeiten gewährleistet. Zugleich gerieten anlässlich des Wirecard-Skandals im Jahr 2020 auch die Abschlussprüfer und sogar die Finanzaufsicht selbst unter erheblichen öffentlichen Druck, was zu einer weiteren Verschärfung der Vorgaben in den Bereichen Abschlussprüfung und Corporate Governance sowie einer Ausweitung der aufsichtlichen Befugnisse führte.

Zur Sicherstellung einer angemessenen und zeitgemäßen Corporate Governance stellt sich damit insbesondere für amtierende und zukünftige Aufsichtsratsmitglieder die Herausforderung, nicht nur den Umfang und die Materialität der regulatorischen nationalen und europäischen Rahmenbedingungen zu kennen, sondern auch deren Implementierung in die interne Organisation, Richtlinien und Prozesse des Instituts zu überwachen. Gerade externe und/oder branchenfremde Aufsichtsratsmitglieder, die mangels eigener Anstellung im Unternehmen oder sonstiger Nähebeziehung für gewöhnlich keinen unmittelbaren Zugang zu betriebsinternen Abläufen und Informationen des jeweiligen Finanzinstituts haben, sind hier in besonderem Maße gefordert, sich die erforderliche Sachkunde zur Wahrnehmung ihrer Kontrollfunktion anzueignen.

Im Zuge der erhöhten gesetzgeberischen und regulatorischen Aktivitäten der letzten Jahre wurden die unternehmensinternen Kontrollen und damit auch die Kontrollfunktion des Aufsichtsrats zunehmend stärker betont und deutlich ausgeweitet. Gleiches gilt für Zuständigkeit und Befugnisse der – hierarchisch gesehen dem Vorstand unterstellten – sog. „Kontrolleinheiten“ (Compliance, Interne Revision und Risikocontrolling), die einen erheblichen Bedeutungszuwachs erfahren haben. Dem Aufsichtsrat wurden in diesem Kontext zugleich sukzessive explizite Befugnisse eingeräumt, direkt (wenngleich auch mit Information an den Vorstand) auf die dem Vorstand nachgeordneten Leiter der Kontrollfunktionen zuzugreifen, um dort Informationen aus erster Hand einzuholen. Diese Weiterentwicklung hat das Anforderungsprofil an heutige Aufsichtsmitglieder erheblich verändert und verlangt ein ungleich umfangreicheres Set an Kenntnissen als noch vor einigen Jahren.

Aus dieser Notwendigkeit und dem Bedürfnis, die für Aufsichtsratsmitglieder von Instituten geltenden rechtlichen Anforderungen verständlich zu vermitteln und strukturell einzuordnen, ist die Idee für dieses Buch entstanden. Dabei wurde – auch zur Abgrenzung bereits vorhandener juristischer Fachliteratur – darauf geachtet, rechtstechnische Inhalte anwendungsbezogen darzustellen und mit Fallbespielen, Praxishinweisen und Checklisten zu ergänzen. Entlang dem Motto „Aus der Praxis für die Praxis“ wurde insbesondere auf die Darstellung von theoretischen Meinungsstreitigkeiten in der juristischen Literatur verzichtet und stattdessen die praktische Rechtsanwendung in den Mittelpunkt gestellt, ohne jedoch auf weiterführende Literaturhinweise zu verzichten. Alle Mitautoren sind ausgewiesene Experten für ihren Fachbereich und weisen umfangreiche praktische Berufserfahrung aus Rechtsabteilungen, Aufsichtsrats-/Vorstandsbüros und/oder Wirtschaftsprüfungsgesellschaften auf.

Unser gemeinsames Anliegen ist es, amtierenden und zukünftigen Aufsichtsratsmitgliedern von Banken ein nutzerfreundliches Tool-Kit an die Hand zu geben, das die notwendige Orientierung durch den „Rechtsdschungel“ gewährleistet und nützliche Hinweise für die gelebte Bankpraxis gibt. Zugleich verfolgt das Buch die Absicht, das Bewusstsein für die Erwartungshaltung der Aufsicht sowie für haftungsträchtige Situationen zu schärfen und den Aufsichtsräten auf diese Weise die Wahrnehmung ihrer Aufgaben zu erleichtern.

Wir danken allen mitwirkenden Autoren für ihre inhaltlichen Beiträge und den persönlichen Einsatz, insbesondere auch Herrn Joachim Diehm vom Erich Schmidt Verlag für seine geduldige und tatkräftige Begleitung dieses Buchprojekts.

Wir wünschen Ihnen eine spannende Lektüre und viel Erfolg für Ihre aktuelle und/oder zukünftige Aufsichtsratstätigkeit.

München, im Juli 2025 Stephan Fackler, Denise Blessing

Inhaltsverzeichnis

Kapitel I: Bestellung und Abberufung

Inhaltsübersicht

A. Einleitung

1 Die Bankenaufsicht misst der Überwachungstätigkeit des Aufsichtsrats eine hohe Bedeutung zu. Damit eine effektive Überwachung möglich ist, müssen der Vorstand und der Aufsichtsrat eines Instituts angemessen qualifiziert besetzt sein. Denn wer vom Geschäftsmodell nichts versteht, wird kaum in der Lage sein, die Strategie zu erarbeiten bzw. dazu zu beraten oder das System zum Management der Bankrisiken zu beurteilen.

Auf diesen Punkt legt die Bankenaufsicht seit der Finanzkrise 2008/2009 verstärkt Wert und tariert ihre Bewertungsprozesse und -methoden immer weiter aus. Mag es dem ein oder anderen auch übertrieben erscheinen, ist das Motiv der Bankenaufsicht grundsätzlich richtig. Nicht nur, dass ein qualifizierter Aufsichtsrat zur Überwachung des Vorstands in der Lage ist. Ein qualifizierter Aufsichtsrat wird auch mit einer höheren Wahrscheinlichkeit die richtigen Kandidaten für den Vorstand auswählen, die wiederum in der Lage sind, die jeweilige Bank rentabel und nachhaltig zu steuern.

Die Bankenaufsicht stellt daher hohe Anforderungen an die Auswahlprozesse und die materielle Eignung von Bankvorstands- und -aufsichtsratsmitgliedern. Gerade bei bedeutenden Instituten werden wesentliche Personalien wie die Kandidaten für den Vorsitz von Aufsichtsrat oder Ausschüssen mit den jeweiligen Ansprechpartnern der Bankenaufsicht (JST/Institutsbetreuer)[1] vorbesprochen.

Das nachfolgende Kapitel geht auf die Eignungsanforderungen als auch Beurteilungsprozesse für Vorstands- und Aufsichtsratsmitglieder gleichermaßen ein, um herauszustellen, dass sie sich in ihren Minimumanforderungen aus guten Gründen gar nicht wesentlich unterscheiden.

Regelwerke: Das JST orientiert sich wie die nationalen Aufsichtsbehörden an 2 den unterschiedlichen Leitlinien, die hierzu erlassen wurden. Neben dem AktG, dem KWG sind diese Anforderungen in den Joint ESMA und EBA Guidelines on the assessment of the suitability of members of the management body and key function holders EBA/GL/2021/05 (nachfolgend „Suitability Guidelines") und den BaFin-Merkblatt zu den Mitgliedern von Verwaltungs- und Aufsichtsorganen gemäß KWG und KAGB vom 29. 12. 2020 sehr konkret beschrieben.[2]

Für der EZB unterstehende Institute ist der ECB Guide to fit and proper assessments vom Dezember 2021 zu beachten, der das Prüfungsvorgehen und die Erwartungen der EZB beschreibt. Die jeweiligen JSTs orientieren sich erfahrungsgemäß sehr eng an diesem Guide. Teilweise sind weitere Anforderungen auch in anderen Regelwerken „versteckt". So heißt es bspw. in den BCBS 239 on Principles for effective risk data aggregation and risk reporting[3], dass der Vorstand und der Aufsichtsrat einer Bank „should be fully aware of and understand the limitations that prevent full risk data aggregation, in terms of coverage (eg risks not captured or subsidaries not included), in technical terms (eg model performance indicators or degree of reliance on manual processes) or in legal terms (legal impediments to data sharing across jurisdictions)". Das ist also mindestens ein Bestandteil, der im Rahmen des Onboardings zu vermitteln ist.

B. Individuelle und kollektive Eignung und Beurteilung

Ziel eines jeden Bestellungsakts muss sein, geeignete Kandidatinnen und Kandi- 3 daten[4] auszuwählen. Bevor die prozessualen Anforderungen vorgestellt werden – also „wie" ein neues Vorstands- oder Aufsichtsratsmitglied bestellt wird –, werden die materiellen Eignungsanforderungen an die jeweilige Person erläutert und praktische Hinweise gegeben, wie diese materiellen Anforderungen überprüft werden können.

1 Bei EZB-beaufsichtigten Instituten werden die Ansprechpartner als Joing Supervisory Team (JST) und bei Nicht-EZB-beaufsichtigten Instituten als Institutsbetreuer bezeichnet.

2 Unter der nachfolgenden URL sind das bezeichnete Merkblatt, Anzeigeformulare, Checklisten und ein Link zu den entsprechenden Dokumenten für Geschäftsleiter zu erreichen: *https://www.bafin.de/SharedDocs/Veroeffentlichungen/DE/Merkblatt/mb_verwaltungs-aufsichtsorgane_KWG_KAGB.html* (zuletzt abgerufen am 24. 06. 2025).

3 BCBS Principles for effecctive risk data aggregation and risk reporting, vgl. unter *https://www.bis.org/publ/bcbs239.pdf* (zuletzt abgerufen am 24. 06. 2025), Rn. 30 f.

4 Im Folgenden als „Kandidatinnen" bezeichnet.

Diese wurden von der Bankenaufsicht immer weiter austariert und mittlerweile in verschiedene Kategorien eingeteilt. Die von der Bankenaufsicht in unterschiedlichen Regelwerken sehr stark ausformulierten Anforderungen sind dabei nicht überzogen, sondern bilden eigentlich nur das ab, was selbstverständlich zum Eignungsprofil eines Organmitglieds gehört. Aufsichtsrat- oder Vorstandsmitglied eines Instituts zu sein, ist eine sehr relevante Aufgabe, die nur von geeigneten Kandidaten ausgefüllt werden sollte. Die Bankenaufsicht beschäftigt sich daher intensiv mit der Konkretisierung des Eignungsbegriffs, was in der Industrie gegebenenfalls bisher etwas zu kurz kam.

4 Bei den eigentlichen Anforderungen zwar nicht. Bei der Frage, wie diese nachgewiesen werden können, schießt die Bankenaufsicht aber teilweise über das Ziel hinaus. Um dem Leser eine übersichtliche Darstellung anzubieten, wird nachfolgend auf die Anforderungen sowie die Beurteilungsmethoden der Bankenaufsicht zusammenhängend eingegangen.

Dabei unterscheidet die Bankenaufsicht grundsätzlich zwischen der (II.) Persönlichen Zuverlässigkeit (teilweise auch als Reputation bezeichnet), die auch die Frage von (III.) Interessenkonflikten und der Unabhängigkeit miteinschließt, der (IV.) ausreichenden zeitlichen Verfügbarkeit, der (V.) fachlichen individuellen Qualifikation sowie der (VI.) kollektiven Eignung, die neben der Summe der fachlichen Qualifikationen auch Diversitätsfragen mit in den Blick nimmt.

Bisher legt die Bankenaufsicht noch ein sehr hohes Gewicht auf die zeitliche Verfügbarkeit über die Anzahl der Mandate sowie etwaige Ermittlungsverfahren oder andere Auffälligkeiten, während sich die Beurteilung der fachlichen Kompetenz auf sehr eindeutige Defizite beschränkt.

I. Zeitpunkt der Prüfung (Praxistipp)

5 Das jeweilige Institut ist verpflichtet, eine eigene Eignungsbeurteilung zu übermitteln, die Basis der Entscheidung des Aufsichtsrats sein sollte. Die Eignungsbeurteilung nebst Anlagen, inklusive des Lebenslaufs, weitere Informationen und den bestenfalls schon ausgefüllten und gegengezeichneten Formularen der Bankenaufsicht, muss also dem Aufsichtsrat für die Sitzung vorliegen, in der über die Bestellung des Vorstandsmitglieds oder die Nominierung des Aufsichtsrats-Anteilseignervertreters beschieden wird.

Diese Sitzung markiert das Ende des Auswahlprozesses, in dem mehrere Kandidaten abgewogen und der Kreis der Kandidaten in mehreren iterativen Runden immer weiter verkürzt wurde (von der long list zur short list), bis eine Vorauswahl durch den Nominierungsausschuss und damit die Empfehlung für einen Kandidaten getroffen wird.

6 **Die Prüfung der Eignungskriterien sollte allerdings schon früher stattfinden.** Die Praxis zeigt, dass eine späte Überprüfung dazu führen kann, dass Defizite erst spät erkannt werden. So kam es in der Praxis beispielsweise schon einige Male vor, dass laufende Gerichtsverfahren gegen die Kandidatinnen,

Interessenkonflikte oder eine zu hohe Anzahl an Mandaten erst später erkannt wurden. Für die Aufsichtsratsvertreter, die die Vorgespräche mit den Kandidatinnen geführt haben, und den Kandidatinnen selbst, ist es zu diesem Zeitpunkt aber schwierig, die bereits getroffenen Vorfestlegungen rückgängig zu machen und es beginnen teilweise langwierige Diskussionen mit der Bankenaufsicht nebst dem erheblichen Reputationsrisiko sollte sich die Bankenaufsicht am Ende gegen den Kandidaten entscheiden.

> *Praxistipp:* 7
>
> Der Prüfungsprozess sollte daher direkt in den Auswahlprozess integriert werden. Die Intensität der Überprüfung verläuft dabei proportional zum Auswahlprozess bei dem der Kreis der möglichen Kandidaten immer weiter verringert wird und die Prüfungsintensität folglich auf der anderen Seite steigt.

Insofern ein Personalberater eingeschaltet wird, sollte auch dieser für die Anfor- 8
derungen der Bankenaufsicht sensibilisiert werden. Grobe Kriterien für die Suche sollten ihm daher direkt von Anfang an mitgegeben werden. Das umfasst bspw. bestimmte gewünschte Fähigkeiten oder die Notwendigkeit einer Bankerfahrung bei der Suche nach Vorstandsmitgliedern.[5] Letzteres kann nur entfallen, wenn ein Kandidat mit einer bestimmten Expertise gesucht wird, der nicht unmittelbar als Vorstand in das Institut eintreten muss, sondern zuvor als sog. Generalbevollmächtigter „im training on the job“ die letzten Eignungskriterien erwerben kann. Der Personalberater kann diese fachlichen Anforderungen in seine Prüfung miteinbeziehen, damit die long list möglicher Kandidaten von vornherein auf grundsätzlich qualifizierte Personen beschränkt wird.

Die Verknappung auf die Short-list-Kandidaten wird dann durch den Nominie- 9
rungsausschuss vorgenommen, der anhand der Lebensläufe und des von ihm formulierten Anforderungsprofils, gegebenenfalls mit Unterstützung von Vertretern des Corporate Office bzw. der Rechtsabteilung oder der Personalabteilung, die meist geeignetsten Kandidaten auswählt.

Die Short-list-Kandidatinnen (die Vertreter von zwei Geschlechtern beinhalten 10
sollen), mit denen auch Gespräche geführt und denen das suchende Institut transparent gemacht werden sollen, sollten dann einer intensiveren Prüfung unterzogen werden. Bestenfalls werden die Kandidaten direkt angesprochen und um Informationen zu etwaigen Anhaltspunkten gebeten, die gegen die persönliche Zuverlässigkeit sprechen können (s. unter II.). Die dem Lebenslauf entnommene Liste der sonstigen Mandate sollte ebenso verifiziert werden. Insbesondere sollte nach den Mandaten und Tätigkeiten gefragt werden, die bisher als unwesentlich eingestuft und deshalb nicht genannt wurden (zum Umfang der Angaben unter III.).

---

5 § 25c Abs. 1 S. 2 KWG; BaFin-Merkblatt zu den Geschäftsleitern gemäß KWG, ZAG und KAGB, vgl. unter *https://www.bafin.de/SharedDocs/Veroeffentlichungen/DE/Merkblatt/mb_geschaeftsleiter_KWG_ZAG_KAGB.html;jsessionid=299D2336CFB6D1B6ACFDF7A33BCEE1D7.internet972?nn=19659504*, Rn. 96 (zuletzt abgerufen am 24.06.2025).

11 In der Praxis werden immer wieder Ermittlungsverfahren, Mandate bei kleineren Gesellschaften, Mandate bei Gesellschaften außerhalb der Finanzbranche, Beratermandate oder wissenschaftliche oder lehrende Tätigkeiten identifiziert, die zuvor als nicht wesentlich erkannt wurden, deren Abwägung die Bankenaufsicht für die Beurteilung der Eignung aber ebenso erwartet. Auch strafrechtliche Ermittlungs- oder laufende zivil- oder verwaltungsrechtliche Verfahren sind nachvollziehbarerweise öffentlichen Quellen oftmals nicht zu entnehmen, können eine Bestellung aber verhindern oder zumindest erschweren und sind daher abzufragen.

12 Die ermittelten Angaben sollten mittels eigener Internetrecherche nochmal verifiziert werden. Darin liegt nicht der grundsätzliche Verdacht, dass Kandidatinnen falsche Angaben machen. Manchmal kommt es aber zu Fehlbewertungen. Zudem werden über Internetrecherchen teilweise veraltete Informationen identifiziert, die die Bankenaufsicht, die ebenfalls eine solche Internetrecherche vornimmt, dann in Interviews hinterfragt. Die eigene Recherche dient damit auch für die Kandidatinnen überraschende Nachfragen der Bankenaufsicht zu vermeiden.

II. Persönliche Zuverlässigkeit

13 Jede Zusammenarbeit ist vom Grundprinzip des gegenseitigen Vertrauens geleitet.[6] Gerade im Verhältnis zwischen Vorstand und Aufsichtsrat ist dies von hoher Bedeutung, da der Aufsichtsrat grundsätzlich auf die Informationen des Vorstands vertrauen darf und folglich eine Plausibilitätskontrolle grundsätzlich genügt.[7] Würde ein Vorstandsmitglied als nicht zuverlässig qualifiziert, wäre diese Vertrauensgrundlage „erschüttert" und eine Plausibilitätskontrolle würde nicht ausreichen. Daher ist es richtig, sich von der persönlichen Zuverlässigkeit, die seitens der EZB auch mit den Begriffen Reputation, Ehrlichkeit und Integrität umschrieben wird, zu überzeugen.

14 Die **persönliche Zuverlässigkeit wird grundsätzlich vermutet.**[8] Insofern entgegenstehende Indizien auftreten, sind sie zu erforschen und zu beurteilen.

Mögliche Indizien

15 Die Bankenaufsicht hat in ihren Merkblättern, Guides, Guidelines und Formularen sehr viele umfassende Informationen zur Prüfung etwaiger Anhaltspunkte bereitgestellt, die gegen die persönliche Zuverlässigkeit sprechen könnten. Dabei werden überwiegend keine überraschenden Kriterien beschrieben, sondern nur das Naheliegende in Worte gefasst.

---

6 So auch sehr aufschlussreich herausgearbeitet vom Bundesarbeitsgericht in seiner Entscheidung zum Fall Emmely, Wertbons, BAG – 2 AZR 541/09.

7 Vgl. u. a. KG Berlin, Urt. v. 29.04.2021 – 2 U 108/8, Rn. 71 (NZI 619, 621); *Selter* in NZG 2012, 660 f.

8 ECB Fit & Proper Guide, S. 14; BaFin-Merkblatt Geschäftsleiter, S. 27, Rn. 106.

Die Aufsicht stellt dabei ausdrücklich klar, dass es sich dabei nicht um feste Ausschlusskriterien handelt. Letztlich muss das jeweilige Unternehmen die Indizien benennen und eine Begründung anbieten, warum es den Kandidaten dennoch als persönlich zuverlässig beurteilt. 16

Die von der Bankenaufsicht, sowohl für der EZB-unterstehende und nicht der EZB-unterstehende Institute, formulierten Indizien sind vor allem: 17

- Strafrechtliche Verurteilungen, wobei die EZB jegliche strafrechtliche Verurteilung in Betracht zieht, während sich die BaFin auf Straftaten im Vermögensbereich und im Steuerbereich oder besonders schwere Kriminalität und Geldwäschedelikte sowie Ordnungsvorschriften beschränkt. Eine beispielhafte Verurteilung wegen Trunkenheit im Verkehr wäre daher nur bei der EZB-unterstehenden Instituten zu beurteilen, wenn gleich die EZB auch zwischen Straftaten, die im Zusammenhang mit der Berufsausübung für ein Finanzinstitut stehen und solchen, die der Privatsphäre zuzuordnen sind, im Rahmen der Beurteilung unterscheiden würde.
- Verwaltungsrechtliche Beschlüsse, die sich auf die Ausübung der Tätigkeit des Kandidaten beziehen, sind ebenso relevant. Dazu zählen bspw. Bußgelder oder die Abberufung als Vorstand und/oder Aufsichtsrat. Es kommt dabei auf das vorgeworfene Fehlverhalten an, insbesondere auf die Betroffenheit des jeweiligen Kandidaten und die Schwere des Fehlverhaltens. Auch ist relevant, ob es sich um ein unmittelbares Fehlverhalten oder ein Organisationsverschulden handelte. Letzteres kann beispielsweise bei einer nicht angemessenen oder wirksamen Ausgestaltung von Risikomanagementsystemen oder bspw. Compliance-Systemen zur Abwendung von Geldwäschestraften vorliegen. Sollte der Kandidat eben für diese Ausgestaltung verantwortlich gewesen sein, sie aber entgegen mehrfacher Aufforderung von interner oder externer Revision bzw. der Bankenaufsicht nicht angemessen ausgestaltet haben, steht die persönliche Zuverlässigkeit zumindest in Frage.
- Sollte noch keine Verurteilung bzw. Beschlussfassung stattgefunden haben, sondern der Sachverhalt noch ermittelt werden, wird auch darüber eine Information und Beurteilung erwartet. Der Aufsichtsrat hat eine Prognose anzustellen, ob er ein Fehlverhalten auf Basis der ihm zur Verfügung stehenden Informationen für wahrscheinlich hält und dieses Fehlverhalten ausreicht, die persönliche Zuverlässigkeit entfallen zu lassen. Sollte dies so sein, kann er zum Ergebnis kommen, dass keine persönliche Zuverlässigkeit vorliegt. Wegen der grundsätzlich geltenden und auch im Bankaufsichtsrecht anerkannten Unschuldsvermutung ist es aber ebenso zulässig, die persönliche Zuverlässigkeit weiterhin anzunehmen. Der Kandidat sollte mindestens verpflichtet werden, den Aufsichtsrat kontinuierlich über den Fort- und vor allem den Ausgang des Ermittlungsverfahrens zu informieren. Bei einem Vorstandsmitglied bestünde auch die Möglichkeit der Bestellung unter der auflösenden Bedingung einer strafrechtlichen Verurteilung bzw. verwaltungsrechtlichen Sanktion. § 84 Abs. 4 AktG wäre nicht einschlägig, da die dort genannte grobe Pflichtverletzung auf die Ausübung beim zukünftigen

Institut bezieht, während die Bankenaufsicht Verhalten aus früherer Tätigkeit beurteilt wissen möchte.

- Weiteres Indiz sollen finanzielle Schieflagen sein. Entweder persönliche Insolvenzen, Insolvenzen des Unternehmens für das der Kandidat Organ war, Schutzschirmverfahren und bei von der EZB-beaufsichtigten Instituten sogar staatliche Finanzhilfsmaßnahmen.

Die nicht von der EZB- aber von der BaFin und der Bundesbank beaufsichtigten Institute brauchen solche strafrechtlichen Verfahren nicht anzugeben, die eingestellt wurden oder die mittlerweile aus dem Strafregister getilgt worden.

18 Bei EZB-beaufsichtigten Instituten geht die Bankenaufsicht noch über die vorgenannten Indizien hinaus und bezieht folgende Elemente zusätzlich ein:

- Zivilrechtliche Verfahren, die ein Fehlverhalten zum Gegenstand haben, bspw. erfolgreiche Haftungsklagen gegen Vorstands- oder Aufsichtsratsmitglieder.
- Negative Einträge in einer Schuldnerkartei (bspw. Schufa).
- Eine mangelnde Finanz- bzw. Geschäftsperformance des geführten bzw. beaufsichtigten Unternehmens.
- Weitreichende Investitionen oder Kredite, die die Bonität des Kandidaten erheblich beeinflussen.
- Kündigungen, Suspendierungen oder die Aufforderung zur Amtsniederlegung bei einem früheren Arbeitgeber.
- Andere Anhaltspunkte, die als Fehlverhalten zu beurteilen sind, ggf. im Rahmen von Feststellungen von Behörden, Gerichten, Mediatoren; öffentlich bekannte Umstände; Feststellungen in glaubwürdigen und relevanten Berichten interner oder externer Auditoren.

Mit den von der EZB aufgeführten Feststellungen als weitere Indizien werden die Anforderungen sehr schwammig, da sie typischerweise nicht zum Entfall der persönlichen Zuverlässigkeit führen. Lediglich eine erfolgreiche zivilrechtliche Haftungsklage wegen einer groben Pflichtverletzung erscheint praxisrelevant. Diese zusätzlichen Punkte sind für das Institut auch nur sehr eingeschränkt überprüfbar. Seiner Nachforschungspflicht nachgekommen, dürfte der Aufsichtsrat sein, wenn er aktiv nach solchen Umständen gefragt und sich einer Internet- und Medienrecherche bedient hat.

Die EZB ist hier auch selbst nicht konsequent, da sie diese Indizien in ihrem Guide zwar aufführt, sie in dem von ihr im Zusammenhang mit diesem Guide veröffentlichten Fit & Proper Questionnaire aber nicht abfragt. Das gilt für die mangelnde Finanz- und Geschäftsperformance (die wohl auch eher zur Beurteilung der fachlichen Qualifikation gehört), die weitreichenden Investitionen oder Kredite, Kündigungen, Suspendierungen und Aufforderungen zur Amtsniederlegung sowie die anderen Anhaltspunkte.

19 Bei der Beurteilung solcher Indizien sind der Grad der Mitwirkung des Kandidaten, die Schwere des Fehlverhaltens, die Häufigkeit sowie die Summe der vorge-

worfenen Verstöße, die Zeit, die seitdem vergangen ist und das Verhalten des Kandidaten seitdem zu beurteilen. Bei Letzterem insbesondere, ob der Kandidat zur Aufklärung beigetragen hatte, dafür gesorgt hat, dass solche Vorfälle in der Zukunft vermieden werden oder besondere Reue gezeigt hatte.

Die EZB sieht tendenziell solche Verfahren nicht mehr als relevant an, die vor 20
fünf oder mehr Jahren abgeschlossen wurden. Dies wird aber sicherlich auch immer von der Schwere des Fehlverhaltens abhängen, weshalb dieser Frist keine allzu hohe praktische Bedeutung beigemessen werden sollte.

III. Interessenkonflikte und Unabhängigkeit

Die Bankenaufsicht unterscheidet grundsätzlich zwischen drei Begriffen: Inte- 21
ressenkonflikten und Unvoreingenommenheit („independence in mind") sowie bei Aufsichtsräten zusätzlich der Unabhängigkeit.

1. Unvoreingenommenheit („independence in mind")

Die sog. Unvoreingenommenheit ist ein Oberbegriff der die Interessenkonflikte 22
miteinschließt. Die Bankenaufsicht meint mit diesem Begriff, die grundsätzliche Fähigkeit des Board-Mitglieds, sich an Diskussionen zu beteiligen und seinen eigenen individuellen Beitrag beizusteuern, für den es zum Vorstand bzw. Aufsichtsrat bestellt wurde. Die Bankenaufsicht stellt – zu Recht – klar, dass Gruppendenken dazu führt, dass wenige Mitglieder die Entscheidungen des Organs bestimmen. Ein zwölfköpfiger Aufsichtsrat soll aber beispielsweise aus 12 Personen mit individuellem Know-how und Meinungen bestehen, um möglichst gute, im Unternehmensinteresse liegende Entscheidungen zu treffen. Damit das jeweilige Mitglied seinen individuellen Beitrag leisten kann, muss es zum einen frei von Interessenkonflikten sein, die das Handeln im Unternehmensinteresse beeinträchtigen könnten (s. dazu unter b). Es muss fachlich qualifiziert sein, um die Vorlagen überhaupt beurteilen und hinterfragen zu können (s. dazu individuelle fachliche Qualifikation) und es braucht die persönliche Courage (Mut), das Selbstbewusstsein und auch den Charakter, seine eigenen Entscheidungen treffen, Nachfragen stellen und sich Gruppendenken widersetzen zu wollen.[9]

Zu Recht wird in der Praxis häufig hinterfragt, wie solche Kriterien geprüft 23
werden sollen. Anknüpfungspunkt sind die Interviews die mindestens der Aufsichtsratsvorsitzende sowie gegebenenfalls weitere ausgewählte Aufsichtsratsmitglieder oder der gesamte Nominierungsausschuss mit den Kandidaten führen wollen. Unsererseits wird empfohlen, die Interviews mit den Kandidatinnen auf der short list mit allen Mitgliedern des Nominierungsausschusses zu führen. Das ist aber keine regulatorische Voraussetzung.

9 ECB Fit & Proper Guide, S. 23.

24 *Praxistipp:*

Vor den Interviews sollte den Aufsichtsratsmitgliedern eine Checkliste zur Verfügung gestellt werden, welche Punkte abgefragt werden müssten. Diese sollte die Beurteilung umfassen, dass die Kandidatinnen im Interview proaktiv ihre Meinungen und Stärken einbrachte und nicht dazu aufgefordert werden musste.

2. *Interessenkonflikte*

25 Interessenkonflikte sind dann gegeben, wenn persönliche Umstände oder die eigene wirtschaftliche Tätigkeit geeignet sind, das Vorstands- oder Aufsichtsratsmitglied in seiner Tätigkeit und seiner Verpflichtung, zum Wohle des Instituts tätig zu sein, zu beeinträchtigen.[10] Dauerhafte, nicht auf zufriedenstellende Weise geminderte Interessenkonflikte stehen der Ausübung der Tätigkeit unter dem Gesichtspunkt der Zuverlässigkeit grundsätzlich entgegen.[11]

26 Werden potenzielle Interessenkonflikte bei einem Vorstands- oder Aufsichtsratsmitglied identifiziert werden, sind diese zu beurteilen. Insofern ein solcher besteht, sollte die Beurteilung durch den Nominierungsausschuss vorgenommen werden. Die interne Abteilung, die den Aufsichtsrat in seiner Arbeit unterstützt, sollte die entsprechende Unterlage vorbereiten (s. Beispiele unten). Bei EZB-beaufsichtigten Instituten ist zu beachten, dass neben den potentiellen Interessenkonflikten auch solche hinzugezählt werden, die die Öffentlichkeit als Interessenkonflikt wahrnehmen könnte (sog. **perceived conflicts of interest**).

In ihren unterschiedlichen Leitlinien werden folgende Situationen als potentielle Interessenkonflikte festgehalten, die bei Vorliegen in jedem Fall – auch wenn nur mit einer kurzen Notiz – geprüft werden sollen.

- Aktuelle oder jüngst vergangene (bis fünf Jahre)[12] Mandate bei, Tätigkeiten für oder Gesellschafter für ein anderes Unternehmen, welches entweder geschäftliche Beziehungen zum Institut hat oder mit ihm im Wettbewerb steht.
- Ehegatte, Partner oder im Haushalt lebender Familienangehöriger hat eine solche Beziehung zu einem anderen Unternehmen.
- Aktuelle finanzielle Abhängigkeiten, bspw. das Organmitglied ist Kreditnehmer mit einem Volumen von mehr als 200.000 EUR. Immobilienkredite werden nicht umfasst. Kredite mit einem geringeren Volumen als 200.000 EUR sind auch relevant, insofern diese nicht zu marktüblichen Konditionen abgeschlossen werden.[13]
- Neben dem Institut sind auch etwaige Mandate und Verpflichtungen zu dessen Mutter-, Tochter- oder Schwestergesellschaften zu betrachten.
- Aktuell oder jüngst vergangene (letzte zwei Jahre)[14] politische Ämter bzw. Mandate.

---

10 BaFin-Merkblatt Geschäftsleiter, S. 28, Rn. 110.
11 BaFin-Merkblatt Geschäftsleiter, S. 28, Rn. 110.
12 Joint ESMA/EBA Suitability Guidelines, S. 42, Rn. 83 d.
13 ECB Fit & Proper Guide, S. 24 f.
14 ECB Fit & Proper Guide, S. 25.

Praxistipp: 27

Insofern die Beurteilung einen erheblichen Interessenkonflikt bestätigt, kommen verschiedene Reaktionsmöglichkeiten in Betracht. Zum einen kann das betroffene Mitglied von bestimmten Entscheidungen ausgeschlossen werden. In der Praxis enthält es sich dann und im Protokoll wird der Grund für die Enthaltung mit Hinweis auf den bestehenden Interessenkonflikt festgehalten. Insofern ein zukünftiges Vorstandsmitglied betroffen ist und es sich beispielsweise um einen Kredit an das Unternehmen handelt, dem das Vorstandsmitglied zuvor vorstand, diese Entscheidung aber nicht gesamtvorstandspflichtig aber in der Verantwortung des betroffenen Vorstandsmitglieds läge, kann auch geregelt werden, dass solche Entscheidungen von einem anderen Vorstandsmitglied oder einem Komitee getroffen werden.

Bei der Beurteilung, ob eine solche Maßnahme geeignet ist, den Interessenkonflikt zu mitigieren, muss auch beurteilt werden, ob es sich um einen temporären bzw. spezifischen Interessenkonflikt handelt oder einen dauerhaften, der grundsätzlich jegliches Handeln des Organmitglieds beeinflussen könnte. 28

Insofern der Kandidat für den eigenen Aufsichtsrat beispielsweise auch Aufsichtsratsmitglied bei einem direkten Wettbewerber ist, ist tendenziell von der Übernahme eines Mandats abzusehen. Der Kreis der Wettbewerber eines Instituts ist aber oftmals geringer als angenommen wird. Eine konkrete Wettbewerberliste kann von den Markt- und Strategieabteilungen bezogen werden, die sehr genau einschätzen können, welchem anderen Unternehmen Unternehmensinformationen einen Vorteil verschaffen könnten. Weiterhelfen können auch sog. „league tables", die die Marktanteile des eigenen Instituts im Vergleich zu etwaigen Wettbewerbern aufzeigen. In Abstimmung mit den Markt- und Strategieabteilungen sollten aber nur die league tables der wesentlichen Geschäftsfelder des Instituts verwendet werden. Die Verwendung solcher Listen macht die Beurteilung etwaiger Interessenkonflikte zudem objektiver. 29

Weitere Interessenkonflikte können vor allem durch Organgeschäfte gemäß § 15 KWG entstehen, die mindestens zum Stimmrechtsverbot für die betroffenen Organmitglieder führen. Das betrifft aber die laufende Vorstands- bzw. Aufsichtsratstätigkeit und wird daher nicht im Rahmen des Kapitels über die Bestellung behandelt. 30

Praxistipp: 31

EZB-beaufsichtigte Institute sollen Interessenkonflikte ihrem jeweiligen JST mitteilen, auch solche, die erst nachträglich entstehen. Die Bestellungsunterlagen sehen ohnehin Angaben zu etwaigen Interessenkonflikten vor.

Praxistipp: 32

Die Beurteilung sollte mit der Sachverhaltsdarstellung beginnen und herausstellen, worin der potenzielle Interessenkonflikt liegt und welche Entscheidungen hiervon beeinflusst werden. Die Sachverhaltsdarstellung würde durch die vorgeschlagene Beurteilung und der etwaigen Empfehlung mitigierender Maßnahmen vervollständigt. Die Beurteilung muss sich auf mehrere Elemente beziehen: (i) ob es sich um einen Interessenkonflikt handelt, (ii) ob dieser wesentlich ist, (iii) ob er nicht dauerhaft die Mandatsausübung beeinträchtigt, was die Mandatsniederlegung verlangen würde und (iv) ob die zu treffende Maßnahme geeignet ist, das Risiko einer von einem Interessenkonflikt beeinflussten Entscheidung zu reduzieren. Der Nominierungsausschuss bzw. der Aufsichtsrat muss sich diese Auffassung bzw. die zu treffende Maßnahmen anschließend per Beschluss zu eigen machen.

33 Sollte beispielsweise ein Aufsichtsratsmitglied auch Aufsichtsratsmitglied bei einem etwaigen Übernahmekandidaten sein, ist dies zu benennen und mitzuteilen, dass durch den potenziellen Interessenkonflikt eine etwaige Entscheidung über die Übernahme der anderen Gesellschaft von Erwägungen geleitet werden könnte, die nicht im Unternehmensinteresse des übernehmenden Instituts liegen.

3. *Unabhängigkeit bei Aufsichtsratsmitgliedern*

34 Es besteht grundsätzliche Einigkeit, dass Aufsichtsratsmitglieder ihre Tätigkeit unabhängig vom Vorstand wahrnehmen sollen. Welche Anforderungen an die Unabhängigkeit gestellt werden, hängt aber entscheidend vom aufsichtsrechtlichen Status des beaufsichtigten Instituts ab.

35 Bei nicht von der EZB-beaufsichtigten Instituten werden reduzierte Anforderungen gestellt. Bei Instituten in Form der AG wird schon durch die organschaftliche Trennung von Vorstand und Aufsichtsrat für eine gewisse Unabhängigkeit gesorgt. Nach § 100 Abs. 2 AktG darf ein Aufsichtsratsmitglied u. a. auch nicht Geschäftsleiter eines vom Institut abhängigen Unternehmens oder Geschäftsleiter bei einem Unternehmen sein, dessen Aufsichtsrat ein Vorstand des Instituts angehört (sog. Überkreuzverflechtungen). Weitere Anforderungen an die sog. formelle Unabhängigkeit hat die BaFin offiziell ausgeschlossen.[15]

36 Die EZB hat die Befolgung der Anforderungen an die sog. formelle Unabhängigkeit, die insbesondere in Rn. 89 der EBA-Suitability-Leitlinien festgelegt sind, allerdings bestätigt. Rn. 89 beschreibt verschiedene Sachverhalte, in denen die Unabhängigkeit typischerweise entfällt. Mit entsprechender Erläuterung kann aber im Einzelfall begründet werden, warum die Unabhängigkeit des Aufsichtsratsmitglieds dennoch gegeben ist. Die Unabhängigkeit würde beispielsweise bei folgenden Umständen entfallen:

- Aufsichtsratsmitglied war in den letzten fünf Jahren Mitglied des Vorstands desselben Instituts
- … ist Vertreter eines beherrschenden Gesellschafters
- … hat wesentliche finanzielle oder geschäftliche Beziehungen zum Institut

15 S. Zeile 16 des sog. Compliance Table zu den Joint ESMA and EBA Guidelines on the assessment of the suitability of members of the management body (revised), vom 2. Juli 2021, abrufbar über *https://www.eba.europa.eu/user/login?destination=/legacy/regulation-and-policy/regulatory-activities/internal-governance/joint-esma-and-eba-0* (zuletzt abgerufen am 24. 06. 2025).

- ... war in den letzten drei Jahren Geschäftsleiter eines wesentlichen professionellen Beraters, externen Rechnungsprüfers
- ... war im vergangenen Jahr für einen wesentlichen Lieferanten tätig

IV. Zeitliche Verfügbarkeit und Mandatsbeschränkungen

1. Allgemeine Hinweise zur Berechnung von Mandaten

Gemäß § 25c und § 25d KWG, jeweils Abs. 1, müssen Vorstands- und Aufsichts- 37
ratsmitglieder ihrer Tätigkeit ausreichend Zeit widmen. Damit dies bejaht oder verneint werden kann, muss für die jeweilige Tätigkeit eine zeitliche Anforderung kalkuliert werden, die dann mit den zeitlichen Kalkulationen für andere Tätigkeiten zusammengerechnet werden kann. Diese Gesamtkalkulation muss zum einen plausibel sein und darf zum anderen das Vorstands- oder Aufsichtsratsmitglied nicht überfordern. 220 Tage arbeitet ein durchschnittlicher Arbeitnehmer von 365 Tagen im Jahr. Da jeder Mensch Ruhe- und Erholungsphasen benötigt, sollten die 365 Tage nicht ausgeschöpft werden. In der Praxis hat sich bewährt, einen freien Tag pro Woche (52 Tage) plus mindestens zwei Wochen Urlaub (12 Tage, da zwei freie Tage schon inkludiert sind) zugrunde zu legen. Für eine praktikable Richtschnur sollten also alle Tätigkeiten zusammengerechnet 300 Tage nicht überschreiten.

Die Tätigkeit als Vorstand ist grundsätzlich eine Vollzeittätigkeit. Unterstellt, 38
dass als Vorstand öfters und bis zu einem zusätzlichen Tag pro Woche gearbeitet werden muss[16], werden oftmals 230 bis max. 270 Tage p. a. für eine Vorstandstätigkeit zu Grunde gelegt. In diesen Fällen ist die Wahrnehmung weiterer Mandate unterschiedlich möglich. Bei 270 Tagen können nur noch „einfache" Funktionen in anderen Aufsichtsräten übernommen werden, während bei 230 Tagen noch Funktionen bspw. als Ausschussvorsitzender möglich wären.

Aufsichtsratsmandate sind grundsätzlich Nebenämter. Ob sie aber auch so aus- 39
gelebt werden können, hängt entscheidend von der Größe und Komplexität des Instituts ab. So werden sich die zeitlichen Anforderungen an einen Aufsichtsratsvorsitzenden in einem der EZB-Aufsicht unterliegenden, börsennotierten Institut von denen eines unter nationaler Aufsicht stehenden Institut unterscheiden.

Die Kalkulation für die Aufsichtsratsarbeit kann daher nicht pauschal als Voll- 40
zeit oder mit einem bestimmten Kontingent kalkuliert werden. Basis jeder Kalkulation sollte die zeitliche Beanspruchung des ordentlichen Aufsichtsratsmitglieds ohne weitere Funktionen sein.

- Um diese zu kalkulieren, sind mindestens die Anzahl der Sitzungen mal der Länge der jeweiligen Sitzungen plus eine adäquate Vorbereitungszeit zu

16 Dieser zusätzliche Arbeitstag ist nicht zwangsläufig ein Wochenendtag, sondern kann auch die Mehrarbeit unter der Woche abdecken, da ein Arbeitstag typischerweise 8 Zeitstunden umfasst.

Grunde zu legen. Wenn der Aufsichtsrat bspw. pro Jahr 6x á 3 Stunden tagt, sind hierüber bereits 18 Stunden p. a. anzusetzen.

- Die Vorbereitungszeit kann aus dem durchschnittlichen Umfang der Sitzungsunterlagen abgeleitet werden. In diesen kann nochmals zwischen Zusammenfassungen und Anlagen unterschieden werden, insofern die Unterlagen hier eine klare Trennung vorsehen. Ein pauschaler Vorschlag für die Kalkulation ist aufgrund der Unterschiedlichkeit dieser Unterlagen kaum möglich. Die Kalkulation muss nachvollziehbar sein. Durchschnittliche Unterlagen von über 1.000 Seiten, die angeblich nur einen halben Vorbereitungstag benötigen, wären jedenfalls nur eingeschränkt nachvollziehbar. Als Faustformel kann ggf. etwa doppelt so viel Vorbereitungs- wie Sitzungszeit angesetzt werden, da sich die Sitzung auf die wesentlichen Inhalte und etwaige Diskussionen beschränkt. Im obigen Beispiel kämen zu den 18 Stunden damit weitere 36 Stunden, also insgesamt 54 Stunden hinzu.
- Gemäß EBA-Suitability Guidelines ist die Weiterbildung ebenfalls zu berücksichtigen. Für dessen zeitliche Kalkulation kann auf das EBA Benchmarking zurückgegriffen werden.
- Ferner ist ein Puffer für nicht absehbare Einbindungen anzusetzen, gleichsam für außerordentliche Aufsichtsratssitzungen, aber auch außerordentliche Befassungen anderer Art, bspw. Sondertermine mit der Aufsicht bzw. dem Vorstand.
- Um im obigen Beispiel zu bleiben, könnte für Weiterbildung und Puffer je zwei weitere Tage angesetzt werden, womit bereits das ordentliche Aufsichtsratsmitglied auf eine Arbeitszeit pro Jahr von 58 Stunden bzw. 7,5 Tagen käme.[17]

41 Insofern das Aufsichtsratsmitglied auch Mitglied in Ausschüssen ist oder bestimmte Funktionen wie einen Vorsitz übernimmt, ist das zeitliche Budget zu ergänzen.

- Für die Ausschüsse ist wieder Anzahl der Sitzungen mal Sitzungszeit zu Grunde zu legen und eine Vorbereitungszeit zu kalkulieren. Die Mitgliedschaften in Risiko- und Prüfungsausschüssen dürften wegen des Unterlagenumfangs mehr Vorbereitungszeit beanspruchen als die Mitgliedschaft im Nominierungs- und Vergütungsausschuss.
- Unterlagen, die im Ausschuss vorgestellt und diskutiert wurden und auch im Aufsichtsrat auf der Tagesordnung stehen, brauchen nicht nochmals gelesen zu werden. Insofern dies der Fall ist, kann die Vorbereitungszeit auf die Aufsichtsratssitzungen entsprechend gekürzt werden. Das hängt entschei-

17 Die EBA Suitability-Guidelines sprechen auch davon, die Anfahrtswege zu kalkulieren. Dies stößt im digitalen Zeitalter auf Skepsis. Darin läge ja die Unterstellung, dass eine längere Anfahrtszeit zu einer höheren zeitlichen Beanspruchung führen würde. Dabei werden lange Anfahrtswege vermutlich für die Vorbereitung auf die Sitzung genutzt und treten daher simultan auf, während bei kürzeren Anfahrten tendenziell der Pkw genutzt würde. Die Länge der Anfahrtswege spiegeln die zeitliche Einbindung nicht wider.

dend davon ab, in welchem Umfang Unterlagen aus den Ausschüssen auch in der Aufsichtsratssitzung besprochen werden.

- Gehen wir für das Beispiel vom ordentlichen Aufsichtsratsmitglied mit 58 Stunden aus, das auch Mitglied im Risikoausschuss ist. Dieser tagt fünf Mal im Jahr á 3 Stunden. Die Vorbereitung verlangt wegen der umfänglichen Kontrollberichte jeweils 9 Stunden pro Sitzung. Für die Risikoausschussmitarbeit werden also gesondert 60 Stunden angesetzt. Da die Risikoberichte auch dem Aufsichtsrat vorgelegt werden, reduziert sich die Vorbereitungszeit auf die Aufsichtsratssitzung aber um 2 Stunden pro Sitzung. Daraus ergibt sich eine zeitliche Beanspruchung von 102 Std. = 60 Std. + 42 Std. (6x3 + 6x4) oder auch knapp 13 Tagen p. a.

Die Übernahme bestimmter Funktionen wirkt ebenfalls erhöhend. 42

- Wer den Aufsichtsrat oder auch einen Ausschuss führt, hat die Agenda abzustimmen, hat typischerweise regelmäßige Kontakte zum entsprechenden Vorstandsmitglied (bspw. Risikoausschussvorsitz zu CRO), ggf. regelmäßige Kontakte mit dem Abschlussprüfer, Termine mit der Aufsicht, nimmt an gesonderten Vertiefungsterminen teil und stimmt sich außerhalb mit den anderen Ausschussvorsitzenden ab. Das zeitliche Kontingent dafür ist wiederum im Einzelfall zu bestimmen.
- Erfahrene Aufsichtsratsmitglieder, also solche die beispielsweise schon in ihrer zweiten Amtszeit in derselben Funktion im Aufsichtsrat sind, können Unterlagen bzw. ihren wesentlichen Inhalt typischerweise schneller erfassen, weshalb sich deren Vorbereitungszeit reduziert. Teilweise wird die Vorbereitungszeit deshalb um einen prozentualen Anteil verkürzt.
- Im obigen Beispiel ist die Person nicht nur Mitglied im Risikoausschuss, sondern auch ihr Vorsitzender. Die fünf Risikoausschusssitzungen müssen mit 1 Tag pro Sitzung zusätzlich vorbereitet werden, einmal im Jahr findet zudem ein Aufsichtsgespräch statt – das einen halben Tag dauert, aber 1,5 Tage Abstimmungen und Vorbereitung erfordert –, pro Quartal gibt es einen Austausch zwischen den Ausschussvorsitzenden mit dem Aufsichtsratsvorsitzenden von einem halben Tag und ebenso pro Quartal bespricht sich der Risikoausschussvorsitzende zusammen mit dem Prüfungsausschussvorsitzenden á 2 Stunden mit dem Abschlussprüfer. Hinzu kommt der monatliche Austausch von 2 Stunden mit dem CRO. In Summe 90 Stunden, die sich auf die 102 Stunden summieren, also 192 Stunden oder auch 24 Tage p. a.

Eine längere Zugehörigkeit kann im Gegensatz dazu auch reduzierend wirken. 43
Wer das Unternehmen, die Unterlagen und deren typische Struktur gut kennt, wird typischerweise weniger Zeit für die Erfassung des wesentlichen Inhalts einer Unterlage benötigen. Zudem können Informationen überflogen werden, die schon in vorherigen Berichten enthalten waren. Das schlägt sich weder in der Zeit für die Sitzung noch in den zusätzlichen Terminen bei besonderen Funktionen nieder, aber in der Vorbereitungszeit.

- Ein guter Anknüpfungspunkt für eine etwaige Reduzierung ist eine bestimmte Länge der Zugehörigkeit, entweder bspw. nach drei Jahren oder bspw. der Beginn der zweiten Amtszeit.
- Zur Höhe der Reduzierung gibt es nur Lösungen im Einzelfall. Würde man aber bspw. im obigen Beispiel zum Ergebnis kommen, dass für die Vorbereitung 25 % weniger Zeit benötigt würde, wären 20 Std. von der Gesamtzeit abzuziehen (81 Std [AR-Vorbereitung + RisikoA-Vorbereitung + Aufsichtsgesprächsvorbereitung] x 25 % = 20 Std.). In unserem Beispiel wären ordentliches Mitglied im Aufsichtsrat nebst Risikoausschussvorsitz in der zweiten Amtszeit also mit insgesamt 171 Std. oder auch 21 Tagen p. a. anzusetzen.

44 In den Meldeformularen an die Aufsicht hat der Kandidat die gesamte zeitliche Inanspruchnahme zu benennen und sie mit denen aus seinen sonstigen Mandaten zu summieren.

2. Mandatsbeschränkungen bei Vorstands- und Aufsichtsratsmitgliedern von bedeutenden Instituten

45 Nachdem sichergestellt ist, dass das Vorstands- oder Aufsichtsratsmitglied ausreichend Zeit für die Tätigkeit widmen kann, sind die sog. Mandatsbeschränkungen nach § 25c bzw. § 25d Abs. 1 Satz 3 KWG zu prüfen. Relevant ist die Beschränkung in Nr. 2, wonach

- max. 1 Vorstands- oder Geschäftsleitermandat in demselben Institut oder
- maximal 1 Vorstands-/Geschäftsleitermandat und daneben zwei Aufsichtsratsmandate oder
- vier Aufsichtsratsmandate ausgeübt werden dürfen.
- In einem Aufsichtsrat dürfen sich zudem nicht mehr als zwei Mitglieder befinden, die zuvor Vorstand/Geschäftsleiter im fraglichen Institut waren.

3. Verrechnung von unterschiedlichen Mandaten

46 Im KWG sowie im BaFin-Merkblatt bzw. den EBA-Suitability-Guidelines sind verschiedene Konstellationen beschrieben, die nicht zu einer Überschreitung der Mandatsschwellen führen:

- So werden Mandate im selben Konzern, die sich im aufsichtlichen Konsolidierungskreis befinden, zusammengerechnet.
- Dem Vorstands- oder Aufsichtsratsmitglied werden zudem Mandate bei Unternehmen hinzugerechnet, an denen das Institut eine bedeutende Beteiligung (> 10 %) hält.
- Es werden auch solche Mandate bei Instituten zusammengerechnet, die demselben Sicherungssystem unterliegen.

Liegt eine solche Konstellation vor, wird nur 1 Mandat gezählt. Handelt es sich dabei sowohl um Geschäftsleiter- als auch Aufsichtsratsmandate zählen sie als 1 Geschäftsleitermandat.

4. *Ausgenommene Mandate*

Zwar bei der zeitlichen Kalkulation anzugeben, aber nicht in die Mandatsbegrenzung zählen Mandate bei Unternehmen, die keine gewerblichen Ziele verfolgen. Das sind insb. gemeinnützige Vereine, Fördervereine und Stiftungen. Die Aufsicht lässt sich in diesen Fällen oftmals die Satzung vorlegen, um die „Nichtgewerblichkeit" zu überprüfen. 47

5. *Genehmigung eines fünften Aufsichtsratsmandats*

Nur für Personen, die ausschließlich Aufsichtsratsmandate innehaben, gibt es auch die Möglichkeit, einen Antrag bei der BaFin auf Genehmigung eines fünften Mandats zu erhalten. Die Genehmigung muss vor Aufnahme des fünften Mandats erfolgen. Der Antrag hat eine Begründung zu enthalten, warum das weitere Mandat das Aufsichtsratsmitglied nicht in seinen Pflichten gegenüber dem Institut behindert. Hierzu ist die zeitliche Inanspruchnahme für alle 5 Mandate auszuweisen. 48

V. Individuelle fachliche Eignung

Bevor die Details beschrieben werden, sollte sich das an der Entscheidung beteiligte Aufsichtsratsmitglied immer bewusst machen, dass Vorstands- und Aufsichtsratsmitglieder zwar grundsätzlich wegen einer bestimmten vakanten Position gesucht werden. So muss beispielsweise der IT-Vorstand oder Vorsitzende des IT-Ausschusses ein IT-Experte sein. 49

Er ist aber immer auch Mitglied eines Kollektivorgans, dem allgemeine Gesamtvorstands- oder Gesamtaufsichtsratsaufgaben zukommen, an denen das Mitglied eigenständig mitwirken muss (vgl. §§ 77 und 91 AktG sowie § 25c Abs. 1 KWG für den Vorstand sowie § 25d Abs. 2 KWG für den Aufsichtsrat)[18]. Es entlastet das Mitglied nicht, dass dieses Kollektivorgan zugleich auch mit anderen Experten besetzt ist, da jedes Organmitglied letztlich eine individuelle Entscheidung treffen muss.

> *Praxistipp:*
>
> Bei beiden Organen sind das keine geringeren Aufgaben, als das Geschäftsmodell, die Strategie, das Risikomanagementsystem, die grundsätzliche Organisation sowie die Auswahlprozesse der obersten Leitungsebene beurteilen zu können (s. hierzu die hard skills). Ob die Kandidatinnen als Vorstand die Strategie oder das angemessene und wirksame Risikomanagementsystem beschließen soll oder als Aufsichtsrat dazu beraten und es beurteilen soll, in jedem Fall verlangt es, Geschäft, Risiken und Organisation zu verstehen, da eine zutreffende Beurteilung andernfalls nicht möglich ist.

Auch der IT-Vorstand ist daher nicht davon befreit, das Kredit- oder Wertpapiergeschäft des Instituts zu verstehen. Er bleibt in der Verantwortung, eine angemessene Strategie für die nachhaltige Entwicklung des Instituts zu beschließen. 50

18 S. auch sog. Hertie-Entscheidung BGH, Urt. v. 15. 11. 1982 – II ZR 27/82.

In den aufsichtlichen Papieren von EBA, EZB und BaFin werden bestimmte Erwartungen an die Qualifikation der Organmitglieder formuliert, die sich in zwei bestimmte Gruppen einteilen lassen. Die soft skills, die eher auf den Charakter des Organmitglieds abzielen, und die hard skills, die sich mit dem fachlichen Hintergrund des Organmitglieds befassen.

1. *Soft skills*

51 Die sog. soft skills befähigen ein Organmitglied als solches agieren zu können. Die Bankenaufsicht[19] erwartet bspw. die folgenden Fähigkeiten:

- Englische Sprache
- Kommunikationsfähigkeit
- Führungsfähigkeit
- Entscheidungsfähigkeit
- Beurteilungsfähigkeit
- Kunden- und Qualitätsorientierung
- Verhandlungsfähigkeit
- Überzeugungsfähigkeit
- Teamfähigkeit
- Strategisches Denken
- Stressresistenz
- Fähigkeit zur Wahrnehmung von Verantwortung
- Fähigkeit zur Leitung von Sitzungen

2. *„Hard skills" – Fachliche individuelle Anforderungen*

52 Die Anforderungen an die fachliche Qualifikation sind wiederum hinsichtlich derer zu unterscheiden, die alle Organmitglieder erfüllen müssen (angemessenes allgemeines Verständnis) und die funktionsspezifischen Anforderungen, also bspw. die Erwartung an bestimmte Expertisen, die zur Ausfüllung einer bestimmten Funktion – wie bspw. der Position als Chief Risk Officer – mitgebracht werden sollen.

a) Allgemeine Anforderungen (Angemessenes Verständnis)

53 Im Hinblick auf die fachliche Eignung des einzelnen Vorstands- oder Aufsichtsratsmitglieds kommt es darauf an, ob das Mitglied die Aufgaben und entsprechenden (Informations- oder Entscheidungs-)Vorlagen versteht bzw. sollte es das noch nicht können, ob mit entsprechenden Fortbildungsmaßnahmen dieses angemessene Verständnislevel erreicht werden kann.[20]

---

19 S. Anhang II der EBA Suitability Guidelines.

20 Die nachfolgende Aufzählung ergibt sich aus der Kombination deutschen Rechtsprechung (wie bspw. der Hertie-Entscheidung, BGH, Urt. v. 15. 11. 1982 – II ZR 27/82) und den bankaufsichtsrechtlichen Anforderungen der EBA-Suitability Guidelines, Rn. 63 mit dem BaFin-Merkblatt für Vorstandsmitglieder, Rn. 101, und BaFin-Merkblatt für Aufsichtsratsmitglieder, Rn. 248.

Business and Risks 54

Jedes Organmitglied hat die wesentliche Geschäftstätigkeit und die damit verbundenen wesentlichen Risiken zu verstehen. Diese Voraussetzung ist erfüllt, wenn das Organmitglied:

- die in der Geschäftsstrategie festgelegten Produkte, Märkte und Kunden der unterschiedlichen Segmente kennt und beurteilen kann
- und einschätzen kann, welche Risiken (inkl. sog. ESG-Risiko[-Treiber]) mit dieser Geschäftstätigkeit einhergehen (Risikoanalyse)

Darüber hinaus sind die Vorstandsmitglieder für die strategische Ausrichtung des Instituts bzw. der Gruppe und deren Umsetzung verantwortlich. Die Aufsichtsratsmitglieder haben die Aufgabe, den Vorstand dabei zu beraten. Alle Organmitglieder müssen daher in der Lage sein, die strategische Ausrichtung insgesamt zu hinterfragen und ggf. weiterzuentwickeln. Um beurteilen zu können, wie sich die Gruppe/das Institut strategisch positionieren soll, müssen verstanden werden:

- die Unique Selling Propositions (USPs) des eigenen Instituts/der eigenen Gruppe
- sowie die der Wettbewerber (Peers) und
- das ökonomische wie auch politische Umfeld

Entsprechend sollten auch die Vorgehensweise sowie die Ergebnisse des jährlichen Strategieregelprozesses beurteilt werden können.

Hinsichtlich der konkreten Risiken wird auf das Risk Appetite Framework/Risikorahmenwerk des jeweiligen Instituts verwiesen. Die dortige Darstellung beschreibt finanzielle wie nichtfinanzielle Risiken. Das Verständnis für die dort genannten Risiken ist für die Ausübung der Vorstands- und Aufsichtsratstätigkeit erforderlich.

Organisational Structure and Risk Management 55

Alle Vorstands- und Aufsichtsratsmitglieder haben die wesentliche Organisation der Gruppe/des Instituts zu verstehen. Das setzt mindestens die Bereiche und ihre jeweiligen wesentlichen Aufgaben voneinander abgrenzen zu können und zu unterscheiden, welche Bereiche dem nach MaRisk definierten Markt, der Marktfolge, dem Handel, den Kontrolleinheiten Risikocontrolling, Compliance und Interne Revision und den übrigen Stabsbereichen angehören. Zudem müssen die wesentlichen Vorgaben der Internal Governance verstanden werden, um die grundsätzliche Unternehmensführung beurteilen zu können.

Ferner muss die Angemessenheit und Wirksamkeit des Risikomanagementsystems überprüft werden können. Dies setzt voraus: 56

- die wesentliche Geschäftstätigkeit und Risiken zu kennen (s. vor: Business and Risks).
- die in der Gruppe/im Institut für jede wesentliche Risikoart abgeleitete Risikostrategie nachzuvollziehen und kritisch hinterfragen zu können.

- die Unternehmens- bzw. Risikokultur zu kennen und überprüfen zu können, ob sie wirksam in der Organisation verankert wurde. Das inkludiert ein Verständnis, wie Informationen im Unternehmen ge- und verteilt werden.
- beurteilen zu können, ob Kontrollfunktionen wirksam eingerichtet wurden (Ausstattung, Kompetenz, Unabhängigkeit, Informationsrechte und Beteiligung bei wesentlichen Prozessen).
- das interne Kontrollsystem zu verstehen und dessen Wirksamkeit, insb. im Hinblick auf die Einhaltung von Risikoappetit und Risikokultur sowie einer integren Rechnungslegung, hinterfragen zu können.
- die Berichte der Kontrollfunktionen verstehen, beurteilen und kritisch hinterfragen zu können.
- die Aussagekraft durchgeführter Stresstests zu verstehen.
- die im Institut genutzten internen (Risiko-/Rechnungslegungs-)Modelle, inkl. der verwendeten Rating- und Schätzverfahren, und ihre Wirksamkeit beurteilen zu können.
- die Angemessenheit der personellen und technischen Ausstattung, inkl. IT, beurteilen zu können.
- Personal- und Nachfolgeplanung zu bewerten.
- den durch Diversität erzielbaren Mehrwert in der Zusammenarbeit anzuerkennen.[21]
- die Anreizwirkung der Vergütungssysteme der Mitarbeiter und des Vorstands und ihre Vereinbarkeit mit dem Geschäftsmodell und dem Risikoprofil (inkl. der abgeleiteten Strategien bzw. Systeme) beurteilen zu können.
- die Risikoanalysen, Richtlinien, Kontrollen und Verfahren im Zusammenhang mit Geldwäsche und Terrorismusfinanzierung hinterfragen zu können.

57 **Financial/Accounting, non-financial data und Investor Relations**

Da der Vorstand die jährlichen und ggf. halb- und vierteljährlichen Finanz- und Nachhaltigkeitsberichte aufzustellen hat, muss auch jedes einzelne Mitglied die dort niedergelegten Informationen, deren Herleitung und den grundsätzlichen Einfluss kommunizierter Zahlen und Informationen auf den Kapitalmarkt verstehen können. Der Vorstand haftet für die zutreffende Darstellung in den Berichten.

58 Der Aufsichtsrat hat mindestens die jährlichen Finanz- und Nachhaltigkeitsberichte (u. a. den Jahresabschluss, den Lagebericht und die nichtfinanzielle Erklärung) zu prüfen, was bei allen Mitgliedern ein entsprechendes angemessenes Verständnislevel voraussetzt. Gleiches gilt für die unterjährige Berichterstattung. Er kann sich dabei vom Abschlussprüfer unterstützen lassen und seine Haftungsrisiken damit reduzieren.

21 EBA Suitability-Guidelines, Rn. 92.

Rechtliche Vorgaben 59

Die Aufgabenerfüllung aller zuvor genannten Tätigkeiten geht mit der Kenntnis der persönlichen Organpflichten sowie der wesentlichen Unternehmenspflichten einher. Zu den persönlichen Organpflichten gehören neben der Pflicht die Organaufgaben wahrzunehmen die persönlichen Meldepflichten nach § 24 KWG, insb. bei der Übernahme oder Niederlegung weiterer Ämter (§ 24 Abs. 2a KWG für Aufsichtsratsmitglieder bzw. Abs. 3 für Vorstandsmitglieder) sowie bei kapitalmarktorientierten Instituten die Verpflichtung, dem Institut unverzüglich jedes Eigengeschäft mit Anteilen oder Schuldtiteln am Institut oder damit verbundener Derivate oder anderen damit verbundenen Finanzinstrumenten nach Art. 19 der EU-Marktmissbrauchsverordnung zu melden (sog. Directors' Dealings bzw. Managers' Transactions) und dem Aufsichtsratsvorsitzenden mögliche Interessenkonflikte mitzuteilen.

Zur Kenntnis der wesentlichen Unternehmenspflichten gehört bei Instituten ein angemessenes Verständnis des regulatorischen Umfelds. Bei EZB-beaufsichtigten Instituten zählen dazu auch die wesentlichen Regelungen der SSM-Verordnung, der SSM-Rahmenverordnung sowie wesentlicher EZB-Vorgaben. 60

Praxistipp: 61

Da sich regulatorische Anforderungen weiterentwickeln, sind regelmäßige Weiterbildungen in diesem Bereich erforderlich. Hierzu kann auf den institutsinternen MaRisk-Compliance-Prozess zurückgegriffen werden, der sich mit den für das Institut wesentlichen rechtlichen und regulatorischen Anforderungen beschäftigen wird.

Praxistipp:

Für Aktiengesellschaften sind zudem die wesentlichen Regelungen des AktG und des HGB relevant. Hierzu zählen u. a. die Anforderungen an die AG-spezifischen Organe (Vorstand, Aufsichtsrat und Hauptversammlung) sowie die jährlichen Offenlegungspflichten.

b) Funktionsspezifische Anforderungen (Expertise)

Von Inhabern bestimmter Funktionen wird eine besondere Erfahrungstiefe im entsprechenden Aufgabengebiet (Expertise) erwartet. Die Expertise verlangt im Gegensatz zum allgemeinen Verständnis eigene Erfahrungen im Umgang mit dem Aufgabengebiet. So reicht es bspw. für das allgemeine Vorstandsmitglied aus, zu verstehen, wie Risikomanagementsysteme funktionieren, um es hinterfragen und beurteilen zu können. Für den Chief Risk Officer ist es im Gegensatz dazu erforderlich, dass er es auch ausgestalten und weiterentwickeln kann, was – im Gegensatz zum angemessenen Verständnis – verlangt, schon einmal für die Ausgestaltung von Risikomanagementsystemen verantwortlich gewesen zu sein. 62

Auf die Anforderungen an die einzelnen Funktionen wird im Folgenden eingegangen. Diese sind aber nur beispielhaft. Die konkreten Anforderungen sind institutsindividuell und hängen insb. vom konkreten Funktionszuschnitt des einzelnen Vorstands ab. So sind die Anforderungen an die CEO-Funktion beispielsweise zu ergänzen, wenn der CEO neben den typischen Aufgaben wie Strategie und Kommunikation auch bestimmte Geschäftsbereiche übernähme.

63 **CEO-Funktion (Chief Executive Officer/Vorstandsvorsitzender[22])**

Der Inhaber der CEO-Funktion koordiniert die Arbeit des Vorstands, ist erster Ansprechpartner für die Mitarbeiter, die Aktionäre, die Öffentlichkeit, die Aufsicht und den Aufsichtsrat.

Der CEO-Funktion kommt eine besondere Rolle in der Entwicklung und Führung des Unternehmens und seiner Mitarbeiter zu. Der Inhaber muss daher die folgenden Expertisen aufweisen:

- Strategische Planung
- Risikomanagementsysteme (zur Gestaltung einer ordnungsgemäßen Geschäftsorganisation und da dem Vorstandsvorsitzenden die Interne Revision nach MaRisk zugeordnet werden soll), inkl. angemessener Vergütungssysteme
- Personal- und Nachfolgeplanung
- Unternehmens- und Stakeholderkommunikation
- Steuerung der Geschäfts- und Beteiligungsrisiken

64 **CFO-Funktion (Chief Financial Officer/Finanzvorstand)**

Der CFO-Funktion kommt eine besondere Rolle hinsichtlich der Rechnungslegung sowie der Unternehmensplanung und der Treasury zu. Da vermehrt Nachhaltigkeitsinformationen zu integrieren sind, muss das Profil um solche Aspekte mittlerweile ergänzt werden. Der Inhaber der CFO-Funktion muss daher über Expertise in folgenden Bereichen verfügen:

- Financial/Accounting
- Non-financial data (inkl. ESG)
- Investor Relations
- Treasury
- Steuerung von Markt-, Liquiditäts-, Zins- sowie Geschäftsrisiken

22 Auch andere Begriffe wie der Vorstandssprecher werden verwendet. Es kommt für die Eignungsprüfung aber nicht auf den verwendeten Begriff, sondern die mit der Funktion verbundenen Aufgaben an.

CRO-Funktion (Chief Risk Officer/Risikovorstand) 65

Der Inhaber der CRO-Funktion verantwortet vorrangig die Aufgaben der zweiten Verteidigungslinie im sog. Three-Lines-of-Defense-Modell[23]. Er hat daher über Expertise in folgenden Bereichen zu verfügen

- Ausgestaltung („Design") angemessener und wirksamer Risikomanagementsysteme, inkl. finanzieller, aber auch nichtfinanzieller Aspekte wie bspw. Compliance und Anti-Geldwäsche
- Organisation und wirksame Ausgestaltung von Kontrolleinheiten in Kreditinstituten
- Entwicklung, Qualität, Überwachung und Anwendung von Risikoklassifizierungsverfahren
- Wechselwirkung zwischen Vergütungssystemen sowie Risiko- und Liquiditätsmanagement
- Rechtliche und regulatorische Vorgaben
- Steuerung aller wesentlichen Risikoarten (inkl. IT, Cyber, ESG)

Insofern dem CRO auch die Marktfolgefunktionen[24] zugeordnet sind, benötigt er auch Expertise in folgenden Bereichen: 66

- Kreditgeschäft
- Problemkreditbearbeitung
- Entwicklung und Qualität der Kreditgewährung, Kreditweiterbearbeitung, Kreditbearbeitungskontrolle, Intensivbetreuung
- Abwicklung und Kontrolle von Handelsgeschäften

Der CRO soll allerdings keine Verantwortung für First-line-Einheiten wie bspw. die Kreditbereiche haben. Bei EZB-beaufsichtigten Instituten sollen Risiko- und Finanz-Funktionen nicht in einem Vorstandsmandat gebündelt werden.

Chairman (Aufsichtsratsvorsitzender) 67

Der Vorsitzende des Aufsichtsrats ist der erste Ansprechpartner für die Vorstands- und Aufsichtsratsmitglieder und vertritt den Aufsichtsrat im Rahmen der engen gesetzlichen Grenzen nach außen.

Unter anderem führt der Vorsitzende des Aufsichtsrats die ersten Gespräche mit neuen Vorstands- oder Aufsichtsratskandidaten und verhandelt die Anstellungsverträge mit den Vorstandsmitgliedern vor, bevor sie im Gesamtaufsichtsrat eingebracht werden. Es kann sich daher anbieten, dass der Vorsitzende des Aufsichtsrats auch Mitglied oder gar Vorsitzender des Nominierungs- sowie des

23 Das Three-lines-of-defense-Modell beschreibt die grundsätzliche Differenzierung zwischen der sog. 1st line, die das eigentliche Geschäft ausüben (Markt/Operations), den Kontrollfunktionen wie Risikomanagement und Compliance, der sog. 2nd line, sowie der von allen Vorfunktionen unabhängigen Revision, die für die Prüfung der Angemessenheit und Wirksamkeit des Internen Kontrollsystems als 3rd line zuständig ist.

24 Spezielle Kontrollfunktion, die das Kreditgeschäft überwacht.

Vergütungskontrollausschusses ist – sofern er als „unabhängig“ anzusehen ist.[25] Daraus ergeben sich die folgenden erforderlichen Expertisen:

- Banking
- Geschäft des Instituts
- Unternehmenssteuerung
- Strategische Planung
- Personal- und Nachfolgeplanung
- Vergütungssysteme

68 *Praxistipp:*

Um zusätzlich auf die Effizienz des Informationsaustausches[26] zwischen dem Aufsichtsrat und seinen Ausschüssen zu achten und diesen beurteilen zu können, wir zudem empfohlen, dass der Aufsichtsratsvorsitzende auch ordentliches Mitglied in jedem anderen Ausschuss des Aufsichtsrats ist. Er darf aber nicht den Vorsitz des Risikoausschusses innehaben.[27] Es entspricht zudem guter Governance, wenn er auch nicht den Vorsitz des Prüfungsausschusses innehat.[28]

69 Da der Aufsichtsratsvorsitzende für den Umgang mit potenziellen Interessenkonflikten zuständig ist, wird seine Unabhängigkeit empfohlen.[29]

70 **Vorsitzender des Risikoausschusses**

Die Aufgaben des Risikoausschusses sind regulatorisch festgelegt.[30] Alleine hieraus ergeben sich die folgenden erforderlichen Expertisen an den Vorsitzenden dieses Ausschusses:

- Beurteilung der Angemessenheit und Wirksamkeit von Internen Kontroll- und Risikomanagementsystemen in Kreditinstituten
- Ausgestaltung von Internen Kontroll- und Risikomanagementsystemen in Kreditinstituten
- Wechselwirkung von Vergütungssystemen mit Risiko- und Liquiditätsmanagement

Der Vorsitzende sollte nicht zugleich Vorsitzender des Aufsichtsrats oder des Prüfungsausschusses sein.

71 **Vorsitzender des Prüfungsausschusses**

Mit dem Prüfungsausschuss werden vor allem die regelmäßigen finanziellen sowie nichtfinanziellen Berichte besprochen und der Prüfungsausschuss ist zu-

25 EBA-GL Internal Governance, Rz. 51, 52.
26 EBA Guidelines on Internal Governance, Rn. 39.
27 § 25d Abs. 8 S. 6 KWG.
28 Vgl. Deutscher Corporate Governance Kodex (DCGK), D. 3 abrufbar unter *https://dcgk.de//files/dcgk/usercontent/de/download/kodex/220627_Deutscher_Corporate_Governance_Kodex_2022.pdf* (zuletzt abgerufen am 24.06.2025).
29 Vgl. DCGK, C. 10.
30 § 25d Abs. 8 KWG; EBA Guidelines on Internal Governance, Rn. 61 ff.

meist Adressat der Berichte der Internen Revision sowie des Abschlussprüfers, worüber er die Ausgestaltung des Internen Kontrollsystems sowie der Kontrollfunktionen überwachen soll.[31] Folglich hat der Vorsitzende des Prüfungsausschusses über folgende Expertisen zu verfügen:

- Financial/Accounting (Rechnungslegung)
- Non-financial data
- Beurteilung der Wirksamkeit von internen Kontroll- und Risikomanagementsystemen (im Allgemeinen und im Hinblick auf den Rechnungslegungsprozess)
- Beurteilung und Überwachung der Abschlussprüfung
- Abgrenzung von Abschlussprüfungsleistungen und Nichtprüfungsleistungen

Der Vorsitzende sollte nicht zugleich Vorsitzender des Aufsichtsrats oder des Risikoausschusses sein.

VI. Kollektive Eignung

Die Bankenaufsicht legt neben der individuellen Eignung auch einen hohen 72
Wert darauf, dass die Zusammensetzung des Organs insgesamt angemessen und vor allem für die Weiterentwicklung des Instituts förderlich ist. Die kollektive Eignung besteht daher aus mehreren Komponenten, die kumulativ vorliegen müssen:

a) Die Summe der für die jeweiligen Funktionen notwendigen Expertisen (bspw. Strategieexpertise des CEO + Risikoexpertise des CRO + Finanzexpertise des CFO usw.).
b) Vom Aufsichtsrat beschlossene Ergänzungen im Vorstand und oder Aufsichtsrat, die nicht einer bestimmten Funktion zuzuordnen sind (bspw. ESG-, IT- oder spezifische Branchenexpertise bzw. Zukunftskompetenzen).
c) Diversität, wobei sich das Begriffsverständnis nicht auf geschlechtliche Diversität beschränkt (sie dennoch ausdrücklich und primär miteinschließt), sondern auch Unterschiede in Alter, Geographie und Ausbildungs- sowie Berufshintergründen umfasst.
d) Beim Aufsichtsrat: Die Unabhängigkeit der Mehrheit der Aufsichtsratsmitglieder.

Diese vom Aufsichtsrat so definierten Kriterien der kollektiven Eignung sind in 73
einer kollektiven Kompetenzmatrix zusammenzutragen. Die EBA bietet dazu ein spezifisches Template an[32]. Den Instituten ist aber freigestellt, dieses oder ein eigenes zu benutzen. Damit es handhabbar ist, muss es möglichst greifbar und übersichtlich gestaltet sein.

31 Vgl. § 25d Abs. 9 KWG; EBA Guidelines on Internal Governance, Rn. 64 ff.

32 Abrufbar als Annex 1 unter *https://www.eba.europa.eu/user/login?destination=/legacy/regulation-and-policy/regulatory-activities/internal-governance/joint-esma-and-eba-0* (zuletzt abgerufen am 24.06.2025).

1. Notwendige Expertisen

74 In den individuellen Anforderungen an einzelne Funktionsträger, wie den CEO, CRO, CFO, CIO, ebenso wie die besonderen Funktionsträger im Aufsichtsrat, wie den Aufsichtsratsvorsitzenden, den Risikoausschussvorsitzenden, den Prüfungsausschussvorsitzenden usw., sind schon verschiedene Expertisen hinterlegt, die auch die kollektive Eignung des Organs beeinflussen und damit schon mal eine „Grundmasse" für die über die allgemeinen Anforderungen hinausgehenden Kompetenzen bilden.

75 Bei den Vorstandsmitgliedern resultiert das aus den hohen individuellen Anforderungen an jedes Vorstandsmitglied, die typischerweise eine vorherige Leitungsposition in einem Kreditinstitut verlangen. Die nationale Aufsicht, BaFin, erwartet zudem konkrete Geschäftserfahrung, die sich in vergangenen Kreditkompetenzen ausdrücken. Die EZB legt hohe Aufmerksamkeit auf Erfahrung im Risikomanagement. Nicht alle Vorstandsmitglieder müssen über diese Vorerfahrung verfügen und können sie auch in anderen Branchen erworben haben. Hinsichtlich der kollektiven Eignung wird aber erwartet, dass eine deutliche Mehrheit hierüber verfügt.

76 Im Aufsichtsrat werden an jedes Mitglied zwar auch hohe individuelle Anforderungen gestellt, die aber auch anderweitig erlangt werden können. Beispielsweise durch entsprechende Einführungsveranstaltungen. Gemäß § 100 Abs. 5 AktG muss aber mehr als die Hälfte des Aufsichtsrats mit dem Sektor des Unternehmens vertraut sein. Das heißt für Kreditinstitute, dass mehr als die Hälfte entweder eigene berufliche Stationen in Kreditinstituten vorweisen kann oder Kreditinstitute in Bankthemen beriet und/oder prüfte. An die Vorsitzenden des Aufsichtsrats und die Ausschüsse werden höhere individuelle Anforderungen gestellt, insbesondere bei EZB-beaufsichtigten Instituten. Die Vorsitzenden des Aufsichtsrats und des Risikoausschusses sollen typischerweise über Vorerfahrung im Risikomanagement verfügen. In der Kombination aus den an jedes Aufsichtsratsmitglied gestellten individuellen Anforderungen, dem Erfordernis, dass die Mehrheit über Kreditinstitutsvorerfahrung verfügt und ergänzt durch die hohen individuellen Anforderungen an die Vorsitzenden des Aufsichtsrats und der Ausschüsse ergibt sich in Summe die Anforderung einer hohen kollektiven Eignung des Gesamtorgans.

2. Vom Aufsichtsrat zu ergänzende Kompetenzen

77 Der Aufsichtsrat hat zu bestimmen, welche Expertisen und besonderen Fähigkeiten notwendig sind, um das Unternehmen seitens des Vorstands zu führen und seitens des Aufsichtsrats zu überwachen. Dabei darf er sich nicht auf den status quo und damit auf die Frage beschränken, ob die aktuelle Zusammensetzung zum Geschäftsmodell des Instituts passt. Anhand der Geschäftsstrategie und den ihr zugrundeliegenden Annahmen für die zukünftige Entwicklung des Umfelds muss er ebenso prüfen, ob die richtigen Personen „on board" sind, um das Institut in diese Zukunft zu führen bzw. sie unter den neuen Herausforderungen zu überwachen.

Die durch die Funktionsträger zur Verfügung gestellte Grundmasse an Expertisen zahlt hierauf bereits ein und wird einen erheblichen Teil der kollektiven Anforderungen erfüllen. Die Aufsichtsräte wie auch die Aufsicht haben aber erkannt, dass sich die für die Weiterentwicklung erforderlichen Kompetenzen nicht darin erschöpfen, weshalb vermehrt auch IT- und Digitalisierungskompetenzen im kollektiven Kompetenzprofil festgelegt werden. ESG-Kompetenzen spielen auch eine immer größere Rolle[33], die beispielsweise darüber nachgewiesen werden können, Vorerfahrung in der Umsetzung ESG-regulatorischer Anforderungen zu haben, bspw. als Leiter eines Bereichs für ESG, des Strategiebereichs, wenn diese auch eine dedizierte ESG-Strategie beinhält oder des Risikomanagements, wenn ESG dort explizit überwacht wird. Vorerfahrungen aus einer NGO für einen oder mehrere ESG-Aspekte werden bei Aufsichtsräten oftmals auch anerkannt. Die EBA hat in ihren Suitability Guidelines diese Expertisen als erforderliche Kompetenzen in der kollektiven Eignung Anfang 2021 festgelegt.[34] 78

3. *Diversität*

Fachliche Expertisen sind wichtig. Der Wert unterschiedlicher Sichtweisen auf ein Thema wird daneben immer mehr anerkannt und von der Bankenaufsicht verstärkt verlangt. Der Aufsichtsrat hat sich mit der Frage auseinanderzusetzen, woran er unterschiedliche Sichtweisen festmachen möchte: Geschlecht, unterschiedliche geografische Hintergründe, bestimmte Industrie- oder Berufshintergründe bspw. indem bewusst branchenfremde Organträger im Vorstand oder Aufsichtsrat ergänzt werden oder Alter. Dabei wird – wie bereits im deutschen AktG – dem Thema Geschlechterdiversität eine hohe Aufmerksamkeit gewidmet. 79

Der Aufsichtsrat hat für sich eine eigene Zielquote und eine Strategie zu beschließen, wie er diese erreicht. Nach § 25d Abs. 11 Nr. 2 KWG bereitet dies der Nominierungsausschuss vor. § 111 Abs. 5 AktG legt fest, dass der Aufsichtsrat für börsennotierte oder der Mitbestimmung unterliegende Gesellschaften Zielgrößen und Fristen, die fünf Jahre nicht überschreiten dürfen, für den Frauenanteil im Aufsichtsrat und Vorstand festzulegen hat. Die Zielgröße darf nicht unter dem status quo liegen, solange dieser Anteil kleiner als 30 % Frauen am Gesamtorgan ausmacht. Eine Zielgröße von „Null" ist ausführlich zu begründen. 80

Für Gesellschaften die börsennotiert und paritätisch mitbestimmt sind, gilt eine zwingende Quote von 30 % Frauen im Aufsichtsrat, die sukzessive mit jedem freiwerdenden Mandat zu erfüllen ist, § 96 Abs. 2 AktG. Sollte der Vorstand solcher Gesellschaften aus mindestens vier Personen bestehen, müssen mindestens eine Frau und ein Mann Vorstandsmitglied sein, § 76 Abs. 3a AktG. 81

33 ECB Guide on fit & proper, S. 41.
34 Joint ESMA/EBA Suitability Guidelines, S. 25, Rn. 70.

82 *Praxistipp:*

Die Aufsicht setzt die eigene Frauenbeteiligung ins Verhältnis zur von der EBA durchgeführten Benchmarkings [letztjährige Ergebnisse], die ggf. auch als eigener Gradmesser für die Angemessenheit der Geschlechterbeteiligung im Vorstand bzw. Aufsichtsrat dienen können.

83 Neben der Geschlechterdiversität rückt die Vielfalt in den Ausbildungs- und beruflichen Hintergründen verstärkt in den Fokus. In den Suitability-Guidelines wird daher explizit auf das Zusammenbringen unterschiedlicher Sichtweisen verwiesen,[35] sog. professionelle Diversität.

84 Der professionellen Diversität werden von der Aufsicht und dem Gesetz allerdings Grenzen gesetzt. Unter II. wurden die hohen individuellen Anforderungen beschrieben, die von den Vorstands- und Aufsichtsratsmitgliedern zu erfüllen sind. Das eröffnet den Zugang für branchenfremde Expertisen nur eingeschränkt. Zwar ist die Aufsicht gerade bei der IT-Kompetenz etwas flexibler.[36] Nichtsdestotrotz erwartet sie, dass Geschäftsmodell, Risiken und deren Management verstanden werden. Bei Aufsichtsratsmitgliedern, die weder den Vorsitz des Aufsichtsrats noch des Risikoausschusses innehaben, ist die Flexibilität für solche branchenfremden Expertisen am größten.

4. Ausschüsse des Aufsichtsrats

85 Die unter 1 – 3 genannten Kriterien gelten analog für die Ausschüsse des Aufsichtsrats. Auch diese soll mit entsprechenden Experten besetzt, divers und überwiegend mit unabhängigen Mitgliedern besetzt sein.[37] Insofern der Aufsichtsrat mitbestimmt ist, ist im Vergütungskontrollausschuss zwingend ein Vertreter der Arbeitnehmer zu beteiligen.[38]

C. Bestellung und Abberufung von Vorstandsmitgliedern

I. Prozessuale Vorgehensweise

86 Ob sich das Ausscheiden eines Vorstandsmitglieds abzeichnet, die Anzahl der Vorstandsmitglieder erhöht wird oder unvorhergesehen eine Nachfolge bestimmt werden muss, in jedem Fall ist bei der Auswahl des neuen Vorstandsmitglieds das definierte Kompetenzprofil zu beachten.

87 In Vorbereitung für den Aufsichtsrat hat sich der Nominierungsausschuss mit der Personalie zu beschäftigen und mit der Frage zu beginnen, welche Aufgaben das neue Mitglied bekommen soll. Scheidet beispielsweise ein Vorstandsmitglied aus, muss das neue Vorstandsmitglied nicht zwangsläufig dieselben Anfor-

35 Joint ESMA/EBA Suitability Guidelines, Rn. 102.
36 BaFin-Fachartikel v. 15. 12. 2017 – abrufbar unter *https://www.bafin.de/SharedDocs/Veroeffentlichungen/DE/Fachartikel/2017/fa_bj_1712_Geschaeftsleitung.html* (zuletzt abgerufen am 24. 06. 2025).
37 EBA Guidelines on Internal Governance, Rn. 61 ff.
38 § 25d Abs. 12 S. 3 KWG.

derungen erfüllen, wenn sich die Geschäftsverteilung mit Eintritt des neuen Vorstandsmitglieds ändern soll.

Ist der voraussichtliche Ressortzuschnitt bestimmt, trägt der Nominierungsaus- 88
schuss die an diesen Funktionsträger aus dem Kompetenzprofil abgeleitete Eignungskriterien zusammen. Das sind die individuellen allgemeinen Anforderungen sowie die funktionsspezifischen Anforderungen unter Berücksichtigung der kollektiven Anforderungen wie bspw. der kollektiven Eignungsanforderungen sowie der Diversität.

Auf Basis der zusammengetragenen Anforderungen hat der Nominierungsaus- 89
schuss zu entscheiden, ob die Opportunität einer neuen Personalie genutzt werden sollte, um weitere Kompetenzen im Vorstand zu stärken. So kann bspw. beschieden werden, dass das neu zu suchende CRO-Mitglied auch über besondere „Aufbauerfahrung" verfügen soll, sollte der Aufsichtsrat der Meinung sein, die 2. Lines-of-Defense-Funktionen seien nur rudimentär ausgebildet und es benötige eine Person, die nicht nur Kontrollfunktionen weiter-, sondern überhaupt entwickeln könne. Die Kombination aus dem Kompetenzprofil abgeleiteten Eignungskriterien plus gesondert bestimmte Anforderungen bilden das Anforderungsprofil.

Neben dem Vorschlag für das Anforderungsprofil hat der Nominierungsaus- 90
schuss auch einen Prozess zu entwickeln, dem er dem Aufsichtsrat vorschlagen möchte. Die Beschreibung des Prozesses sollte enthalten:

- den für die Kandidatenauswahl geplanten Zeitraum,
- in welchen Abständen der Aufsichtsrat eingebunden werden soll (bspw. vor Verdichtung der long list auf eine short list sowie zur endgültigen Entscheidung),
- ob die Einbindung eines Personalberaters/Headhunters geplant ist.

Praxistipp:

Der Aufsichtsrat trifft auf Basis einer solchen Vorlage beispielsweise den folgenden Beschluss:

> *„Auf Empfehlung des Nominierungsausschusses beschließt der Aufsichtsrat, das vorgelegte Anforderungsprofil [,die Beauftragung des Personalberaters XY] und beauftragt den Nominierungsausschuss anhand des vorgelegten Prozesses geeignete Kandidaten dem Aufsichtsrat vorzuschlagen. Die dem Aufsichtsrat vorzulegende short list soll möglichst fünf Personen und mindestens einen Mann sowie eine Frau umfassen."*

Der letzte Teil des Beschlusses ist als „Soll"-Vorgabe formuliert, da es abhängig vom vakanten Amt teilweise schwierig sein könnte, überhaupt fünf geeignete Kandidatinnen zu identifizieren. Das gilt ebenso für die Teilhabe von Frauen und Männern, die zum einen der Erfüllung der eigenen Diversitätsziele dient, aber zum anderen auch von der Bankenaufsicht erwartet wird.[39]

---

39 Joint ESMA/EBA Suitability Guidelines, S. 36, Rn. 102.

91 Wenn dem Aufsichtsrat die short list vorgelegt wird, ist in der Vorlage herauszustellen, dass die fünf Kandidatinnen das gesetzte Anforderungsprofil erfüllen bzw. wenn nicht, wie das über ein entsprechendes Onboarding-Programm erfüllt werden könnte oder geplant ist, zu kompensieren. Die mit den Eignungsthemen befasste Organisationseinheit im Institut (HR, Corporate Office, Rechtsabteilung) sollte in dieser Unterlage ihren „pre check" der Kandidatinnen darstellen, indem sie neben den fachlichen Anforderungen anhand des Lebenslaufs v.a. auch Mandatsbeschränkungen und mögliche Interessenkonflikte geprüft hat. Zudem muss der Nominierungsausschuss darin erläutern, inwieweit er den festgelegten Prozess verfolgt hat.

> *Praxistipp:*
>
> Der Aufsichtsrat könnte dann den folgenden Beschluss treffen:
>
> *„Auf Empfehlung des Nominierungsausschusses beschließt der Aufsichtsrat, die fünf vorgeschlagenen Kandidaten in die engere Auswahl (short list) zu nehmen und beauftragt den Nominierungsausschuss [Anm. oder den Aufsichtsratsvorsitzenden bzw. einen zu bestimmenden Kreis von Aufsichtsratsmitgliedern] Gespräche mit den Kandidatinnen zu führen. [Dem Aufsichtsrat sollen anschließend zwei geeignete Kandidatinnen vorgeschlagen werden.]"*

92 Die vom Nominierungsausschuss zu führenden Gespräche dienen zum einen der Nachfrage, ob die Kandidatin ehrliches Interesse an der vakanten Position hat, die fachlichen sowie die charakterlichen Eignungsanforderungen zu prüfen, ein Gespür für die Kandidatin zu bekommen und sich über die mögliche Ausgestaltung der neuen Rolle auszutauschen. In diesen Gesprächen müssen die Mitglieder des Nominierungsausschusses das Unternehmen sowie den grundsätzlichen Aufbau und die grundsätzliche Strategie erläutern, um die Kompatibilität zwischen Kandidat und Unternehmen zu prüfen.

Es kann hilfreich sein, den CEO in solche Gespräche einzubinden. Zum einen kennt er das Institut und die Strategie am besten, zum anderen lässt sich darüber auch die Kompatibilität zwischen den ggf. zukünftigen Vorstandsmitgliedern einschätzen, die zukünftig als Team im Sinne des Unternehmens agieren sollen.

II. Bestellung eines neuen Vorstandsmitglieds

93 Die finale Entscheidung über die Auswahl eines Vorstandsmitglieds trifft der Aufsichtsrat auf Vorschlag bzw. Empfehlung des Nominierungsausschusses. Gegebenenfalls stellt er mehrere Kandidaten dem Aufsichtsrat zur Auswahl oder – was in der Praxis der häufigere Fall sein dürfte – die Kandidatin, die aus seiner Sicht das Anforderungsprofil am Ehesten erfüllt und in den geführten Gesprächen am meisten überzeugte.

94 Der Aufsichtsrat hat aber nicht nur über die Personalie zu entscheiden. Im Beschluss sind zudem Amtszeit, Aufgabenzuschnitt und bestenfalls auch die Vergütung festzulegen, was durch den Vergütungskontrollausschuss vorbereitet werden sollte. Die Amtszeit kann maximal fünf Jahre betragen. Drei oder

vier Jahre sind mittlerweile ebenso gängig. Der Aufgabenzuschnitt ist festzulegen, um sicherzustellen, dass Anforderungsprofil und Aufgaben zusammenpassen. Die Formulierungen sollten sich aber nicht auf die Bezeichnungen der Organisationseinheiten beziehen, da dann jegliche spätere – auch kleinere – Anpassung eine Aufsichtsratszustimmung erfordern würde.

Die Vergütung ist vom Gesamtaufsichtsrat, auf Empfehlung des Vergütungskontrollausschusses festzulegen, muss aber nicht zwangsläufig mit den Bestellungsprozessen zusammenfallen. Das wird aber bestenfalls getan. Würde das Vorstandsmitglied ohne Vergütungsentscheidung schon bestellt, hätte das Vorstandsmitglied die stärkere Position gegenüber dem Aufsichtsrat, der geneigt wäre, den Vergütungsanforderungen zu entsprechen, um etwaige Reputationsschäden bei einer Rückabwicklung der Bestellung zu vermeiden. 95

III. Beendigung des Organschafts- und/oder Anstellungsverhältnisses

Es bestehen grundsätzlich vier Möglichkeiten das Amt als Vorstandsmitglied zu beenden: 96

- durch Abberufung bzw. Kündigung,
- durch eigene Amtsniederlegung,
- durch Zeitablauf bzw. Nichtwiederbestellung,
- Einvernehmliche Aufhebung.

1. *Abberufung bzw. Kündigung*

Bei Beendigung der Zusammenarbeit ist zwischen dem organschaftlichen und dem Anstellungsverhältnis zu unterscheiden. Das Anstellungsverhältnis ist das arbeitsrechtliche Verhältnis, während das organschaftliche Verhältnis das besondere Verhältnis als Vorstandsmitglied zum Institut ausdrückt. Eine Abberufung bedeutet nicht umgekehrt automatisch auch eine berechtigte Kündigung des Anstellungsvertrags. Es ist getrennt zu beurteilen, ob die Gründe die Abberufung und die außerordentliche Kündigung rechtfertigen.[40] 97

Gemäß § 84 Abs. 4 AktG kann der Aufsichtsrat die Bestellung des Vorstands bei Vorliegen eines wichtigen Grundes widerrufen. Der Widerruf und die Gründe sind im Beschluss des Aufsichtsrats festzuhalten, der eine einfache Mehrheit benötigt. Argumentativ ist vom Aufsichtsrat zu beurteilen, warum eine weitere Zusammenarbeit zwischen dem betroffenen Vorstandsmitglied und der Gesell- 98

40 Tw. werden in Dienstverträgen für Vorstände deshalb sog. Kopplungsklauseln aufgenommen, die das Dienstverhältnis mit Widerruf oder Abberufung des Organmandats enden. Deren Ausgestaltung sind rechtlich teilweise strittig und daher mit Syndikus- oder Rechtsanwälten abzustimmen.

schaft bis zum Ablauf der Restlaufzeit der Bestellung unzumutbar ist.[41] Wichtige Gründe gemäß § 84 Abs. 4 AktG sind:

- Grobe Pflichtverletzung (v. a. Straftaten wie Untreue, Betrug, Korruption, Bestechung, aber vermutlich auch wesentliche bankspezifische Pflichten wie die Nichteinrichtung eines Risikomanagementsystems, keine Formulierung einer Geschäftsstrategie, Nichtmeldung bei Unterschreiten von Meldeschwellen, bspw. Kapital- oder Liquiditätskennziffern).
- Unfähigkeit zur Amtsausübung (u. a. auch Alkoholsucht, aber auch mangelndes fachliches Wissen, was durch entsprechende Fortbildungsmaßnahmen nicht aufgebaut werden könnte).
- Vertrauensentzug durch die Hauptversammlung außer die Gründe sind offenbar unsachlich (was vom Vorstandsmitglied darzulegen ist und nicht schon vorliegt, weil sich die Gründe nach dem HV-Beschluss als unzutreffend herausstellen). Der Vertrauensentzug bedingt den Widerruf aber nicht automatisch. Der Aufsichtsrat muss dann noch entscheiden, ob er die Bestellung wegen des Vertrauensentzugs widerruft und dabei überprüfen, ob offenbar unsachliche Gründe für den Vertrauensentzug vorlagen.[42]

99 Wenn der Aufsichtsrat prüft, ob die Gründe genügen, den Widerruf zu rechtfertigen, hat er parallel zu prüfen, ob die Gründe auch eine außerordentliche Kündigung des Anstellungsvertrags nach § 626 BGB rechtfertigen. Das ist entscheidend für die Frage, ob das betroffene Vorstandsmitglied seine Vergütung bis zum Ende der vertraglichen (/Bestellungs-)Laufzeit erhalten wird. Bei Vorliegen einer groben Pflichtverletzung wird vermutlich auch ein außerordentlicher Kündigungsgrund vorliegen. Bei der Unfähigkeit zur Amtsausübung tendenziell auch noch. Wenn „nur" der Vertrauensentzug durch die Hauptversammlung gegeben ist, ist die Begründung einer außerordentlichen Kündigung eher unwahrscheinlich.

2. Amtsniederlegung

100 Das Vorstandsmitglied kann von sich aus das Amt niederlegen und darin seine Weigerung zum Ausdruck bringen, seine Organpflichten weiter zu erfüllen. Eine Amtsniederlegung wird eine außerordentliche Kündigung des Anstellungsvertrags nach § 626 BGB typischerweise rechtfertigen.

3. Sonstige Gründe

101 Insofern keine Widerbestellung vorgenommen wird, endet die Bestellung bzw. ein Anstellungsvertrag, der seine Laufzeit an den Bestellungszeitraum knüpft, mit Ablauf des Bestellungszeitraums.

---

41 HM: BGH, Beschl. v. 23. 10. 2006 – II ZR 298/05; OLG Stuttgart, Urt. v. 13. 03. 2002 – 20 U 60/01, NZG 2002, 971, 972; zu Aufsichtsräten: OLG Karlsruhe, Beschl. v, 01. 03. 2022 – 1 W 85/21, NZG 2022, 557.

42 BGH, Urt. v. 15. 11. 2016 – II ZR 217/15, Rn. 17; *Graewe*, NZG 2020, 926.

4. *Einvernehmliche Aufhebung*

Die einvernehmliche Aufhebung kann zwischen dem betroffenen Vorstandsmitglied und dem Aufsichtsrat vereinbart werden. Der Aufsichtsrat würde in diesem Beschluss den Aufsichtsratsvorsitzenden ermächtigen, die Aufhebungsvereinbarung namens des Aufsichtsrats zu unterschreiben. Gegebenenfalls sollen darin auch Abfindungsvereinbarungen getroffen werden (dazu wird auf die entsprechenden Ausführungen im Vergütungskapitel verwiesen). 102

D. Bestellung und Abberufung von Aufsichtsratsmitgliedern

I. Bestellung von Aufsichtsratsmitgliedern

1. *Bestellungsformen*

Hinsichtlich der Bestellung von Aufsichtsratsmitgliedern sind drei Formen zu unterscheiden. 103

- Grundsätzlich werden Aufsichtsratsmitglieder von den Anteilseignern über die Hauptversammlung bestellt.
- Insofern in der Satzung festgelegt, können bis zu 1/3 der Anteilseignervertreter auch entsandt werden, vgl. § 101 AktG.
- Ab einer bestimmten Mitarbeiteranzahl wählen die Arbeitnehmer eigene Vertreter in den Aufsichtsrat. Dabei gilt grundsätzlich, dass ab 500 Mitarbeitern ein Drittel und ab 2.000 Mitarbeitern die Hälfte der Aufsichtsratsmitglieder Arbeitnehmervertreter sein müssen.

2. *Prozessuale Vorgehensweise*

Bei der Bestellung von Vorstandsmitgliedern wird der Aufsichtsrat darauf verpflichtet, ein Anforderungsprofil zu entwickeln und die darin festgelegten Anforderungen zu erfüllen. Bei Aufsichtsratsmitgliedern ist das nur eingeschränkt anwendbar, da sie über Dritte (Hauptversammlung, Arbeitnehmervertreter usw.) bestellt werden, die typischerweise nicht unmittelbar den Regularien der Bankenaufsicht unterliegen. Dies ändert allerdings nichts daran, dass die Bankenaufsicht ein aus ihrer Sicht ungeeignetes Mitglied per Verfügung abberufen kann und folglich die Erwartungen der Bankenaufsicht mitgedacht werden sollten. 104

Gerade die Anteilseignervertreter werden typischerweise durch den Aufsichtsrat bzw. seinen Nominierungsausschuss nominiert. Auch für diese Positionen sollte der Aufsichtsrat ein Anforderungsprofil definieren und entsprechende Kandidaten auswählen. Die Aufsicht wird sich insbesondere für Schlüsselpositionen, also die Vorsitzenden des Aufsichtsrats bzw. der Ausschüsse interessieren. 105

Insofern ein oder mehrere geeignete Kandidaten gefunden wurden, sind diese der Hauptversammlung zur Wahl vorzuschlagen.

3. *Amtszeiten*

106 Aufsichtsratsmitglieder einer AG können für bis zu fünf Jahre gewählt werden. In der Praxis sind häufig drei Jahre anzutreffen.

Gemäß Rn. 133 der EBA Suitability Guidelines[43] soll möglichst verhindert werden, dass zu viele Mitglieder gleichzeitig ersetzt werden müssen, weshalb über die Einführung sog. staggered boards beschieden werden sollte. Staggered boards sehen unterschiedliche Wahlzeitpunkte und teilweise auch unterschiedliche Amtsperioden vor. Bei einem drittelbeteiligten Aufsichtsrat wäre es so beispielsweise möglich, dass die Arbeitnehmer zu einem bestimmten Zeitpunkt für fünf Jahre gewählt werden, dann eine Hälfte der Anteilseignervertreter im nächsten Jahr für vier Jahre und die andere Hälfte zwei Jahre später auch für jeweils vier Jahre. Die Amtsperioden könnten sogar zwischen einzelnen Aufsichtsratsmitgliedern unterschieden werden, was teilweise im Vorgriff auf den bald eintretenden Ruhestand gemacht wird. Die unterschiedlichen Perioden und Wahlzeitpunkte haben zwei Effekte. Zum einen ist das Risiko vermieden, dass auf einen Schlag alle oder ein überwiegender Teil der Aufsichtsratsmitglieder ausscheiden und aufgebautes Know-how verloren ginge. Zum anderen kann die Zusammensetzung des Aufsichtsrats nicht nur alle fünf Jahre, sondern in deutlich kleineren Abständen angepasst werden, um auf Entwicklungen des Unternehmens oder des Umfelds flexibler reagieren zu können.

II. Beendigung des Aufsichtsratsamts

107 Mitglieder im Aufsichtsrat üben nur das Organschaftsverhältnis aus. Es gibt keine gesonderte vertragliche Vereinbarung für die Vergütung (s. dazu bei Vergütung).

108 Ein Aufsichtsratsmitglied kann jederzeit durch die Hauptversammlung mit einfacher Mehrheit abgewählt werden. Es gibt keine Einschränkung wie beim Vorstand, wonach eine entsprechende Abwahl bei offenkundig unsachlichen Gründen nicht wirksam werden würde. Da die Aufsichtsratsmitglieder von der Hauptversammlung bestellt werden, kann diese jederzeit über ihre Abwahl entscheiden.

109 Wie den Vorstandsmitgliedern steht den Aufsichtsratsmitgliedern jederzeit die Möglichkeit zur Amtsniederlegung zu. Bestenfalls sind die formalen Voraussetzungen wie bspw. eine Frist, ein Schriftformerfordernis und die Frage, ob ein etwaiger Nachfolger eine neue Amtsperiode beginnt oder die Amtsperiode des Vorgängers bis zu Ende führt, im Vorhinein in der Satzung geregelt.

---

43 Joint ESMA/EBA Suitability Guidelines, Rn. 133.

E. Wiederbestellung

I. Allgemeines

Prozessual sollte jeder Wiederbestellung eine Befassung im Nominierungsausschuss vorausgehen, der die Wiederbestellung des Vorstands bzw. die Nominierung des Aufsichtsratsmitglieds empfiehlt. In der Vorlage an den Nominierungsausschuss sollte ein Abgleich mit den individuellen und kollektiven Kriterien vorgenommen werden. Das umfasst neben der fachlichen Perspektive auch die nachstehend erläuterten Punkte, ob mit der Wiederbestellung eine Alters- oder Regelzugehörigkeitsgrenze überschritten würde. Darüber hinaus sollte immer auch begründet werden, warum der Zeitpunkt des Amtsablaufs nicht auch für eine Erneuerung im Vorstand bzw. Aufsichtsrat genutzt werden sollte. 110

Bei Wiederbestellungen benötigt der Nominierungsausschuss keine Nachweise der Eignungskriterien, da diese bei der ersten Bestellung vorgelegen haben. Er sollte dennoch mittels Plausibilitätskontrolle „feststellen, dass die Eignungskriterien weiterhin erfüllt sind" und dabei seine Beobachtungen aus Ausschuss- und Aufsichtsratssitzungen miteinbeziehen. 111

Wenn der Nominierungsausschuss die Wiederbestellung empfiehlt, trifft der Aufsichtsrat seine Entscheidung. 112

- Im Falle eines Vorstandsmitglieds „beschließt der Aufsichtsrat auf Empfehlung des Nominierungsausschusses, das Vorstandsmitglied XY wiederzubestellen. Die weitere Amtsperiode beginnt am xx und endet am xx".
- Im Falle eines Aufsichtsratsmitglieds „schlägt der Aufsichtsrat der Hauptversammlung auf Empfehlung des Nominierungsausschusses das Aufsichtsratsmitglied XY zur erneuten Bestellung für X Jahre vor."

> *Praxistipp:*
>
> Bei Vorstandsmitgliedern kann über eine Wiederbestellung nur im Jahr vor Ende der Amtsperiode beschieden werden, vgl. § 84 AktG. In ständiger Rechtsprechung ist allerdings anerkannt, dass jederzeit auch eine Beendigung des Mandats mit gleichzeitiger Neubestellung möglich ist.[44]

II. Beachtung von Regelzugehörigkeits- oder Altersgrenze

Vorstands- und Aufsichtsratsmitglieder können rechtlich unbegrenzt wiederbestellt werden. Eine Beschränkung kann lediglich durch interne Regelungen, wie beispielsweise durch Einführung einer maximalen Amtszeit oder einer Altersgrenze, erfolgen. 113

1. *Entscheidung des Aufsichtsrats*

Eine solche Beschränkung kann grundsätzlich im Kompetenzprofil, in der Geschäftsordnung für Vorstand oder Aufsichtsrat oder in einem anderen Doku- 113a

44 Vgl. BGH, Urt. v. 17.07.2012 – II ZR 55/1; BGH, Urt. v. 14.05.2013 – II ZB 1/11; OLG Köln, Urt. v. 02.03.2018 – 1 U 50/17.

ment festgelegt werden. In diesen Fällen ist lediglich ein Beschluss mit einfacher Mehrheit im Aufsichtsrat erforderlich. Das bedeutet auf der anderen Seite, dass es auch nur eines Beschlusses mit einfacher Mehrheit erfordert, um sich über diese Regeln hinwegzusetzen bzw. diese für den Einzelfall nicht anzuwenden. Die Aktionäre und die Bankenaufsicht werden in diesen Fällen allerdings eine Begründung verlangen, warum diese Regeln gerade für die wiederzubestellende Person keine Anwendung finden, insbesondere bei einer für das Institut besonders wertvollen Expertise.

Da Aufsichtsräte von der Hauptversammlung bestimmt werden, sind solche Beschränkungen für den Aufsichtsrat nur insoweit anzuwenden, dass sie das Nominierungsrecht binden. Die Hauptversammlung kann sich aber in jedem Fall über Binnenregeln des Aufsichtsrats hinwegsetzen.

2. Entscheidung der Hauptversammlung

114 Teilweise wird vertreten, dass eine Alters- oder Mandatsgrenze von der Hauptversammlung in die Satzung festgelegt werden kann. Deren Einfügung in die Satzung sowie deren Änderung bedürfen dann jeweils einer 3/4-Mehrheit und sind nur bei Konzerntöchtern, die konzernweiten Eignungsregelungen unterliegen sollen, bzw. Instituten mit geringem Streubesitz sinnvoll.

Der Zulässigkeit einer Satzungsregelung könnte allerdings entgegengehalten werden, dass die Auswahl eines Vorstandsmitglieds in der Personalkompetenz des Aufsichtsrats liegt und nicht in der der Hauptversammlung. Dieses dem AktG zugrundeliegende Prinzip der Kompetenzverteilung zwischen Hauptversammlung, Aufsichtsrat und Vorstand würde mit weisungsähnlichen Vorgaben in der Satzung, wie bspw. einer Altersgrenze, aus Sicht des Verfassers umgangen.

III. Mutterschutz, Elternzeit oder Pflege von Angehörigen

115 In Umsetzung der sog. StayOnBoard-Initiative wurde Vorstandsmitgliedern das Recht in § 84 AktG eingeräumt, aus dem Vorstandsamt abberufen, aber orientiert an den entsprechenden Fristen, auch wiederbestellt zu werden, wenn der Mutterschutz, die Eltern- oder Pflegezeit vorüber ist. Ziel der Initiative ist die Vereinbarkeit von Karrieren mit der persönlichen Familienplanung, die in der Vergangenheit oftmals zu einem beruflichen „Knick", insbesondere bei Frauen, geführt haben. Dieses Recht kann der Aufsichtsrat nur aus wichtigen Gründen versagen.

F. Informelle Information der Bankenaufsicht

116 In den meisten Fällen begrüßt die Bankenaufsicht eine frühestmögliche Einbindung in Besetzungsentscheidungen, insbesondere von Schlüsselpositionen wie dem CEO, CRO, dem Aufsichtsratsvorsitz oder dem Vorsitz des Risiko- und teilweise des Prüfungsausschusses. Die Intensität der Einbindung unterscheidet sich oftmals zwischen EZB-beaufsichtigten und national-beaufsichtigten Instituten.

I. EZB-beaufsichtigte Institute

1. *Information über offene Vakanz und Auswahlprozess*

Der erste Kontaktpunkt mit der Aufsicht ist die Information über die frei gewordene bzw. frei werdende Vakanz. Der zweite Punkt ist die Darstellung des Auswahlprozesses, indem der Vorsitzende des Nominierungsausschusses bzw. gegebenenfalls mehrere Mitglieder des Nominierungsausschusses das Anforderungsprofil erläutern, wie es zustande gekommen ist und wie sie planen, entsprechende Kandidaten zu identifizieren. Die Vertreter der Bankenaufsicht werden gegebenenfalls mitgeben, welche Kriterien sie bei der Auswahl insbesondere berücksichtigt sehen wollen. Ein solcher Termin sollte daher möglichst vor der Sitzung des Nominierungsausschusses liegen, in der das Anforderungsprofil festgelegt wird. Es nach dieser Sitzung zu tun, ist aber selbstverständlich ebenso zulässig. 117

2. *Einbindung der Aufsicht vor finaler Beschlussfassung*

Dann wird einige Zeit vergehen, in der der Nominierungsausschuss entsprechende Kandidaten auswählen, abwägen und aussortieren kann. Für die nächsten Schritte gibt es keine wirkliche Blaupause. Das KWG sieht grundsätzlich die Anzeige der Bestellungsabsicht eines Kandidaten vor. Das hieße, dass sich der Aufsichtsrat für einen Kandidaten entscheidet und dies anschließend der Bankenaufsicht per offizieller Anzeige übermittelt. Dies birgt das Risiko einer öffentlichkeits-wirksamen Ablehnung der Kandidat. Zu empfehlen ist gerade bei Schlüsselpositionen einen Termin mit der Aufsicht auszumachen bevor Nominierungsausschuss und Aufsichtsrat offiziell über den Kandidaten beschließen. Gegebenenfalls ist sogar eine Information der Aufsicht bei Verdichtung der long auf die short list ratsam, um zu zeigen, dass der übrig gebliebene Kreis gemäß dem vorgestellten Prozess und Anforderungsprofil ausgewählt wurde. Die Unterlagen sollten demzufolge die „pre checks" enthalten. Diese short list sollte gemäß EBA Suitability Guidelines[45] übrigens mindestens einen Mann und eine Frau umfassen. 118

> *Praxistipp:*
>
> Im Termin mit der Aufsicht sollte gezeigt werden, dass der Auswahlprozess wie ursprünglich vorgestellt durchgeführt wurde und Anforderungsprofil wie Kandidaten zusammenpassen. Der Aufsicht sind alle Informationen zur Eignung im Vorfeld mit ausreichendem Vorlauf zu übermitteln, beispielsweise über eine Powerpoint-Präsentation. In dieser Unterlage sollte die „Rationale", also der Grund, herausgestellt werden, warum der Kandidat der richtige Kandidat ist, wie er das Institut weiterbringen wird und warum er dafür geeignet ist. Die Unterlage sollte zudem das Onboarding-Programm darstellen, das mindestens die Vermittlung der Instituts-Spezifika umfasst. Insofern bei der fachlichen Beurteilung Schwächen festgestellt wurden, ist zu beschreiben, wie und bis wann diese ausgeglichen werden. Das gilt beispielsweise bei einer mangelnden Erfahrung im Kreditgeschäft, die bspw. über eine Rolle als Generalbevollmächtigte kompen-

45 Joint ESMA/EBA Suitability Guidelines, S. 53, Tz. 131.

siert werden könnte. Insofern der Kandidat als Vorstandsmitglied für IT bestellt werden soll, hat die BaFin ausdrücklich erklärt, dass eine sechsmonatige Einarbeitungszeit genügen könne.[46]

3. *Interview mit der Bankenaufsicht*

119 Die Aufsicht wird sich nach der Vorstellung durch den Aufsichtsrat ggf. ein eigenes Bild machen wollen und die Kandidat:in zu einem Interview einladen. Bei Positionen wie dem CEO oder dem CRO sind sie mindestens zu erwarten. Ein solches Interview kann nach dem Bestellungsabsichtsbeschluss geschehen oder noch vor der finalen Aufsichtsratssitzung, in der über die Kandidat:in beschieden werden soll. An diesen Interviews nimmt die Kandidat:in alleine teil. Das Joint Supervisory Team wird ggf. gänzlich teilnehmen und um weitere EZB-Mitarbeiter auf höherer Ebene ergänzt werden.

Praxistipp:

Institutsseitig sollte ein solches Interview gut vorbereitet werden. Eine solche Vorbereitung entspricht im Wesentlichen einem verkürzten Onboarding. Die Kandidat:in sollte für das Interview das Geschäftsmodell, die wesentlichen USPs sowie die wesentlichen Risiken und ihr Management kennen. Anhand der Gesprächsprotokolle mit dem Joint Supervisory Team und Sonderprüfungen mindestens des letzten Jahres sollte zudem die hauptsächlichen Aufsichtsinteressen herausgearbeitet und hierauf gezielt vorbereitet werden. Die konkrete Vorbereitung hängt aber selbstverständlich von der zu besetzenden Position ab. Bei einem Institut mit einer hohen NPL-Quote würde beispielsweise von einem designierten CEO wie von einem designierten CRO eine Erläuterung erwartet werden, wie diese reduziert werden könne. Vom CEO würden zudem strategische Überlegungen zur Weiterentwicklung des Geschäfts erwartet, was wiederum ein gutes Verständnis desselbigen voraussetzt.

4. *2-Stufen-Prüfung*

120 Das JST befolgt in seiner Vorgehensweise den ECB Guide on fit & proper-assessments. Die persönliche Zuverlässigkeit, insbesondere etwaige Interessenkonflikte sowie die zeitliche Inanspruchnahme werden an den zuvor beschriebenen Kriterien abgeprüft.

121 Die Prüfung der fachlichen Qualifikation wird hingegen in zwei Stufen vorgenommen. Im ECB Guide sind Schwellenwerte für Vermutungsregelungen hinterlegt. So wird bspw. die fachliche Qualifikation eines CEOs angenommen, wenn er über zehn Jahre praktische Erfahrung im Finanzdienstleistungsbereich verfügt, wobei ein erheblicher Teil Management-Erfahrung umfassen soll. Das Ende dieser zehn Jahre soll nicht länger als zwei Jahre zurückliegen. Sollte ein CEO-Kandidat beispielsweise über mehr als zehn Berufsjahre im Finanzdienstleistungsbereich verfügen, sich aber seit drei Jahren einer anderen Branche gewidmet haben, wäre die Vermutungsregelung nicht anwendbar.

---

46 BaFin-Fachartikel v. 15.12.2017 – vgl. unter *https://www.bafin.de/SharedDocs/Veroeffentlichungen/DE/Fachartikel/2017/fa_bj_1712_Geschaeftsleitung.html* (zuletzt abgerufen am 14.06.2025).

Insofern diese Schwellenwerte und die damit verbundene Vermutungsregelung nicht erreicht werden, werden erhöhte Erwartungen an den Nachweis der fachlichen Qualifikation gestellt. Als Nachweise gilt der Lebenslauf, aber auch ein vertieftes Onboarding-Programm; ggf. durchgeführt mit einem externen Dienstleister. Im Interview wird ggf. die Plausibilität der fachlichen Qualifikation überprüft.

II. Nicht EZB-beaufsichtigte Institute

Bei Nicht-EZB-beaufsichtigten Instituten wird es nur selten zu Interviews kommen. Die laufende Aufsicht sollte aber ebenso über die freiwerdende Vakanz, den geplanten Prozess und vorab über das Ergebnis informiert werden. Letztlich demonstriert es auch ein gutes Governance-Verständnis, wenn nachvollziehbar begründet werden kann, dass der ausgewählte Kandidat dem eigenen Anforderungsprofil entspricht und einen Beitrag zur Weiterentwicklung des Instituts leisten wird. 122

G. Anzeigepflichten

Bei den Anzeigepflichten nach § 24 KWG iVm mit der Anzeigeverordnung ist zwischen der Mitteilung über Vorstands- und Aufsichtsratsmitglieder zu unterscheiden. 123

I. Vorstandsmitglieder

Bei Vorstandsmitgliedern sind zwei Meldezeitpunkte nach § 24 Abs. 1 Nr. 1 KWG vorgesehen. Zum einen die Absicht der Bestellung sowie der Vollzug der Bestellung. Die Absicht der Bestellung ist typischerweise der Beschluss des Aufsichtsrats, mit dem designierten Kandidaten den Anstellungsvertrag unterzeichnen zu wollen. Er wird aber typischerweise unter den Vorbehalt der Zustimmung durch die Europäische Zentralbank bzw. der BaFin gestellt. Dies ist an sich nicht notwendig, da keine ex-ante-Zustimmungspflicht durch die Bankenaufsicht besteht, gehört aber zu den üblichen Erwartungen der Bankenaufsicht. 123a

Der Vollzug knüpft an die tatsächliche Aufnahme der Tätigkeit an. Wenn beispielsweise ein Vorstandsmitglied zum 1. November 2023 bestellt wird, ist am 1. November 2023 mitzuteilen, dass der Anstellungsvertrag auch vollzogen wurde.

II. Sonderfall: Generalbevollmächtigter

§ 24 Abs. 1 Nr. 1 KWG sieht auch eine Information über die „Absicht der Ermächtigung einer Person zur Einzelvertretung des Instituts in dessen gesamten Geschäftsbereich" vor. Insbesondere Personen, die bisher keine Vorstandserfahrung hatten, sollen teilweise eine gewisse Zeit als Generalbevollmächtigte tätig sein, um noch die fehlende Erfahrung auf Vorstandsebene zu ergänzen. 124

Dies sind aber zumeist nur Titel, die die hohe Anforderung in § 24 Abs. 1 Nr. 1 KWG nicht reflektieren. Für § 24 Abs. 1 Nr. 1 KWG wird eine Einzelvertretungsbefugnis benötigt, die vor allem bei größeren Instituten nicht einmal den Vorstandsmitgliedern zugesprochen wird. Es ist daher genau zu prüfen, ob tatsächlich eine Meldeverpflichtung vorliegt. Sollte allerdings die „Generalbevollmächtigung" als Vorbereitung auf eine Vorstandsposition genutzt werden, bietet sich ohnehin an, die Aufsicht darüber zu informieren bzw. teilweise ist es auch Ergebnis der informellen Abstimmungen mit der Bankenaufsicht.

III. Aufsichtsratsmitglieder

125 Im Gegensatz zu den Vorstandsmitgliedern wird für die Nominierung der Aufsichtsratsmitglieder keine Anzeige benötigt. Lediglich die Bestellung durch die Hauptversammlung löst eine Anzeigepflicht aus.

Bei Aufsichtsratsmitgliedern, die neu in den Aufsichtsrat bestellt werden und Schlüsselpositionen übernehmen sollen, wie beispielsweise den Aufsichtsratsvorsitz bzw. den Vorsitz über einen Ausschuss, bietet sich allerdings eine Information der Bankenaufsicht zusammen mit den Unterlagen an, die der Nominierung des Aufsichtsrats zugrunde lagen.

IV. Mögliche Reaktionen der Aufsicht

126 Der Bankenaufsicht stehen unterschiedliche Reaktionsmöglichkeiten offen, die nachfolgend mit aufsteigender Eingriffsintensität beispielhaft aufgezählt werden:

- Bestätigung der Bestellung (ohne Auflagen oder Bedingungen)
- Nachfragen, um Prüfung abschließen zu können
- Auflage an einer bestimmten Schulung teilzunehmen
- Auflage regelmäßig über bestimmte Sachverhalte zu berichten (bspw. laufende Ermittlungsverfahren)
- Bedingung, ein anderes Mandat niederzulegen
- Bedingung, dass bestimmte Tätigkeiten nicht übernommen werden dürfen (bspw. Erlaubnis nur für die Tätigkeit als CRO, nicht aber als CEO)
- Versagung der Bestellung

H. Beschlussvorschläge

I. Vorstandsmitglieder

127 Der Aufsichtsrat könnte bei Vorstandsmitgliedern bspw. wie folgt beschließen:

> *„Auf Empfehlung des Nominierungsausschusses stellt der Aufsichtsrat fest, dass Frau Martina Mustermann die Anforderungen des Anforderungsprofils erfüllt und beschließt – vorbehaltlich der Zustimmung durch die Europäische Zentralbank [bzw. bei Nicht-EZB-beaufsichtigten Instituten: der Bundesanstalt für Finanzdienstleistungsaufsicht], Frau Martina Mustermann für fünf Jahre, das heißt vom 1. 4. 2022 bis zum 31. 3. 2027, zu bestellen. Sie übernimmt die Aufgaben als Chief Risk Officer und damit zumindest die Verantwortung für die Risiko- und die Compliance-Einheiten des Instituts.*

Auf Empfehlung des Vergütungskontrollausschusses beschließt der Aufsichtsrat zudem, Frau Martina Mustermann eine dem vorgelegten Arbeitsvertrag entsprechende Vergütung zu zahlen.

Der Aufsichtsratsvorsitzende wird ermächtigt, Frau Martina Mustermann die Absicht ihrer Bestellung auszurichten, ihre Antwort für den Aufsichtsrat entgegen zu nehmen und im Falle der Zusage sowie der Zustimmung der Europäischen Zentralbank [bzw. bei Nicht-EZB-beaufsichtigten Instituten: der Bundesanstalt für Finanzdienstleistungsaufsicht], den vorgelegten Anstellungsvertrag für den Aufsichtsrat bzw. für das Institut zu unterzeichnen."

II. Aufsichtsratsmitglieder

Für Aufsichtsratsmitglieder, die der Hauptversammlung zur Bestellung vorgeschlagen werden, könnte der Beschluss lauten: 128

„Auf Empfehlung des Nominierungsausschusses stellt der Aufsichtsrat fest, dass Frau Martina Mustermann die Anforderungen des Anforderungsprofils erfüllt und beschließt, sie der Hauptversammlung als Mitglied des Aufsichtsrats für 5 Jahre vorzuschlagen, beginnend mit der Hauptversammlung, in der sie bestellt wird."

I. Onboarding, Fortbildung

Der Nominierungsausschuss bzw. der Aufsichtsrat hat auch über den „Einarbeitungsplan" des Vorstands zu bescheiden. Der Einarbeitungsplan hat grundsätzlich zwei Module, die flexibel angepasst werden können. 129

- Die Vermittlung der Institutsspezifika (Geschäftsmodell, USPs), wesentliche Stakeholder (Märkte, Kunden, Investoren, Mitarbeiter), wesentliche Wettbewerber, Geschäfts- und Risikostrategien, wesentliche Fundingquellen, Risikomanagementsystem inkl. wesentlicher Risiken und Informationssicherheit, jüngste SREP- und MREL-Bewertungen, Internes Kontrollsystem, übersichtliches Organigramm unter Ausweis aller Beauftragtenfunktionen (bspw. Compliance-Beauftragter, Auslagerungsbeauftragter usw.), grundsätzliche IT-Architektur und Provider, wesentliche Auslagerungen, Besonderheiten in der Rechnungslegung, Vergütungssystem, übergreifende Governance anhand Satzung und Geschäftsordnungen.
- Fortbildungselemente bei festgestellten Eignungsdefiziten, bspw. gesonderte Vermittlung von Know-how in der Rechnungslegung, Banken-Know-how bei Nichtbankern.

Während die Institutsspezifika idealerweise durch Institutsangehörige wie die Vorstandsmitglieder oder Bereichsleiter vermittelt werden, kann zur Erreichung der Eignungskriterien auch auf externe Fortbildungsangebote zurückgegriffen werden. Das ist aber nicht zwingend.

Nachdem der „Einarbeitungsplan" abgeschlossen ist, wird die Eignung des Organmitglieds unterstellt. Der Einarbeitungsplan sollte die Eignung möglichst vor dem Amtsantritt herstellen. Sollte dies nicht gelingen, lässt die Aufsicht einen Zeitraum bis 6 Monate nach Amtsantritt zu.

J. Weiterbildung

130 Die einmal erzielte fachliche Eignung muss erhalten bleiben. Regulatorisch wird erwartet, dass das Institut die Ressourcen für eine angemessene Weiterbildung zur Verfügung stellt. Die Weiterbildung sollte mindestens die Vermittlung neuer regulatorischer und gesetzlicher Vorgaben beinhalten. Das Geschäftsmodell stark beeinflussende Themen wie Cyber, Digitalisierung, Krypto, ESG und Nachhaltigkeit, sollten ergänzt werden. Eine Vermittlung durch Institutsangehörige reicht grundsätzlich aus. Ebenso können externe Angebote oder auch eine Vermittlung durch Einbindung Externer in Institutsangebote genutzt werden.

> *Praxistipp:*
>
> Die deutsche Aufsicht und EZB sehen im Gegensatz zu anderen europäischen Aufsichtsbehörden nicht die Übersendung solcher Nachweise vor. Nichtsdestotrotz sind sie im Unternehmen nachzuhalten, da sie situativ nachgefragt werden könnten. Eine jährliche Berichterstattung im Nominierungsausschuss über die Weiterbildungsformate bietet sich an.

131 Die Weiterbildung wird überwiegend durch exogene Faktoren ausgelöst. Allerdings kann auch eine interne Veränderung einen Bedarf für Weiterbildung verursachen. Bei wesentlichen Änderungen des Geschäftsmodells, dem Eintritt in neue Märkte oder anderer wesentlicher Veränderungen ist zu überprüfen, ob die Kompetenzanforderungen anzupassen und wenn ja, mit dem bestehenden Vorstand und Aufsichtsrat gegeben sind. Sollte dem nicht so sein, ist ferner zu prüfen, ob durch entsprechende Weiterbildungsangebote die angemessene kollektive und individuelle fachliche Eignung wiederhergestellt werden kann.

K. Evaluierung

132 § 25d Abs. 11 Nr. 3 und 4 KWG sowie die EBA Suitability Guidelines und der ECB Fit & Proper Guide sehen eine mindestens jährliche Evaluation vor. Teilweise wird diese Evaluation mit den sog. Effizienzprüfungen bei börsennotierten Unternehmen gleichgesetzt, was aber nicht den bankaufsichtsrechtlichen Erwartungen daran entspricht. Effizienz ist nur eine Teilmenge. Die Evaluation soll die individuelle und kollektive Eignung beurteilen sowie die Leistung, Größe und Struktur des Aufsichtsrats aber auch des Vorstands beurteilen.

I. Inhalt der Evaluationsprüfung

132a Die individuelle und kollektive Eignung soll zum einen anhand des Status quo beurteilt werden, also ob die ursprünglich festgestellten Eignungskriterien noch gegeben sind. Dabei darf der Erhalt der fachlichen Qualifikation grundsätzlich unterstellt werden. Hinsichtlich der persönlichen Zuverlässigkeit ist aber beispielsweise abzufragen, ob sich die angegebenen Mandate verändert haben. Auch wenn grundsätzlich eine Pflicht zur unverzüglichen Mitteilung solcher Veränderungen besteht, sollte Sicherheitshalber mindestens jährlich nochmal danach gefragt werden; auch weil die Mandate im Jahresabschluss angegeben werden.

Im zweiten Schritt ist eine Prognose der individuellen und kollektiven Eignung in die Zukunft zu machen. Anhand der langfristigen Strategie hat der Nominierungsausschuss zu beurteilen, ob in den nächsten fünf Jahren die gleichen Eignungskriterien verlangt werden, wie derzeit. Hat ein Institut beispielsweise geplant, Digitale Produkte stärker zu vertreiben, sein Zinsgeschäft zugunsten von Provisionsleistungen zurückzufahren, auf Nachhaltigkeit ausgerichtete Produkte zu vertreiben oder ähnliches, muss der Nominierungsausschuss beurteilen, ob die aktuellen fachlichen Qualifikationen im Vorstand und/oder Aufsichtsrat hierfür ausreichen. Falls dem nicht so ist, hat der Nominierungsausschuss das in seine Personalplanungen miteinzubeziehen. Entweder leitet er hieraus den Bedarf von Weiterbildungen ab oder gar, dass entsprechende Expertise in den Vorstand und/oder Aufsichtsrat geholt werden muss. 133

Unabhängig von einem sich abzeichnenden fachlichen Defizit hat sich der Nominierungsausschuss ohnehin mit der Personalplanung zu beschäftigen und sollte mindestens die geplant freiwerdenden Positionen der nächsten zwei Jahre betrachten. Dabei sind unter anderem Regelaltersgrenzen oder Zugehörigkeiten zu berücksichtigen. 134

Fallen ein sich abzeichnendes fachliches Defizit und freiwerdende Vakanzen zusammen, kann der Nominierungsausschuss mit ausreichendem Vorlauf ein entsprechendes Anforderungsprofil bestimmen, was die zukünftigen Kompetenzen trägt, und einen entsprechenden Suchprozess ansteuern. Neben externen Kandidaten könnten dafür auch interne Profile identifiziert werden, die die zukünftigen Anforderungen schon erfüllen und denen über die nächsten zwei Jahre Kompetenzen oder andere Maßnahmen zugeordnet werden, damit sie die allgemeine Vorstandsreife erhalten. 135

II. Interaktion mit der Aufsicht

Für EZB-beaufsichtigte Institute sehen die EBA Suitability Guidelines sowie der ECB Fit & Proper Guide die Übersendung der jährlichen Evaluationsergebnisse vor, die u. a. ausweisen sollten, ob Positionen in nächster Zeit (zwei Jahre sind durchaus gängig) neu zu besetzen sind. 136

> *Praxistipp:*
>
> Insofern dies bei Schlüsselpositionen der Fall ist, wird das der Startpunkt einer Diskussion mit der Aufsicht zu dessen Nachbesetzung sein. Es wäre daher von Vorteil, mit den Evaluationsergebnissen, die eine solche Vakanz ausweisen, direkt den bereits verabredeten Prozess zur Nachfolgesuche mitzuversenden bzw. mindestens in der Begleitemail zu zeigen, dass der Prozess schon aufgenommen wurde.

L. Nachfolgeplanung

Vorstand und Aufsichtsratsmitglieder können vorhersehbar oder unvorhergesehen aus dem Amt austreten. Die Bankenaufsicht erwartet, dass der Aufsichts- 137 rat und insbesondere der Nominierungsausschuss beide Situationen vorbereitet.

I. Vorhersehbarer Austritt

137a Der vorhersehbare Austritt wird zumeist – wie oben beschrieben – über den jährlichen Evaluationsprozess festgestellt, der auch einen Ausblick auf die personellen Veränderungen mindestens der nächsten zwei Jahre vornimmt. In dieser Zeit können entweder externe Kandidaten gesucht oder interne Kandidaten auf die Übernahme eines Vorstandsmandats vorbereitet werden.

II. Unvorhergesehen Austritte

138 Abwerbungen, Umorientierungen, eine unangemessene Zusammenarbeit, Krankheit, Tod oder andere Gründe können die Mandatsausübung unmittelbar beenden. Vorstände und Aufsichtsräte sind typischerweise nicht überbesetzt, weshalb mit unmittelbaren Maßnahmen auf den Abfluss dieser Kompetenz reagiert werden muss.

1. Präventivmaßnahmen innerhalb der Organorganisation

138a Organmitglieder bündeln bei sich oftmals viele Unternehmensinformationen. Damit diese nicht auf einen Schlag wegfallen, sind entsprechende horizontale Informationspflichten zu vereinbaren. In der Geschäftsordnung von Vorstand und Aufsichtsrat sollte aufgenommen sein, dass Organmitglieder ihren Organen über wesentliche Informationen, Prozesse in denen sie eingebunden sind, berichten.

139 Damit die Organe funktionsfähig bleiben, sollte der Vorstand nicht nur aus zwei Mitgliedern und der Aufsichtsrat sowie jeder Ausschuss aus mehr als drei Mitgliedern bestehen. Andernfalls könnten im Falle eines Ausfalls eines Mitglieds keine Beschlüsse mehr gefasst werden.

140 Für den Vorsitz des Vorstands, des Aufsichtsrats und eines Ausschusses sollte eine Stellvertretung bestimmt worden sein, die demzufolge schon vorher weiß, dass sie gegebenenfalls in diese Position „einspringen“ muss und folglich ausreichend über die Vorgänge informiert sein müsste.

141 Im Aufsichtsrat bzw. den Ausschüssen bietet es sich zudem an, erforderliche Kompetenzen nicht nur mit einer Person besetzt zu haben. Finanz-, Risiko-, Bank-, Geschäfts- und IT-Expertise sollten mindestens jeweils zwei Personen vorweisen können. Dies ist über die jährliche Evaluation festzustellen.

142 Der Nominierungsausschuss sollte sich auch ein Bild darübermachen, ob der jeweilige Funktionsinhaber einen transparenten und offen Umgang mit seinen direkten Berichtslinien und im Vorstand trägt, was er beispielsweise über entsprechende Befragungen herausfinden kann. Sollte ein solcher Funktionsinhaber ausfallen, wird das bei ihm zusammengeführte Wissen voraussichtlich auch bei anderen Personen vorhanden sein, wodurch diese in der Lage sind ihre Aufgaben auch bei Wegfall des Funktionsinhabers weiterzuführen.

Der Wegfall solcher Funktionsinhaber ist ein operationelles Risiko. Der Nominierungsausschuss sollte daher auch auf Anzeichen für Überlastung achten, beispielsweise die Menge abendlicher bzw. nächtlicher oder wochenendtäglicher Arbeit, der Arbeit aus dem Urlaub heraus oder wahrgenommenen Stresssymptomen. Der Aufsichtsratsvorsitzende sollte dies in seinen vertraulichen Jour Fixen mit dem CEO wiederkehrend besprechen.

2. *Auswahl der oberen Führungsebene*

Nach § 25d Abs. 11 Nr. 5 KWG hat sich der Nominierungsausschuss mit den Grundsätzen des Vorstands für die Auswahl der oberen Leitungsebene auseinanderzusetzen. Diese Informationspflicht dient dem Aufsichtsrat zu erfahren, nach welchen Kriterien Führungspersonen ausgewählt werden, die dann gegebenenfalls als etwaige interne Nachfolger in Frage kommen. 143

Neben den Auswahlverfahren als solche, die auf Fachlichkeit und Persönlichkeit im Sinne der Unternehmenskultur – und weniger auf persönliche Kumpanei – achten sollten, sind die Umsetzung gesetzter Diversitätsziele für die Ebenen unterhalb des Vorstands zu betrachten. So können Frauen für die Erfüllung der Diversitätsziele als interne Vorstandsnachfolger nur eingeschränkt in Frage kommen, wenn sie nicht auf den Ebenen unterhalb des Vorstands existieren. 144

3. *Die „Ziegelsteinliste"*[47]

Die Aufsicht und insbesondere die EZB legt eine verstärkte Aufmerksamkeit auf die Identifikation konkreter möglicher Nachfolger. So ist es in großen Instituten durchaus üblich, eine Liste wiederkehrend zu aktualisieren, die mögliche Nachfolger pro Vorstandsmitglied benennt. 145

In Zusammenarbeit mit der Personalabteilung und dem Aufsichtsratsbüro kann die Vorstandsfähigkeit der einzelnen Personen beurteilt und ggf. über entsprechende Kompetenzzuordnungen oder Weiterbildungsmaßnahmen hergestellt werden. Beispielsweise Kreditkompetenzen werden oftmals über die Teilnahme an Kreditausschüssen vermittelt.

> *Praxistipp:* 146
>
> Wie offen diese Liste schon im Aufsichtsrat geteilt wird und wie transparent den identifizierten Personen gemacht werden soll, dass sie als mögliche Vorstandsnachfolger in Frage kommen, ist für jedes Unternehmen individuell zu entscheiden. Dabei ist zu beachten, dass zum einen die offene Kommunikation mit diesen Personen die Weiterbildungsmaßnahmen und die Herstellung der Vorstandsfähigkeit erleichtert, auf der anderen Seite dann auch Begehrlichkeiten weckt. Sollte dann eine etwaig freigewordene Vorstandsposition mit einem externen Kandidaten besetzt werden, könnte das den internen Kandidaten frustrieren. Dies ist also kommunikativ gut zu begleiten. Zum anderen können die anderen

47 Ein Begriff, der für eine Liste von potentiellen Nachfolgern verwendet wird, die kurzfristig ein Vorstandsamt übernehmen könnten, falls einem gegenwärtigen Vorstand „ein Ziegelstein auf den Kopf fallen würde", also bei unvorhergesehenen Ausfällen.

Führungskräfte bei etwaigen Kompetenzzuordnungen auch oftmals ableiten, dass sie selbst nicht in Frage kommen, was wiederum zu Frustration führen, aber andererseits auch offen als Anreiz verwendet werden kann.

4. Der/Die Generalbevollmächtigte

147 Eindeutiges Zeichen ist oft, eine bestimmte Person als Generalbevollmächtigten zu bezeichnen. Diese nimmt über diesen Funktionstitel oftmals an Vorstandssitzungen teil und es ist für jeden Außenstehenden erkennbar, dass diese Person demnächst zum Vorstand bestellt werden soll.

Daher besteht für die Absicht zur Bestellung von Generalbevollmächtigten auch grundsätzlich eine Anzeigepflicht gegenüber der Aufsicht (§ 24 Abs. 1 Nr. 1 KWG). Allerdings bezieht sich diese nur auf solche Personen, die tatsächlich zu Einzelvertretung des Instituts in dessen gesamten Geschäftsbereich ermächtigt werden. In den meisten Satzungen dürfte aber geregelt sein, dass auch nur mindestens zwei Vorstandsmitglieder zusammen bzw. ein Vorstandsmitglied zusammen mit einem Prokuristen das Institut vertreten dürfen. Die meisten als Generalbevollmächtigte bezeichnete Personen sind daher nicht zwangsläufig der Aufsicht zu melden. Der Aufsicht werden sie aber zumeist bekannt sein, da die Generalbevollmächtigung als Weg zum Vorstandsamt schon an sie kommuniziert wurde.

Kapitel II: Besondere Aufgaben und Funktionen

Inhaltsübersicht

A. Rechtliche Grundlagen der Aufsichtsratsarbeit

Die rechtlichen Grundlagen der Aufsichtsratsarbeit im Finanzsektor finden sich 1
einerseits im Aktiengesetz, andererseits aber in zahlreichen weiteren Gesetzen,

Verordnungen und anderen Formen der Rechtssetzung. Typisch für diesen Sektor ist die Überprägung des Aktienrechts durch spezielle Vorgaben für Kreditinstitute, Wertpapierinstitute und Finanzdienstleistungsinstitute.[1] Diese Entwicklung ist historisch bedingt, insbesondere als Reaktion auf die Finanz-/Wirtschaftskrise 2008/2009.[2]

Im Unterschied zu anderen Branchen unterliegt das Gremium Aufsichtsrat damit der Überwachung durch eine Aufsichtsbehörde. Diese Vorgaben beeinflussen vor allem die Zusammensetzung des Gremiums Aufsichtsrat, aber auch die konkrete Organisation der Aufsichtsratsarbeit. Darüber hinaus unterscheiden sich die Aufgaben des Aufsichtsrats in einem Kreditinstitut teilweise von den Aufgaben, mit denen sich ein Aufsichtsrat in einem anderen Unternehmen konfrontiert sind. Typischerweise sind die Anforderungen an den Aufsichtsrat im Finanzsektor dabei höher als in sonstigen Unternehmen.

I. Aktienrecht: Grundregelungen für den typischen Aufsichtsrat

2 Das Grundmodell des Aufsichtsrats findet sich in den gesetzlichen Regelungen zum Aufsichtsrat in einer Aktiengesellschaft, §§ 95 ff. AktG. Diese gelten unmittelbar für alle Kreditinstitute, die in Form einer Aktiengesellschaft organisiert sind.

Soweit Kreditinstitute als Anstalt des öffentlichen Rechts organisiert sind, gelten insoweit die für die jeweilige Anstalt maßgeblichen bundes- oder landesrechtlichen Spezialnormen. Dem Aufsichtsrat vergleichbar ist bei solchen Kreditinstituten dabei der Verwaltungsrat.[3]

Im Folgenden konzentriert sich die Darstellung auf aktienrechtlich ausgestaltete Aufsichtsratsgremien, da diese das Grundmodell für vergleichbare Gremien in Gesellschaften anderer Rechtsform bilden.

> *Praxistipp:*
>
> Bei einer Tätigkeit in einem Aufsichtsrat eines Kreditinstituts in anderer Organisationsform sollte bereits beim Onboarding, d. h. bei der Aufnahme der Tätigkeit, nach den konkreten Unterschieden zu einem Aufsichtsrat in der Aktiengesellschaft gefragt werden (soweit diese dem individuellen Aufsichtsratsmitglied nicht bereits konkret bekannt sind). Zudem sollten die Satzung bzw. der Gesellschaftsvertrag und Geschäftsordnungen für den Vorstand und den Aufsichtsrat auf Regelungen für den Aufsichtsrat hin durchgesehen werden.

1 Für die Definition der verschiedenen Institute im Detail, vgl. § 1 KWG sowie § 2 Abs. 10 WpHG.
2 *Binder*, ZGR 2015, S. 667, passim; *Schneider/Schneider*, NZG 2016, S. 41 (42).
3 *Kirchhartz*/Claussen/Erne, Bank- und Kapitalmarktrecht, 6. Aufl. 2023, § 1 Rn. 55.

II. Bankaufsichtsrecht: Sonderregelungen für Aufsichtsräte im Finanzsektor

Im Finanzsektor sind neben den allgemeinen, aktienrechtlichen Vorgaben etliche weitere Sondernormen zu beachten, die erheblichen Einfluss auf die Arbeit und Zusammensetzung des Aufsichtsrats haben können. 3

Zunächst sind die Regelungen des Gesetzes über das Kreditwesen (KWG) zu beachten. Dieses sieht bspw. in § 25d KWG Sonderregelungen zur Zusammensetzung des Aufsichtsrats vor. § 36 KWG regelt die Möglichkeit der Bankaufsicht,[4] Maßnahmen gegen Mitglieder des Verwaltungs- oder Aufsichtsorgans zu ergreifen.

Die Erwartungshaltung der BaFin an die individuellen Anforderungen für Mitglieder in Verwaltungs- oder Aufsichtsorganen nach § 25d KWG wird dabei durch ein Merkblatt konkretisiert, das regelmäßig seitens der BaFin aktualisiert wird.[5] Die BaFin sieht darin auch bestimmte Nachweise für die individuellen Kenntnisse, Fähigkeiten und Erfahrungen vor.[6]

> *Praxistipp:*
> Erforderlich ist neben einem Lebenslauf bspw. ein Führungszeugnis sowie Nachweise über die Teilnahme an (fachlich relevanten) Fortbildungen. Die Vorbereitung der Kandidatur für einen Aufsichtsrat im Finanzsektor erfordert daher erhebliche Ressourcen und Mitwirkung seitens der Kandidatinnen und Kandidaten. Die jeweiligen Anforderungen sollten immer in unmittelbarem Zusammenhang mit der Kandidatur tagesaktuell geprüft werden.

Auch das Wertpapierhandelsgesetz (WpHG) sieht in einzelnen Regelungen spezielle Anforderungen an die Tätigkeit von Aufsichtsräten im Finanzsektor vor. So regelt beispielsweise § 33 Abs. 1 S. 1 Nr. 5 WpHG bestimmte Berichtsanforderungen an den Aufsichtsrat im Bereich von Compliance.[7]

III. Satzung und Geschäftsordnung

Eine weitere Rechtsgrundlage für die Aufsichtsratsarbeit ist die Satzung der Gesellschaft. Hierin finden sich regelmäßig Vorgaben zur Zusammensetzung des Aufsichtsrats, insbesondere zur Anzahl der Mitglieder sowie zur Wahl möglicher Ersatzmitglieder. Außerdem werden häufig Aussagen zum Vorsitzenden und dem Stellvertreter getroffen. Meist finden sich in der Satzung auch Rege- 4

---

4 Für die Bankaufsicht in Deutschland und die Aufgabenteilung zwischen Bundesanstalt für Finanzdienstleistungsaufsicht (BaFin) und Deutscher Bundesbank sowie zur Aufsicht über bedeutende Kreditinstitute durch die EZB im Rahmen des einheitlichen europäischen Aufsichtsmechanismus, vgl. bspw. *Auerbach*, Banken- und Wertpapieraufsicht, 2. Aufl. 2023, Kap. 1 Rn. 17 ff. sowie *Gschwandtner*/Karper/Fandrich/Edelmann, MAH Bank- und Kapitalmarktrecht, 3. Aufl. 2024, § 1 Rn. 118 ff.

5 BaFin, Merkblatt zu den Mitgliedern von Verwaltungs- und Aufsichtsorganen gemäß KWG und KAGB v. 8. 8. 2016, geändert am 29. 10. 2020.

6 *Auerbach*, Banken- und Wertpapieraufsicht, 2. Aufl. 2023, Kapitel 2, Rn. 695.

7 Hierzu im Detail bspw. Fuchs/*Fuchs*, 2. Aufl. 2016, WpHG § 33 Rn. 90-90a.

lungen zur Ladungsform und -frist für Aufsichtsratssitzungen sowie zur Beschlussfähigkeit und zur Stimmenmehrheit.

> *Praxistipp:*
> Wird ein Beschluss des Aufsichtsrats unter Verstoß gegen Regelungen in der Satzung oder der Geschäftsordnung gefasst, ist die Fehlerfolge abhängig von der Schwere des Verfahrensfehlers.[8] Insbesondere Verstöße gegen die Zuständigkeit, die Zusammensetzung oder die erforderliche Mehrheit können zur Nichtigkeit eines Aufsichtsratsbeschlusses führen.

Ebenfalls in der Satzung zu regeln ist die Vergütung des Aufsichtsrats, § 113 AktG. Für die Aufsichtsratsmitgliedschaft ist nach Anregung G.18 S. DCGK eine im Verhältnis zur Tätigkeit angemessene reine Festvergütung vorzusehen; § 25d Abs. 5 S. 2 KWG verbietet eine variable Vergütung, um Interessenkonflikte zu vermeiden.[9] Zusätzliche Vergütungsbestandteile können für die Mitgliedschaft in Ausschüssen oder die Aufgabenwahrnehmung als Vorsitzender gewährt werden, vgl. Empfehlung G 17 DCGK.

Ausfluss seiner Stellung als unabhängiges, nur im Gesellschaftsinteresse agierendes Überwachungsorgan ist das Selbstorganisationsrecht des Aufsichtsrats: Wie der Aufsichtsrat seine Tätigkeit organisiert, ist ihm grundsätzlich selbst überlassen und kann nicht durch das Unternehmen vorgezeichnet werden.[10] Damit einher geht jedoch auch eine Selbstorganisationspflicht: Der Aufsichtsrat muss seine Tätigkeit so organisieren, dass er die ihm obliegenden Pflichten mit gebotener Sorgfalt ausreichend wahrnehmen und die ihm zustehenden Rechte ausüben kann.[11]

Erforderlich ist daher in der Regel eine Geschäftsordnung, die vom Aufsichtsrat mit einfacher Mehrheit beschlossen und auch geändert werden kann.[12]

> *Praxistipp:*
> Die Geschäftsordnung des Aufsichtsrats sollte neben der Anzahl der Sitzungen die Ladungsfrist und -form sowie die Frist für das Bereitstellen von Unterlagen regeln. Außerdem sollte die Sitzungsform, das Umlaufverfahren, die Möglichkeit zur Abgabe von Stimmbotschaften und/oder der virtuellen Teilnahme, ggf. der Abstimmungsmodus, der Umgang mit Interessenkonflikten sowie die Teilnahme des Vorstands angesprochen werden. Sinnvoll sind auch Regelungen zur Protokollerstellung, Aufgaben des Vorsitzenden (wie Entgegennahme von Erklärungen, Investorengespräche), ein Hinweis auf die Verschwiegenheit sowie die Selbstbewertung. Selbstverständlich sollten Regelungen zur Bildung und den Aufgaben von Ausschüssen des Aufsichtsrats sein.

Ein Verstoß gegen die Geschäftsordnung muss nicht immer zu einem unwirksamen Aufsichtsratsbeschluss führen. Insbesondere dann, wenn alle Mitglieder

8 *Carl*/Goette/Arnold, HdB Aufsichtsrat, 1. Aufl. 2021, § 3 Rn. 463 ff.
9 *Auerbach*, Banken- und Wertpapieraufsicht, 2. Aufl. 2023, Kapitel 2, Rn. 703.
10 *Carl*/Goette/Arnold, HdB Aufsichtsrat, 1. Aufl. 2021, § 3 Rn. 2.
11 *Carl*/Goette/Arnold, HdB Aufsichtsrat, 1. Aufl. 2021, § 3 Rn. 5 m. w.Nw.
12 MüKoAktG/*Habersack*, 6. Aufl. 2023, AktG § 107 Rn. 212.

des Aufsichtsrats an der Entscheidung mitwirken und sich gemeinsam über die Regelungen zu Frist und Verfahren hinwegsetzen, oder wenn das Wohl der Gesellschaft eine Verzögerung nicht zulässt, können solche formalen Verstöße unschädlich sein.[13]

> *Praxistipp:*
> Bei einer Beschlussfassung unter Verstoß gegen formale Regelungen empfiehlt es sich, das Einverständnis aller Mitglieder des Aufsichtsrats mit der Beschlussfassung explizit festzuhalten. Dies erleichtert die spätere Nachvollziehbarkeit.

Die zunehmende Komplexität der Aufsichtsratsarbeit erfordert in vielen Gesellschaften die zusätzliche, organisatorische Unterstützung des Aufsichtsrats (sog. „*Board Office*"). Insbesondere die Vorbereitung von Sitzungen, die Qualitätskontrolle in Bezug auf die zur Verfügung gestellten Unterlagen, das Sicherstellen der Dokumentation sowie das Nachverfolgen von offenen Punkten erfordert häufig mindestens eine dezidierte Person, die dem Aufsichtsrat zur Verfügung steht.

Aus rein rechtlicher Sicht hat der Aufsichtsrat kein eigenes Budget zur Verfügung und besitzt nach herrschender Meinung auch kein Recht, über Gesellschaftskonten zu verfügen, auch nicht zur Erfüllung eigener Verbindlichkeiten, zum Beispiel aufgrund der Einschaltung von Sachverständigen durch den Aufsichtsrat.[14]

> *Praxistipp:*
> Dem Aufsichtsrat sollten zumindest dezidierte Ressourcen zur Verfügung stehen, die ggf. auch dann eingeschaltet werden können, wenn einzelne Themen ohne Einschaltung des Vorstands bearbeitet werden müssen (z. B. Prüfung von Vorwürfen gegen ein Vorstandsmitglied). Hierzu sollte im Innenverhältnis mit dem Vorstand geregelt werden, wie der Aufsichtsrat bspw. auf leitende Mitarbeitende im Rechtsbereich oder der Internen Revision zugreifen kann.

IV. DCGK, PCGK und Anforderungen des Kapitalmarkts

Jenseits der rechtlich verbindlichen Vorgaben aus Gesetz und Satzung hat sog. 5
„Soft Law" erhebliche Bedeutung gewonnen: Es handelt sich dabei um eine Form der Normgebung, die nicht durch das Parlament als eigentliche Legislative erfolgt, und im engeren Sinn nicht rechtlich verbindlich ist, die jedoch aufgrund

13 *Bingel*/Goette/Arnold, HdB Aufsichtsrat, 1. Aufl. 2021, § 3 Rn. 396; MüKoAktG/*Habersack*, 6. Aufl. 2023, AktG § 110 Rn. 16.

14 Zum Streitstand bspw. MüKoAktG/*Habersack*, 6. Aufl. 2023, AktG § 111 Rn. 102; *Wasmann*/*Gärtner*/Goette/Arnold, HdB Aufsichtsrat, 1. Aufl. 2021, § 6 Rn. 198.

ihrer Öffentlichkeitswirkung insbesondere für börsennotierte[15] Gesellschaften faktischen Zwang entfaltet.

Dies sind zum einen die Vorgaben aus DCGK[16] bzw. PCGK[17], die jeweils auch Anforderungen an gute Aufsichtsratsarbeit aufstellen. Umsetzt werden müssen die dortigen Vorgaben – Empfehlungen und Anregungen – nicht. Jedoch muss eine Abweichung von einer Empfehlung transparent gemacht und begründet werden, § 161 AktG bzw. Teil 1, Ziff. 1 PCGK.

Darüber hinaus sind börsennotierte Gesellschaften mit weiteren Anforderungen ihrer Share- und Stakeholder konfrontiert: Beispielsweise stellen große institutionelle Investoren ihre eigenen Regelungen auf, wann sie in welche Gesellschaft investieren und welche Vorgaben zu beachten sind, wenn ein positives Votum auf der Hauptversammlung gegeben werden soll. Auch große Proxy Advisor (Stimmrechtsberater) geben regelmäßig Empfehlungen ab, welche Vorgaben in Bezug auf gute Corporate Governance beachtet werden sollten. Die jeweiligen Regelungen der Stimmrechtsberater sind aufgrund § 134d AktG öffentlich verfügbar zu machen und können standardmäßig im Internet abgerufen werden. Wichtige Proxy Advisor sind bspw. Institutional Shareholder Services Inc. (ISS)[18] und Glass, Lewis & Co. (Glass Lewis)[19]. Die Vorgaben der Stimmrechtsberater betreffen regelmäßig Bereiche wie die Dauer der Amtszeit, Hinweise zur Unabhängigkeit der Aufsichtsratsmitglieder (nach Einschätzung der jeweiligen Beratungsfirmen) sowie zur Anzahl der wahrgenommenen Mandate.[20]

---

15 Nach § 3 Abs. 2 AktG sind börsennotierte Gesellschaften nur solche, deren Aktien zu einem Markt zugelassen sind, der von staatlich anerkannten Stellen geregelt und überwacht wird, regelmäßig stattfindet und für das Publikum mittelbar oder unmittelbar zugänglich ist. Für Deutschland ist dies der amtlich regulierte Markt i. S. d. § 32 Abs. 1 BörsG, unabhängig vom konkreten Handelssegment. Nicht börsennotiert i. S. d. AktG sind dagegen Gesellschaften, deren Aktien im Freiverkehr nach § 48 Abs. 1 BörsG oder im KMU-Wachstumsmarkt nach § 48a Abs. 1 BörsG gehandelt werden.

16 Deutscher Corporate Governance Kodex, in der Fassung vom 28. April 2022.

17 Public Corporate Governance Kodex und aktive Beteiligungsführung bei Unternehmen mit Bundesbeteiligung, Neufassung vom 16. September 2020.

18 *www.issgovernance.com* (zuletzt abgerufen am 28.05.2025).

19 *www.glasslewis.com* (zuletzt abgerufen am 28.05.2025).

20 Beispielsweise enthalten die aktuellen Voting Guidelines von ISS detaillierte Vorgaben zur Unabhängigkeit des Aufsichtsgremiums, siehe ISS Continental Europe Proxy Voting Guidelines, Benchmark Policy Recommendations, Effective for Meetings on or after February 1, 2024, S. 9 ff., zugänglich unter *https://www.issgovernance.com/file/policy/active/emea/Europe-Voting-Guidelines.pdf* (zuletzt abgerufen am 28.05.2025).

Als weitere Ergänzung sind die Hinweise von Aktionärsschutzvereinigungen wie DSW[21] und SdK[22] sowie die Abstimmhinweise großer institutioneller Investoren[23] zu berücksichtigen.

> *Praxistipp:*
>
> Bei börsennotierten Unternehmen sollte daher vor einer Nominierungsentscheidung bzw. im Verlauf der Kandidatensuche unbedingt die Expertise von Investor Relations eingeholt werden. Investor Relations kann klären, welche Stimmrechtsberater bzw. institutionellen Investoren für das Unternehmen relevant sind und welche konkreten Anforderungen an Kandidatinnen und Kandidaten für den Aufsichtsrat gestellt werden. Auch kann im Einzelfall versucht werden, eine Vorabstimmung mit diesen einflussreichen Gruppen zu suchen.

Nicht übersehen werden dürfen außerdem Vorgaben aus der Börsenordnung sowie in Bezug auf die Zusammensetzung von Indices – insbesondere dann, wenn Gesellschaften in einem publikumswirksamen Index wie der DAX-Familie enthalten sind, müssen die Vorgaben an die Einbeziehung in den Index eingehalten werden. Verstöße hiergegen können empfindliche Folgen mit Auswirkung auf den Aktienkurs haben, bspw. den Ausschluss aus dem Index.[24]

V. Leitlinien und Best Practice

Während der DCGK und Anforderungen von Investoren für eine Vielzahl von Unternehmen greifen, stellen Leitlinien und Best Practices eine Besonderheit im Finanzsektor dar. Dies umfasst vor allem die folgenden Regelungswerke: 6

1. EBA/ESMA-Leitlinien

Hierbei handelt es sich um Leitlinien, die von den europäischen Aufsichtsbehörden herausgegeben werden und bestimmte Rechtsbegriffe der CRD IV konkretisieren.[25] Dies betrifft beispielsweise Konkretisierungen für die Unternehmensführung und die Kontrolle und die Vergütungspolitik. 7

Bei den EBA/ESMA-Leitlinien handelt es sich im technischen Sinn nicht um Rechtsnormen. Allerdings sind die nationalen Aufsichtsbehörden, also für Deutschland die BaFin, nach Art. 16 Abs. 3 UABs. 1 EBA-Verordnung gehalten, alle erforderlichen Anstrengungen zu unternehmen, um den Leitlinien nachzukommen. Die nationalen Aufsichtsbehörden können hiervon jedoch mit Erklä-

---

21 Deutsche Schutzvereinigung für Wertpapierbesitz e. V. (DSW), *www.dsw-info.de* (zuletzt abgerufen am 28.05.2025).

22 Schutzgemeinschaft der Kapitalanleger e. V. (SdK), *www.sdk.org* (zuletzt abgerufen am 28.05.2025).

23 Bspw. BlackRock Investment Stewardship, Proxy Voting Guidelines for European, Middle Eastern, and African securities, effective as of January 2004, *https://www.blackrock.com/corporate/literature/fact-sheet/blk-responsible-investment-guidelines-emea.pdf* (zuletzt abgerufen am 28.05.2025).

24 Bspw. Vorgabe zur Unabhängigkeit des Prüfungsausschussvorsitzenden, nach den DAX-Indexkriterien als sog. Basiskriterium, Guide to the DAX Equity Indices vom 3. August 2022, Version 11.3.0. S. 28.

25 Krimphove, MaComp/*Krimphove*, 3. Aufl. 2021, R 5/2018 MaComp AT.AT2 Rn. 53.

rung abweichen („comply-or-explain"-Ansatz).[26] Die EZB ist gemäß Art. 4 Abs. 3 Unterabsatz 2 SSM-Verordnung verpflichtet, die EBA-Leitlinien anzuwenden. Je nachdem, ob das jeweilige Kreditinstitut also der Aufsicht der BaFin oder der EZB unterliegt, können die anwendbaren EBA/ESMA-Leitlinien also unterschiedlich sein.

2. *BaFin-Merkblätter und MaRisk sowie EZB-Leitfaden*

8 Auch BaFin-Merkblätter und MaRisk[27] haben nach herrschender Meinung keine Normqualität.[28] Bei ihnen handelt es sich um norminterpretierende Verwaltungsvorschriften, die eine Selbstbindung der Verwaltung bewirken. Ein willkürliches Abweichen von den dort enthaltenen Regelungen ist damit nicht mehr zulässig.[29]

Dasselbe gilt für den EZB-Leitfaden. Dieser soll die Grundsätze, Praktiken und Verfahren der EZB bei der Beurteilung der Eignung von Mitgliedern der Leitungsorgane bedeutender Institute erläutern. Normqualität kommt diesem nicht zu, jedoch erkennt auch der EuGH eine Art Selbstbindung der Verwaltung durch die Verwaltungspraxis an.[30]

> *Praxistipp:*
> Aufsichtsratsmitglieder im Finanzsektor stehen einer erheblichen Anzahl von Normen gegenüber. Die Tätigkeit ist hierdurch deutlich regulierter als in Aufsichtsräten anderer Unternehmen. Im Einzelfall sollte daher immer eine sorgfältige Prüfung auf Sonderregelungen erfolgen.

B. Rechte und Pflichten des Aufsichtsrats

I. Rolle des Aufsichtsrats im Organgefüge

9 Der Aufsichtsrat hat gemäß § 111 Abs. 1 AktG die Aufgabe, die Geschäftsführung zu überwachen. Die Geschäftsführung obliegt dem Vorstand in eigener Verantwortung, wie in § 73 AktG festgelegt. Der Vorstand handelt eigenverantwortlich, weisungsfrei und unabhängig, auch und gerade vom Aufsichtsrat.

Der Aufsichtsrat hat somit eine überwachende und beratende Rolle. Diese Rolle hat mehrere Dimensionen:

---

26 Krimphove, MaComp/*Krimphove*, 3. Aufl. 2021, R 5/2018 MaComp AT.AT2 Rn. 55; *Langenbucher*/Hopt/Binder/Böcking, Handbuch Corporate Governance von Banken und Versicherungen, 2. Aufl. 2020, § 13 Rn. 16.

27 Mindestanforderungen an das Risikomanagement (MaRisk), zuletzt geändert am 29. Mai 2024, als Konkretisierung von § 25a KWG.

28 *Langenbucher*/Hopt/Binder/Böcking, Handbuch Corporate Governance von Banken und Versicherungen, 2. Aufl. 2020, § 13 Rn. 18.

29 *Langenbucher*/Hopt/Binder/Böcking, Handbuch Corporate Governance von Banken und Versicherungen, 2. Aufl. 2020, § 13 Rn. 18; Schwennicke/Auerbach/*Langen/Donner*, 4. Aufl. 2021, KWG § 25a Rn. 6.

30 *Langenbucher*/Hopt/Binder/Böcking, Handbuch Corporate Governance von Banken und Versicherungen, 2. Aufl. 2020, § 13 Rn. 19.

- Der Aufsichtsrat übt die vergangenheitsbezogene Kontrolle aus. Er überwacht retrospektiv das Handeln des Vorstands und macht bei Pflichtverletzungen, die zu einem Schaden der Gesellschaft geführt haben, im Interesse der Gesellschaft Ersatzansprüche gegenüber dem Vorstand geltend.
- Der Aufsichtsrat hat auch eine präventive Funktion. In dieser Dimension berät er den Vorstand bei für das Unternehmen wesentlichen Themen und bringt seine Expertise vor allem im Rahmen der Erteilung von Zustimmungen zu einzelnen Geschäftsführungsmaßnahmen ein.

Im Finanzsektor wird die Zusammensetzung und Tätigkeit des Aufsichtsrats in hohem Maße durch weitere Normsetzung und Verwaltungsvorschriften geprägt, also durch den Bereich des Bankaufsichtsrechts. Insbesondere stellen §§ 25a, 25b KWG besondere Anforderungen an die Organisation und Überwachung, insbesondere im Risiko- und Compliance-Bereich.

> *Praxistipp:*
>
> Die Mitgliedschaft im Aufsichtsrat stellt ein höchstpersönliches Mandat dar. Aufsichtsratsmitgliedern dürfen bei ihrer Aufgabenwahrnehmung keine Weisungen erteilt werden. Die Wahrnehmung des Mandats erfolgt ausschließlich im Interesse der Gesellschaft, bei der das Mandat wahrgenommen wird. Dies ist bei der Aufgabenwahrnehmung immer zu berücksichtigen.

II. Überwachung des Vorstands (retrospektives Tätigwerden)

Kernaufgabe des Aufsichtsrats ist die Überwachung des Vorstands, § 111 Abs. 1 10
AktG. Der Aufsichtsrat überwacht dabei – abhängig von der jeweiligen konkreten Tätigkeit des Vorstands – im Grundsatz die Rechtmäßigkeit, Ordnungsgemäßheit und Zweckmäßigkeit des Vorstandshandelns des Vorstands. Die Überwachung richtet sich dabei sowohl in die Vergangenheit (retrospektive Überwachung) als auch auf laufende Projekte, Maßnahmen und Handlungen des Vorstands (begleitende Überwachung).

Inhaltliche Felder der Überwachung sind beispielsweise Personal- und Finanzentscheidungen des Vorstands, die strategische Ausrichtung des Unternehmens sowie die Festlegung und Umsetzung der Unternehmensziele.[31] Auch die Finanzberichterstattung, das Interne Kontrollsystem, das Risikomanagementsystem und die Interne Revision sind bedeutende Gegenstände der Überwachungstätigkeit des Aufsichtsrats.

1. *Überwachungsgrenzen*

Der Überwachung durch den Aufsichtsrat sind jedoch klare Grenzen gesetzt: 11

- Der Überwachungsauftrag bezieht sich ausschließlich auf die Leitungsebene, d. h. den Vorstand.
  Gegenstand der Überwachung ist immer das Handeln oder Unterlassen des Vorstands, also nicht bspw. die Tätigkeit von Mitarbeitenden in leitender

31 BeckOGK/*Veil*, 1.6.2025, AktG § 111 Rn. 11.

Funktion. Selbst wenn der Aufsichtsrat konkrete Hinweise auf Fehlverhalten einzelner Mitarbeitender erhält, ist er nicht befugt, selbst einzuschreiten. Vielmehr muss er in solchen Situationen überwachen, inwiefern der Vorstand auf Hinweise reagiert und ggf. Maßnahmen gegen den Vorstand ergreifen.

- Der Aufsichtsrat darf nicht in die Geschäftsleitung oder Erledigung des laufenden Tagesgeschäfts eingreifen.

Maßnahmen der Geschäftsführung können dem Aufsichtsrat nicht übertragen werden, § 111 Abs. 4 S. 1 AktG. Der Aufsichtsrat ist ein reines Überwachungsorgan; die Geschäftsführung obliegt dagegen dem Vorstand in eigener Verantwortung, § 76 Abs. 1 AktG. Daher hat der Aufsichtsrat bei seiner Überwachungstätigkeit immer das unternehmerische Ermessen der Geschäftsleitung zu beachten.[32] Zudem darf die Überwachungstätigkeit nicht zu kleinteilig werden, d. h. dem Vorstand muss ein signifikanter Raum zum eigenen Tätigwerden und Gestalten verbleiben.

> *Praxistipp:*
>
> Ein typischer Fall, in dem das unternehmerische Ermessen der Geschäftsleitung zu beachten ist, sind Entscheidungen im Zusammenhang mit M&A-Transaktionen. Während die Rechtmäßigkeit des Vorstandshandelns uneingeschränkter Überwachung zugänglich ist, hat der Aufsichtsrat bei der Überwachung von unternehmerischer Tätigkeit des Vorstands keine eigene unternehmerische Entscheidung zu fällen. Seine Prüfung beschränkt sich somit darauf, ob das Vorstandshandeln auf angemessener Informationsgrundlage im guten Glauben zum Wohle der Gesellschaft gefällt wurde.

2. Überwachungsdichte

12 Welche Überwachungsdichte vom Aufsichtsrat verlangt wird, hängt maßgeblich davon ab, ob der Geschäftsverlauf der Gesellschaft den Erwartungen entspricht (Regelbetrieb), oder ob interne oder externe Entwicklungen für Sondersituationen sorgen.

Zunächst betrifft dies die Sitzungshäufigkeit. Nach § 110 Abs. 3 S. 1 AktG sind mindestens zwei Sitzungen im Kalenderhalbjahr abzuhalten. In nicht-börsennotierten Gesellschaft besteht hier etwas mehr Spielraum des Aufsichtsrats, § 110 Abs. 3 S. 2 AktG, mindestens eine Sitzung im Kalenderhalbjahr muss jedoch stattfinden. Nach Empfehlung D.7 DCGK ist bei börsennotierten Gesellschaften im Bericht des Aufsichtsrats zusätzlich die Teilnahmequote zu veröffentlichen, sodass Transparenz über das Arbeitspensum des Aufsichtsrats hergestellt wird.[33]

> *Praxistipp:*
>
> Weitgehend üblich sind mindestens vier Sitzungen im Kalenderjahr.

32 *Koch*, 19. Aufl. 2025, AktG § 76 Rn. 62.
33 MüKoAktG/*Habersack*, 6. Aufl. 2023, AktG § 110 Rn. 42.

Dabei dient eine Sitzung (sog. Bilanzsitzung) der Prüfung von Finanzberichterstattung und weiteren Berichten, sowie bei börsennotierten Gesellschaften zu Entscheidungen rund um die Einberufung der Hauptversammlung. Hierbei handelt es sich in der Regel um die erste Sitzung des Geschäftsjahres.

Eine weitere Sitzung wird in aller Regel für interne Themen des Aufsichtsrats verwendet (bspw. Effizienzprüfung, Organisation, Nominierungsfragen). Diese Sitzung findet bei kalendergleichem Geschäftsjahr häufig im November/Dezember statt.

Eine weitere Sitzung kann dazu verwendet werden, dezidiert die Strategie der Gesellschaft in den Fokus zu stellen. Hierbei bietet es sich in der Praxis auch an, diese Sitzung zu nutzen, um bspw. nicht am Hauptsitz der Gesellschaft zu tagen und so mehr Einblicke in das Geschäft „vor Ort" zu bekommen.

Zudem betrifft die Überwachungsdichte auch die Frage der Kontrolle. Im Regelbetrieb beschränkt sich die Überwachung des Aufsichtsrats auf eine allgemeine Kontrolle auf Grundlage der vom Vorstand erstatteten Berichte.[34]

In Krisenphasen und Sondersituationen erhöht sich dagegen die Sitzungsfrequenz und der Informationsbedarf des Aufsichtsrats erheblich. Erhöhte Aufmerksamkeit muss in Krisensituationen vor allem auf die Überwachung von Controlling, interner Revision und Abschlussprüfung gelegt werden.[35] Aber auch besonders bedeutende Geschäfte oder sonstige Sonderlagen ziehen eine Handlungspflicht und eine Intensivierung der Kontrolldichte nach sich.[36] Jedes einzelne Aufsichtsratsmitglied muss dabei selbstständig den relevanten Sachverhalt vollständig und richtig erfassen, auf dieser Grundlage eine eigene Risikoanalyse erstellen und sich danach ein eigenes Urteil bilden. Dies gilt auch in Krisensituationen sowie bei bedeutenden Geschäften der Gesellschaft. Verfügt ein Aufsichtsratsmitglied nicht über die erforderlichen Kenntnisse zur Beurteilung der Situation, ist es verpflichtet, sich diese Kenntnisse zu verschaffen und/oder externen Sachverstand beizuziehen.[37]

Praxistipp:

Führt auch die Hinzuziehung externer Sachverständiger nicht zum Erfolg – oder wird die Zuziehung von externem Sachverstand verweigert – ist das Aufsichtsratsmitglied verpflichtet, gegen das Geschäft einzuschreiten. Im Eskalationsfall bleibt zum Schutz der eigenen Person vor Haftungsrisiken nur die Amtsniederlegung.

34 *M. Arnold*/Goette/Arnold, HdB Aufsichtsrat, 1. Aufl. 2021, § 4 Rn. 94.

35 *Hasselbach*, NZG 2012, 41 ff.; *M. Arnold*/Goette/Arnold, HdB Aufsichtsrat, 1. Aufl. 2021, § 4 Rn. 97.

36 OLG Stuttgart AG 2012, 298 (300); *M. Arnold*/Goette/Arnold, HdB Aufsichtsrat, 1. Aufl. 2021, § 4 Rn. 98.

37 BGHZ 85, 293 (295 f.) = NJW 1983, 991; BeckOGK/*Walla*, 1.6.2025, AktG § 109 Rn. 25.

3. Instrumente der Überwachung

13 Zur Überwachung des Vorstands stehen dem Aufsichtsrat verschiedene Instrumente zur Verfügung. Hierzu gehören insbesondere die Berichterstattung des Vorstands sowie die Ausübung der Zustimmungsvorbehalte des Aufsichtsrats.

a) Berichterstattung: Regelberichte und anlassbezogene Berichte

14 Die Berichterstattung des Vorstands an den Aufsichtsrat, § 90 AktG, ist ein zentrales Element der Überwachungstätigkeit.

§ 90 Abs. 1 Nr. 1 bis Nr. 3 AktG sehen eine regelmäßige Berichterstattung zu bestimmten Themen vor, insbesondere zur Geschäftspolitik und zur Unternehmensstrategie, zur Lage der Gesellschaft und ihrer Ertragskraft. Die Häufigkeit der entsprechenden Berichte wird in § 90 Abs. 2 AktG geregelt.

Die regelmäßige Berichterstattung bezieht sich demnach auf die nachfolgenden Gegenstände:

- Beabsichtigte Geschäftspolitik und Unternehmensplanung, § 90 Abs. 1 S. 1 Nr. 1 AktG: Neben einer Aussage über das unternehmerische Gesamtkonzept sind die Kurzfrist- und die Mehrjahresplanung zu berichten.[38] Zudem ist über Abweichungen von Zieldaten und die Gründe für die Abweichung zu berichten.[39] Dieser Bericht hat mindestens einmal jährlich zu erfolgen.
- Rentabilität, § 90 Abs. 1 S. 1 Nr. 2 AktG: Der Vorstand hat über die wesentlichen Rentabilitätskennziffern, insbesondere die Eigenkapitalrentabilität, die Gesamtkapitalrentabilität, die Umsatzrendite und den Cash Flow zu berichten. Zudem müssen Abweichungen des Ist-Zustands vom Soll erläutert und ein Vergleich mit den Vorjahreskennzahlen gezogen werden.[40] Dieser Bericht erfolgt zwingend einmal jährlich in der Bilanzsitzung des Aufsichtsrats, § 90 Abs. 2 Nr. 2 AktG, d. h. in der Sitzung, in der auch der Jahresabschluss verhandelt wird.
- Gang der Geschäfte, § 90 Abs. 1 S. 1 Nr. 3 AktG: Der Vorstand hat detailliert und sachgerecht über Umsatz und (finanzielle) Lage der Gesellschaft, Liquidität, Markt- und Auftragslage, außergewöhnliche Risiken und Besonderheiten des Geschäftsverlaufs (bspw. Arbeitskämpfe, Marktsituation, Rechtsstreitigkeiten, Kündigungen besonders wichtiger Mitarbeiter, Verlust oder Gewinn wichtiger Kunden) zu berichten.[41] Auch hier ist selbstverständlich eine Abweichung des Ist- vom Soll-Zustand zu erläutern und ein Vergleich mit dem Vorjahr anzustellen. Dieser Bericht hat mindestens vierteljährlich zu erfolgen, § 90 Abs. 2 Nr. 3 AktG.

---

38 *M. Arnold*/Goette/Arnold, HdB Aufsichtsrat, 1. Aufl. 2021, § 4 Rn. 39.

39 *M. Arnold*/Goette/Arnold, HdB Aufsichtsrat, 1. Aufl. 2021, § 4 Rn. 44; MüKo-AktG/Spindler, 6. Aufl. 2023, AktG § 90 Rn. 21.

40 *M. Arnold*/Goette/Arnold, HdB Aufsichtsrat, 1. Aufl. 2021, § 4 Rn. 50; MüKo-AktG/*Spindler*, 6. Aufl. 2023, AktG § 90 Rn. 26.

41 *M. Arnold*/Goette/Arnold, HdB Aufsichtsrat, 1. Aufl. 2021, § 4 Rn. 53; MüKo-AktG/*Spindler*, 6. Aufl. 2023, AktG § 90 Rn. 28.

Die Berichterstattung ist im Vorfeld des Geschäftsjahres in den entsprechend geeigneten Aufsichtsratssitzungen einzuplanen. Beispielweise bietet es sich an, die Berichterstattung zur Unternehmensstrategie und -planung in der jeweils letzten Sitzung eines Geschäftsjahres vorzusehen, sodass der Vorstand in Planung und Strategie für das kommende Geschäftsjahr ggf. noch Anregungen aus dem Aufsichtsrat aufgreifen kann.

Die Gegenstände der Berichterstattung sind in § 90 Abs. 1 AktG nicht abschließend umschrieben; vielmehr muss immer dann informiert werden, wenn auch ein Beschluss des Aufsichtsrats erforderlich ist. Dies betrifft zunächst den Jahresabschluss und dessen Erläuterung, §§ 170 ff. AktG. In diesem Zusammenhang ist auch über alles zu berichten, was Gegenstand der erweiterten Abschlussprüfung nach § 317 Abs. 4 HGB ist, also insbesondere Risikoüberwachung, § 91 Abs. 2 AktG, und Compliance, siehe auch Grundsatz 16 S. 2 DCGK.

Nach § 90 Abs. 1 S. 2 AktG ist die Berichterstattung zudem auf Tochter- und Gemeinschaftsunternehmen zu erstrecken. Der Vorstand ist insoweit verpflichtet, sich im Rahmen des gesetzlich Zulässigen die Informationen aus den jeweiligen Unternehmen zu besorgen.[42]

Neben der regelmäßigen Berichterstattung sieht § 90 Abs. 1 Nr. 4 AktG eine anlassbezogene Berichterstattung vor. Diese greift insbesondere bei Geschäften und Maßnahmen von besonderer Bedeutung für die Gesellschaft, aber auch bei sonstigen Begebenheiten, die erhebliche Auswirkung auf die Gesellschaft haben könnten.[43] Diese Berichte sind so rechtzeitig zu erstatten, dass der Aufsichtsrat die Möglichkeit zur Kenntnisnahme hat, und ggf. vor Geschäften oder Maßnahmen noch Stellung nehmen kann.[44] Wie lange im Voraus der Aufsichtsrat einzubeziehen ist, lässt sich nicht abstrakt sagen, sondern hängt von der Eilbedürftigkeit einerseits und der Komplexität des Geschäfts andererseits ab. Guter Praxis entspricht es jedoch, dass jedenfalls dann, wenn absehbar ist, dass in einer bestimmten Phase eine schnelle Entscheidung erforderlich sein wird (bspw. bei einer M&A-Transaktion) bereits im Vorfeld eine Information des Aufsichtsrats über den Status und den voraussichtlichen Prozess erfolgt, sodass dieser die Chance hat, sich so gut wie möglich vorzubereiten.

Nach § 90 Abs. 1 S. 3 AktG ist zudem aus Vorliegen eines sonstigen wichtigen Anlasses zu berichten. Was genau ein solcher wichtiger Anlass ist, bestimmt sich abhängig von Gegenstand und Größe der jeweiligen Gesellschaft im Rahmen einer Einzelfallbetrachtung. Typische Fälle sind beispielsweise eine erhebliche Betriebsstörung (z. B. weitreichende Cyberattacke), tiefgreifende Meinungsverschiedenheiten im Vorstand, behördliche Auflagen, Steuernachforderungen oder (drohende) Bußgelder, Liquiditätsprobleme oder Rechtsstreitigkeiten von erheblicher Bedeutung.[45] Dieser Bericht hat unverzüglich zu erfolgen, und zwar

42 BeckOGK/*Fleischer*, 1. 6. 2025, AktG § 90 Rn. 30; *Koch*, 19. Aufl. 2025, AktG § 90 Rn. 7a.
43 MüKoAktG/*Spindler*, 6. Aufl. 2023, AktG § 90 Rn. 29.
44 MüKoAktG/*Spindler*, 6. Aufl. 2023, AktG § 90 Rn. 30.
45 MüKoAktG/*Spindler*, 6. Aufl. 2023, AktG § 90 Rn. 31, 32.

zunächst an den Aufsichtsratsvorsitzenden, der sodann die übrigen Aufsichtsratsmitglieder unterrichtet.

> *Praxistipp:*
>
> Der Aufsichtsratsvorsitzende berichtet den weiteren Aufsichtsratsmitgliedern im Regelfall in der nächsten Sitzung über sonstige wichtige Anlässe. Abhängig vom konkreten Ereignis kann es jedoch erforderlich sein, anlassbezogen eine Sitzung des Aufsichtsrats einzuberufen. Für solche Sitzungen sind im Regelfall in der Geschäftsordnung des Aufsichtsrats verkürzte Ladungsfristen vorgesehen.

Die gesetzlichen Anforderungen an Inhalt und Form der Berichte ergeben sich aus § 90 Abs. 4 AktG. Die Regelberichterstattung erfolgt in Textform und muss inhaltlich richtig, übersichtlich und vollständig erfolgen.[46] Bei besonderer Eilbedürftigkeit oder Vertraulichkeit kann die Berichterstattung auch nur mündlich erfolgen, dies sollte jedoch nicht der Regelfall sein.[47] Die Berichterstattung muss zudem mit hinreichend Vorlauf vor der Sitzung erfolgen, um dem Aufsichtsrat die Vorbereitung auf die Sitzung zu ermöglichen.[48]

> *Praxistipp:*
>
> Der Aufsichtsrat sollte bei der Berichterstattung durch den Vorstand auf hinreichende Qualität achten. Dabei sind Detailtiefe einerseits und Zugänglichkeit andererseits in einem ausgewogenen Verhältnis zu berücksichtigen. Der Aufsichtsrat darf also nicht mit zu viel Information vom Wesentlichen abgelenkt werden und zugleich sollten zentrale Informationen einfach zugänglich sein (bspw. in Form einer *„Executive Summary“*). Genügen die Berichte des Vorstands den Anforderungen regelmäßig nicht, sollte der Aufsichtsrat unbedingt das Gespräch mit dem Vorstand suchen und deutlich auf die Informationsdefizite hinweisen.

Darüber hinaus kann der Aufsichtsrat jederzeit weitere Berichte verlangen, § 90 Abs. 3 AktG. Adressat dieses Verlangens ist der Vorstand, wobei die Übersendung an ein Vorstandsmitglied genügt, § 78 AktG.[49] Ob einem solchen Informationsverlangen ein formaler Aufsichtsratsbeschluss vorausgehen muss, ist umstritten.[50] Zu berücksichtigen ist jedoch, dass es sich um ein Verlangen des gesamten Aufsichtsrats handelt, d. h. es ist jedenfalls sicherzustellen, dass alle Gremienmitglieder einbezogen sind. Anzufordern sind präzise Berichte, die sich auch inhaltlich auf Aufgaben des Aufsichtsrats beziehen.

Auch einzelne Aufsichtsratsmitglieder können nach § 90 Abs. 3 S. 2 Hs. 2 AktG Berichte des Vorstands anfordern. Berichtsempfänger ist jedoch immer der Aufsichtsrat als Organ, d. h. alle Aufsichtsratsmitglieder. Der Vorstand darf diese Berichtsanforderungen, außer in Missbrauchsfällen, nicht verweigern.

---

46 MüKoAktG/*Spindler*, 6. Aufl. 2023, AktG § 90 Rn. 50; *Koch*, 19. Aufl. 2025, AktG § 90 Rn. 13-13b.

47 *Koch*, 19. Aufl. 2025, AktG § 90 Rn. 13-13b.

48 *Koch*, 19. Aufl. 2025, AktG § 90 Rn. 13-13b.

49 *Koch*, 19. Aufl. 2025, AktG § 90 Rn. 11.

50 *Koch*, 19. Aufl. 2025, AktG § 90 Rn. 11.

Das Berichtsrecht des Aufsichtsrats geht also relativ weit und ist damit auch anfällig für Missbrauch; es ist daher nicht zulässig, das Berichtsrecht aus Eigeninteresse auszuüben.[51] Es muss immer berücksichtigt werden, dass das Berichtsrecht die Aufgabenwahrnehmung des Aufsichtsrats zum Wohle der Gesellschaft ermöglichen soll. Auch Überwachung darf nicht so weitgehend und tiefgreifend ausgeübt werden, dass dem Vorstand eine eigenständige Führung der Geschäfte nicht mehr möglich ist.[52]

b) Zustimmungsvorbehalte

Zustimmungsvorbehalte gegeben dem Aufsichtsrat die Möglichkeit, auf die Geschäftsführung des Vorstands einzuwirken. Gewissermaßen geben sie dem Aufsichtsrat ein Vetorecht, das nur durch Entscheidung der Anteilseigner im Rahmen der Hauptversammlung überstimmt werden kann, siehe auch § 111 Abs. 4 S. 3 AktG. Begründet werden Zustimmungsvorbehalte in der Satzung der Gesellschaft oder durch Entscheidung des Aufsichtsrats, § 111 Abs. 4 S. 2 AktG. 15

Der Aufsichtsrat ist im Grundsatz frei darin, welche Zustimmungsvorbehalte er für relevant erachtet, und kann insbesondere Schwellenwerte und Art der zustimmungspflichtigen Geschäfte im Rahmen seines pflichtgemäßen Ermessens regeln.[53] Dabei ist allerdings darauf zu achten, dass Zustimmungsvorbehalte nicht in eine eigene Geschäftsführung umschlagen, da dem Vorstand ein Raum für eigene Entscheidungen verbleiben muss.[54] Auch Generalklauseln sind nicht zulässig, vielmehr muss sich der Zustimmungskatalog auf konkrete Geschäfte und Vorgänge beziehen.[55] Der Aufsichtsrat kann Zustimmungsvorbehalte im Rahmen seines unternehmerischen Ermessens auch jederzeit an eine veränderte Lage der Gesellschaft anpassen und sogar ad-hoc für den Einzelfall einführen.[56]

Dieses Recht kann sich so weit verdichten, dass eine Pflicht des Aufsichtsrats zur Einführung eines anlassbezogenen Zustimmungsvorbehalts entsteht, wenn gesetzes- oder satzungswidriges Verhalten anders nicht verhindert werden kann.[57] Die Festlegung von Zustimmungsvorbehalten ist nicht auf den Ausschuss übertragbar, jedoch kann die Ausübung auf den Ausschuss übertragen werden.

Zustimmungsvorbehalte sind aufgrund ihres Vetocharakters ein Instrument präventiver Überwachung:[58] Maßnahmen der Geschäftsführung können ver-

51 Zu möglichen Missbrauchsfällen bspw. *Koch*, 19. Aufl. 2025, AktG § 90 Rn. 12a.
52 *Koch*, 19. Aufl. 2025, AktG § 90 Rn. 3.
53 *M. Arnold*/Goette/Arnold, HdB Aufsichtsrat, 1. Aufl. 2021, § 4 Rn. 389.
54 *M. Arnold*/Goette/Arnold, HdB Aufsichtsrat, 1. Aufl. 2021, § 4 Rn. 389.
55 *M. Arnold*/Goette/Arnold, HdB Aufsichtsrat, 1. Aufl. 2021, § 4 Rn. 394; MüKoAktG/*Habersack*, 6. Aufl. 2023, AktG § 111 Rn. 121 ff.
56 MüKoAktG/Habersack, 6. Aufl. 2023, AktG § 111 Rn. 116.
57 *M. Arnold*/Goette/Arnold, HdB Aufsichtsrat, 1. Aufl. 2021, § 4 Rn. 391; MüKoAktG/*Habersack*, 6. Aufl. 2023, AktG § 111 Rn. 131.
58 *M. Arnold*/Goette/Arnold, HdB Aufsichtsrat, 1. Aufl. 2021, § 4 Rn. 392; MüKoAktG/*Habersack*, 6. Aufl. 2023, AktG § 111 Rn. 116.

hindert werden, wenn der Aufsichtsrat der Meinung ist, dass ein bestimmtes Handeln der Geschäftsführung negative Folgen für die Gesellschaft haben kann.

> *Praxistipp:*
>
> Zustimmungsvorbehalte sollten regelmäßig auf ihre Aktualität hin geprüft werden. Insbesondere sind Schwellenwerte an die Geschäftsentwicklung, allgemeine Rahmenbedingungen (Inflation) und ggf. eine veränderte Größe der Gesellschaft anzupassen.

Zu achten ist dabei darauf, dass nur besonders bedeutende oder risikoreiche Maßnahmen einem Zustimmungsvorbehalt unterliegen dürfen, da andernfalls ein unzulässiger Eingriff in die Leitungsautonomie des Vorstands vorliegt. Typische Maßnahmen sind Grundstücksgeschäfte, M&A-Transaktionen, Finanzierungsmaßnahmen, Investitionsentscheidungen, Personalentscheidungen in den obersten Leitungsebenen der Gesellschaft sowie grundlegende Organisationsänderungen. Die Schwellenwerte und der Maßstab der Wesentlichkeit hängen dabei vom Einzelfall ab, insbesondere von der Größe der Gesellschaft, dem Risikoprofil und Kennzahlen wie Umsatz und Bilanzsumme.

> *Praxistipp:*
>
> Bei börsennotierten Gesellschaften ist zwingend ein Zustimmungsvorbehalt für bestimmte Geschäfte mit nahestehenden Personen vorzusehen, § 111b AktG.

4. Informationsquellen des Aufsichtsrats und Zugriff auf Mitarbeitende

16 Neben der Berichterstattung des Vorstands verfügt der Aufsichtsrat noch über weitere Informationsquellen, die er bei seiner Entscheidungsfindung abhängig vom Gegenstand der Entscheidung hinzuziehen kann und ggf. auch muss.

a) Abschlussprüfung

17 Im Bereich der Abschlussprüfung und der Befassung mit den Finanzkennzahlen ist der Prüfungsbericht des Abschlussprüfers von zentraler Bedeutung, ebenso wie der Bestätigungsvermerk. Darüber hinaus ist der Abschlussprüfer in der Bilanzsitzung anwesend und hat die Prüfung mündlich zu erläutern, § 171 Abs. 1 S. 2, 3 AktG.[59]

Der Aufsichtsrat kann darüber hinaus selbstverständlich weitere Berichterstattungszeitpunkte und konkrete Berichterstattungsgegenstände im Bereich der Abschlussprüfung mit dem Abschlussprüfer vereinbaren.

---

59 § 171 Abs. 2 S. 2, 3 AktG sieht vor, dass der Prüfer entweder in der Sitzung des Prüfungsausschusses oder des Aufsichtsrats teilnimmt. Strittig ist, ob dem Aufsichtsrat insoweit das Recht zusteht, eine Teilnahme an beiden Sitzungen zu verlangen. Aufgrund der Relevanz der Finanzberichterstattung und der Rolle dies Prüfers ist dies zu bejahen, vgl. auch MüKoAktG/*Hennrichs/Pöschke*, 5. Aufl. 2022, AktG § 171 Rn. 131.

b) Einsichts- und Prüfungsrecht in Unterlagen der Gesellschaft

Nach § 111 Abs. 2 S. 1 AktG steht dem Aufsichtsrat auch ein Einsichts- und Prüfungsrecht in Bezug auf die Bücher und Schriften der Gesellschaft sowie der Vermögensgegenstände der Gesellschaft zu. Dieses Einsichts- und Prüfungsrecht umfasst grundsätzlich den gesamten Datenbestand des Unternehmens.[60] Erfasst sind allerdings nur die Unterlagen der Gesellschaft selbst, nicht jedoch die Unterlagen abhängiger Gesellschaften.[61] 18

Informationsschuldner ist der Vorstand. Der Aufsichtsrat ist im Zweifelsfall gehalten, sich aktiv die erforderlichen Informationen selbst zu verschaffen; dies greift insbesondere dann, wenn die Berichterstattung des Vorstands unvollständig oder fehlerhaft scheint und Klärung durch den Vorstand nicht zu erlangen war.[62]

> *Praxistipp:*
>
> Es ist umstritten, ob das Einsichts- und Prüfungsrecht des Aufsichtsrats nur als ultima ratio angewendet werden darf. Daher sollte in der Praxis von diesem Recht umsichtig Gebrauch gemacht werden und zunächst immer eine Klärung von Informationsbedürfnissen mit dem Vorstand versucht werden!

c) Informationsverlangen an Mitarbeitende der Gesellschaft

Das Aktienrecht kennt nach herrschender Meinung kein Recht des Aufsichtsrats, sich am Vorstand vorbei direkt bei Mitarbeitenden der Gesellschaft zu informieren.[63] In der Praxis werden hiervon Ausnahmen diskutiert – und auch praktisch oft gemacht – beim direkten Zugriff auf die Leitungsfunktionen im Risiko- und Compliance-Management sowie in der Internen Revision. Ein erster Schritt hin zur gesetzlichen Verankerung dieser Praxis findet sich in der Neufassung des § 107 Abs. 4 AktG durch das FISG: Demnach hat nunmehr jedes Mitglied des Prüfungsausschusses über den Vorsitzenden des Prüfungsausschusses die Möglichkeit, unmittelbar bei bestimmten Mitarbeitenden von Zentralbereichen Informationen einzuholen.[64] 19

Zudem finden sich Spezialregeln zum Informationsfluss aus dem Unternehmen an den Aufsichtsrat im KWG: Zu nennen sind hier insbesondere § 25d Abs. 8 S. 7 KWG sowie § 25d Abs. 12 S. 6 KWG, die jeweils für den Risikokontroll- und den Vergütungsausschuss besondere Informationsmöglichkeiten beim Leiter Interne Revision sowie Compliance vorsehen.[65] Anders als in Unternehmen anderer Branchen haben also jedenfalls Ausschussmitglieder im Finanzsektor

---

60 BeckOGK/*Veil*, 1. 6. 2025, AktG § 111 Rn. 50.
61 *Koch*, 19. Aufl. 2025, AktG § 111 Rn. 33.
62 MüKoAktG/*Habersack*, 6. Aufl. 2023, AktG § 111 Rn. 71.
63 Mit weiteren Nachweisen zum Streitstand bspw. MüKoAktG/*Habersack*, 6. Aufl. 2023, AktG § 111 Rn. 80.
64 *Roth*, NZG 2022, 53, 57.
65 *Breuer*/Hopt/Binder/Böcking, HdB Corporate Governance von Banken und Versicherungen, 2. Aufl. 2020, § 12 Rn. 195; *Schwennicke*/Auerbach/Schwennicke, 4. Aufl. 2021, KWG § 25d Rn. 60.

weitergehende Möglichkeiten, Informationen unmittelbar aus dem Unternehmen zu erhalten. Damit korreliert jedoch auch die Pflicht, diese Informationen anzufordern und kritisch zu würdigen. Ergeben sich aus der Berichterstattung Hinweise auf Fehlentwicklungen oder gar rechtswidriges Verhalten im Unternehmen, muss der Aufsichtsrat reagieren und den Vorstand zumindest informieren. Agiert der Vorstand daraufhin nicht, ist eine mögliche Pflichtverletzung des Vorstands zu prüfen.

> *Praxistipp:*
> Um das Arbeitsverhältnis zwischen Vorstand und Aufsichtsrat nicht zu gefährden, sollten – zumindest im Regelbetrieb – Frequenz und Umfang der Informationsanforderung an Mitarbeitende durch den Aufsichtsratsvorsitzenden mit dem Vorstand abgestimmt werden. Hierfür bietet sich die Erarbeitung einer Informationsordnung an.

d) Einsatz von Sachverständigen

20 Eine weitere Informationsquelle des Aufsichtsrats sind Sachverständige. Diese können für bestimmte Aufgaben beauftragt werden, d. h., es muss eine zeitliche und gegenständliche Begrenzung der Beauftragung vorliegen.[66]

Die Verantwortung für die Auswahl des Sachverständigen sowie die Vertragsgestaltung liegt beim Aufsichtsrat. Die Kosten für die Beauftragung dagegen trägt die Gesellschaft.[67]

Auch ein Mitglied des Aufsichtsrats kann als Sachverständiger beauftragt werden, wenn die Aufgabe außerhalb des Gebiets liegt, das in die Aufgabe als Aufsichtsratsmitglied fällt. Allerdings ist eine vorherige Zustimmung des Aufsichtsrats zu den Honorarzahlungen erforderlich, § 114 AktG.[68]

Der BGH hat die Voraussetzungen, unter denen der Aufsichtsrat sich auf den von Sachverständigen erteilten Rat verlassen darf, wie folgt konkretisiert:[69]

- Der Sachverständige muss fachlich qualifiziert sein.
- Der Sachverhalt muss vollständig offengelegt worden sein.
- Der Sachverständige muss unabhängig sein.
- Der Aufsichtsrat muss die Meinung des Sachverständigen sorgfältig auf Plausibilität prüfen.

---

66 BGH NZG 2012, 347 Rn. 16; MüKoAktG/*Habersack*, 6. Aufl. 2023, AktG § 109 Rn. 17.

67 MüKoAktG/*Habersack*, 6. Aufl. 2023, AktG § 109 Rn. 21.

68 BGH, Urteil vom 10. Juli 2012 – II ZR 48/11 „Fresenius"; hierzu auch *Wasmann/Gärtner*/Goette/Arnold, HdB Aufsichtsrat, 1. Aufl. 2021, § 6 Rn. 234.

69 BGH, Urteil vom 20. September 2011 – II ZR 234/09 „ISION", BGH, Urteil vom 28. April 2015 – II ZR 63/14; hierzu auch im Detail *W. Goette*/Goette/Arnold, HdB Aufsichtsrat, 1. Aufl. 2021, § 4 Rn. 2398 ff.

Praxistipp:

Ob die unternehmenseigene Rechtsabteilung als Sachverständiger qualifiziert werden kann, hängt vom Einzelfall ab. Erforderlich ist, dass der entsprechende Rat unbeeinflusst von unmittelbaren oder mittelbaren Vorgaben hinsichtlich des Ergebnisses erteilt werden kann.

e) Erlass einer Informationsordnung als praktische Lösung

Die gesetzlichen Regelungen für die Information des Aufsichtsrats durch den 21
Vorstand stellen lediglich einen Mindeststandard vor.[70] In der Praxis bestehen häufig über den Mindeststandard hinausgehende Informationsanforderungen und Informationsverlangen seitens des Aufsichtsrats. Seitens des Vorstands besteht das berechtigte Interesse, nicht mit Informationsanforderungen überzogen zu werden und zu viel Zeit für die Bearbeitung von Informationsverlangen aufzuwenden.

Eine praktische Lösung, um diesen Zielkonflikt zu entschärfen, ist der Erlass einer Informationsordnung.[71] Darin können Inhalt und Umfang, Häufigkeit und Adressaten der Informationsverlangen unternehmensindividuell geregelt und vor allem auch präzisiert werden.[72] Zudem kann spezifiziert werden, welche Unternehmensmitarbeiter ggf. unmittelbar Informationen an den Aufsichtsrat liefern.

Auch der Informationsadressat kann geregelt werden, d. h. es kann festgelegt werden, welche Informationen das Plenum erhält, welche Informationen an einen bestimmten Ausschuss geliefert werden und welche Informationen möglicherweise nur der Aufsichtsratsvorsitzende erhält. Auch Informationsansprüche innerhalb des Aufsichtsrats können auf diese Weise systematisch erfasst werden.

f) Verschwiegenheitspflicht als Kehrseite des Informationsrechts

Kehrseite des weitgehenden Informationsrechts des Aufsichtsrats ist die Ver- 22
schwiegenheitspflicht, § 116 Abs. 2 AktG. Diese besteht gegenüber jedermann; die Verschwiegenheitspflicht besteht auch nach Mandatsbeendigung fort.[73]

Umfasst sind von der Verschwiegenheitspflicht insbesondere Betriebsgeheimnisse, z. B. Informationen zu internen Abläufen, und Geschäftsgeheimnisse, z. B. Informationen zur Kalkulation der Gesellschaft. Zudem gilt ein Beratungs- und Abstimmungsgeheimnis, d. h. auch Details über Aufsichtsratssitzungen unterliegen der Verschwiegenheitspflicht.[74]

70 Für die GmbH gibt es einen solchen Mindeststandard nicht. Hier ist es daher besonders wichtig, dass der Aufsichtsrat die Informationspflichten der Geschäftsführung näher regelt.

71 Den Erlass einer Informationsordnung empfahl bis 2020 auch der DCGK (Tz. 3.4 Abs. 1. S. 3 aF).

72 Vgl. näher *Arnold*/Goette/Arnold, Hdb. Aufsichtsrat, 2021, § 4, Rn. 198 ff.

73 BeckOGK/*Veil*, 1. 6. 2025, AktG § 116 Rn. 116.

74 Backhaus/Tielmann Aufsichtsrat/*Theusinger*/*Dolff*, 2. Aufl. 2023, AktG § 116 Rn. 462 ff.

Praxistipp:
Wenn ein Aufsichtsratsmitglied eigene Mitarbeitende in die Vorbereitung der Sitzungen einbindet, ist sicherzustellen, dass auch diese die Verschwiegenheitspflicht wahren.

Die Befreiung von der Verschwiegenheitspflicht erteilt der Vorstand, wenn es um Geschäfts- und Betriebsgeheimnisse geht.[75] Handelt es sich um Umstände aus dem Aufsichtsrat, wie Abstimmungsergebnisse und Gang einer Diskussion im Aufsichtsrat, erfolgt die Befreiung durch einen Beschluss des Aufsichtsrats.[76]

Eine Verletzung der Verschwiegenheitspflicht kann zivilrechtlich Schadensersatzforderungen der Gesellschaft nach sich ziehen. Darüber kann jedoch auch eine strafrechtliche Verantwortlichkeit in Betracht kommen, § 404 AktG.[77]

Praxistipp:
Ausfluss der Verschwiegenheitspflicht ist zudem die Verpflichtung des Aufsichtsratsmitglieds, nach Beendigung des Mandats alle Unterlagen zurückzugeben oder zu löschen, die es im Zusammenhang mit seiner Tätigkeit erhalten hat.

Ob diese Löschungspflicht auch für eigene Unterlagen gilt, z. B. für selbst erstellte Gedächtnisprotokolle von schwierigen oder konträren Entscheidungen, ist in der Literatur umstritten.[78] Daher ist auch die Beweiskraft solcher selbst erstellter Unterlagen in späteren Rechtsstreitigkeiten nicht gesichert.

Praxistipp:
Möchte ein Aufsichtsratsmitglied bestimmte Themen rechtssicher dokumentieren (bspw. ein bestimmtes Abstimmverhalten oder erhobene Einwände gegen eine Entscheidung), ist dringend anzuraten, auf eine Protokollierung zu bestehen.

5. *Spezifische Aufgaben im Finanzsektor*

a) *Aufsichtsräte in Wertpapierinstituten*

23 § 44 Abs. 1 Wertpapierinstitutsgesetz (WpIG) begründet zudem spezifische Überwachungspflichten für Aufsichtsräte in Wertpapierinstituten:

- Aufgabe des Aufsichtsrats ist zunächst die regelmäßige Überwachung der Risikostrategie und der internen Grundsätze zum Umgang mit Risiken, § 44 Abs. 1 S. 1 WpIG.
- Zudem überwacht der Aufsichtsrat die angemessene Ausgestaltung der Vergütungssysteme, einschließlich der Umsetzung und regelmäßigen Überprüfung, § 44 Abs. 1 S. 2 WpIG.

---

75 MüKoAktG/*Habersack*, 6. Aufl. 2023, AktG § 116 Rn. 65.
76 BGH, Urteil vom 26.04.2016 – XI ZR 108/15; MüKoAktG/*Habersack*, 6. Aufl. 2023, AktG § 116 Rn. 65.
77 Backhaus/Tielmann Aufsichtsrat/*Theusinger/Dolff*, 2. Aufl. 2023, AktG § 116 Rn. 497, 498.
78 V.*Schenck* in: Semler/v.Schenck/Wilsing, Arbeitshandbuch für Aufsichtsratsmitglieder, 5. Aufl. 2021, § 6 Rn. 399, m. w.Nw.

Hiermit korreliert nach §44 Abs. 3 WpIG die Pflicht zur Bildung eines Risiko- und eines Vergütungskontrollausschusses. Von dieser Ausschlussbildung kann nur in Ausnahmefällen abgewichen werden, insbesondere bei kleineren Instituten. Liegt ein solcher Ausnahmefall vor, kann wiederum die BaFin im Einzelfall insbesondere die Bildung eines Risikoausschusses anordnen, wenn dies insbesondere mit Blick auf das Risikoprofil geboten ist.

b) Überwachung bankaufsichtsrechtlicher Regelungen und Erörterungen

§25d Abs. 6 KWG führt explizit aus, dass das Aufsichtsorgan die Geschäftsleitung in Bezug auf die Einhaltung der einschlägigen bankaufsichtsrechtlichen Regelungen zu überwachen hat. Der konkrete Inhalt der Überwachungsaufgabe ist abhängig vom Einzelfall, insbesondere sind die jeweils konkret einschlägigen Regelungen zu berücksichtigen. Besonderer Fokus der Überwachung sollte auf den relevanten Kennziffern, wie Eigenmittelquote und Liquidität, liegen.[79] Auch die Überwachung des Vorstands in Bezug auf die Einhaltung der speziellen organisationsrechtlichen Regelungen (bspw. 25a KWG) ist explizit Aufgabe des Aufsichtsrats. Wesentlicher Aspekt der Überwachungsaufgabe ist es, dass das Aufsichtsorgan der Erörterung der Strategie, der Risiken und des Vergütungssystems hinreichend Zeit – und Aufmerksamkeit – widmet, §25d Abs. 6 KWG. 24

c) Ausschussbildung

Für sonstige Institute sehen §25d Abs. 7 KWG, §25d Abs. 11 und §25d Abs. 12 KWG im Regelfall die Bildung eines Risiko-, eines Nominierungs- und eines Vergütungskontrollausschusses vor. Zudem ist ein Prüfungsausschuss einzurichten.[80] Auch diesen Ausschüssen wird in den vorgenannten Normen jeweils ein bestimmtes Set an Aufgaben zugewiesen. 25

Ob die jeweiligen Ausschüsse dabei nur unterstützend oder auch beschließend tätig werden können, ist im Einzelnen umstritten.[81] Bei der Einrichtung von Ausschüssen ist daher im Einzelfall zu prüfen, in welchem Umfang die jeweilige Aufgabe übertragen werden kann, vgl. auch § 107 Abs. 3 AktG.

> *Praxistipp:*
> Die Übertragung an einen Ausschuss ändert im Grundsatz nichts an der Verantwortlichkeit des Aufsichtsrats als Ganzes für die jeweiligen Themen. Daher muss der Aufsichtsrat die Tätigkeit des Ausschusses überwachen, um Aufgaben ggf. wieder an sich ziehen zu können. Hierfür ist eine regelmäßige Berichterstattung über die Arbeit der Ausschüsse an das Plenum vorzusehen.

---

79 FSM-KWG/*Braun/Siering*, 6. Aufl. 2023, KWG § 25d Rn. 74 f.

80 Abhängig von der konkreten Einordnung des Instituts kann die Pflicht zur Einrichtung dieser Ausschüsse entfallen. Idealtypisch wird hier jedoch von einem CRR-Institut ausgegangen.

81 *Henning/Hopt/Binder/Böcking*, Handbuch Corporate Governance von Banken und Versicherungen, 2. Aufl. 2020, § 14 Rn. 20.

6. Überwachung der Wirksamkeit der unternehmerischen Kontrollsysteme

26 Ein Themenkomplex, der in den letzten Jahren zunehmend an Bedeutung gewonnen hat und über die Änderung von A.5 DCGK auch über den Finanzsektor hinaus Aufmerksamkeit erfahren hat,[82] ist die Überwachung der Wirksamkeit der unternehmerischen Kontrollsysteme durch den Aufsichtsrat. Gemeint ist hiermit die Wirksamkeit des Risikomanagementsystems, einschließlich des Compliance Management Systems, des Internen Kontrollsystems sowie der Internen Revision.

Grundsätzlich sind die Einrichtung und Ausgestaltung dieser unternehmerischen Kontrollsysteme Aufgabe des Vorstands, §§ 76, 91 Abs. 2 und Abs. 3 AktG. Diesem kommt hierbei auch unternehmerisches Ermessen zu, d. h. die Einrichtung dieser Systeme hat abgestimmt auf das Risikoprofil der jeweiligen Gesellschaft zu erfolgen.[83] Auch die regelmäßige Prüfung und Nachjustierung der unternehmerischen Kontrollsysteme ist Teil der Organisationspflicht des Vorstands.[84] Im Finanzsektor wird das Ermessen des Vorstands insoweit eingeschränkt, als verschiedene Spezialgesetze, bspw. § 25a Abs. 1 KWG, Art. 22 VO (EU) 2017/565 nebst begleitenden Verwaltungsanweisungen der BaFin (MaComp), §§ 38 bis 46 WpIG, besondere Anforderungen an Einrichtung und Ausgestaltung der unternehmerischen Risikokontrollsysteme stellen.

Aufgabe des Aufsichtsrats ist es, die Wirksamkeit, d. h. Angemessenheit und Funktionsfähigkeit, der unternehmerischen Kontrollsysteme regelmäßig zu prüfen.[85] Dabei ist zu beachten, dass Überwachungsgegenstand des Aufsichtsrats primär das Vorstandshandeln ist. Daher hat der Aufsichtsrat im ersten Schritt entsprechende Berichte des Vorstands über Aktivitäten in diesem Bereich anzufordern. Zudem sollte mit der Unternehmensleitung besprochen werden, inwieweit der Aufsichtsrat im Zuge seiner Prüfung auch auf Unternehmensmitarbeiter zugehen und diese direkt involvieren darf.

> *Praxistipp:*
>
> Empfehlenswert ist in regelmäßigen Abständen das Einholen von Sachverständigenrat. Hierdurch kann insbesondere der Vergleich mit anderen Unternehmen und der Marktpraxis sichergestellt werden.

Auf Basis der erhaltenen Informationen muss der Aufsichtsrat sich sodann ein eigenes Urteil über die Wirksamkeit der unternehmerischen Kontrollsysteme bilden. Insbesondere sollte darauf geachtet werden, ob die Systeme Good-Practice-Maßstäben genügen und einem Vergleich mit ähnlichen Unternehmen standhalten. Auch die Einhaltung der spezialgesetzlichen Vorgaben für das jeweilige Institut muss natürlich fokussiert geprüft werden.

82 *Kopp*, CCZ 2023, 125 ff.
83 BeckOGK/*Fleischer*, 1. 6. 2025, AktG § 91 Rn. 58, 60.
84 MüKoAktG/*Spindler*, 6. Aufl. 2023, AktG § 91 Rn. 115.
85 BeckOGK/*Fleischer*, 1. 6. 2025, AktG § 91 Rn. 86.

Erkannte Schwächen müssen mit dem Vorstand besprochen werden. Ebenso sind Ergänzungsvorschläge, Erweiterungen und sonstige Verbesserungsvorschläge sind an den Vorstand zu adressieren. Diesem obliegt sodann im Rahmen seiner Leitungsfunktion die Entscheidung, ob und ggf. wie entsprechenden Vorschlägen des Aufsichtsrats nachgekommen werden soll.

> *Praxistipp:*
>
> Bei Anhaltspunkten für Fehlverhalten einzelner Vorstandsmitglieder muss der Aufsichtsrat einschreiten. Welche konkrete Reaktion ergriffen werden muss, ist abhängig vom konkreten Verstoß und muss im Einzelfall sorgfältig geprüft und abgewogen werden.

7. *Pflicht zum Handeln bei Rechtsverstößen und Pflichtverletzungen*

In vielen seiner Aufgabenbereiche steht dem Aufsichtsrat kein Initiativrecht zu. 27
Wird er beispielsweise um Zustimmung zu einem Rechtsgeschäft gebeten, ist Initiator immer der Vorstand; der Aufsichtsrat kann ein Geschäft lediglich verhindern, aber nicht selbst initiieren.

Anders ist dies dann, wenn Pflichtverletzungen und/oder Rechtsverstöße eines Vorstandsmitglieds vorliegen können. In einem solchen Fall ist der Aufsichtsrat verpflichtet, tätig zu werden. Im ersten Schritt bedeutet dies, dass den Vorwürfen nachgegangen werden muss, ggf. auch mit externer Hilfe.[86] Kann eine Pflichtverletzung noch verhindert werden, muss der Aufsichtsrat in geeigneter Form einschreiten, bspw. durch Versagung einer Zustimmung zu einer bestimmten Maßnahme, ggf. nach Schaffung eines ad-hoc-Zustimmungsvorbehalts, oder in der *ultima ratio* durch Abberufung des für die Pflichtverletzung verantwortlichen Vorstandsmitglieds.[87]

Ergibt sich eine Pflichtverletzung eines Vorstandsmitglieds und ein darauf beruhender Schaden, muss der Aufsichtsrat sich mit der Geltendmachung von Schadensersatzansprüchen der Gesellschaft gegen (ausgeschiedene) Vorstandsmitglieder befassen.[88] Hierzu muss der Aufsichtsrat zunächst prüfen, ob der Ersatzanspruch der Gesellschaft gegen den Vorstand sowohl in tatsächlicher als auch in rechtlicher Hinsicht besteht und sodann sorgfältig abwägen, ob insbesondere das Prozessrisiko und die Einbringbarkeit der Forderung gegen das Vorstandsmitglied einer Geltendmachung im Einzelfall entgegenstehen könnten. Soll von einer Rechtsverfolgung abgesehen werden, müssen gewichtige Gründe vorliegen, d.h. eine Geltendmachung des Schadensersatzanspruchs muss für die Gesellschaft erkennbar negativere Folgen haben. Es müssen dann gewichtige Gründe des Gesellschaftswohls gegen eine Rechtsverfolgung sprechen und diese

86 Zu internen Untersuchungen durch den Aufsichtsrat bspw. *Habbe*, CCZ 2019, S. 27 ff.

87 Vgl. Rn. 15, zur Verdichtung der Möglichkeit, einen Ad-hoc-Zustimmungsvorbehalt zu schaffen, hin zu einer Pflicht zum Handeln.

88 BGHZ 135, 244 = DStR 1997, 881 (ARAG/Garmenbeck); *W.Goette*/Goette/Arnold, HdB Aufsichtsrat, 1. Aufl. 2021, § 4 Rn. 2425.

Umstände müssen die Gründe, die für eine Rechtsverfolgung sprechen, überwiegen oder ihnen zumindest gleichwertig sein.[89]

> *Praxistipp:*
> Verstößt der Aufsichtsrat gegen seine Pflicht zur Geltendmachung von Schadensersatzansprüchen, so kann er sich wiederum selbst gegenüber der Gesellschaft schadensersatzpflichtig machen.

III. Beratung des Vorstands (präventives Tätigwerden)

28 Ausdruck präventiver Überwachung ist die Beratung des Vorstands, die neben der (retrospektiven) Kontrolle des Vorstandshandelns ebenfalls zu den Kernaufgaben des Aufsichtsrats zählt, vgl. auch Grundsatz 6 DCGK.[90] Insbesondere bei gewichtigen Fragestellungen wie der Unternehmensstrategie oder dem Risikoprofil berät der Aufsichtsrat den Vorstand und unterstützt ihn bei der Umsetzung der Unternehmensstrategie. Ziel einer frühzeitigen Einbindung des Aufsichtsrats ist es, eventuelle Fehler in der Zukunftsplanung des Unternehmens so frühzeitig zu erkennen, dass ein Umsteuern möglichst ohne Schäden für die Gesellschaft noch möglich ist.

Dabei ist es wichtig, dass der Aufsichtsrat laufende und geplante Geschäftsvorfälle im Blick behält, um frühzeitig auf mögliche Risiken hinzuweisen und geeignete Maßnahmen zu ergreifen.

> *Praxistipp:*
> Die Beratungsfunktion gewinnt vor allem in Transformationssituationen und bei strategischen Grundsatzentscheidungen erheblich an Bedeutung. Auch die zunehmende Ausrichtung der Geschäftstätigkeit auf Nachhaltigkeit zieht häufig erheblichen Beratungsbedarf nach sich.

Während die Planung der Strategie fundamentaler Bestandteil der Leitungsaufgabe des Vorstands ist, kommt dem Aufsichtsrat insbesondere bei dieser Aufgabe eine erhebliche Bedeutung zu. Der Vorstand ist verpflichtet, regelmäßig zur Strategie Bericht zu erstatten und den Aufsichtsrat über den Stand der Umsetzung zu informieren.

> *Praxistipp:*
> Der Vorstand hat bei der Festlegung und Umsetzung der Strategie erheblichen Ermessensspielraum. Dem Aufsichtsrat kommt die Rolle als Sparringspartner und Ideengeber zu, er ist jedoch nicht dazu berufen, eigene Strategieentscheidungen zu treffen.

Die Beratung des Vorstands bei der Strategieplanung sowie bei der Umsetzung der Strategie ist Ausdruck der präventiven Überwachungsarbeit. Durch Zustimmungsvorbehalte kann die Mitarbeit des Aufsichtsrats bei Strategieentschei-

89 Zu den Abwägungsgesichtspunkten im Einzelnen bspw. *Koch*, 19. Aufl. 2025, AktG § 111 Rn. 7 ff. m. w.Nw.; *W. Goette*/Goette/Arnold, HdB Aufsichtsrat, 1. Aufl. 2021, § 4 Rn. 2426.

90 BeckOGK/*Veil*, 1. 6. 2025, AktG § 111 Rn. 12.

dungen und Planungsentscheidungen verbindlich gemacht werden.[91] Insbesondere wird häufig die Mehrjahresplanung (Mittel- und Langfristplanung) einem Zustimmungsvorbehalt unterworfen. Auch bei Gewinnverwendung und Finanzberichterstattung ist die Mitwirkung des Aufsichtsrats erforderlich. Strategische Erwägungen gehen auch dann in die Entscheidung des Aufsichtsrats ein, wenn dieser die Zustimmung zu laufenden oder geplanten Geschäftsvorfällen und Maßnahmen erteilen soll.

Eigene Strategieentscheidungen trifft der Aufsichtsrat nur in eng begrenzten Bereichen. Insbesondere kann er durch die Auswahl der Vorstandsmitglieder Akzente setzen. Auch über die Organisation des Vorstands sowie insbesondere die Vergütung des Vorstands wirkt der Aufsichtsrat an der Strategie mit.

> *Praxistipp:*
>
> Zentrales Instrument, um Strategieentscheidungen des Vorstands zu beeinflussen und die Umsetzung der Strategie zu fördern, sind die in der Vorstandsvergütung festgelegten Kennzahlen für Kurz- und Langfristige variable Vergütungskomponenten. Der Aufsichtsrat ist daher bei der Festlegung solcher Parameter unbedingt dazu angehalten, die Wechselwirkung mit der Strategie des Unternehmens zu berücksichtigen.

IV. Vertretung der Gesellschaft, Hauptversammlung und Investorenkontakte

Weitere Aufgaben des Aufsichtsrats finden sich im Bereich der Vertretung der Gesellschaft nach außen, dem Wahrnehmen von Investorenkontakten und bei der Durchführung der Hauptversammlung. Hierbei handelt es sich jedoch jeweils um Ausnahmen von der gesetzlichen Regel, dass zur gerichtlichen und außergerichtlichen Vertretung der Gesellschaft nach außen allein der Vorstand berufen ist, § 78 Abs. 1 S. 1 AktG.[92] 29

1. Vertretung der Gesellschaft nach außen

Der Aufsichtsrat vertritt die Gesellschaft gegenüber amtierenden Vorstandsmitgliedern, § 116 AktG. § 116 AktG erfasst auch die Vertretung gegenüber künftigen und ausgeschiedenen Vorstandsmitgliedern, soweit dies im Zusammenhang mit der Vorstandstätigkeit steht, bspw. bei Verhandlungen zum Anstellungsvertrag.[93] Dies betrifft insbesondere die Vertretung im Rahmen des Abschlusses von Vorstandsanstellungsverträgen, aber auch im Zusammenhang mit der Geltendmachung von potenziellen Schadensersatzansprüchen gegenüber Vorstandsmitgliedern.[94] 30

91 MüKoAktG/*Habersack*, 6. Aufl. 2023, AktG § 111 Rn. 128.
92 Zur Grundregelung bspw. MüKoAktG/*Habersack*, 6. Aufl. 2023, AktG § 112 Rn. 8 ff.
93 MüKoAktG/*Habersack*, 6. Aufl. 2023, AktG § 112 Rn. 13, 14.
94 MüKoAktG/*Habersack*, 6. Aufl. 2023, AktG § 112 Rn. 21.

Darüber hinaus wird dem Aufsichtsrat nach herrschender Meinung bei sogenannten Hilfsgeschäften ein Recht zur Vertretung der Gesellschaft zugebilligt.[95] Dies betrifft solche Geschäfte, die er zur Vorbereitung oder Durchführung seiner Aufgaben abschließt, bspw. also die Beauftragung von Sachverständigen, die exklusiv den Aufsichtsrat beraten sollen.[96]

Der Aufsichtsrat agiert in der Vertretung nach außen dabei grundsätzlich insgesamt als Kollektivorgan. Einzelne Mitglieder, in der Regel der Aufsichtsratsvorsitzende, können jedoch vom Aufsichtsrat zur Vertretung ermächtigt werden.[97] Hierfür ist ein Aufsichtsratsbeschluss erforderlich, der auch die Parameter der Ermächtigung enthält.[98]

2. Wahrnehmung von Investorenkontakten

31 Insbesondere bei börsennotierten Gesellschaften stellt sich häufig die Frage, wer für die Gesellschaft Kontakt mit Investoren hält. Ebenso kann sich diese Frage stellen bspw. in Situationen, in denen ein Konkurrent oder Investor ein Kaufangebot für die Gesellschaft abgeben möchte oder über einen Zusammenschluss sprechen will. Insbesondere Investoren aus dem angelsächsischen Raum suchen häufig das Gespräch mit dem Aufsichtsratsvorsitzenden, da sie diesen aufgrund des dortigen Systems als zentralen Ansprechpartner wahrnehmen.[99] Dies spiegelt sich auch in Anregung A.6 des DCGK wider, wonach der Aufsichtsratsvorsitzende in einem angemessenen Rahmen Investorengespräche wahrnehmen soll.

Im Grundsatz gilt jedoch wiederum, dass die Vertretung der Gesellschaft gegenüber Dritten ausschließlich dem Vorstand obliegt.[100] Dieser entscheidet auch über die Häufigkeit und Inhalte von Investorenkontakten und Gesprächen mit Investoren. Inwieweit und auf welcher Rechtsgrundlage der Aufsichtsrat selbst Investorengespräche wahrnehmen kann und darf, ist demgegenüber in der Literatur höchst strittig.[101]

Weitgehend anerkannt ist jedoch, dass der Aufsichtsrat zu Themen kommunizieren darf, die allein seiner Verantwortung obliegen, bspw. Personalentscheidungen.[102] Zwingend zu beachten sind die Grenzen, die durch das Insiderrecht und das Beratungsgeheimnis im Aufsichtsrat gesetzt werden.

---

95 BGH, Urt. v. 20.03.2018 – II ZR 359/16 (OLG Oldenburg), Rn. 11; MüKoAktG/*Habersack*, 6. Aufl. 2023, AktG § 112 Rn. 4.

96 BGH, Urt. v. 20.03.2018 – II ZR 359/16 (OLG Oldenburg), Rn. 11.

97 *Rothenburg*/Goette/Arnold, HdB Aufsichtsrat, 1. Aufl. 2021, § 4 Rn. 2327.

98 Backhaus/Tielmann Aufsichtsrat/*Tielmann*, 2. Aufl. 2023, AktG § 112 Rn. 63. *Rothenburg*/Goette/Arnold, HdB Aufsichtsrat, 1. Aufl. 2021, § 4 Rn. 2321.

99 Kremer/Bachmann/Favoccia/v. Werder/*Kremer*, 9. Aufl. 2023, DCGK Abs. A6 Anregung: A.6 Rn. 2.

100 *Hopt*, ZGR 2019, 507 (525 ff.) m. w. Nw.

101 Kremer/Bachmann/Favoccia/v. Werder/*Kremer*, 9. Aufl. 2023, DCGK Abs. A6 Anregung: A.6 Rn. 3.

102 Kremer/Bachmann/Favoccia/v. Werder/*Kremer*, 9. Aufl. 2023, DCGK Abs. A6 Anregung: A.6 Rn. 4a.

Nimmt der Aufsichtsratsvorsitzende solche Gespräche mit Investoren oder sonstigen Stakeholdern wahr, bedarf er hierfür einer Ermächtigung durch den Gesamtaufsichtsrat; dies kann auch schon vorgreifend im Rahmen der Geschäftsordnung des Aufsichtsrats erfolgen.

> *Praxistipp:*
>
> Die Kommunikation nach außen sollte immer abgestimmt erfolgen. Der Aufsichtsratsvorsitzende sollte daher jegliche Investorengespräche mit dem Vorstand abstimmen und, wenn möglich, nur gemeinsam mit dem Vorstand führen. Im Einzelfall kann es auch sinnvoll sein, die Wahrnehmung von Investorenkontakten im Zuge einer Informations- und Kommunikationsordnung zwischen Vorstand und Aufsichtsrat zu regeln.

3. Hauptversammlung

Schlussendlich kommen dem Aufsichtsrat bei börsennotierten Gesellschaften 32
noch einzelne Aufgaben im Zusammenhang mit der Einberufung und Durchführung von Hauptversammlungen zu. Einige Beschlussvorschläge, bspw. zur Bestellung des Abschlussprüfers oder zur Vorstandsvergütung, werden nur durch den Aufsichtsrat unterbreitet, § 124 Abs. 3 S. 1, 2. Hs. AktG.

Darüber hinaus ist der Aufsichtsratsvorsitzende in aller Regel zugleich Versammlungsleiter und übernimmt als solcher die Aufgabe, durch die Hauptversammlung zu führen und in kritischen Situationen lenkend einzugreifen.[103] Die Bestimmung des Versammlungsleiters wird allerdings in der Satzung der Gesellschaft getroffen, d. h. es handelt sich bei der Versammlungsleitung durch den Aufsichtsratsvorsitzenden nicht um eine gesetzliche Regel.

Soweit Fragen von Aktionären an den Aufsichtsrat gerichtet werden, gilt grundsätzlich das zu Investorenkontakten Gesagte: Herr der Kommunikation ist der Vorstand. Allerdings ist es inzwischen weitgehend üblich und damit auch gute Praxis, dass der Aufsichtsratsvorsitzende Fragen, die den Aufgabenbereich des Aufsichtsrats betreffen, in Abstimmung mit dem Vorstand selbst beantwortet. Dabei ist strikt auf die Verschwiegenheitspflichten des Aufsichtsrats zu achten, insbesondere auf die Wahrung des Beratungsgeheimnisses.

> *Praxistipp:*
>
> Empfehlungswert ist sowohl eine Abstimmung zwischen Vorstand und Aufsichtsrat zur Handhabung der gemeinsamen Kommunikation im Rahmen der Hauptversammlung als auch eine Regelung zur Vertretung des Aufsichtsratsvorsitzenden als Versammlungsleiter, sollte dieser bspw. krankheitsbedingt verhindert sein. Die Vorbereitung der Hauptversammlung gewinnt insbesondere durch diese beiden Themen in den letzten Jahren auch für den Aufsichtsrat zunehmend an Bedeutung.

---

103 Zu den Aufgaben als Versammlungsleiter im Detail bspw. *Hoffmann-Becking*, NZG 2017, 281 ff.

V. Vorstandsbestellung, Vorstandsorganisation und Vorstandsvergütung

33 Die Besetzung und Entscheidung über die Vergütung des Vorstands zählt zu den zentralen Aufgaben des Aufsichtsrats. Diese Komponente der Aufsichtsratsarbeit hat nicht nur entscheidenden Einfluss auf das Unternehmen und seine Geschäftstätigkeit, sondern ist auch Teil der strategischen Arbeit des Aufsichtsrats.

1. Ressortzuschnitt und Geschäftsordnung

34 Die Organisation der Vorstandsarbeit ist ein wichtiges Mittel des Aufsichtsrats, um selbst strategische Akzente zu setzen und auf die Führung des Unternehmens einzuwirken. Insbesondere durch den Ressortzuschnitt können bestimmte Aufgaben in ihrer Bedeutung hervorgehoben werden, bspw. durch die Schaffung eines eigenen Vorstandsressorts für bestimmte Themen wie Recht, Compliance oder auch Digitalisierung.

Der Ressortzuschnitt wird dabei in aller Regel im Rahmen eines Geschäftsverteilungsplans geregelt.[104] Der Geschäftsverteilungsplan wird in der Praxis regelmäßig als Anhang der Geschäftsordnung des Vorstands – alternativ als separates Dokument – gehandhabt.[105]

Außerdem kann der Aufsichtsrat einen Vorstandsvorsitzenden bzw. Vorstandssprecher bestimmen, § 84 Abs. 2 AktG. Zwar hat der Vorstandsvorsitzende keine rechtliche Sonderstellung im Vergleich mit den weiteren Vorstandsmitgliedern,[106] jedoch wird diese Funktion in der öffentlichen Wahrnehmung regelmäßig in besonderem Maße beachtet. Der Aufsichtsrat kann so auf die öffentliche Wahrnehmung des Unternehmens Einfluss nehmen.

Zudem ist der Aufsichtsrat dazu aufgefordert, eine Geschäftsordnung für den Vorstand aufzustellen und darin insbesondere Verfahrensthemen wie Anzahl und Häufigkeit der Vorstandssitzungen, Modalitäten der Einberufung von Sitzungen, Umgang mit Differenzen im Gremium und Ressort- bzw. Gesamtzuständigkeit zu regeln.[107]

> *Praxistipp:*
>
> Grundsätzlich ist der Vorstand dazu aufgerufen, sich selbst eine Geschäftsordnung zu geben, § 77 Abs. 2 S. 1 AktG. Der Aufsichtsrat kann diese Aufgabe jedoch jederzeit an sich ziehen; auch kann sie per Satzung ausschließlich dem Aufsichtsrat übertragen worden sein.

104 *Koch*, 19. Aufl. 2025, AktG § 77 Rn. 14.
105 BeckOGK/*Fleischer*, 1. 6. 2025, AktG § 77 Rn. 75.
106 MüKoAktG/*Spindler*, 6. Aufl. 2023, AktG § 77 Rn. 16.
107 *Koch*, 19. Aufl. 2025, AktG § 77 Rn. 20.

2. Besetzung des Vorstands, Bestellung von Vorstandsmitgliedern

Auch die Bestellung, Wiederbestellung und Abberufung von Vorstandsmitgliedern ist Aufgabe des Aufsichtsrats. Diese Aufgaben können nur durch das Plenum vorgenommen werden, § 107 Abs. 3 S. 7 AktG sowie § 84 AktG. Die Amtszeit eines Vorstandsmitglieds darf nach § 84 Abs. 1 S. 1 AktG fünf Jahre nicht überschreiten. Eine Wiederbestellung oder Verlängerung der Amtszeit ist möglich, jedoch jeweils nur für maximal fünf Jahre, § 84 Abs. 1 S. 2 AktG. Ein Beschluss zur Wiederbestellung oder Verlängerung der Amtszeit darf frühestens ein Jahr vor Ablauf der bisherigen Amtszeit gefasst werden, § 84 Abs. 1 S. 3 AktG. 35

> *Praxistipp:*
>
> Als zulässig erachtet wird es jedoch, wenn der Vertrag mit einem Vorstandsmitglied bereits zu einem früheren Zeitpunkt aufgehoben wird und gleichzeitig eine Neubestellung erfolgt. Dies kann zum Beispiel dann relevant werden, wenn abzusehen ist, dass es im Aufsichtsrat zu personellen Veränderungen kommen wird und daher eine Mehrheit für das betroffene Vorstandsmitglied nicht mehr erreicht werden kann.[108] Hierbei ist jedoch zu beachten, dass ein solches Vorgehen laut DCGK nur aus besonderen Gründen vorgenommen werden soll.

In der Praxis ist zu beobachten, dass ein formaler Widerruf der Vorstandsbestellung eher selten geschieht, zumal wenn ein wichtiger Grund nach § 84 Abs. 2 AktG vorliegen müsste. Vielmehr werden in Fällen, in denen das Vertrauensverhältnis zwischen Vorstand und Aufsichtsrat zerrüttet ist und eine Zusammenarbeit zum Wohl des Unternehmens nicht mehr sinnvoll erscheint, im Regelfall im gemeinsamen Einverständnis Aufhebungsverträge vereinbart und das Vorstandsamt niedergelegt.

3. Abschluss und Beendigung von Vorstandsdienstverträgen

Zu beachten ist, dass die Bestellung bzw. Abberufung als Vorstandsmitglied grundsätzlich unabhängig ist von den Regelungen über Verdienst und weitere Arbeitsbedingungen. Diese werden im Vorstandsdienstvertrag geregelt.[109] In der Praxis ist beim Abschluss von Vorstandsdienstverträgen daher darauf zu achten, dass eine Verknüpfung mit der formalen Bestellung als Vorstandsmitglied erfolgt.[110] Ein Automatismus dahingehend, dass mit Widerruf der Bestellung zugleich der Anstellungsvertrag beendet wird, besteht nämlich gerade nicht. 36

Auch der Abschluss und die Kündigung von Vorstandsdienstverträgen sind dem Plenum vorbehalten, analog zum Bestellungsakt.[111] Ebenso gelten die Regelungen über Dauer und Verlängerung entsprechend für den Anstellungsvertrag, § 84 Abs. 1 S. 5 AktG.

---

108 BGH, Urteil vom 17.07.2012 – II ZR 55/11, DNotZ 2013, 65.

109 *Koch*, 19. Aufl. 2025, AktG § 84 Rn. 2; MüKoAktG/*Spindler*, 6. Aufl. 2023, AktG § 84 Rn. 10.

110 *Koch*, 19. Aufl. 2025, AktG § 84 Rn. 20.

111 MüKoAktG/*Spindler*, 6. Aufl. 2023, AktG § 84 Rn. 161, 209.

> *Praxistipp:*
>
> Um zu vermeiden, dass der Aufsichtsrat sich im Fall von geringfügigen Änderungen am Vorstandsdienstvertrag nochmals mit der Sache befassen muss, kann durch Aufsichtsratsbeschluss einem Mitglied des Aufsichtsrats, i. d. R. dem Aufsichtsratsvorsitzenden, eine Ermächtigung zur finalen Vertragsverhandlung und zum Vertragsabschluss (innerhalb bestimmter Parameter) erteilt werden.

4. *Vorstandsvergütung – Zuständigkeit des Aufsichtsrats*

37 Auch über die Ausgestaltung der Vorstandsvergütung kann der Aufsichtsrat auf die strategische Ausrichtung der Vorstandsarbeit einwirken. Insbesondere die Kennzahlen, an denen sich variable Komponenten ausrichten, setzen erhebliche Anreize für den Vorstand, bestimmte Maßnahmen zu priorisieren. Insgesamt ist darauf zu achten, dass die dem Vorstand gewährte Vergütung angemessen und transparent ist.

a) Anforderungen an die Vorstandsvergütung

38 Die Anforderungen an die Vorstandsvergütung ergeben sich zunächst aus § 87 AktG. Demnach muss die Vergütung in einem angemessenen Verhältnis zu den Aufgaben und Leistungen des Vorstandsmitglieds sowie zur Lage der Gesellschaft stehen. Um insbesondere die Angemessenheit und Üblichkeit der konkret gewährten Vergütung beurteilen zu können, greift die Praxis regelmäßig auf zwei Vergleichsmaßstäbe zurück:[112]

- Der horizontale Vergleich, d. h. ein Vergleich der Vergütung des Vorstands mit der Vergütung in Unternehmen derselben Branche, Region und Größenordnungen.
- Der vertikale Vergleich, d. h. die Berücksichtigung des Lohn- und Gehaltsgefüges im Unternehmen.

Sonderreglungen im Finanzsektor finden sich insbesondere in § 25d Abs. 5 KWG: Demnach darf die Vergütung keine Interessenkonflikte erzeugen. Zudem regelt § 25a Abs. 5 KWG eine Obergrenze im Verhältnis zwischen fixer und variabler Vergütung, die nur unter bestimmten Voraussetzungen überschritten werden darf.

Ergänzend müssen bei der Erarbeitung und Beschlussfassung über das Vorstandsvergütungssystem die Regelungen der Institutsvergütungsverordnung beachtet werden. Zentral ist dabei die Ausrichtung an der Strategie, § 4 InstitutsVergV.[113]

Weitergehende Anforderungen gelten zudem für börsennotierte Gesellschaften. Hier stellt § 87a AktG eine ganze Reihe an Kriterien auf, die bei der Erarbeitung des Vergütungssystems berücksichtigt werden müssen und so auch Eingang in

---

112 MüKoAktG/*Spindler*, 6. Aufl. 2023, AktG § 87 Rn. 63.

113 Zu weiteren Sonderreglungen im Bereich der Vergütung vgl. *Sammet*/Annuß/Früh/Hasse, Institutsverordnung, Versicherungsvergütungsverordnung, 1. Aufl. 2016, Anhang VIII, Abschnitt A.

einzelne Vergütungsregelungen finden. Ergänzt werden diese Regelungen durch G.1 DCGK.

> *Praxistipp:*
> In die Erarbeitung des Vergütungssystems ist nach § 25d Abs. 12 S. 2 Nr. 1 KWG der Vergütungskontrollausschuss zu involvieren,[114] der den Aufsichtsrat insoweit bei der Aufgabenwahrnehmung unterstützt. Diesem obliegt zudem die Prüfung des Vergütungssystems auf Angemessenheit.

Ist ein den gesetzlichen Vorgaben entsprechendes Vergütungssystem erarbeitet, wird dieses durch den Aufsichtsrat beschlossen und über individuelle Vereinbarungen mit den Vorstandsmitgliedern im Rahmen der Anstellungsverträge umsetzt. Bei börsennotierten Gesellschaften ist darüber hinaus § 87a Abs. 2 i. V. m. § 120a Abs. 1 AktG zu beachten, wonach das Vergütungssystem für den Vorstand in bestimmten Abständen und bei wesentlichen Änderungen der Hauptversammlung zur Beschlussfassung vorzulegen ist.[115]

b) Festlegung der Vergütung durch den Aufsichtsrat

Zudem muss der Aufsichtsrat die konkrete Vergütung festlegen. Soweit die 39
Vergütung variable Komponenten enthält, muss der Aufsichtsrat jeweils nach Ablauf der entsprechenden Bemessungsperiode eine Entscheidung über den Grad der Zielerreichung treffen und die Vergütungshöhe final festlegen. Dabei kann auch über nachträgliche Anpassungen entschieden werden, insbesondere im Fall von unvorhersehbaren Ereignissen oder sonstigen einschneidenden Geschehnissen, wie M&A-Transaktionen, die einen ganz erheblichen Einfluss auf die Kennzahlen der Vergütung haben können.

> *Praxistipp:*
> Bei einer nachträglichen Anpassung der Vergütung ist streng darauf zu achten, dass für solche Anpassungen eine Grundlage im Vergütungssystem sowie in den Dienstverträgen der Vorstandsmitglieder besteht. Dies muss bereits bei der Erarbeitung des Systems bedacht werden.

Soweit vertragliche Grundlagen für die Anpassung der Vergütung nicht vorhanden sind, besteht immer die Gefahr, dass eine Vergütung gewährt wird, die nicht geschuldet war. Dies kann eine Untreue zulasten der Gesellschaft darstellen und sogar strafbar sein (sog. Mannesmann-Rechtsprechung). Insbesondere ist sehr sorgfältig zu prüfen, ob Zahlungen, die keine Grundlage im Dienstvertag bzw. Vergütungssystem haben, einen angemessenen zukünftigen Vorteil für die Gesellschaft bringen.[116]

---

114 Siehe auch Verpflichtung zur Bestellung eines Vergütungsbeauftragten, § 23 InstitutsVergV.

115 *Koch*, 19. Aufl. 2025, AktG § 87a Rn. 13, 14 m. w.Nw.

116 BGH, Urteil vom 21. 12. 2005, 3 StR 470/04 (Mannesmann); MüKoAktG/*Spindler* AktG § 87 Rn. 139.

c) Transparenz über die Vorstandsvergütung

40 Über die Berichterstattung zur Vorstandsvergütung wird Transparenz in Bezug auf die Höhe und Zusammensetzung der Vergütung hergestellt.

Bei börsennotierten Gesellschaften ist jährlich ein Vergütungsbericht zu erstellen, in den zahlreiche detaillierte Angaben zu Art und Höhe der gewährten Vergütung aufzunehmen sind. Dieser Bericht ist von der Hauptversammlung zu billigen, § 162 AktG.

Bei nicht-börsennotierten Gesellschaften ergeben sich Veröffentlichungspflichten insbesondere aus der handelsrechtlichen Vergütungspublizität, § 285 Nr. 9, § 314 Nr. 6 HGB.[117]

> *Praxistipp:*
> Die Verabschiedung des Vergütungsberichts durch den Aufsichtsrat in der Bilanzsitzung setzt voraus, dass zu diesem Zeitpunkt bereits eine Entscheidung des Aufsichtsrats zur Zielerreichung für das vergangene Geschäftsjahr und zur Festsetzung der variablen Vergütung getroffen wurde. Dies stellt Gesellschaften nicht selten vor erhebliche Terminierungsprobleme, da die Vergütung häufig von der Erfüllung von Kennzahlen abhängt, die wiederum erst kurz vor der Bilanzsitzung final vorliegen. Daher ist das Vorgehen eng mit der Finanzabteilung sowie dem Abschlussprüfer abzustimmen.

VI. Abschlussprüfung und Abschlussprüferbestellung

41 Bei der Bestellung, Auswahl und Überwachung des Abschlussprüfers, aber auch bei der Finanzberichterstattung nimmt der Aufsichtsrat ebenfalls zentrale Aufgaben wahr. Insbesondere aufgrund der erheblichen Öffentlichkeitswirkung von Finanzkennzahlen sowie der bei fehlerhafter Berichterstattung drohenden Sanktionen ist dieses Aufgabenfeld für die Aufsichtsratsarbeit prägend.

1. Überwachung der Finanzberichterstattung

42 Wie im Rahmen der allgemeinen Zuständigkeitsverteilung in der Aktiengesellschaft vorgesehen kommt dem Aufsichtsrat auch im Bereich der Finanzberichterstattung[118] zunächst eine Überwachungsfunktion zu.[119]

a) Prozess

43 Wesentliche Dokumente, die dabei (auch) im Verantwortungsbereich des Aufsichtsrats liegen, sind der Jahresabschluss der Gesellschaft, der Konzernabschluss sowie der (Konzern-)Lagebericht. Alle diese Dokumente werden vom Vorstand der Gesellschaft aufgestellt, siehe auch § 170 Abs. 1 AktG, den somit die primäre Verantwortung für ihre Richtigkeit trifft.[120] Im Anschluss an die Auf-

117 BeckOGK/*Bayer/Scholz*, 1.2.2024, AktG § 162 Rn. 11.
118 Zusammenfassend verwendet für den Jahresabschluss der Gesellschaft, den Konzernabschluss sowie den (Konzern-)Lagebericht.
119 Backhaus/Tielmann Aufsichtsrat/*Suchan/Gerdes* AktG § 170 Rn. 7.
120 Zum zeitlichen Ablauf im Detail Backhaus/Tielmann Aufsichtsrat/*Suchan/Gerdes* AktG § 170 Rn. 9.

stellung durch den Vorstand findet die Prüfung durch den Abschlussprüfer statt (externe Prüfung), vgl. §§ 316 ff. HGB. Ihren Endpunkt findet die Prüfung mit der Erteilung oder Verweigerung des Testats durch den Abschlussprüfer. Die gesetzliche Systematik zeigt, dass die Prüfung stattgefunden haben muss, ehe der Aufsichtsrat final über die Finanzberichterstattung entscheidet. Eine Billigung des Jahresabschlusses ohne Zugang zum Prüfbericht kann nämlich nach § 256 Abs. 1 Nr. 2 AktG die Nichtigkeit des Jahresabschlusses zur Folge haben.[121]

Nach § 170 Abs. 1 AktG ist der aufgestellte Jahresabschluss sowie Lagebericht zudem unverzüglich dem Aufsichtsrat vorzulegen;[122] dieser hat sodann innerhalb eines Monats zu prüfen und einen Bericht über seine Prüfung vorzulegen, § 171 Abs. 3 S. 1 AktG.

b) Billigung des Jahresabschlusses

Primäre Aufgabe ist die Prüfung des Rechnungslegungsprozesses durch den Aufsichtsrat. Ziel ist es, sicherzustellen, dass die Finanzberichterstattung den gesetzlichen Anforderungen entspricht.[123] Grundsätzlich muss der Aufsichtsrat diese Aufgabe selbst erfüllen, d. h. jedenfalls grundlegende Kenntnisse im Bereich der Rechnungslegung und Abschlussprüfung sind von jedem Aufsichtsratsmitglied zu erwarten.[124] Bedenken können insbesondere über das allgemeine Einsichts- und Prüfungsrecht nach § 111 Abs. 2 S. 1 AktG nachverfolgt werden. 44

Daneben ist der Aufsichtsrat jedoch auch aufgefordert, bei der Billigung des Jahresabschlusses eine Zweckmäßigkeitsprüfung durchzuführen, d. h. nachzuprüfen, ob der Vorstand seine bilanzpolitischen Entscheidungen entsprechend der Ziele und Ausrichtung der Gesellschaft getroffen hat.[125]

In Bezug auf die Prüfungsintensität ist ein abgestuftes Vorgehen anzuraten:

- Wird der Prüfungsvermerk uneingeschränkt erteilt und befindet sich die Gesellschaft im Normalbetrieb (also kein Vorliegen einer internen oder externen Krise), genügt der Aufsichtsrat seinen Prüfpflichten, wenn er eine intensive Plausibilitätskontrolle vornimmt und den Jahresabschluss gewissenhaft durchsieht.[126] Der Aufsichtsrat darf sich in solchen Fällen im Grundsatz auf die Arbeit des Abschlussprüfers verlassen.
- Wird dagegen der Prüfvermerk verweigert oder nur eingeschränkt erteilt, verdichtet sich die Prüfungspflicht des Aufsichtsrats erheblich.

121 *M. Arnold*/Goette/Arnold, HdB Aufsichtsrat, 1. Aufl. 2021, § 4 Rn. 107.
122 Zum Zeitpunkt der Vorlage im Detail auch BeckOGK/*Euler/Klein*, 1. 6. 2025, AktG § 170 Rn. 29.
123 *M. Arnold*/Goette/Arnold, HdB Aufsichtsrat, 1. Aufl. 2021, § 4 Rn. 110.
124 *Hoffmann-Becking*, MHdB Bd. 4, 5. Aufl. 2020, § 45 Rn. 16; *Koch*, 19. Aufl. 2025, AktG § 171 Rn. 9.
125 *M. Arnold*/Goette/Arnold, HdB Aufsichtsrat, 1. Aufl. 2021, § 4 Rn. 110; *Hoffmann-Becking*, MHdB Bd. 4, 5. Aufl. 2020, § 45 Rn. 14.
126 *Koch*, 19. Aufl. 2025, AktG § 171 Rn. 10.

Im Übrigen wird im Rahmen der Abschlussprüfung das arbeitsteilige Zusammenwirken des Aufsichtsrats sichtbar:

- Der Prüfungsausschuss begleitet im Regelfall den Aufstellungs- und Prüfprozess in Bezug auf die Finanzberichterstattung und bereitet die Meinungsbildung im Aufsichtsrat vor.[127]
- Hierbei wird auch die herausgehobene Rolle der Finanzexperten, § 100 Abs. 5 AktG, deutlich, die im Regelfall Mitglieder des Prüfungsausschusses sind und diesen bei seiner Arbeit unterstützen, vgl. auch die gesetzlichen Anforderungen aus § 107 Abs. 4 S. 3 AktG.[128]
- Die übrigen Mitglieder des Aufsichtsrats können sich dann im Regelfall darauf beschränken, den Prüfungsausschuss bei seiner Arbeit zu überwachen und die Ergebnisse einer Plausibilitätskontrolle zu unterziehen.[129]

c) *Aufgaben bei der Prüfung des Lageberichts*

45 Auch der Lagebericht ist vom Vorstand zu erstellen. Der Aufsichtsrat muss den Lagebericht – wie den Jahresabschluss – auf seine Vereinbarkeit mit Recht und Gesetz prüfen und insbesondere sicherstellen, dass alle erforderlichen Angaben gemacht wurden.[130] Soweit der Aufsichtsrat Zugang zu Informationsquellen hat, muss er auch die inhaltliche Richtigkeit nachvollziehen.[131]

Eine Billigung oder ähnliche Beschlussfassung über den Lagebericht ist im Gesetz nicht vorgesehen. Die Zustimmung des Aufsichtsrats ist daher zu seiner Veröffentlichung nicht erforderlich. Dem Aufsichtsrat steht daher kein unmittelbares Druckmittel zur Verfügung, um eine Änderung des Lageberichts zu erzwingen.[132] Kommt er jedoch zu einer anderen Beurteilung als der Vorstand, muss er der Hauptversammlung im Rahmen seines Berichts die abweichende Einschätzung erläutern.[133]

> *Praxistipp:*
>
> Aufgrund der enormen Öffentlichkeitswirkung einer solchen abweichenden Beurteilung durch den Aufsichtsrat sollten Bedenken des Aufsichtsrats immer mit dem Vorstand besprochen und wenn möglich im Vorfeld ausgeräumt werden.

---

127 BeckOGK/*Walla*, 1.6.2025, AktG § 107 Rn. 162.
128 BeckOGK/*Walla*, 1.6.2025, AktG § 107 Rn. 190.
129 *Koch*, 19. Aufl. 2025, AktG § 171 Rn. 12.
130 *M. Arnold*/Goette/Arnold, HdB Aufsichtsrat, 1. Aufl. 2021, § 4 Rn. 112.
131 *M. Arnold*/Goette/Arnold, HdB Aufsichtsrat, 1. Aufl. 2021, § 4 Rn. 112.
132 *M. Arnold*/Goette/Arnold, HdB Aufsichtsrat, 1. Aufl. 2021, § 4 Rn. 112; MüKoAktG/*Hennrichs/Pöschke*, 5. Aufl. 2022, AktG § 171 Rn. 63.
133 MüKoAktG/*Hennrichs/Pöschke*, 5. Aufl. 2022, AktG § 171 Rn. 63.

d) Weitere Finanzberichterstattung, insb. Zwischenberichterstattung

Quartals- und Halbjahresfinanzberichte sowie Quartalsmitteilungen, also die sog. Zwischenberichterstattung, dienen dem Transparenzerfordernis der Kapitalmärkte, vgl. §§ 2, 115, 117 WpHG sowie § 53 BörsO.[134] 46

Gesetzlich ist keine Prüfung der Zwischenberichterstattung durch den Aufsichtsrat vorgesehen. In der Praxis sollte der Aufsichtsrat sich jedoch aufgrund der Bedeutung der Zwischenberichterstattung für die Öffentlichkeit und die Reputation des Unternehmens mit der Zwischenberichterstattung auseinandersetzen und ggf. auch einem Zustimmungsvorbehalt unterstellen.[135]

Nach § 115 Abs. 5 WpHG hat das Unternehmen ein Wahlrecht, ob die Zwischenberichterstattung einer prüferischen Durchsicht durch den Abschlussprüfer unterzogen werden soll. Die Entscheidung, welcher Form der Prüfung die Zwischenberichterstattung unterzogen wird, obliegt dabei allein dem Vorstand.[136] Der Aufsichtsrat ist jedoch dafür zuständig, den Abschlussprüfer für die Zwischenberichterstattung auszuwählen und entsprechend der Regelungen für die Abschlussprüfung insgesamt zur Bestellung vorzuschlagen.[137]

2. Bestellung und Überwachung des Abschlussprüfers

a) Bestellungsprozess

Originäre Aufgabe des Aufsichtsrats ist zudem die Auswahl des Abschlussprüfers, gefolgt von einem entsprechenden Wahlvorschlag an die Hauptversammlung, vgl. für Unternehmen von öffentlichem Interesse[138] auch Art. 16 Eu-APrVO[139]. Die Bestellung des Abschlussprüfers als solche erfolgt sodann durch Beschluss der Hauptversammlung, § 318 Abs. 1 HGB. 47

Nach dem Bestellungsbeschluss wiederum ist der Aufsichtsrat dazu aufgerufen, den Prüfungsauftrag zu erteilen. Hierbei geht es um die Vereinbarung des Honorars, ggf. um die Erarbeitung von Prüfungsschwerpunkten, sowie die Festlegung von (zusätzlichen) Berichtspflichten, § 111 Abs. 2 S. 3 AktG. Strittig ist hierbei, ob dieser Auftrag nebst den jeweiligen Details durch den Gesamtaufsichtsrat erteilt werden muss, oder ob jedenfalls die Regelungen im Einzelnen an den Prüfungsausschuss delegiert werden können.

Der Aufsichtsrat ist damit dasjenige Organ des Unternehmens, das das Verfahren der Abschlussprüfung regelt und überwacht. Neben dem Vorstand der Ge-

134 Hierzu im Detail bspw. Backhaus/Tielmann/*Suchan/Seidler*, Der Aufsichtsrat, 2. Aufl. 2023, Anhang § 172, Rn. 227 ff.

135 Backhaus/Tielmann/*Suchan/Seidler*, Der Aufsichtsrat, 2. Aufl. 2023, Anhang § 172, Rn. 233.

136 *Becker*/Heidel, AktR, 5. Aufl. 2020, § 115 WpHG, Rn. 30.

137 Siehe Rn. 47 ff.

138 Nach § 319a HGB sind dies kapitalmarktorientierte Unternehmen iSd § 264d HGB, also insbesondere börsennotierte Gesellschaften, CRR-Kreditinstitute und bestimmte Versicherungsunternehmen.

139 VO (EU) 537/2014 – Abschlussprüferverordnung.

sellschaft ist auch der Abschlussprüfer insoweit Gegenstand der Überwachungspflichten des Aufsichtsrats.

b) Abschlussprüfer als Überwachungsgehilfe

48 Zugleich kann der Abschlussprüfer den Aufsichtsrat in einer Hilfsfunktion bei seiner Überwachungsaufgabe unterstützen:[140]

- Dies gilt zunächst ganz offensichtlich für den Prüfungsausschuss, dem der Abschlussprüfer in regelmäßigen Abständen zu den Ergebnissen der Prüfung Bericht erstatten muss. Da auch sonstige, im Rahmen der Prüfung gewonnene Erkenntnisse berichtspflichtig sein können, bspw. bei einem Verdacht auf schwerwiegende Rechtsverstöße, ist der Abschlussprüfer eine der wichtigsten Informationsquellen des Aufsichtsrats in Bezug auf mögliche Fehlentwicklungen innerhalb des Unternehmens.
- Der Abschlussprüfer ist damit ein wichtiger Informationsträger in Bezug auf die Überwachung der Vorstandstätigkeit. Aber auch in Bezug auf die Wirksamkeit und Angemessenheit der unternehmerischen Kontrollsysteme gewinnt die Arbeit des Abschlussprüfers für den Aufsichtsrat erhebliche Bedeutung, da der Abschlussprüfer beiläufig erkannte Probleme jedenfalls bei gewisser Schwere und Bedeutung berichten muss.
- Eine weitere Möglichkeit, um von der Arbeit des Abschlussprüfers zu profitieren, ist die Erteilung von Sonderaufträgen in Bereichen, die nicht zum Kern der klassischen Finanzberichterstattung gehören, z. B. im Rahmen der CSRD-Berichterstattung oder der weitergehenden Prüfung der unternehmerischen Kontrollsysteme.

> *Praxistipp:*
> Den höchsten Nutzen aus der Tätigkeit des Abschlussprüfers zieht der Aufsichtsrat dann, wenn die Arbeit des Abschlussprüfers aktiv mitgestaltet wird, z. B. durch die gemeinsame Erarbeitung von Prüfungsschwerpunkten und einen engen Austausch zwischen Abschlussprüfer und Prüfungsausschuss. Hierfür ist insbesondere die Ausgestaltung praxistauglicher Berichtspflichten sowie die Festlegung der Key Audit Matters von zentraler Bedeutung.

c) Abschlussprüfer als Überwachungsgegenstand

49 Von der Unterstützungsfunktion des Abschlussprüfers im Rahmen der Überwachung der Vorstandstätigkeit profitiert der Aufsichtsrat jedoch nur, wenn die Arbeit des Abschlussprüfers im Hinblick auf ihre Qualität und Unabhängigkeit den beruflichen Standards entspricht. Die Überwachung der Arbeitsweise des Abschlussprüfers ist somit wiederum zentrale Aufgabe des Aufsichtsrats, und hierbei insbesondere des Prüfungsausschusses.

140 Zum Abschlussprüfer als Hilfsperson des Aufsichtsrats auch *M. Arnold*/Goette/Arnold, HdB Aufsichtsrat, 1. Aufl. 2021, § 4 Rn. 107 sowie Rn. 162 ff.

3. *Vertrauen auf die Arbeit des Abschlussprüfers*

Nachdem sowohl die Arbeit des Abschlussprüfers als auch die Überwachung der Finanzkennzahlen zentrale Aufgabe des Aufsichtsrats ist, liegt es nahe, dass der Aufsichtsrat sich bei seiner Entscheidung zu den Finanzkennzahlen auf die Arbeit des Abschlussprüfers verlässt und selbst lediglich eine weniger genaue Plausibiliätsprüfung anstellt. 50

Im Grundsatz ist der Aufsichtsrat befugt, sich auf die Erkenntnisse des Abschlussprüfers zu verlassen, wenn inhaltlich die Verantwortung (auch) beim Aufsichtsrat liegt. Allerdings unterliegt das Vertrauen des Aufsichtsrats auf die Ergebnisse der Abschlussprüfung bestimmten Voraussetzungen:

- Der Aufsichtsrat muss laufend die Unabhängigkeit des Abschlussprüfers überwachen.
- Der Aufsichtsrat muss laufend die Qualität der Abschlussprüfung überwachen.

Die Verpflichtung zur laufenden Überwachung der Unabhängigkeit des Abschlussprüfers bezieht sich auf den gesamten Zeitraum der Prüfungstätigkeit; es ist somit nicht damit getan, auf eine Überprüfung der Unabhängigkeit im Zeitpunkt der Auswahlentscheidung zu verweisen. Insbesondere muss dabei die Erbringung von Nichtprüfungsleistungen im Blick behalten werden. Zudem müssen interne und externe Rotationsfristen berücksichtigt werden.

Was die Überwachung der Qualität der Abschlussprüfung angeht, § 107 Abs. 3 S. 1 AktG, sind die entsprechenden Grundsätze bisher weder in Wissenschaft noch Praxis im Detail ausgearbeitet. Jedenfalls betont die Abschlussprüferverordnung die Bedeutung des Prüfungsausschusses bei dieser Aufgabe, ohne jedoch weitere Ausführungen zu machen. Klar ist jedenfalls, dass primär die Rechtmäßigkeit der Abschlussprüfung beurteilt werden muss.

> *Praxistipp:*
>
> Aufgrund der deutlich gestiegenen Bedeutung der Abschlussprüfung und der mit fehlerhafter Berichterstattung einhergehenden Haftungsrisiken muss der Aufsichtsrat unbedingt sicherstellen, dass hinreichende Expertise im Gremium für die Überwachung der Abschlussprüfertätigkeit vorhanden ist. Darüber hinaus ist dringend zu empfehlen, dass jedes Aufsichtsratsmitglied sich zumindest Grundzüge der Rechnungslegung und Abschlussprüfung aneignet.

4. *Berichterstattung über die Ergebnisse der Abschlussprüfung*

Der Aufsichtsrat muss über die Ergebnisse der Abschlussprüfung schriftlich Bericht erstatten, § 172 Abs. 2 AktG. Die Berichterstattung richtet sich nach den in § 172 Abs. 2 AktG aufgeführten Gegenständen und wird für die börsennotierte Aktiengesellschaft über D.7 und E.1 DCGK erweitert.[141] 51

141 Im Detail bspw. *Koch*, 19. Aufl. 2025, AktG § 171 Rn. 19-23.

VII. Kreditentscheidungen und Kreditkonditionen

52 Sonderregelungen für den Aufsichtsrat im Finanzsektor finden sich insbesondere im Bereich der Kreditgewährung und der Kreditkonditionen.

1. Organkredite, §§ 15, 17 KWG

53 Nach § 15 Abs. 1 KWG dürfen Kredite an einen bestimmten Personenkreis, u. a. die Geschäftsleiter des Instituts, Mitglieder des Überwachungsorgans, Prokuristen und bestimmte nahestehende Personen, nur mit ausdrücklicher Zustimmung des Aufsichtsrats erteilt werden. Für die Beschlussfassung des Aufsichtsrats gelten dabei die allgemeinen Regelungen, d. h. der Beschluss ist mit einfacher Mehrheit zu fassen.[142] Die Entscheidung kann zudem an einen Ausschuss nach § 107 Abs. 3 AktG übertragen werden.[143] Im Regelfall muss die Beschlussfassung des Aufsichtsrats vor der Kreditgewährung stattfinden.[144]

Gegenstand der Entscheidung sind dabei die wesentlichen Punkte der jeweiligen Kreditgewährung; geringfügige, insbesondere rein formale, Änderungen zwischen der Entscheidung des Aufsichtsrats und der eigentlichen Kreditgewährung dürfen vorgenommen werden.[145]

§ 15 Abs. 3 AktG regelt Bagatellgrenzen, in denen abweichend von der Grundregel keine Zustimmung des Aufsichtsrats erforderlich ist.

§ 15 KWG ersetzt in seinem Geltungsbereich die allgemeine Regel des § 115 AktG; ist im Einzelfall § 15 KWG nicht anwendbar, verbleibt es bei § 115 AktG, der einen Zustimmungsvorbehalt für eine Kreditgewährung durch die Gesellschaft an Mitglieder des Aufsichtsrats vorsieht.[146]

2. Überwachung der Kreditkonditionen

54 Ein echter Sonderfall für die Arbeit des Aufsichtsrats ist in § 25d Abs. 8 S. 2 KWG geregelt. Demnach wacht der Risikoausschuss darüber, dass die Gestaltung der Konditionen im Kundengeschäft mit dem Geschäftsmodell und der Risikostruktur vereinbar sind. Sollte dies nicht der Fall sein, ist der Risikoausschuss verpflichtet, Vorschläge zur Anpassung zu machen.[147] Die Umsetzung der entsprechenden Anpassungen verbleibt jedoch beim Vorstand, da die Aufgabe des Aufsichtsrats eine rein überwachende bleibt.

---

142 Schwennicke/Auerbach/*Auerbach/Adelt*, 4. Aufl. 2021, KWG § 15 Rn. 62.
143 FSM-KWG/*Groß*, 6. Aufl. 2023, KWG § 15 Rn. 40; Schwennicke/Auerbach/*Auerbach/Adelt*, 4. Aufl. 2021, KWG § 15 Rn. 62.
144 Zu möglichen Ausnahmen bei Eilbedürftigkeit FSM-KWG/*Groß*, 6. Aufl. 2023, KWG § 15 Rn. 39.
145 Schwennicke/Auerbach/*Auerbach/Adelt*, 4. Aufl. 2021, KWG § 15 Rn. 65, 73.
146 *Wasmann/Gärtner*/Goette/Arnold, HdB Aufsichtsrat, 1. Aufl. 2021, § 6 Rn. 273.
147 FSM-KWG/*Braun/Siering*, 6. Aufl. 2023, KWG § 25d Rn. 97.

VIII. ESG und Nachhaltigkeitsberichterstattung

Der Themenkomplex ESG (Ecology, Social, Governance) bzw. Nachhaltigkeit hat nicht zuletzt durch die CSRD-Berichterstattung erhebliche Bedeutung gewonnen. Hieraus ergeben sich zahlreiche neue Themenfelder im Aufgabenbereich des Aufsichtsrats. Insbesondere durch das Inkrafttreten der Corporate Sustainability Reporting Directive (CSRD)[148] – für die ersten Unternehmen bereits zum 1. Januar 2024 – entstehen konkrete Aufgaben für den Aufsichtsrat. 55

1. Konkrete Aufgaben im Rahmen der Nachhaltigkeitsberichterstattung

Eine erhebliche Menge neuer Aufgaben kommt auf den Aufsichtsrat durch die Berichterstattung im Rahmen der CSRD zu. Die Verpflichtung zur Berichterstattung wird dabei zahlreiche Unternehmen bis hinein in den Mittelstand treffen. Gegenstand der Berichterstattung sind dabei eine Vielzahl von Nachhaltigkeitskennziffern, über die teilweise quantitativ, teilweise qualitativ zu berichten sein wird.[149] 56

Anders als die bisherige nichtfinanzielle Berichterstattung erfolgt die Berichterstattung zu Nachhaltigkeitszielen künftig zwingend im Lagebericht der Gesellschaft. Zuständig für die Aufstellung des Lageberichts und damit auch der CSRD-Berichterstattung als Bestandteil des Lageberichts ist damit künftig der Vorstand in eigener Verantwortung.[150] Dem Vorstand obliegt es insoweit auch, die entsprechenden unternehmensinternen Prozesse zu schaffen und Ressourcen zu finden, um die Pflichten aus der CSRD-Berichterstattung erfüllen zu können (Organisationspflicht des Vorstands).[151]

Der Lagebericht – und damit auch die darin enthaltene Nachhaltigkeitsberichterstattung – ist sodann nach § 171 Abs. 1 AktG dem Aufsichtsrat zur Prüfung vorzulegen. Welche Aufgaben im Anschluss auf den Aufsichtsrat zukommen, ist derzeit noch nicht näher diskutiert. Für den Lagebericht gilt jedoch, dass dieser vom Aufsichtsrat auf seine Vereinbarkeit mit Recht und Gesetz hin geprüft werden muss und auch Erwägungen zur Zweckmäßigkeit, also insbesondere zur Darstellung und der Außenwirkung, angestellt werden müssen.[152] Mindestens eine Plausibilitätsprüfung, also ein kritisches Hinterfragen des Nachhaltigkeitsberichts, wird vom Aufsichtsrat erwartet werden.[153]

148 Richtlinie (EU) 2022/2464 des Europäischen Parlaments und des Rates vom 14. Dezember 2022 zur Änderung der Verordnung (EU) Nr. 537/2014 und der Richtlinien 2004/109/EG, 2006/43/EG und 2013/34/EU hinsichtlich der Nachhaltigkeitsberichterstattung von Unternehmen.

149 Die Richtlinie selbst wird bei von zahlreichen begleitenden Rechtsakten flankiert, in denen die Standards und Kennzahlen weiter beschrieben und ausgearbeitet werden.

150 Zur Zuständigkeit des Vorstands für die Erstellung des Lageberichts siehe bereits Rn. 45.

151 BeckOGK/*Fleischer*, 1. 6. 2025, AktG § 93 Rn. 93.

152 BeckOGK/*Euler/Klein*, 1. 6. 2025, AktG § 171 Rn. 48.

153 Backhaus/Tielmann Aufsichtsrat/*Suchan/Gerdes*, 2. Aufl. 2023, AktG § 171 Rn. 26 f.; *Koch*, 19. Aufl. 2025, AktG § 171 Rn. 5.

Ebenso unklar ist derzeit noch, welchen Prüfungsmaßstab der Aufsichtsrat bei der CSRD-Berichterstattung anzusetzen hat. Aufgrund der angestrebten Gleichsetzung der nichtfinanziellen mit der finanziellen Berichterstattung als Ziel der CSRD spricht jedoch viel dafür, die Nachhaltigkeitsberichterstattung mit demselben Maßstab zu betrachten wie die finanzielle Berichterstattung. Demnach darf der Aufsichtsrat grundsätzlich auf die Ergebnisse der Abschlussprüfung vertrauen. Dies befreit ihn jedoch nicht von seiner Pflicht zur eigenen Prüfung.[154] Der Aufsichtsrat muss also ein besonderes Augenmerk vor allem auf Vollständigkeit und Plausibilität der Berichte legen, aber auch darüber hinaus die Konsistenz mit der sonstigen Unternehmensberichterstattung sowie dem intern nach § 90 AktG erstatteten Berichten im Blick behalten.

> *Praxistipp:*
> Aufsichtsräte sollten die künftige CSRD-Berichterstattung im gleichen Maße prüfen wie die finanzielle Berichterstattung, und auch in einem gleichen Maße als wichtig betrachten. Ziel der Gesetzgebung ist es nämlich, nichtfinanziellen Kennzahlen ein ähnliches Gewicht und ähnliche Verlässlichkeit zu verleihen wie Finanzkennzahlen. Dies sollte sich auch in der Arbeit des Aufsichtsrats widerspiegeln.

2. Weitere Aufgaben im Bereich ESG

57 Aus dem Bereich ESG erwachsen jedoch neben der Nachhaltigkeitsberichterstattung noch weitere Aufgabenbereiche für den Aufsichtsrat, die zwar nicht in der grundsätzlichen Ausrichtung – Überwachung und Beratung des Vorstands – neu sind, die aber zusätzliche Themen mit sich bringen.

a) Beratung des Vorstands

58 Zunächst führt der zunehmende Umbau der Wirtschaft hin zu einem grünen Wirtschaften[155] zu einer steigenden Bedeutung des Aufsichtsrats als Berater des Vorstands. Für die Geschäftsführung ist es elementar, die strategische Bedeutung von ESG und die Auswirkungen der zunehmenden Regulierung zu verstehen und frühzeitig auf diese Entwicklungen zu reagieren. Der Aufsichtsrat ist dazu angehalten, diese Entwicklung beratend zu begleiten und die strategischen Entscheidungen der Geschäftsführung kritisch zu hinterfragen.

Nur durch die Zusammenarbeit beider Organe können Fehlentwicklungen rechtzeitig erkannt und auf Herausforderungen geantwortet werden. Daher ist es unerlässlich für den Aufsichtsrat, sich über Branchen- und Unternehmenskenntnisse hinaus ein tiefes Verständnis von ESG und der Bedeutung für die Strategie des Unternehmens zu verschaffen.

Darüber hinaus ist der Aufsichtsrat angehalten, seine Zusammensetzung und interne Organisation dahingehend zu prüfen, ob und inwieweit er diesen Aufgaben nachkommen kann (bspw. Erforderlichkeit von Fortbildungen, Expertise

---

154 Backhaus/Tielmann Aufsichtsrat/*Suchan/Gerdes*, 2. Aufl. 2023, AktG § 171 Rn. 21.

155 Sog. *Green Deal*, vgl. bspw. auch die Ergänzungen des DCGK um Nachhaltigkeitsaspekte.

im Aufsichtsrat, Einrichtung eines Nachhaltigkeitsausschusses oder konkrete Zuweisung von Aufgaben).

b) Überwachung der Geschäftsführung, insbesondere der unternehmerischen Kontrollsysteme

Inwiefern nichtfinanzielle Belange Gegenstand der Überwachung sind, ist in der juristischen Diskussion derzeit noch umstritten.[156] Die steigende strategische Bedeutung von ESG führt jedoch dazu, dass der Aufsichtsrat zumindest zu überwachen hat, ob der Vorstand den Themenkomplex Nachhaltigkeit in seiner Bedeutung für das Unternehmen erkannt hat und hierzu Maßnahmen ergreift. Diese Maßnahmen sind jedenfalls auf ihre Plausibilität zu prüfen. 59

Bei Beratung und Überwachung des Vorstands muss der Aufsichtsrat – auch hier wie in allen anderen Belangen auch – berücksichtigen, dass dem Vorstand bei seinen Leitungsentscheidungen in Bezug auf Strategie und Organisation des Unternehmens Ermessen zukommt (*Business Judgement Rule*). In dieses Ermessen darf der Aufsichtsrat nicht eingreifen, da er nur zur Überwachung, nicht jedoch selbst zur Geschäftsführung beauftragt ist.

3. Anpassung der internen Organisation und Informationsversorgung

Die zusätzlichen Aufgaben im Bereich ESG rufen an mehreren Stellen die Notwendigkeit für den Aufsichtsrat hervor, sich mit der eigenen Organisation und insbesondere dem Thema Informationsversorgung und Expertise auseinanderzusetzen: 60

- Der Aufsichtsrat sollte kritisch überprüfen, ob die Berichterstattung des Vorstands auch Nachhaltigkeitsbelange abdeckt, insbesondere solche, die für die beabsichtige Geschäftspolitik und die Unternehmensplanung relevant sind.[157]
- Im Bereich der Quartalsberichterstattung ist zumindest in der Anfangszeit der Nachhaltigkeitsberichterstattung dafür Sorge zu tragen, dass der Aufsichtsrat die Maßnahmen und das Tätigwerden des Vorstands im Bereich des Aufbaus der Organisation und der Etablierung der Berichtsprozesse hinreichend eng begleiten kann.
- Empfehlenswert ist, sofern eine Informationsordnung besteht, klarzustellen, dass auch Nachhaltigkeitsaspekte eine anlassbezogene Berichterstattungspflicht auslösen können, insbesondere dann, wenn sie für den Geschäftsgang oder die Reputation erheblich sein können.

---

156 Zum Streitstand bspw. Backhaus/Tielmann Aufsichtsrat/*Kruchen*, 2. Aufl. 2023, AktG § 111 Rn. 186.

157 Vgl. insbesondere Art. 1 Nr. 4 (Art. 19a Abs. 1, Abs. 2 Untabs. 1 lit. a–d, f–h, Untabs. 2, Abs. 2) Nr. 8 (Art. 29b Abs. 2 i. V. m. den entsprechenden ESRS CSRD), wobei sich die Berichterstattung des Vorstands auf das für den Aufsichtsrat Wesentliche beschränken sollte; vgl. außerdem *Hommelhoff/Allgeier/Jelonek*, NZG 2023, 911 (912 f., 915), die aus den externen Berichtspflichten Führungsprozesse ableiten, über die der Aufsichtsrat entsprechend zu informieren ist.

Kapitel III: Sitzungen und Ausschüsse

Inhaltsübersicht

A. Einleitung

1 Für das Sitzungsmanagement von Kreditinstituten (nachfolgend „Institut(e)") gelten – im Unterschied zu den meisten Unternehmen anderer Branchen – neben den gesellschaftsrechtlichen Anforderungen des Aktiengesetzes (nachfolgend „AktG") insbesondere die sektorspezifischen Anforderungen des Kreditwesengesetzes (nachfolgend „KWG"). Zu berücksichtigen ist dabei, dass die Anforderungen des überwiegend national geprägten AktG dem Zivilrecht zuzuordnen sind, wohingegen die aufsichtsrechtlichen Vorgaben des KWG Teil des

öffentlichen Rechts sind.[1] Prägend ist hierbei, dass die Bestimmungen des Aktienrechts im Rahmen der nach § 23 Abs. 5 AktG bestehenden Gestaltungsspielräume in der Satzung abweichend geregelt werden können, wohingegen die Vorgaben des KWG aufgrund ihres hoheitlichen Charakters grundsätzlich nicht dispositiv sind. Dies führt dazu, dass Institute sowohl in organisatorischer Sicht (z. B. im Hinblick auf die notwendige Einrichtung und Beteiligung von Ausschüssen) als auch hinsichtlich der inhaltlichen Themensetzung (z. B. bei der Gestaltung der Tagesordnung von Aufsichtsratssitzungen) neben den jeweiligen Bestimmungen des AktG auch die einschlägigen aufsichtsrechtlichen Anforderungen beachten müssen, um dem Aufsichtsorgan eine pflichtgemäße Wahrnehmung seiner Überwachungsfunktion zu ermöglichen.[2] Die Zuordnung zu verschiedenen Rechtsordnungen bedingt, dass Aufsichtsratsmitglieder im Falle von Pflichtverletzungen neben potentiellen (zivilrechtlichen) Schadensersatzforderungen der Gesellschaft/Aktionäre auch (verwaltungsrechtlichen) Sanktionen der Bundesanstalt für Finanzdienstleistungsaufsicht (nachfolgend „BaFin")[3] ausgesetzt sein können. Die Rechtsanwendung wird in der Praxis zusätzlich dadurch erschwert, dass weder das AktG noch das KWG eine Aussage zum Konkurrenzverhältnis z. B. im Sinne eines generellen Anwendungsvorrangs oder einer Verweisungslösung vorsehen.[4] Hinzu kommt, dass seit der Finanzmarktkrise 2008 insbesondere das KWG aufgrund fortschreitender europarechtlicher Harmonisierungsbestrebungen von einer Vielzahl supranationaler Vorgaben des europäischen Gesetzgebers und flankierender nationaler Verwaltungsvorschriften der BaFin überlagert wird. Im Ergebnis führt dies dazu, dass Institute der Finanzbranche in besonderem Maß gehalten sind, neben den laufenden (rechtsformbezogenen) Rechtsentwicklungen des AktG auch die einschlägigen (branchenspezifischen) Anforderungen für Finanzinstitute regelmä-

1 *Schneider/Schneider*, NZG 2016, 41, 42.

2 Für die Überwachungsfunktion des Aufsichtsrats relevante komplementäre Anforderungen bestehen z. B. hinsichtlich der Einrichtung eines Vergütungssystems aus § 87a AktG und § 25a KWG iVm InstitutsVergV, der Eignung von Vorstandsmitgliedern aus § 76 AktG und § 25c KWG sowie der Pflicht zur Einrichtung eines Compliance-Systems aus § 91 Abs. 2 AktG und § 25a KWG.

3 Die BaFin kann z. B. gemäß § 36 Abs. 3 S. 1 KWG Mitglieder von Aufsichtsorganen, die nicht über die notwendige Sachkunde oder Zuverlässigkeit verfügen, abberufen und ihnen die Ausübung ihrer Tätigkeit untersagen.

4 Generell wird man bei abweichenden oder gegenläufigen Regelungen jedoch einen Geltungsvorrang der aufsichtsrechtlichen Vorgaben im Sinne einer „lex specialis" gegenüber den Bestimmungen des AktG unterstellen können; siehe zur Einordnung des KWG als „spezialgesetzliche Regelungen" *v. Schenck* in: Semler/v. Schenck/Wilsing, Arbeitshandbuch für Aufsichtsratsmitglieder, 5. Aufl. 2021, § 1 Rn. 3; zum Verhältnis des § 87a AktG zu § 25a KWG siehe *Grigoleit/Kochendörfer* in: Grigoleit, Aktiengesetz, 2. Aufl. 2020, § 87a Rn. 101 sowie Erwägungsgrund 54 der Richtlinie (EU) 2017/828 (Zweite Aktionärsrechterichtlinie, nachfolgend „2. ARRL"), wonach die in sektorspezifischen Rechtsakten zur Regulierung bestimmter Arten von Einrichtungen, wie u. a. von Kreditinstituten und Wertpapierfirmen, erlassenen Bestimmungen als lex specialis angesehen werden sollen.

ßig zu identifizieren und etwaige Änderungen entsprechend bei der Gestaltung der Aufsichtsratsfunktion zu berücksichtigen.

Der nachfolgende Beitrag stellt zunächst die maßgeblichen rechtlichen Vorgaben dar, die bei der Sitzungsorganisation und Zusammensetzung des Aufsichtsrats in Instituten zu berücksichtigen sind. Hierbei soll vor allem das Zusammenspiel zwischen aufsichtsrechtlichen und aktienrechtlichen Anforderungen beleuchtet sowie konkrete Anwendungslösungen für die Umsetzung in der Praxis aufgezeigt werden. Anschließend sollen die methodischen Grundlagen für eine rechtskonforme Sitzungsorganisation und -dokumentation sowie die Aufgaben und Befugnisse der Ausschüsse dargestellt werden. Das am Ende des Beitrags angefügte „Muster" soll beispielhaft die Regelthemen illustrieren, mit denen sich der Aufsichtsrat eines Instituts im Sinne eines nicht abschließenden Mindestkatalogs nach den gegenwärtigen regulatorischen Bestimmungen zwingend befassen muss.

B. Sitzungen des Aufsichtsrats in Kreditinstituten

Während sich die materiellen Vorgaben für die Durchführung von Aufsichtsratssitzungen bei „klassischen" AGs im Wesentlichen auf das AktG beschränken, sind Institute hinsichtlich der in Aufsichtsratssitzungen zu behandelnden Inhalte und deren Periodizität einem deutlich strengeren Rechtsrahmen unterworfen.[5] So bestehen im Unterschied zu den meisten anderen Branchen für Institute neben den im AktG vorgesehenen Prüfungs- und Mitwirkungspflichten zusätzliche Governance-Anforderungen, mit denen sich der Aufsichtsrat regelmäßig oder auf ad-hoc Basis befassen muss. Daneben bestehen ggf. besondere Teilnahmerechte, die bei der Sitzungsplanung und -durchführung entsprechend zu berücksichtigen sind.[6] Sitzungsrelevante Vorschriften für Institute ergeben sich neben dem AktG dabei insbesondere aus dem KWG, den EBA Fit & Proper Guidelines[7] und den EBA Guidelines on Internal Governance[8] sowie aus 2

5 Eine Kreditinstituten vergleichbare Regelungssystematik besteht für Versicherungsunternehmen. Sofern Versicherungsunternehmen in der Rechtsform der AG organisiert sind, unterliegen diese neben den allgemeinen Bestimmungen des AktG zusätzlich den aufsichtsrechtlichen Anforderungen des Versicherungsaufsichtsgesetzes (VAG). So ist die BaFin bspw. nach § 306 Abs. 1 Nr. 4 VAG befugt, zu Sitzungen des Aufsichtsrats Vertreter zu entsenden.

6 Siehe zum Teilnahmerecht der BaFin § 44 Abs. 4 KWG sowie zum Teilnahmerecht des Compliance-Beauftragten BT 1.3.1.2 Ziff. 2 des Rundschreiben 5/2018 (WA) der BaFin – Mindestanforderungen an die Compliance-Funktion und weitere Verhaltens-, Organisations- und Transparenzpflichten – vom 19. 04. 2018 (in der Fassung vom 26.09.2024).

7 Final report on joint ESMA and EBA Guidelines on the assessment of the suitability of members of the man-agement body and key function holders under Directive 2013/36/EU and Directive 2014/65/EU vom 02. 7. 2021 (ESMA35-36-2319; EBA/GL/2021/06, nachfolgend "Fit & Proper Guidelines").

8 Final Report on Guidelines on internal governance under Directive 2013/36/EU vom 02. 07. 2021 (EBA/GL/2021/05, nachfolgend „Guidelines on Internal Governance").

den begleitenden Rundschreiben der BaFin MaComp[9] und MaRisk[10], aus den Empfehlungen des Deutschen Corporate Governance Kodex sowie aus den Gesellschaftsregularien des jeweiligen Instituts (Geschäftsordnung und Satzung).

Dies stellt Institute bzw. die mit der Sitzungsorganisation betraute Fachabteilung (nachfolgend „Aufsichtsratsbüro“) vor die Herausforderung, die für das Institut maßgeblichen Themen ggf. in Abstimmung mit den ressortverantwortlichen Vorstandsbüros zu identifizieren und diese unter Berücksichtigung der gesetzlichen Anforderungen in die Sitzungen des Aufsichtsrats einzubringen. Dies erfolgt klassischerweise über die Erstellung einer Tagesordnung und die Bereitstellung der Sitzungsunterlagen. Da das Aufsichtsratsbüro idR die Sitzungsunterlagen inhaltlich nicht selbst konzipiert, kommt dem Aufsichtsratsbüro iRd Sitzungsorganisation häufig zusätzlich eine koordinierende Funktion zu. Als „Herrin der Sitzungsplanung“ steuert das Aufsichtsratsbüro z. B. den Zeitplan für die Erstellung der von den zuständigen Fachabteilungen vorzubereitenden Sitzungsunterlagen, die ggf. erforderliche vorherige Einbindung des Vorstands sowie die rechtzeitige Zuleitung der relevanten Sitzungsdokumente an die Aufsichtsratsmitglieder. Neben der Sitzungsvorbereitung ist das Aufsichtsratsbüro auch für die Sitzungsdurchführung (z. B. als Protokollführer der Aufsichtsratssitzung, Ansprechpartner bei organisatorischen und technischen Problemen etc.) sowie die revisionsfeste Dokumentation der Sitzungsinhalte verantwortlich.

I. Rechtliche Grundlagen

1. Anforderungen nach dem AktG

3 Als zentrale gesellschaftsrechtliche Vorschrift bestimmt § 107 Abs. 2 AktG für alle Aktiengesellschaften, dass über die Sitzungen des Aufsichtsrats eine Niederschrift anzufertigen ist, die der Vorsitzende zu unterzeichnen hat. In der Niederschrift sind der Ort und der Tag der Sitzung, die Teilnehmer, die Gegenstände der Tagesordnung, der wesentliche Inhalt der Verhandlungen und die Beschlüsse des Aufsichtsrats anzugeben. Gleichzeitig stellt § 107 Abs. 2 S. 3 AktG klar, dass ein Verstoß gegen die vorgenannten Anforderungen einen Beschluss nicht unwirksam macht. Jedem Mitglied des Aufsichtsrats ist zudem auf Verlangen eine Abschrift der Sitzungsniederschrift auszuhändigen.[11]

Hinsichtlich der Teilnahme an Sitzungen des Aufsichtsrats und seiner Ausschüsse bestimmt § 109 Abs. 1 AktG, dass an den Sitzungen des Aufsichtsrats und seiner Ausschüsse Personen, die weder dem Aufsichtsrat noch dem Vorstand angehören, nicht teilnehmen sollen. Sachverständige und Auskunftspersonen können zur Beratung über einzelne Gegenstände zugezogen werden. In

---

9 Rundschreiben 5/2018 (WA) – Mindestanforderungen an die Compliance-Funktion und weitere Verhaltens-, Organisations- und Transparenzpflichten (nachfolgend „MaComp“) – vom 19.04.2018 (in der Fassung vom 26.09.2024).

10 Rundschreiben 06/2024 (BA) – Mindestanforderungen an das Risikomanagement (nachfolgend „MaRisk“) vom 29.05.2024.

11 § 107 Abs. 2 S. 4 AktG.

den Fällen, in denen der Abschlussprüfer als Sachverständiger zugezogen wird, soll der Vorstand an dieser Sitzung nicht teilnehmen, es sei denn, der Aufsichtsrat oder der Ausschuss erachtet seine Teilnahme für erforderlich.[12]

Beispiel:

Der Aufsichtsrat des Instituts X möchte seine jährliche Bilanzsitzung im Beisein des Vorstands abhalten. Da an dieser Sitzung auch der Abschlussprüfer des Instituts teilnimmt, stellt sich die Frage, ob im Hinblick auf § 109 Abs. 1 S. 3 AktG eine Teilnahme des Vorstands möglich ist.

Lösung:

Es empfiehlt sich vor Sitzungsbeginn unter Hinweis auf die Regelung in § 109 Abs. 1 S. 3 AktG einen Beschluss zur Erforderlichkeit der Teilnahme des Vorstands bzw. einzelner Vorstandsmitglieder (z. B. um inhaltliche Nachfragen und/oder eine offene Diskussion zu bestimmten Themen zu ermöglichen) zu fassen und zu Protokoll zu nehmen. Hierbei wäre es möglich, dass die Aufsichtsrats- bzw. Ausschussmitglieder ihre Zustimmung zur Teilnahme des Vorstands für die gesamte Sitzungsdauer erklären oder auf bestimmte Teile beschränken.

Nach § 109 Abs. 2 AktG können auch Aufsichtsratsmitglieder, die dem jeweiligen Ausschuss nicht angehören, an den Ausschusssitzungen teilnehmen, wenn der Vorsitzende des Aufsichtsrats nichts anderes bestimmt. Die Satzung kann zudem zulassen, dass an den Sitzungen des Aufsichtsrats und seiner Ausschüsse Personen, die dem Aufsichtsrat nicht angehören, an Stelle von verhinderten Aufsichtsratsmitgliedern teilnehmen können, wenn diese sie hierzu in Textform ermächtigt haben.[13]

Ein gesetzliches Teilnahmerecht oder eine Teilnahmepflicht der Vorstandsmitglieder an den Sitzungen des Aufsichtsrats und/oder seiner Ausschüsse ist nach dem AktG dagegen nicht vorgesehen.

Gemäß § 110 Abs. 3 AktG muss der Aufsichtsrat zwei Sitzungen im Kalenderhalbjahr abhalten. In nichtbörsennotierten Gesellschaften kann der Aufsichtsrat dagegen beschließen, dass nur eine Sitzung im Kalenderhalbjahr abzuhalten ist.

Im Rahmen des jährlichen Berichts des Aufsichtsrats an die Hauptversammlung zu seiner Prüfungstätigkeit während des Geschäftsjahrs, hat der Aufsichtsrat bei

12 § 109 Abs. 1 S. 3 AktG wurde im Zuge des Gesetzes zur Stärkung der Finanzmarktintegrität (Finanzmarktintegritätsstärkungsgesetz, nachfolgend „FISG") vom 03.06.2021 (BGBl. I 2021, S. 1534 ff.) eingeführt. Nach der Gesetzesbegründung soll durch die Änderung die vertrauliche Kommunikation des Aufsichtsrates oder eines Ausschusses mit dem Abschlussprüfer gestärkt werden, wenn der Aufsichtsrat oder der Ausschuss sich mit diesem im Rahmen der Vorbereitung oder der Durchführung der Prüfung austauschen will, vgl. BT-Drucks. 19/29879, S. 158.

13 § 109 Abs. 3 AktG.

börsennotierten Gesellschaften auch die Zahl seiner Sitzungen und die der Ausschüsse anzugeben.[14]

4 Zu den Themenbereichen, mit denen sich der Aufsichtsrat auf regelmäßiger oder anlassbezogener Basis nach dem AktG befassen muss, gehören insbesondere:

- (Wieder-)Bestellung und Abberufung von Vorstandsmitgliedern (§ 84 AktG) inkl. der Festsetzung der Vergütung,
- bei börsennotierten Gesellschaften die Festlegung eines Vergütungssystems für den Vorstand inkl. der Erstellung des Vergütungsberichts für das vorausgegangene Geschäftsjahr (§§ 87a, 162 AktG),
- Regel- und Sonderberichte nach § 90 AktG zur Geschäftsstrategie, Rentabilität der Gesellschaft und zum Geschäftsverlauf sowie zu Geschäften von erheblicher Bedeutung,
- Vorschlag zur Wahl des Abschlussprüfers an die Hauptversammlung inkl. der Erteilung des Prüfungsauftrags für den Jahres- und Konzernabschluss (§ 111 Abs. 2 S. 3 AktG),
- Beschlussfassung über zustimmungspflichtige Geschäfte (§§ 111 Abs. 4 S. 2, 111b, 114, 115, 202 Abs. 3 AktG),
- bei börsennotierten oder mitbestimmungspflichtigen Gesellschaften die Festlegung von Zielgrößen für den Frauenanteil im Aufsichtsrat und Vorstand (§ 111 Abs. 5 AktG),
- Vorschläge zur Tagesordnung für die Hauptversammlung (§ 124 Abs. 3 AktG),
- bei börsennotierten Gesellschaften die Entsprechenserklärung zum Corporate Governance Kodex (§ 161 AktG),
- Prüfung und Feststellung des Jahres-/Konzernabschlusses inkl. des Lage-/Konzernlageberichts und des Gewinnverwendungsvorschlags (§§ 171 Abs. 1, 170 Abs. 2 AktG),
- Erstellung des Aufsichtsratsberichts für das vorausgegangene Geschäftsjahr (§ 171 Abs. 2 AktG),
- Prüfung des Abhängigkeitsberichts (§ 314 AktG) und
- im Falle von Pflichtverletzungen von Vorstandsmitgliedern ggf. die Durchsetzung von Ersatzansprüchen (§ 111 AktG).

2. *Anforderungen nach dem KWG*

5 Neben den für alle Aktiengesellschaften geltenden allgemeinen Bestimmungen des AktG gelten für Institute zudem die besonderen Anforderungen nach dem KWG. So ordnet § 15 KWG bspw. an, dass Kredite an bestimmte verbundene Unternehmen und Personen (sog. Organkredite), worunter bspw. auch die Mitglieder des Vorstands und des Aufsichtsorgans inkl. deren Ehegatten, Lebenspartner, Kinder und Eltern fallen, nur auf Grund eines vorherigen einstimmigen

14 § 171 Abs. 2 S. 2 AktG.

Beschlusses sämtlicher Vorstandsmitglieder des Instituts und nur mit ausdrücklicher Zustimmung des Aufsichtsorgans gewährt werden dürfen.[15] Geschäftsleiter und Mitglieder des Aufsichtsorgans, bei denen ein Interessenkonflikt besteht, dürfen an der Beschlussfassung nicht mitwirken.[16] Ein Mitwirkungsverbot dürfte danach regelmäßig für Vorstands- und Aufsichtsratsmitglieder bestehen, an die ein Kredit gewährt werden soll.[17]

a) Ordnungsgemäße Geschäftsorganisation

Von zentraler Bedeutung für die Wahrnehmung der Überwachungsfunktion des 6
Aufsichtsrats sind die Anforderungen des § 25a KWG an die Sicherstellung einer ordnungsgemäßen Geschäftsorganisation. Eine ordnungsgemäße Geschäftsorganisation beinhaltet danach insbesondere ein angemessenes und wirksames Risikomanagement, auf dessen Basis das Institut die Risikotragfähigkeit laufend sicherzustellen hat.[18] Das Risikomanagement umfasst dabei u. a. die Einrichtung eines Internen Kontrollsystems einschließlich einer Risikocontrolling-Funktion und einer Compliance-Funktion sowie den Anforderungen des § 25a Abs. 5 KWG entsprechende Vergütungssysteme für Vorstand und Mitarbeiter.[19] Die Angemessenheit und Wirksamkeit des Risikomanagements ist vom Institut regelmäßig zu überprüfen.[20] Für den Aufsichtsrat resultiert hieraus die Pflicht, sich über die bestehenden institutsinternen Governance-Vorkehrungen zu informieren sowie regelmäßig und anlassbezogen zu überprüfen, ob diese geeignet und ausreichend sind, um die Einhaltung der für das Institut geltenden wesentlichen rechtlichen Regelungen sicherzustellen.

b) Vergütungssysteme

Im Bereich der Vergütung für Mitarbeiter und Vorstand hat sich der Aufsichtsrat 7
neben den Anforderungen des § 25a Abs. 5 KWG zusätzlich an den Vorgaben der Institutsvergütungsverordnung zu orientieren. So bestimmt § 25a Abs. 1 Nr. 6,

15 Durch das Gesetz zur Umsetzung der Richtlinien (EU) 2019/878 und (EU) 2019/879 zur Reduzierung von Risiken und zur Stärkung der Proportionalität im Bankensektor (Risikoreduzierungsgesetz, nachfolgend „RiG") vom 09. 12. 2020 (BGBl. I 2020, S. 2773 ff.) wurde § 15 KWG um einen neuen Abs. 6 ergänzt und die Vorschriften für Organkredite auf Geschäfte erweitert, die keine Kredite im Sinne des § 21 KWG sind (sog. „andere Geschäfte"); nach der Gesetzesbegründung zum RiG fallen darunter u. a. Dienstleistungsgeschäfte, Käufe und Verkäufe von Vermögensgegenständen, Bausparverträge und Ausbuchungen (BT-Drucks. 19/22786, S. 158).

16 § 15 Abs. 1 S. 2 KWG.

17 Siehe zum Mitwirkungsverbot das Schreiben der BaFin „Fragen und Antworten zu den geänderten Organkreditbestimmungen" (GZ: BA 51-FR 2187-2020/0003, 2021/3753064) vom 14. 9. 2021, Frage 6, S. 7.

18 § 25a Abs. 1 S. 3 KWG.

19 § 25a Abs. 1 S. 3 Nr. 3c) und Nr. 6 KWG.

20 § 25a Abs. 1 S. 5 KWG.

Abs. 5 KWG iVm § 3 Abs. 1 InstitutsVergV[21], dass der Vorstand den Aufsichtsrat mindestens einmal jährlich über die Ausgestaltung der Vergütungssysteme der Mitarbeiter des Instituts sowie – bei bedeutenden Instituten[22] – zusätzlich über den Prozess der Ermittlung der Risikoträger gemäß § 25a Abs. 5b KWG zu informieren hat. Darüber hinaus ist der Aufsichtsrat für die Ausgestaltung und Dokumentation der Vergütungssysteme des Vorstands sowie die regelmäßige, mindestens jährliche Überprüfung der Angemessenheit der Vergütungssysteme des Instituts zuständig (ggf. mit Beteiligung des Vergütungskontrollausschusses).[23]

Die Höhe der an den Vorstand und die Mitarbeiter gewährten variablen Vergütung ist grds. gemäß § 25a Abs. 5 KWG auf 100 Prozent der fixen Vergütung begrenzt. Sofern das Institut beabsichtigt, seinen Mitarbeitern oder Vorstandsmitgliedern eine höhere variable Vergütung als 100 Prozent der fixen Vergütung zu gewähren, hat der Vorstand zusammen mit dem Aufsichtsrat bzw. – bezogen auf die variable Vergütung des Vorstands – nur der Aufsichtsrat, den Anteilseignern einen Vorschlag zur Beschlussfassung zu machen.[24] Der Aufsichtsrat ist gemäß § 7 Abs. 1 InstitutsVergV zudem für die Festsetzung des Gesamtbetrags der variablen Vergütungen (sog. Bonuspool) für die Vorstandsmitglieder verantwortlich; für die Festlegung des Bonuspools der übrigen Mitarbeiter ist dagegen der Vorstand zuständig.[25] Bei der Festsetzung der individuellen Vergütung der Vorstandsmitglieder hat der Aufsichtsrat sicherzustellen, dass diese in einem angemessenen Verhältnis zu den Aufgaben und Leistungen des jeweiligen Vorstandsmitglieds sowie zur Lage des Instituts steht und die übliche Vergütung nicht ohne besondere Gründe übersteigt.[26] Variable Vergütungen sollen zudem eine mehrjährige Bemessungsgrundlage aufweisen (i. d. R. mindestens 3 Jahre) und bei negativen Entwicklungen entsprechend angepasst oder begrenzt werden können.[27] Gemäß § 25d Abs. 12 S. 5 KWG dürfen Vorstandsmitglieder nicht zu den Tagesordnungspunkten an Sitzungen des Vergütungskontrollausschusses teilnehmen, unter denen über ihre Vergütung beraten wird.

---

21 Verordnung über die aufsichtsrechtlichen Anforderungen an Vergütungssysteme von Instituten (Institutsvergütungsverordnung – InstitutsVergV) vom 16. 12. 2013 (BGBl. I S. 4270), die zuletzt durch Artikel 1 der Verordnung vom 14.02.2023 (BGBl. 2023 I Nr. 41) geändert worden ist.

22 Wann ein Institut als „bedeutend" einzustufen ist, ergibt sich aus § 1 Abs. 3c KWG; ein Institut ist danach bedeutend, wenn seine Bilanzsumme im Durchschnitt der letzten vier abgeschlossenen Geschäftsjahre 15 Milliarden Euro überschritten hat, es unter der direkten Aufsicht der EZB steht, als potentiell systemrelevant eingestuft wurde oder ein Finanzhandelsinstitut gemäß § 25f Abs. 1 KWG ist.

23 §§ 3 Abs. 2, 11 Abs. 1 und 12 Abs. 1 InstitutsVergV.

24 § 25a Abs. 5 KWG.

25 Auslegungshilfe der BaFin zur Institutsvergütungsverordnung vom 16. 12. 2013 in der am 04. 08. 2017 in Kraft getretenen Fassung (Stand: 15. 02. 2018), S. 24.

26 § 10 Abs. 1 InstitutsVergV.

27 §§ 10 Abs. 2, § 5 Abs. 2 InstitutsVergV; Auslegungshilfe der BaFin zur Institutsvergütungsverordnung vom 16. 12. 2013 in der am 04. 08. 2017 in Kraft getretenen Fassung (Stand: 15. 02. 2018), S. 31.

Sofern ein Vergütungsbeauftragter bestellt werden soll, ist der Aufsichtsrat vorher anzuhören bzw. im Falle eines Wechsels zusätzlich vom Vorstand rechtzeitig zu informieren.[28]

Gemäß § 25d Abs. 6 KWG muss der Aufsichtsrat den Vorstand auch im Hinblick 8
auf die Einhaltung der einschlägigen bankaufsichtsrechtlichen Regelungen überwachen und der Erörterung von Strategien, Risiken und Vergütungssystemen für Geschäftsleiter und Mitarbeiter ausreichend Zeit widmen.

c) Ausschüsse

Weitere Themenbereiche der Überwachungs- und Kontrollfunktion des Auf- 9
sichtsrats betreffen die in § 25d Abs. 8, 9, 11 und 12 KWG beschriebenen Aufgaben des Risiko-, Prüfungs-, Nominierungs- und Vergütungskontrollausschusses.

So unterstützt der Risikoausschuss das Aufsichtsratsplenum bei der Überwachung der Umsetzung der Gesamtrisikostrategie durch die obere Leitungsebene.[29]

Der Prüfungsausschuss unterstützt den Aufsichtsrat wiederum bei der Überprüfung des Rechnungslegungsprozesses, der Wirksamkeit des Risikomanagementsystems inkl. des internen Kontrollsystems und der Internen Revision, der Durchführung der Abschlussprüfungen (insbesondere hinsichtlich der Unabhängigkeit des Abschlussprüfers und der vom Abschlussprüfer erbrachten Leistungen sowie der Abschlussprüferbestellung) sowie der zügigen Behebung der vom Prüfer festgestellten Mängel durch den Vorstand.[30]

Der Nominierungsausschuss unterstützt das Aufsichtsratsplenum bei der Ermittlung von Kandidaten für die Besetzung vakanter Stellen im Vorstand und Aufsichtsrat, bei der Erarbeitung einer Zielsetzung und Strategie zur Förderung der Vertretung des unterrepräsentierten Geschlechts, bei der regelmäßig (mindestens einmal jährlich) durchzuführenden Evaluierung der Struktur, Größe, Zusammensetzung, Leistung und der kollektiven und individuellen Eignung des Vorstands und Aufsichtsrats sowie bei der Überprüfung der Grundsätze der Geschäftsleitung für die Auswahl und Bestellung der Personen der oberen Leitungsebene.[31]

Der Vergütungskontrollausschuss unterstützt das Aufsichtsratsplenum bei der Überwachung der angemessenen Ausgestaltung der Vergütungssysteme für die Mitarbeiter des Instituts sowie bei der Überwachung der ordnungsgemäßen Einbeziehung der internen Kontrolleinheiten bei der Ausgestaltung der Vergü-

---

28 § 23 InstitutsVergV.
29 Vgl. § 25d Abs. 8 KWG.
30 Vgl. § 25d Abs. 9 KWG.
31 Vgl. § 25d Abs. 11 KWG; zu den Personen der oberen Leitungsebene im Sinne des 25d Abs. 11 S. 21 Nr. 5 KWG gehören nach der BaFin die Inhaber von Schlüsselfunktionen, Merkblatt der BaFin zu den Mitgliedern von Verwaltungs- und Aufsichtsorganen gemäß KWG und KAGB vom 29. 12. 2020, Rn. 260.

tungssysteme und bereitet die Beschlüsse des Plenums über die Vergütung der Vorstandsmitglieder vor.[32]

3. Leitlinien der Europäischen Aufsichtsbehörden

10 Neben den nationalen Vorgaben des AktG und KWG unterliegen Institute im Finanzbereich zusätzlich den regulatorischen Anforderungen der Europäischen Bankenaufsichtsbehörde (EBA) und Wertpapier- und Marktaufsichtsbehörde (ESMA). Von besonderer Bedeutung sind hierbei die Guidelines on Internal Governance[33] und die Fit & Proper Guidelines[34]. Im Unterschied zum AktG und KWG stellen diese Leitlinien keine Gesetze im materiellen Sinne dar, sondern dienen als Best Practice der Schaffung eines einheitlichen Aufsichtsregimes innerhalb der EU.[35] Da die BaFin jedoch grundsätzlich die Leitlinien und Empfehlungen der Europäischen Aufsichtsbehörden in ihre Verwaltungspraxis übernimmt, kommen diese jedoch regelmäßig rechtlich verbindlichen Regelungen gleich.[36] Dies hat zur Folge, dass Institute und damit auch ihre Organe die sich hieraus ergebenden Anforderungen identifizieren und ggf. erforderliche Maßnahmen zu deren Einhaltung veranlassen müssen.

a) Guidelines on Internal Governance

11 Die Guidelines on Internal Governance bildet die Grundlage für die Sicherstellung einer angemessenen Governance-Struktur und konkretisiert insbesondere die organisatorischen Vorgaben nach § 25a KWG sowie die nach § 25c und § 25d KWG bestehenden Pflichten für den Vorstand („Leitungsorgan in seiner Leitungsfunktion") und Aufsichtsrat („Leitungsorgan in seiner Aufsichtsfunk-

32 Vgl. § 25d Abs. 12 KWG.

33 Final Report on Guidelines on internal governance under Directive 2013/36/EU vom 02.07.2021 (EBA/GL/2021/05, nachfolgend „Guidelines on Internal Governance").

34 Final report on joint ESMA and EBA Guidelines on the assessment of the suitability of members of the man-agement body and key function holders under Directive 2013/36/EU and Directive 2014/65/EU vom 02.07.2021 (ESMA35-36-2319; EBA/GL/2021/06, nachfolgend "Fit & Proper Guidelines").

35 Vgl. zur Normqualität aufsichtsbehördlicher Leitlinien allgemein *Langenbucher* in Hopt/Binder/Böcking, Handbuch Corporate Governance von Banken und Versicherungen, 2. Aufl. 2020, § 13 Rn. 16 ff. sowie zu der von der EBA herausgegebenen Leitlinien für Überwachung und Governance von Bankprodukten im Privatkundengeschäft vom 22.03.2016 (EBA/GL/2015/18) die Entscheidung des EuGH vom 15.07.2021 in der Rs C-911/19.

36 Siehe hierzu die Mitteilung der BaFin „Leitlinien und Q&As der Europäischen Aufsichtsbehörden", abrufbar unter: *https://www.bafin.de/DE/RechtRegelungen/Leitlinien_und_Q_and_A_der_ESAs/Leitlinien_und_Q_and_A_der_ESAs_node.html* (zuletzt abgerufen am 28.05.2025); siehe zur Rechtsqualität von Leitlinien und Empfehlungen allgemein Art. 16 und Art. 29 der Verordnung (EU) Nr. 1093/2010 des Europäischen Parlaments und des Rates vom 24.11.2010 zur Errichtung einer Europäischen Aufsichtsbehörde (Europäische Bankenaufsichtsbehörde), zur Änderung des Beschlusses Nr. 716/2009/EG und zur Aufhebung des Beschlusses 2009/78/EG der Kommission.

tion")[37]. Nach den Guidelines on Internal Governance sollte der Vorstand bspw. für die Umsetzung der festgelegten Strategien zuständig sein und die Umsetzung und Eignung dieser Strategien regelmäßig mit dem Aufsichtsrat erörtern.[38] Der Vorstand sollte zudem umfassend Bericht erstatten und regelmäßig bzw. bei Bedarf unverzüglich den Aufsichtsrat über die für das Institut relevanten Faktoren für die Beurteilung einer Lage, die Risiken und Entwicklungen informieren (z. B. wesentliche Entscheidungen zur Geschäftstätigkeit oder eingegangene Risiken, die Bewertung der wirtschaftlichen und geschäftlichen Rahmenbedingungen des Instituts, die Liquidität und solide Eigenkapitalausstattung sowie die Bewertung der wesentlichen Risikopositionen).[39] Die Rolle der Mitglieder des Aufsichtsorgan sollte außerdem die Überwachung und konstruktive Kritik der Strategie des Instituts einschließen.[40]

Zu den Aufgaben, die nach den Guidelines on Internal Governance vom Aufsichtsrat wahrzunehmen sind, gehören:

- Beaufsichtigung und Überwachung der Entscheidungsprozesse und Maßnahmen der Geschäftsleitung sowie eine wirksame Kontrolle des Leitungsorgans in seiner Leitungsfunktion, einschließlich der Überwachung und Prüfung seiner individuellen und kollektiven Leistung sowie der Umsetzung der Strategie und Ziele des Instituts;
- konstruktive Kritik und Überprüfung von Vorschlägen und Informationen, die von den Mitgliedern des Leitungsorgans in seiner Leitungsfunktion bereitgestellt werden;
- angemessene Erfüllung der Pflichten und Funktionen des Risikoausschusses, des Vergütungsausschusses und des Nominierungsausschusses, wenn solche Ausschüsse nicht eingerichtet worden sind;
- Sicherstellung und regelmäßige Überprüfung der Wirksamkeit des Rahmenwerks für die interne Governance des Instituts und Ergreifen geeigneter Schritte zur Behebung ermittelter Mängel;
- Beaufsichtigung und Überwachung, dass die strategischen Ziele, die Organisationsstruktur und Risikostrategie des Instituts, seines Risikoappetits und des Risikomanagement-Rahmens sowie sonstige Richtlinien (z. B. die Vergütungspolitik) und die Offenlegungsvorschriften durchgehend umgesetzt werden;
- Überwachung, dass die Risikokultur des Instituts konsequent umgesetzt wird;

37 Der Einfachheit halber wird bei der Darstellung eine dualistische Gesellschaftsstruktur unterstellt; nach den Guidelines on Internal Governance beziehen sich die Begriffe „Leitungsorgan in seiner Leitungsfunktion" auf die geschäftsführende Vorstandsfunktion bzw. „Leitungsorgan in seiner Aufsichtsfunktion" auf die (nicht geschäftsführende) Überwachungsfunktion des Aufsichtsrats.

38 Guidelines on Internal Governance, Rn. 29.

39 Guidelines on Internal Governance, Rn. 30.

40 Guidelines on Internal Governance, Rn. 32.

- Beaufsichtigung der Umsetzung und Pflege eines Verhaltenskodex oder vergleichbarer Kodizes und wirksamer Richtlinien zur Ermittlung, Steuerung und Minderung tatsächlicher und potenzieller Interessenkonflikte;
- Kontrolle der Integrität von Finanzinformationen und Rechnungslegung sowie des internen Kontrollrahmens, einschließlich eines wirksamen und soliden Risikomanagement-Rahmens;
- Sicherstellung, dass die Leiter der internen Kontrollfunktionen in der Lage sind, unabhängig zu agieren, und ungeachtet der Verantwortung, anderen internen Organen, Geschäftsbereichen und -einheiten Bericht zu erstatten, soweit erforderlich direkt gegenüber dem Leitungsorgan in seiner Aufsichtsfunktion Bedenken äußern und dieses warnen kann, wenn nachteilige Risikoentwicklungen das Institut beeinträchtigen oder beeinträchtigen können; sowie
- Überwachung der Umsetzung des Prüfungsplans der internen Revision nach vorheriger Einbeziehung des Risiko- und des Prüfungsausschusses, sofern solche Ausschüsse eingerichtet sind.[41]

Praxistipp:

Es empfiehlt sich, die in Rn. 34 Buchstaben a. – j. der Internal Governance Guidelines beschriebenen Anforderungen unter Berücksichtigung der individuellen Bedürfnisse des Instituts in entsprechenden Prozessbeschreibungen oder auch in der Geschäftsordnung des Aufsichtsrats zu dokumentieren. Zudem sollte sichergestellt werden, dass alle Anforderungen auch im Institut „gelebt" werden und regelmäßig im Rahmen der jährlichen Sitzungsplanung des Aufsichtsrats und der Gestaltung der Tagesordnung angemessen berücksichtigt werden.

Neben dem Aufgabenkatalog nach Rn. 34 Buchstaben a. – j. der Guidelines on Internal Governance ist der Aufsichtsrat auch bei bestimmten Personalentscheidungen betreffend der Leiter der internen Kontrollfunktionen[42] zu beteiligen. So *darf* der Leiter der Risikomanagementfunktion bzw. *sollten* die Leiter der (sonstigen) internen Kontrollfunktionen nicht ohne die vorherige Zustimmung des Aufsichtsrats ihrer Funktion enthoben werden.[43]

b) Fit & Proper Guidelines

12 Auch die Leitlinien zur Bewertung der Eignung von Mitgliedern des Leitungsorgans und Inhabern von Schlüsselfunktionen wirken sich mittelbar auf die Aufsichtsratstätigkeit und die hiermit korrespondierende Sitzungsplanung aus. Die Fit & Proper Guidelines präzisieren die Anforderungen hinsichtlich der fachlichen und persönlichen Eignung der Mitglieder des Vorstands und der sog.

41 Guidelines on Internal Governance, Rn. 34, Buchstaben a.–j.

42 „Leiter der internen Kontrollfunktionen" sind die Personen, die auf der höchsten Hierarchieebene für die wirksame Wahrnehmung der täglichen Aufgaben der unabhängigen Risikomanagementfunktion, Compliance-Funktion und internen Revision verantwortlich sind, Guidelines on Internal Governance, Rn. 13.

43 Guidelines on Internal Governance, Rn. 174.

Inhaber von Schlüsselfunktionen[44] (d.h. insbesondere die Leiter der Risikomanagement-Funktion, der Compliance-Funktion und der internen Revision). Da die Bestellung der Vorstandsmitglieder in die originäre Zuständigkeit des Aufsichtsrats fällt[45], sind bei der Identifizierung und Nominierung von geeigneten Kandidaten neben den Anforderungen des § 25c KWG auch die Grundsätze der Fit & Proper Guidelines zu beachten. Darüber hinaus sind die Kriterien der Fit & Proper Guidelines auch bei der Beurteilung der eigenen Eignung des Aufsichtsrats und seiner Mitglieder im Kontext des § 25d KWG relevant und beeinflussen somit sowohl die Wahlvorschläge für die Wahl der Aufsichtsratsmitglieder als auch die mindestens jährlich durchzuführende Evaluierung von Vorstand und Aufsichtsrat.[46] So sollten der Aufsichtsrat und – soweit vorhanden – der Nominierungsausschuss die Wirksamkeit der Richtlinien zur Eignungsbewertung des Instituts überwachen und ihre Auslegung und Umsetzung kontrollieren.[47] Bei der Einstellung von Mitgliedern des Vorstands sollte der Aufsichtsrat einen aktiven Beitrag zur Auswahl von Kandidaten für freie Stellen im Vorstand in Zusammenarbeit mit der Personalabteilung leisten.[48] Dies umfasst nach den Fit & Proper Guidelines die folgenden Elemente:

- Erstellung einer Beschreibung der Rollen und Fähigkeiten für eine bestimmte Bestellung;
- Bewertung der angemessenen Ausgewogenheit von Kenntnissen, Fähigkeiten und Erfahrung des Leitungsorgans;
- Bewertung des erwarteten Zeitaufwands und
- Berücksichtigung der Ziele der internen Richtlinien zur Förderung der Diversität.[49]

Im Rahmen der laufenden Überwachung der (fortbestehenden) Eignung des Vorstands sollte der Aufsichtsrat bzw. ggf. der Nominierungsausschuss dem Vorstand das Ergebnis der Bewertung der kollektiven Eignung einschließlich etwaiger Empfehlungen für Verbesserungsmaßnahmen mitteilen.[50]

44 „Inhaber von Schlüsselfunktionen" sind Personen, die einen erheblichen Einfluss auf die Leitung des Instituts haben, aber keine Mitglieder des Leitungsorgans und kein CEO sind. Zu ihnen zählen die Leiter von internen Kontrollfunktionen sowie der CFO, sofern sie keine Mitglieder des Leitungsorgans sind, und, soweit sie von relevanten Instituten mit einem risikobasierten Ansatz als solche ermittelt werden, sonstige Inhaber von Schlüsselfunktionen, Fit & Proper Guidelines, Rn. 16.

45 Vgl. § 84 AktG iVm § 25c KWG.

46 Vgl. § 25d Abs. 11 S. 1 Nr. 1, 3 und 4 KWG.

47 Fit & Proper Guidelines, Rn. 116.

48 Fit & Proper Guidelines, Rn. 130.

49 Fit & Proper Guidelines, Rn. 130.

50 Solche Empfehlungen können z. B. Schulungen, die Änderung von Abläufen, Maßnahmen zur Minderung von Interessenkonflikten, die Bestellung von zusätzlichen Mitgliedern mit besonderen Kompetenzen sowie den Austausch von Mitgliedern des Leitungsorgans beinhalten, Fit & Proper Guidelines, Rn. 158.

4. Leitfaden der EZB zu Klima- und Umweltrisiken

13 Die EZB formuliert in dem am 27. November 2020 veröffentlichten Leitfaden zu Klima- und Umweltrisiken[51] ihre Erwartungshaltung, wie Institute Klima- und Umweltrisiken auf Basis des geltenden Aufsichtsregimes bei der Festlegung und Umsetzung ihrer Geschäftsstrategie sowie ihrer Rahmenwerke für die interne Governance und das Risikomanagement berücksichtigen und offenlegen sollten.[52] Der Leitfaden richtet sich an bedeutende, d. h. EZB-beaufsichtigte Institute. Nach Auffassung der EZB sollte das Leitungsorgan (d. h. Vorstand und Aufsichtsrat)[53] gewährleisten, dass das Institut Klima- und Umweltrisiken angemessen in seine Geschäftsstrategie und das Risikomanagementrahmenwerk einbezieht und deren mögliche kurz-, mittel- und langfristigen Auswirkungen auf die Geschäftsstrategie eruiert.[54] Ferner erwartet die EZB, dass das Leitungsorgan die jeweiligen Zuständigkeiten in seiner Organisationsstruktur eindeutig festlegt, über die Wesentlichkeit von Klima- und Umweltrisiken entscheidet sowie fortlaufend überprüft, ob die Richtlinien des Instituts Klima- und Umweltrisiken umfassend berücksichtigen.[55] Speziell dem Vorstand kommt nach der EZB die Aufgabe zu, zur Förderung einer fundierten Entscheidungsfindung klima- und umweltbezogene Leistungskennzahlen (Key Performance Indicators – KPIs) und Risikoindikatoren (Key Risk Indicators – KRIs) festzulegen.[56] Dem Aufsichtsrat obliegt es im Rahmen der Leitungsbeurteilung des Vorstands, die gesetzten Ziele und Entwicklungen dieser KPIs und KRIs zu überwachen und eingehend zu prüfen.[57]

5. Rundschreiben der BaFin

14 Neben den Leitlinien der europäischen Aufsichtsbehörden sind auch diverse Verlautbarungen der BaFin bei der Ausübung der Aufsichtsratstätigkeit zu berücksichtigen. Hierzu zählen insbesondere die MaComp[58] und die MaRisk[59]. Auch wenn es sich bei den Regelungen der MaComp und MaRisk nach herr-

51 Leitfaden der Europäischen Zentralbank (EZB) zu Klima- und Umweltrisiken – Erwartungen der Aufsicht in Bezug auf Risikomanagement und Offenlegungen (nachfolgend „EZB Leitfaden"), November 2020.

52 EZB Leitfaden, S. 3 f.

53 Der Terminus „Leitungsorgan" und die Unterscheidung zwischen „Leitungsorgan in seiner Leitungsfunktion" und „Leitungsorgan in seiner Aufsichtsfunktion" entsprechen der Verwendung in den EBA-Leitlinien zur internen Governance, wonach sich „Leitungsorgan in seiner Leitungsfunktion" auf die geschäftsführende Vorstandsfunktion und „Leitungsorgan in seiner Aufsichtsfunktion" auf die (nicht geschäftsführende) Überwachungsfunktion des Aufsichtsrats bezieht.

54 Erwartung 3.3, EZB Leitfaden, S. 24.

55 Erwartung 3.3, EZB Leitfaden, S. 24.

56 Erwartung 3.4, EZB Leitfaden, S. 24.

57 Erwartung 3.4, EZB Leitfaden, S. 24 f.

58 Rundschreiben 5/2018 (WA) – Mindestanforderungen an die Compliance-Funktion und weitere Verhaltens-, Organisations- und Transparenzpflichten (nachfolgend „MaComp") – vom 19. 04. 2018 (in der Fassung vom 26.09.2024).

59 Rundschreiben 06/2024 (BA) – Mindestanforderungen an das Risikomanagement (nachfolgend „MaRisk") vom 29.05.2024.

schender Ansicht lediglich um sog. norminterpretierende Verwaltungsvorschriften ohne unmittelbare Rechtsbindungswirkung handelt, kommt diesen – ähnlich wie den Leitlinien der EBA/ESMA – im Sinne eines aufsichtsrechtlichen Marktstandards jedenfalls faktisch Rechtsnormqualität zu.[60]

a) MaComp

Die MaComp gelten für solche Institute, die – was der Regel entsprechen dürfte – neben dem klassischen Einlagen- und Kreditgeschäft gewerbsmäßig Wertpapierdienstleistungen nach § 2 Abs. 8 WpHG erbringen. Die MaComp definieren dabei die Verwaltungspraxis für die Ausgestaltung einer ordnungsgemäßen Geschäftsorganisation gemäß § 25a KWG. 15

Zum Verhältnis der Compliance-Funktion und der Rolle des Aufsichtsrats, stellt BT 1.1 Ziff. 2 MaComp klar, dass die Compliance-Funktion zwar ein Instrument der Geschäftsleitung darstellt, jedoch gleichwohl sicherzustellen ist, dass der Vorsitzende des Aufsichtsorgans unter Einbeziehung der Geschäftsleitung direkt beim Compliance-Beauftragten Auskünfte einholen kann. Dem Aufsichtsrat sind zudem über den Vorstand die regelmäßigen Compliance-Berichte zu übermitteln.[61] Sofern der Vorstand inhaltliche Änderungen des Compliance-Berichts veranlasst, ist der Aufsichtsratsvorsitzende hierüber zu informieren.[62] Auch wesentliche Kürzungen des Budgets der Compliance-Funktion sind dem Aufsichtsrat mitzuteilen.[63] Ferner normiert BT 1.3.1.2 Ziff. 2 MaComp ein Teilnahmerecht des Compliance-Beauftragten an den Sitzungen des Vorstands und des Aufsichtsrats, soweit dies für die Aufgabenerfüllung der Compliance-Funktion erforderlich ist.

b) MaRisk

Die MaRisk dient ebenfalls der Konkretisierung der Anforderungen des § 25a KWG, allerdings mit Fokus auf die Ausgestaltung des Risikomanagements. Mit Blick auf die Überwachungsfunktion des Aufsichtsrats hinsichtlich der vom Vorstand festzulegenden Geschäfts- und Risikostrategie bestimmt AT 4.2 Ziff. 6 MaRisk, dass die Strategien sowie ggf. erforderliche Anpassungen dem Aufsichtsorgan des Instituts mitzuteilen und mit diesem zu erörtern sind. Zudem hat der Vorstand den Aufsichtsrat mindestens vierteljährlich über die Risikosituation einschließlich vorhandener Risikokonzentrationen in angemessener Weise schriftlich zu informieren.[64] Wechselt die Leitung der Risikocontrolling-Funktion, die Position des Compliance-Beauftragten oder die Leitung der Inter- 16

60 Vgl. zur Rechtsnatur von Verlautbarungen der BaFin *Weber-Rey/Baltzer* in: Hopt/Wohlmannstetter, Handbuch Corporate Governance von Banken, 1. Aufl. 2011, S. 456 f.

61 BT 1.2.2 Ziff. 3 MaComp.

62 BT 1.2.2 Ziff. 4 MaComp.

63 BT 1.3.1.1 Ziff. 2 MaComp.

64 AT 4.3.2 Ziff. 3 iVm BT 3.1 Ziff. 5 MaRisk.

nen Revision, ist das Aufsichtsorgan jeweils rechtzeitig vorab unter Angabe der Gründe für den Wechsel zu informieren.[65]

Zur Funktion der Internen Revision stellt AT 4.4.3 Ziff. 2 MaRisk klar, dass die Interne Revision zwar als Instrument der Geschäftsleitung fungiert, jedoch gleichwohl sicherzustellen ist, dass der Vorsitzende des Aufsichtsorgans unter Einbeziehung der Geschäftsleitung direkt bei dem Leiter der Internen Revision Auskünfte einholen kann. Ergeben sich im Rahmen der Prüfungen der Internen Revision schwerwiegende Feststellungen gegen Vorstandsmitglieder, so hat der Vorstand neben den Aufsichtsinstitutionen (BaFin, Deutsche Bundesbank) unverzüglich auch den Vorsitzenden des Aufsichtsrats zu informieren.[66]

c) Merkblatt der BaFin zu den Mitgliedern von Verwaltungs- und Aufsichtsorganen

17 Neben den MaComp und MaRisk hat die BaFin in ihrem Merkblatt zu den Mitgliedern von Verwaltungs- und Aufsichtsorganen[67] unter Berücksichtigung der Fit & Proper Guidelines und der Guidelines on Internal Governance die Anforderungen an die fachliche und persönliche Eignung von Aufsichtsratsmitgliedern konkretisiert. So bestimmt die BaFin im Zusammenhang mit der vom Institut vorzunehmenden Beurteilung der Zuverlässigkeit, Sachkunde und ausreichenden zeitlichen Verfügbarkeit ihrer Aufsichtsratsmitglieder, dass Institute verpflichtet sind, der BaFin und der Deutschen Bundesbank auf Anforderung weitere Unterlagen, z. B. Protokolle von Verwaltungs- oder Aufsichtsorgansitzungen, und Informationen zur Verfügung zu stellen.[68] Es empfiehlt sich daher, sowohl bei der Erstbestellung von Aufsichtsratsmitgliedern als auch bei der regelmäßigen Evaluierung der (fortbestehenden) individuellen und kollektiven Eignung auf eine angemessene Dokumentation der im Rahmen der Bewertung zugrunde gelegten Kriterien zu achten. Im Hinblick auf die Sitzungsorganisation relevant ist zudem Rn. 133, wonach Mitglieder von Aufsichtsorganen mögliche Interessenkonflikte mindestens dem Aufsichtsratsvorsitzenden frühzeitig offenlegen sollen.[69] Außerdem hat der Aufsichtsrat angemessen zu kommunizieren, besprechen, dokumentieren und entscheiden, welche Interessenkonflikte des einzelnen Mitglieds bestehen und auf welche Art und Weise mit ihnen umgegangen wird bzw. welche Maßnahmen zu ihrer Verhinderung, Lösung oder Abschwächung ergriffen werden.[70] Aufsichtsmitglieder sollten sich zudem nach der Verwaltungspraxis der BaFin bei solchen Sachverhalten der Stimme

---

65 AT 4.4.1 Ziff. 6, AT 4.4.2 Ziff. 8, AT 4.4.3 Ziff. 6 MaRisk.
66 BT 2.4 Ziff. 5 MaRisk.
67 Merkblatt der BaFin zu den Mitgliedern von Verwaltungs- und Aufsichtsorganen gemäß KWG und KAGB vom 29. 12. 2020.
68 Merkblatt der BaFin zu den Mitgliedern von Verwaltungs- und Aufsichtsorganen gemäß KWG und KAGB vom 29. 12. 2020, Rn. 98.
69 Merkblatt der BaFin zu den Mitgliedern von Verwaltungs- und Aufsichtsorganen gemäß KWG und KAGB vom 29. 12. 2020, Rn. 133.
70 Merkblatt der BaFin zu den Mitgliedern von Verwaltungs- und Aufsichtsorganen gemäß KWG und KAGB vom 29. 12. 2020, Rn. 133.

enthalten, bei denen ein Interessenkonflikt vorliegt.[71] Die Sitzungsteilnahme von Aufsichtsratsmitgliedern kann sich auch auf die individuelle Eignungsbewertung auswirken. So ist nach Auffassung der BaFin bspw. eine ausreichende zeitliche Verfügbarkeit dann nicht gegeben, wenn ein Aufsichtsratsmitglied überwiegend nicht an den Sitzungen des Aufsichtsorgans teilnimmt oder sich nicht gewissenhaft auf die Sitzungen vorbereitet.[72] Die Erfüllung der dem Aufsichtsrat obliegenden Überwachungs- und Kontrollfunktion setzt nach der BaFin neben einem ausreichenden zeitlichen Einsatz auch anlassbezogen eine aktive Inanspruchnahme des Auskunftsrechts durch den Aufsichtsrat gegenüber dem Vorstand voraus.[73] Zur Ermöglichung einer sachgerechten Sitzungsvorbereitung und Beschlussfassung ist es nach der BaFin erforderlich, dass sich die Mitglieder von Aufsichtsorganen mithilfe von Sitzungsunterlagen bereits vor einer Sitzung auf diese vorbereiten.[74] Neben einem zeitlich und örtlich angemessenen Rahmen setzt die Vorbereitung nach Auffassung der BaFin auch hierfür inhaltlich und mengenmäßig geeignete Unterlagen voraus.[75] Vorlagen sollen demnach nur in begründeten Ausnahmefällen erst in der Sitzung selbst verteilt werden.[76] Im Hinblick auf die Förderung der Diversität in der Geschäftsleitung und im Aufsichtsorgan, sollten bedeutende Institute[77] ein quantitatives Ziel für die Vertretung des unterrepräsentierten Geschlechts im Vorstand und Aufsichtsrat definieren sowie angeben, in welchem Zeitraum und wie dieses Ziel erreicht werden soll.[78] Nach der BaFin sollten bedeutende Institute darüber hinaus im Rahmen der jährlichen Effizienzprüfung nach § 25d Abs. 11 S. 1 Nr. 3 KWG die Einhaltung der festgelegten Ziele dokumentieren bzw. für den Fall, dass die Diversitätsziele nicht erreicht wurden, die entsprechenden Gründe, die zu ergreifenden Maßnahmen und den Zeitrahmen für diese Maßnahmen dokumentieren.[79] Im Zusammenhang mit dem vom Institut aufzustellenden Richtli-

71 Merkblatt der BaFin zu den Mitgliedern von Verwaltungs- und Aufsichtsorganen gemäß KWG und KAGB vom 29. 12. 2020, Rn. 133.

72 Merkblatt der BaFin zu den Mitgliedern von Verwaltungs- und Aufsichtsorganen gemäß KWG und KAGB vom 29. 12. 2020, Rn. 143.

73 Merkblatt der BaFin zu den Mitgliedern von Verwaltungs- und Aufsichtsorganen gemäß KWG und KAGB vom 29. 12. 2020, Rn. 209.

74 Merkblatt der BaFin zu den Mitgliedern von Verwaltungs- und Aufsichtsorganen gemäß KWG und KAGB vom 29. 12. 2020, Rn. 210.

75 Merkblatt der BaFin zu den Mitgliedern von Verwaltungs- und Aufsichtsorganen gemäß KWG und KAGB vom 29. 12. 2020, Rn. 210.

76 Merkblatt der BaFin zu den Mitgliedern von Verwaltungs- und Aufsichtsorganen gemäß KWG und KAGB vom 29. 12. 2020, Rn. 210.

77 Nach der BaFin können sog. „Andere Institute", insbesondere solche mit einer Geschäftsleitung und einem Verwaltungs- oder Aufsichtsorgan, die zusammen weniger als fünf Mitglieder haben, das Ziel auch qualitativ formulieren, Merkblatt der BaFin zu den Mitgliedern von Verwaltungs- und Aufsichtsorganen gemäß KWG und KAGB vom 29. 12. 2020, Rn. 234.

78 Merkblatt der BaFin zu den Mitgliedern von Verwaltungs- und Aufsichtsorganen gemäß KWG und KAGB vom 29. 12. 2020, Rn. 233.

79 Merkblatt der BaFin zu den Mitgliedern von Verwaltungs- und Aufsichtsorganen gemäß KWG und KAGB vom 29. 12. 2020, Rn. 233.

nien und Prozessen zur Bewertung der individuellen und kollektiven Eignung von Vorstand, Aufsichtsrat und Inhabern von Schlüsselfunktionen (sog. Eignungsrichtlinien[80]), sollte der Nominierungsausschuss bzw. der Aufsichtsrat die Wirksamkeit und Umsetzung der Richtlinien zur Eignungsbewertung überwachen und ggf. Empfehlungen zu ihrer Anpassung geben.[81]

d) Merkblatt der BaFin zum Umgang mit Nachhaltigkeitsrisiken

18 Im Zusammenhang mit dem Risikomanagement des Instituts ist zudem das Merkblatt der BaFin zum Umgang mit Nachhaltigkeitsrisiken zu erwähnen.[82] Nach Aussage der BaFin sind die im Merkblatt aufgezeigten Grundsätze und Prozesse als unverbindliche Verfahrensweisen (Good-Practice-Ansätze) zu verstehen, mit denen Instituten eine Orientierungshilfe beim Umgang mit Nachhaltigkeitsrisiken gegeben werden soll.[83] Das Merkblatt enthält keine originäre Zuständigkeits- oder Kompetenzregelung des Aufsichtsrats, weist jedoch darauf hin, dass die durch die MaRisk konkretisierten gesetzlichen Vorgaben zum Risikomanagement in jedem Fall zu beachten sind und Nachhaltigkeitsrisiken hierbei auf die bekannten Risikoarten einwirken.[84] Seitens der BaFin besteht jedoch die Erwartung, dass Institute eine Auseinandersetzung auch mit Nachhaltigkeitsrisiken sicherstellen und dies dokumentieren.[85] Es empfiehlt sich daher, dass der Aufsichtsrat im Rahmen seiner Überwachungsfunktion darauf hinwirkt, dass das Thema Nachhaltigkeitsrisiken von den verantwortlichen Vorstandsmitgliedern angemessen adressiert und im Rahmen der Berichte an den Aufsichtsrat entsprechend berücksichtigt wird.

e) Deutscher Corporate Governance Kodex (DCGK)

19 Neben den institutsbezogenen Anforderungen der europäischen Aufsichtsbehörden und der BaFin, sind für börsennotierte Gesellschaften zudem die Empfehlungen des Deutschen Corporate Governance Kodex[86] relevant. Ähnlich wie die Leitlinien der EBA und die Rundschreiben der BaFin haben auch diese keine formelle Gesetzesqualität, allerdings müssen Vorstand und Aufsichtsrat gemäß § 161 AktG jährlich erklären (sog. Entsprechenserklärung) und auf ihrer Inter-

80 Nach der BaFin sollten die Eignungsrichtlinien Grundsätze zur Auswahl, Überwachung und Nachfolgeplanung für die Mitglieder der Geschäftsleitung und des Verwaltungs- oder Aufsichtsorgans sowie für die Wiederbestellung von bestehenden Mitgliedern beinhalten, Merkblatt der BaFin zu den Mitgliedern von Verwaltungs- und Aufsichtsorganen gemäß KWG und KAGB vom 29. 12. 2020, Rn. 245.

81 Merkblatt der BaFin zu den Mitgliedern von Verwaltungs- und Aufsichtsorganen gemäß KWG und KAGB vom 29. 12. 2020, Rn. 244.

82 Merkblatt der BaFin zum Umgang mit Nachhaltigkeitsrisiken vom 13. 01. 2020.

83 Merkblatt der BaFin zum Umgang mit Nachhaltigkeitsrisiken vom 13. 01. 2020, S. 10.

84 Merkblatt der BaFin zum Umgang mit Nachhaltigkeitsrisiken vom 13. 01. 2020, S. 10.

85 Merkblatt der BaFin zum Umgang mit Nachhaltigkeitsrisiken vom 13. 01. 2020, S. 10.

86 Deutscher Corporate Governance Kodex in der Fassung vom 28. 04. 2022 (nachfolgend „DCGK"), abrufbar unter: *https://www.dcgk.de//files/dcgk/usercontent/de/download/kodex/220627_Deutscher_Corporate_Governance_Kodex_2022.pdf* (zuletzt abgerufen am 28. 05. 2025).

netseite veröffentlichen, ob den Empfehlungen des Corporate Governance Kodex entsprochen wurde bzw. welche Empfehlungen nicht angewendet wurden und warum („Comply or Explain"). Die vom Corporate Governance Kodex empfohlenen Unternehmensstandards gehen dabei stellenweise über die (verpflichtenden) gesetzlichen Anforderungen des AktG hinaus. Sofern sich Institute dafür entscheiden, den Empfehlungen des Corporate Governance Kodex zu folgen, hat dies auch Auswirkungen auf den Überwachungsrahmen des Aufsichtsrats und damit mittelbar auf die Sitzungsgestaltung. Exemplarisch zu erwähnen sind die zusätzlichen Einschränkungen bei der Bestellung von Vorstandsmitgliedern[87], die ergänzenden Vorgaben zur Arbeitsweise und Ausschussbesetzung des Aufsichtsrats[88] sowie die präzisierenden Kriterien zur Festlegung der Vergütung des Vorstands[89].

6. *Satzung und Geschäftsordnung des Aufsichtsrats*

Flankierend zu den gesetzlichen und aufsichtsrechtlichen Anforderungen finden sich in vielen Instituten weiterführende Anforderungen an die innere Ordnung und Arbeitsweise des Aufsichtsrats in der Satzung des Instituts sowie der Geschäftsordnung des Aufsichtsrats. Als reines Binnenrecht kann die Satzung in den Grenzen des § 23 Abs. 5 AktG abweichende oder ergänzende Regelungen z. B. zur Zusammensetzung und Beschlussfähigkeit des Aufsichtsrats, zur Bestellung/Entsendung, Amtszeit und Vergütung von Aufsichtsratsmitgliedern, zur Bildung von Ausschüssen, zur Wahl des Aufsichtsratsvorsitzenden inkl. seiner Stellvertreter sowie zu zustimmungspflichtigen Geschäften treffen. Daneben können sich weitere konkretisierende Vorgaben zur Organisation und Aufgabenwahrnehmung des Aufsichtsrats z. B. zur Eignung der Aufsichtsratsmitglieder, zur Aufgabenverteilung zwischen Plenum und Ausschüssen, zur Sitzungsorganisation (insbesondere bzgl. Einladungsfristen, Sitzungssprachen, Bereitstellungsformen von Sitzungsunterlagen, Teilnahme- und Abstimmungsmodalitäten und Protokollierung) sowie zu Reichweite und Umfang bestehender Verschwiegenheitspflichten aus der Geschäftsordnung des Aufsichtsrats ergeben. Im Unterschied zur Satzung ist der Erlass einer Geschäftsordnung des Aufsichtsrats nicht zwingend, wird jedoch in § 82 Abs. 2 AktG und § 108 Abs. 4 20

87 Vgl. z. B. die Empfehlungen B.3 und B.5 DCGK, wonach abweichend von § 84 AktG eine Erstbestellung von Vorstandsmitgliedern für längstens drei Jahre erfolgen sowie eine Altersgrenze festgelegt werden soll.

88 Vgl. z. B. die Empfehlung D.1 DCGK, wonach sich der Aufsichtsrat eine Geschäftsordnung geben und diese auf der Internetseite der Gesellschaft zugänglich machen soll sowie Empfehlung D.3, wonach der Aufsichtsratsvorsitzende nicht den Vorsitz im Prüfungsausschuss innehaben soll.

89 Vgl. z. B. die Empfehlung G.3 und G. 4 DCGK, wonach der Aufsichtsrat u. a. zur Beurteilung der Üblichkeit der konkreten Gesamtvergütung der Vorstandsmitglieder im Vergleich zu anderen Unternehmen eine geeignete Vergleichsgruppe (Peer Group-Vergleich) heranziehen und deren Zusammensetzung offenlegen sowie innerhalb des Unternehmens das Verhältnis der Vorstandsvergütung zur Vergütung des oberen Führungskreises und der Belegschaft insgesamt inkl. der zeitlichen Entwicklung berücksichtigen soll.

AktG erwähnt sowie nach dem Deutschen Corporate Governance Kodex empfohlen.[90] Die Regelungen der Geschäftsordnung des Aufsichtsrats sind dabei gegenüber den Bestimmungen der Satzung und den gesetzlichen Anforderungen subsidiär, haben jedoch gegenüber der Satzung den Vorteil, dass Änderungen nicht von der Hauptversammlung (§ 179 Abs. 1 S. 1 AktG) sondern vom Aufsichtsrat selbst beschlossen werden können (§ 108 Abs. 1 AktG).

7. Fazit

21 Zusammenfassend lässt sich festhalten, dass Institute sowohl in quantitativer als auch in qualitativer Hinsicht einem deutlich strengeren Rechtsrahmen unterliegen als „klassische" Aktiengesellschaften. Erhöhte Anforderungen ergeben sich danach zum einen in organisatorischer Hinsicht bzgl. der inneren Ordnung des Aufsichtsrats (z. B. durch die verpflichtende Einrichtung bestimmter Ausschüsse) und zum anderen in prozessualer Hinsicht bzgl. der Sitzungsgestaltung (z. B. in Form von zusätzlichen Prüfungsgegenständen oder besonderen Teilnahmerechten). Um eine revisionsfeste Sitzungsplanung und -durchführung sicherzustellen, empfiehlt es sich daher, den für das jeweilige Institut maßgeblichen Ordnungsrahmen zunächst zu analysieren und die im Jahresverlauf zu behandelnden Aufsichtsratsthemen auf die vorgesehene Sitzungsanzahl zu verteilen. Dies kann bspw. über Muster-Tagesordnungen oder entsprechenden Prozessbeschreibungen erfolgen, die die standardmäßig zu thematisierenden Informations- und Beschlussgegenstände des Aufsichtsrats festlegen und so einen Rahmen für die inhaltliche und zeitliche Aufgabenfolge des Aufsichtsrats geben.

Das unter D. aufgeführte Muster beinhaltet eine exemplarische Checkliste zu den regulatorischen „Standard-Themen", mit denen sich der Aufsichtsrat eines Instituts im Jahresverlauf befassen sollte. Die im Muster dargestellte Themenübersicht bildet hierbei nur eine generische Basis für die Sitzungsplanung und ist je nach Größe, Geschäftsmodell und Risikoprofil auf die individuelle Unternehmenssituation des Instituts sowie auf die weiteren regulatorischen Entwicklungen anzupassen.

II. Teilnahme an Sitzungen und Einberufung

22 Die rechtlichen Anforderungen für Sitzungen des Aufsichtsrats in Instituten sind nur sehr fragmentarisch im AktG geregelt und beschränken sich im Wesentlichen auf die formellen Anforderungen, die im Zusammenhang mit Sitzungen und Beschlussfassungen des Aufsichtsrats zu beachten sind. Abgesehen von den Regelberichten nach § 90 Abs. 1 AktG äußert sich weder das AktG noch das KWG zum konkreten Inhalt der vom Aufsichtsrat zu behandelnden Sitzungsthemen und in welcher Form und zu welchem Zeitpunkt diese zu berichten sind.

---

90 Siehe *Koch* in: Koch in Koch, AktG, 19. Aufl. 2025, § 107, Rn. 65 ff. und Empfehlung D.1 DCGK.

1. *Einladung und Unterlagen*

§ 110 Abs. 3 AktG bestimmt, dass der Aufsichtsrat eines börsennotierten Instituts (mindestens) zwei Sitzungen im Kalenderhalbjahr abhalten muss. In nichtbörsennotierten Instituten kann der Aufsichtsrat beschließen, dass er nur einmal pro Halbjahr zusammentritt. Nach § 171 Abs. 2 S. 3 AktG muss der Aufsichtsrat eines börsennotierten Instituts zudem in seinem Bericht an die Hauptversammlung die Anzahl seiner Sitzungen und die seiner Ausschüsse mitteilen. Nicht näher geregelt ist dagegen, welche Sachverhalte in den Sitzungen des Aufsichtsrats im Einzelnen auf die Tagesordnung aufzunehmen sind und in welcher Häufigkeit und Tiefe diese zu thematisieren sind. Hinsichtlich der Regelberichte nach § 90 Abs. 1 S. 1 Nr. 1 bis 4 AktG beschränkt sich das Gesetz lediglich auf die Festlegung abstrakter Zeitschemas. Danach sind die Berichte wie folgt zu erstatten: 23

- Bericht über die Geschäftspolitik grds. mindestens einmal jährlich (§ 90 Abs. 2 Nr. 1 AktG),
- Bericht über die Rentabilität in der jährlichen Bilanzsitzung des Aufsichtsrats (§ 90 Abs. 2 Nr. 2 AktG),
- Bericht über den Gang der Geschäfte mindestens vierteljährlich (§ 90 Abs. 2 Nr. 3 AktG) und
- Bericht über die Geschäfte von erheblicher Bedeutung möglichst so rechtzeitig, dass der Aufsichtsrat vor Vornahme der Geschäfte Gelegenheit zur Stellungnahme hat (§ 90 Abs. 2 Nr. 4 AktG).

Auch eine Regelung über den konkreten Zeitpunkt und die Form der Einladung zu Aufsichtsratssitzungen enthält das AktG nicht.[91] Lediglich für den Fall, dass ein Aufsichtsratsmitglied oder der Vorstand eine Einberufung des Aufsichtsrats nach § 110 Abs. 1 AktG verlangt, muss die Sitzung innerhalb von zwei Wochen stattfinden.

Zu der Frage, wann und in welcher Form (schriftlich oder mündlich) die vom Vorstand an den Aufsichtsrat gerichteten Berichte dem Aufsichtsrat zur Verfügung zu stellen sind, finden sich im Gesetz ebenfalls keine präzisen Vorgaben. § 90 Abs. 4 AktG bestimmt hierzu lediglich, dass die Berichte des Vorstands entsprechend „den Grundsätzen einer gewissenhaften und getreuen Rechenschaft" sowie „möglichst rechtzeitig" und „in der Regel in Textform" zu erstatten sind. Von einer konkreten Fristvorgabe, etwa dass die Berichte den Aufsichtsratsmitgliedern bereits mit der Einladung zur Aufsichtsratssitzung oder spätestens zu einem bestimmten Stichtag vor der Sitzung übermittelt werden müssen, sieht das Gesetz zur Vermeidung einer übermäßigen „Bürokratisierung der Verfahrensabläufe" bewusst ab.[92] Auch zur Frage, ob an den Aufsichtsrat gerichtete Berichte über die in § 90 Abs. 1 S. 1 Nr. 1 bis 4 AktG aufgeführten Regelberichte hinaus generell schriftlich zu erstatten sind, äußert sich das Gesetz nicht. Die

91 RegBegr., BT-Drucks. 14/8769, S. 15.
92 RegBegr., BT-Drucks. 14/8769, S. 15.

Formulierung in § 90 Abs. 4 S. 2 AktG „in der Regel" sowie der einschränkende Zusatz in § 90 Abs. 5 S. 2 AktG („Soweit die Berichte in Textform erstattet worden sind ...") weisen jedoch darauf hin, dass eine generelle Pflicht zur schriftlichen Berichterstattung selbst für die regulären Vorstandsberichte nach § 90 Abs. 1 S. 1 Nr. 1 bis 4 AktG nicht ausnahmslos besteht und damit nicht per se auf sonstige Berichtsgegenstände übertragbar ist.

Demgegenüber führt die BaFin in ihrem Merkblatt zu den Mitgliedern von Verwaltungs- und Aufsichtsorganen aus, dass sich die Mitglieder von Aufsichtsorganen zur Ermöglichung einer sachgerechten Beschlussfassung bereits vor einer Sitzung mithilfe von Sitzungsunterlagen auf diese vorbereiten sollen.[93] Die Vorbereitung setzt nach Ansicht der BaFin sowohl einen „zeitlich und örtlich angemessenen Rahmen" als auch hierfür „inhaltlich und mengenmäßig geeignete Unterlagen" voraus.[94] Tischvorlagen sollen demgegenüber nur in begründeten Ausnahmefällen eingesetzt werden.[95]

Praxistipp:

An den Aufsichtsrat zu übermittelnde Vorstandsberichte sollten grds. mittels schriftlicher Sitzungsunterlagen erfolgen und dem Aufsichtsrat in ausreichendem zeitlichen Abstand zur Sitzung (idealerweise zusammen mit der Einladung) bereitgestellt werden. Dies empfiehlt sich insbesondere für komplexe und umfangreiche Berichtsgegenstände, bei denen eine fundierte Auseinandersetzung und sachgerechte Beurteilung des zugrundeliegenden Sachverhalts ohne schriftliche Dokumentation nur schwer möglich ist. Unter Berücksichtigung der Verwaltungspraxis der BaFin gilt dies insbesondere für solche Vorstandsberichte, die nicht nur der allgemeinen Information des Aufsichtsrats über institutsrelevante Belange, sondern der Vorbereitung eines Aufsichtsratsbeschlusses dienen. Es empfiehlt sich zudem, die näheren Modalitäten der Sitzungseinberufung (Einladungsfristen, Übermittlungsform, Sprachfassungen der Sitzungsunterlagen etc.) z. B. in der Geschäftsordnung des Aufsichtsrats entsprechend zu dokumentieren.

2. Festlegung der Sitzungssprache

24 Weder im AktG noch in den Verlautbarungen der EBA und BaFin findet sich eine Aussage, in welcher Sprache Sitzungen des Aufsichtsrats abzuhalten bzw. begleitende Sitzungsunterlagen zur Verfügung zu stellen sind. Die Festlegung der Sitzungssprache obliegt dabei grds. dem Aufsichtsratsvorsitzenden im Rahmen seiner Leitungskompetenz. Gleichwohl kann jedes Aufsichtsratsmitglied verlangen, dass bei Anwendung einer Fremdsprache sowohl die Sitzung selbst

93 Merkblatt der BaFin zu den Mitgliedern von Verwaltungs- und Aufsichtsorganen gemäß KWG und KAGB vom 29. 12. 2020, Rn. 210.

94 Merkblatt der BaFin zu den Mitgliedern von Verwaltungs- und Aufsichtsorganen gemäß KWG und KAGB vom 29. 12. 2020, Rn. 210.

95 Merkblatt der BaFin zu den Mitgliedern von Verwaltungs- und Aufsichtsorganen gemäß KWG und KAGB vom 29. 12. 2020, Rn. 210.

als auch die zur Verfügung gestellten Unterlagen übersetzt werden.[96] Je nach Zusammensetzung des Aufsichtsrats und Nationalität seiner Mitglieder kann es sich daher anbieten, in der Geschäftsordnung des Aufsichtsrats eine Regelung aufzunehmen, in welchen Sprachen die Aufsichtsrats- und Ausschusssitzungen abgehalten und entsprechende Sitzungsunterlagen bereitgestellt werden. Bei deutsch- und englischsprachig besetzten Aufsichtsratsgremien empfiehlt es sich ggf. auch, standardmäßig die Möglichkeit von Simultanübersetzungen und zweisprachigen Sitzungsunterlagen anzubieten, um die Kommunikationsfähigkeit und Diskussionsbereitschaft zu fördern. Sofern Sitzungsunterlagen in mehreren Sprachen zur Verfügung gestellt werden, sollte zudem festgelegt werden, welche Sprachfassung im Falle von Abweichungen als maßgeblich anzusehen ist.

3. Teilnahme sonstiger Personen

Gemäß § 109 Abs. 1 AktG dürfen sonstige Personen, die weder dem Aufsichtsrat 25
noch dem Vorstand angehören, grds. nicht an den Sitzungen des Aufsichtsrats und seiner Ausschüsse teilnehmen. Zur Beratung hinzugezogene Sachverständige/Auskunftspersonen dürfen nur bzgl. der hierfür vorgesehenen Tagesordnungsgegenstände an den Sitzungen teilnehmen. Bei einer Zuziehung des Abschlussprüfers scheidet eine Teilnahme des Vorstands grds. aus, es sei denn, der Aufsichtsrat oder der Ausschuss erachtet seine Teilnahme für erforderlich (§ 109 Abs. 1 S. 3 AktG).[97] In der Satzung des Instituts kann zudem geregelt werden, dass an Stelle eines verhinderten Aufsichtsratsmitglieds eine von diesem in Textform ermächtigte dritte Person an den Sitzungen des Aufsichtsrats und seiner Ausschüsse teilnehmen kann (§ 109 Abs. 3 AktG). Darüber hinaus können sich Teilnahmepflichten/-rechte für bestimmte Personen auch aus dem Gesetz oder aufsichtsrechtlichen Vorschriften ergeben. Zu erwähnen sind hier insbesondere die gemäß § 171 Abs. 1 S. 2 AktG angeordnete Teilnahme des Wirtschaftsprüfers an den Verhandlungen des Aufsichtsrats oder Prüfungsausschusses zum Jahresabschuss sowie die für Institute geltenden besonderen Beteili-

---

96 Ein Mehrheitsbeschluss ist hierfür nicht erforderlich, d. h. eine entsprechende Übersetzung ist bereits dann vorzuhalten, wenn nur ein deutschsprachiges Aufsichtsratsmitglied mangels ausreichender Fremdsprachenkenntnisse der Abhaltung der Sitzung in englischer Sprache widerspricht; siehe auch *Habersack* in: Münchner Kommentar zum Aktiengesetz, 6. Aufl. 2023, § 110, Rn. 55.

97 § 109 Abs. 1 S. 3 AktG wurde im Zuge des Gesetzes zur Stärkung der Finanzmarktintegrität (Finanzmarktintegritätsstärkungsgesetz, nachfolgend „FISG") vom 03.06.2021 (BGBl. I 2021, S. 1534 ff.) eingeführt. Nach der Gesetzesbegründung soll durch die Änderung die vertrauliche Kommunikation mit dem Abschlussprüfer gestärkt werden, wenn der Aufsichtsrat oder der Ausschuss sich mit diesem im Rahmen der Vorbereitung oder der Durchführung der Prüfung austauschen will, vgl. BT-Drucks. 19/29879, S. 158.

gungsrechte des Compliance-Beauftragten nach BT 1.3.1.2 Ziff. 2 MaComp und der BaFin nach § 44 Abs. 4 KWG.[98]

> *Praxistipp:*
>
> Sofern zur Erörterung einzelner Tagesordnungspunkte die Hinzuziehung externer Dritter (z. B. Rechtsberater) oder interner Mitarbeiter erforderlich oder sinnvoll ist, sollte die Sitzungsteilnahme entsprechend § 109 Abs. 1 S. 2 AktG auf die relevanten Themenbereiche beschränkt werden. Es sollte daher im Rahmen der Sitzungsorganisation darauf geachtet werden, dass gremienfremde Personen nur für die Dauer ihres Wortbeitrags und der Beantwortung etwaiger Rückfragen der Aufsichtsratsmitglieder an der Sitzung teilnehmen sowie Beginn und Ende der Anwesenheit entsprechend im Protokoll dokumentiert werden. In Anbetracht der für gewöhnlich bestehenden hohen Geheimhaltungsbedürftigkeit, ggf. sogar Insiderrelevanz der vom Aufsichtsrat behandelten Themen, empfiehlt sich insbesondere bei der Teilnahme von externen Personen (z. B. Beratungsdienstleistern, Übersetzungsbüros, IT-Serviceprovidern etc.) zudem die vorherige Einholung einer Vertraulichkeitserklärung.

4. *Sitzungsablauf*

26 Die Voraussetzungen der Sitzungsdurchführung sind im AktG und KWG nur rudimentär geregelt. So ergibt sich bspw. aus § 110 Abs. 3 AktG lediglich, dass der Aufsichtsrat je nach Börsennotierung des Instituts mindestens zwei bzw. eine Sitzung pro Kalenderhalbjahr abhalten muss. Eine nähere Aussage, ob der Aufsichtsrat hierbei zwingend physisch zusammentreten muss oder ob auch digitale Sitzungsformate ohne persönliche Anwesenheit der Aufsichtsratsmitglieder erfasst sind, findet sich dagegen nicht. Auch wie mit Beschlussfassungen des Aufsichtsrats in der Praxis umzugehen ist und welche formalen und materiellen Anforderungen hierbei vom Aufsichtsratsvorsitzenden im Rahmen der Sitzungsleitung zu beachten sind, wird im Gesetz nur ansatzweise geregelt. Ziel der nachfolgenden Ausführungen ist es daher, die im Sitzungsprozess zu beachtenden regulatorischen Vorgaben zu präzisieren und die praktische Handhabung sich hierbei ergebender Fragestellungen zu veranschaulichen.

a) Sitzungsformat

27 Nach der Gesetzesbegründung zum Transparenz- und Publizitätsgesetz vom 19.07.2002 sollte durch die Änderung des damaligen Wortlauts in § 110 Abs. 3 AktG, wonach der Aufsichtsrat Sitzungen „abhalten" (statt wie vormals „zusammentreten") muss, klargestellt werden, dass zumindest „in begründeten Ausnahmefällen" Aufsichtsratssitzungen auch per Telefon- oder Videokonferenz durchgeführt werden können.[99] Hinsichtlich der in § 110 Abs. 3 AktG verpflichtend vorgeschriebenen Sitzungen soll es dagegen im Grundsatz auch weiterhin

---

98 So kann die BaFin an den Sitzungen des Aufsichtsrats und der Compliance-Beauftragte, soweit für die Wahrnehmung der Compliance-Funktion erforderlich, sowohl an den Sitzungen des Vorstands als auch des Aufsichtsrats teilnehmen.

99 RegBegr., BT-Drucks. 14/8769, S. 17.

bei einer persönlichen Teilnahme der Aufsichtsratsmitglieder bleiben.[100] Die infolge der COVID-19-Pandemie beschleunigte Digitalisierung der Arbeitswelt und die hiermit verbundenen verbesserten technischen Rahmenbedingungen sowie die stärkere Internationalisierung von Vorstands- und Aufsichtsratsgremien, haben dazu geführt, dass Videokonferenzen und hybride Sitzungsformate an Bedeutung zugenommen haben. Dies spricht nach der hier vertretenen Auffassung dafür, nicht-analoge Sitzungsformen gegenüber Sitzungen in Präsenz als gleichwertig anzusehen.[101] Dem entspricht auch die Streichung der früheren Empfehlung D.8 S. 2 des DCGK a. F. und die geänderte Fassung des D.7 DCGK, wonach im Bericht des Aufsichtsrats nur noch angegeben werden soll, wie viele Sitzungen des Aufsichtsrats und der Ausschüsse in Präsenz oder als Video- oder Telefonkonferenzen durchgeführt wurden.[102] Für die Zulässigkeit von digitalen Sitzungsformaten spricht nach der hier vertretenen Ansicht auch die Regelung in § 108 Abs. 4 AktG, wonach – vorbehaltlich einer abweichenden Regelung durch die Satzung oder Geschäftsordnung des Aufsichtsrats – Beschlüsse des Aufsichtsrats und seiner Ausschüsse auch schriftlich (insbesondere per Umlauf), fernmündlich oder in anderer vergleichbarer Form gefasst werden können, sofern kein Mitglied widerspricht. Hierdurch sollte nach dem Willen des Gesetzgebers der stärkeren internationalen Besetzung von Aufsichtsorganen in Unternehmen und dem hiermit verbundenen höheren Bedarf an Videokonferenzen Rechnung getragen werden.[103]

Praxistipp:

Mangels einer expliziten gesetzlichen Gleichstellung von Präsenz- und Videositzungen und vor dem Hintergrund der in § 108 Abs. 4 AktG vorgesehenen Widerspruchsmöglichkeit, empfiehlt es sich, die möglichen Teilnahmeformen in der Satzung oder der Geschäftsordnung des Aufsichtsrats zu regeln. Dies kann neben den vorgenannten Möglichkeiten der Präsenz- und Videositzung auch telefonische oder hybride Sitzungsformate beinhalten. Zudem sollte in die Satzung/ Geschäftsordnung eine klarstellende Regelung aufgenommen werden, dass ein Aufsichtsratsmitglied durch Nutzung eines entsprechenden Mediums als anwesend gilt.

Im Hinblick auf die Sitzungsdurchführung sollte der Aufsichtsratsvorsitzende beim Abhalten von Videokonferenzen mangels physischer Anwesenheit die Präsenz der Aufsichtsratsmitglieder zu Beginn abfragen und insbesondere bei Beschlussfassungen ggf. durch Nachfrage sicherstellen, dass alle Aufsichtsratsmit-

100 RegBegr., BT-Drucks. 14/8769, S. 17. So auch die Empfehlung D.8 des DCGK in der Fassung vom 16. 12. 2019, wonach als Sitzungsteilnahme – jedenfalls bei nicht regelmäßiger Anwendung – auch eine solche über Telefon- oder Videokonferenzen galt.

101 Siehe ausführlich *Koch* in: Koch in Koch, AktG, 19. Aufl. 2025, § 110, Rn. 10 f.

102 Hiermit soll nach der Begründung der am 28. 04. 2022 beschlossenen Änderungen des DCGK den veränderten technischen Voraussetzungen für Sitzungen Rechnung getragen werden.

103 RegBegr. BT-Drucks. 14/4051, S. 12; siehe ausführlich *Koch* in: Koch in Koch, AktG, 19. Aufl. 2025, § 110, Rn. 10 f. und § 108, Rn. 21 ff.; *Oetker* in: Erfurter Kommentar zum Arbeitsrecht, 25. Aufl. 2025, § 108 AktG, Rn. 4 ff. und § 110 AktG, Rn. 5; *Habersack* in: Münchner Kommentar zum Aktiengesetz, 6. Aufl. 2023, § 110, Rn. 45.

glieder über eine funktionierende technische Verbindung verfügen und somit in der Lage sind, die Beschlussvorschläge und die zugrundeliegenden Ausführungen zur Kenntnis zu nehmen. Ggf. bietet es sich auch an, für den Fall plötzlich auftretender technischer Störungen zusätzlich eine telefonische Einwahlmöglichkeit anzubieten, so dass eine Fortsetzung der Sitzung ohne größere zeitliche Unterbrechung möglich ist.

b) Sitzungsleitung

28 Die formalen Anforderungen an die Sitzungsleitung sind im AktG nur fragmentarisch geregelt. So obliegt es z. B. dem Aufsichtsratsvorsitzenden[104], das Plenum über die Sonderberichte nach § 90 Abs. 1 S. 3 AktG spätestens in der nächsten Aufsichtsratssitzung zu informieren (§ 90 Abs. 5 S. 3 AktG), die Sitzungsniederschrift anzufertigen bzw. jedenfalls zu unterzeichnen (§ 107 Abs. 2 S. 1 AktG) und über die Teilnahme ausschussfremder Aufsichtsratsmitglieder an Ausschusssitzungen zu entscheiden (§ 109 Abs. 2 AktG). Nach dem Deutschen Corporate Governance Kodex koordiniert der Aufsichtsratsvorsitzende die Arbeit im Aufsichtsrat und nimmt die Belange des Aufsichtsrats nach außen wahr.[105] Bei wichtigen, für die Lage des Instituts bedeutsamen Ereignissen im Sinne des § 90 Abs. 1 S. 3 AktG ist der Aufsichtsratsvorsitzende neben der Unterrichtung des Plenums zudem verpflichtet, im Bedarfsfall eine außerordentliche Sitzung einzuberufen.[106] Die EBA Guidelines on Internal Governance führen im Hinblick auf die Sitzungsverantwortung aus, dass der Aufsichtsratsvorsitzende das Aufsichtsorgan leiten, zu einem effektiven Informationsaustausch innerhalb des Plenums und im Verhältnis zu seinen Ausschüssen beitragen soll sowie für eine wirksame Funktionsweise des Aufsichtsorgans im Allgemeinen zuständig ist.[107] Ferner sollte der Aufsichtsratsvorsitzende offene und kritische Diskussionen unterstützen und sicherstellen, dass auch konträre Ansichten geäußert und im Rahmen des Entscheidungsprozesses diskutiert werden können.[108] Ausweislich der Guidelines on Internal Governance sollte der Aufsichtsratsvorsitzende ferner die Tagesordnung für Sitzungen festlegen und gewährleisten, dass strategische Fragen prioritär behandelt werden sowie Beschlüsse des Aufsichtsrats auf einer fundierten und sachkundigen Grundlage getroffen und Unterlagen/Informationen rechtzeitig vor der Sitzung bereitgestellt werden.[109] Um zu ermöglichen, dass Diskussionen und Entscheidungen des Aufsichtsrats auf verständiger Basis erfolgen, sollte der Aufsichtsratsvorsitzende zudem für eine klare Aufgabenteilung und einen ausreichenden Informationsfluss zwischen den Aufsichtsratsmitgliedern sorgen.[110]

---

104 Siehe zu den Aufgaben und Befugnissen des Aufsichtsratsvorsitzenden allgemein *Koch* in: Koch in Koch, AktG, 19. Aufl. 2025, § 107, Rn. 9 ff.
105 Grundsatz 7 DCGK.
106 Grundsatz 17 DCGK.
107 Guidelines on Internal Governance, Rn. 35.
108 Guidelines on Internal Governance, Rn. 36.
109 Guidelines on Internal Governance, Rn. 38.
110 Guidelines on Internal Governance, Rn. 39.

Im Rahmen seiner Leitungsfunktion koordiniert damit der Aufsichtsratsvorsitzende den Sitzungsablauf und stellt einen ordnungsgemäßen Geschäftsgang sowie eine wirksame Beschlussfassung im Aufsichtsrat sicher.[111] Dies umfasst in formaler Hinsicht die Festlegung der Tagesordnungsgegenstände inkl. der Reihenfolge, in der diese behandelt werden, die Eröffnung und Beendigung der Sitzung, die Feststellung der Anwesenheit der Sitzungsteilnehmer (insbesondere Aufsichtsrats- und Vorstandsmitglieder, Sachverständige sowie ggf. Vertreter der Aufsichtsbehörden) sowie die Information der Aufsichtsratsteilnehmer über organisatorische Aspekte (z. B. zum anzuwendenden Abstimmungsverfahren hinsichtlich der Beschlussgegenstände oder ob bestimmte Themen der Tagesordnung einer besonderen Geheimhaltung unterliegen etc.). 29

Die inhaltliche Sitzungsgestaltung betreffend, führt der Aufsichtsratsvorsitzende in die Sitzung ein, berichtet über relevante interne und externe Entwicklungen, moderiert die Übergänge zwischen den einzelnen Tagesordnungspunkten, entscheidet über die Teilnahme des Vorstands bzw. einzelner Vorstandsmitglieder sowie etwaiger zur Beratung/Berichterstattung hinzuziehender dritter Personen und schlägt die zur Abstimmung anstehenden Beschlüsse vor.

c) *Teilnahme des Vorstands*

Der Aufsichtsratsvorsitzende entscheidet im Rahmen seiner Leitungskompetenz auch über die Teilnahme des Vorstands an Aufsichtsratssitzungen sowie die Dauer seiner Anwesenheit. § 109 Abs. 1 S. 1 AktG bestimmt, dass an den Sitzungen des Aufsichtsrats und seiner Ausschüsse Personen, die weder dem Aufsichtsrat noch dem Vorstand angehören, nicht teilnehmen sollen und geht damit von einer grds. Teilnahmemöglichkeit des Vorstands aus. Nach dem Gesetzgeber ergibt sich aus § 109 Abs. 1 S. 1 AktG weder ein gesetzliches Teilnahmerecht noch eine gesetzliche Teilnahmepflicht der Vorstandsmitglieder an den Sitzungen des Aufsichtsrats und seiner Ausschüsse.[112] Vor dem Hintergrund der Überwachungsfunktion des Aufsichtsrats fordert auch der Deutsche Corporate Governance Kodex in seiner Empfehlung D.6, dass der Aufsichtsrat regelmäßig ohne den Vorstand tagen soll.[113] Bei einer Zuziehung des Abschlussprüfers als Sachverständiger soll der Vorstand sogar nur dann an der Sitzung teilnehmen dürfen, wenn der Aufsichtsrat oder der Ausschuss seine Teilnahme für erforderlich hält (§ 109 Abs. 1 S. 3 AktG). Hierdurch soll nach dem Willen des Gesetzgebers die vertrauliche Kommunikation des Aufsichtsrates/Ausschusses mit dem Abschlussprüfer im Rahmen der Prüfung gestärkt werden, womit jedoch keine 30

111 Siehe zum Umfang der Leitungsfunktion des Aufsichtsratsvorsitzenden im Einzelnen *Habersack* in: Münchener Kommentar zum Aktiengesetz, 6. Aufl. 2023, § 107, Rn. 51 ff.; *Henssler* in: Henssler/Strohn, Gesellschaftsrecht, 6. Aufl. 2024, § 107 AktG, Rn. 9.

112 RegBegr., BT-Drucks. 19/29879, S. 158.

113 Siehe auch die Begründung des Deutschen Corporate Governance Kodex zu D.7 in der Fassung vom 16. 12. 2019, S. 11, abrufbar unter: *https://www.dcgk.de//files/dcgk/usercontent/de/download/kodex/191216_Begruendung_DCGK.pdf* (zuletzt abgerufen am 28. 05. 2025).

generelle Abkehr von den in § 109 Abs. 1 S. 1 AktG genannten Teilnahmegrundsätzen in anderen Fällen bezweckt ist.[114]

31 Die Teilnahme des Vorstands an Aufsichtsratssitzungen eröffnet in der Praxis häufig die Möglichkeit eines direkten Austausches zwischen dem Vorstand und dem Aufsichtsrat. Aufsichtsratsmitglieder können so Anmerkungen oder Rückfragen zu Sitzungsunterlagen unmittelbar adressieren und sich einen persönlichen Eindruck von den Entscheidungen und Leistungen der Vorstandsmitglieder verschaffen. Die Ausführungen des Vorstands stellen neben den Sitzungsunterlagen zudem wichtige Informationsquellen für die Kontrollfunktion des Aufsichtsrats dar und können bspw. Hinweise auf Schwachstellen oder Mängel im Management geben.

Die Teilnahme des Vorstands an Aufsichtsratssitzungen sollte jedoch – abgesehen von der in § 109 Abs. 1 S. 3 AktG genannten Regelung – für jede Sitzung im Einzelfall kritisch geprüft und ggf. auf einzelne Tagesordnungspunkte begrenzt werden. So sollte bspw. sichergestellt sein, dass der Vorstand an Tagesordnungspunkten zu ihn betreffenden persönlichen Angelegenheiten (insbesondere vorstandsbezogene Personal-, Haftungs-, Vertrags- und Vergütungsthemen) nicht bzw. nicht mehr teilnimmt.[115] Auch bei Sitzungsgegenständen, die keinen Bezug zum Vorstand aufweisen bzw. rein innere – insbesondere vertrauliche – Angelegenheiten des Aufsichtsrats betreffen (z. B. Nachfolgeplanung des Aufsichtsrats, Ausscheiden/Wahl von Aufsichtsratsmitgliedern, Evaluierung des Aufsichtsrats etc.) sollte eine Teilnahme des Vorstands ausgeschlossen sein. Bei börsennotierten Instituten sollte der Aufsichtsratsvorsitzende entsprechend der Empfehlung des Deutschen Corporate Governance Kodex ferner gewährleisten, dass der Aufsichtsrat regelmäßig auch ohne Anwesenheit des Vorstands tagt.

d) Beschlussfassungen

32 Der Aufsichtsrat ist nach § 108 Abs. 2 S. 1 und S. 2 AktG – vorbehaltlich einer durch Gesetz oder Satzung abweichenden Regelung – nur beschlussfähig, wenn mindestens die Hälfte der Mitglieder, aus denen er insgesamt zu bestehen hat, an der Beschlussfassung teilnimmt („Sollstärke").[116] Ungeachtet dessen, müssen jedenfalls mindestens drei Mitglieder an der Beschlussfassung teilnehmen (§ 108 Abs. 2 S. 3 AktG). Eine gesetzliche, wenn auch im Ergebnis gleichlautende Regelung im vorgenannten Sinne ergibt sich für mitbestimmte Institute nach § 28 MitbestG. Auch abwesende Aufsichtsratsmitglieder können an der Beschlussfassung teilnehmen, indem sie eine schriftliche Stimmbotschaft abgeben (§ 108 Abs. 3 AktG).

---

114 RegBegr., BT-Drucks. 19/29879, S. 158.

115 Siehe auch § 25d Abs. 11 S. 5 KWG, wonach Geschäftsleiter nicht zu den Tagesordnungspunkten an Sitzungen des Vergütungskontrollausschusses teilnehmen dürfen, unter denen über ihre Vergütung beraten wird.

116 *Koch* in: Koch, AktG, 19. Aufl. 2025, § 108 Rn. 16.

Neben der von § 108 Abs. 3 AktG als Regelfall zugrunde gelegten Präsenzsitzung[117], kann der Aufsichtsrat nach § 108 Abs. 4 AktG Beschlüsse auch in Sitzungen ohne physische Anwesenheit der Aufsichtsratsmitglieder (z. B. als Telefon- oder Videokonferenz) sowie außerhalb von Sitzungen (Umlaufverfahren) fassen, wenn kein Mitglied diesem Verfahren widerspricht.[118] Ob und in welchem Umfang die erleichterten Formanforderungen des § 108 Abs. 4 AktG oder eine Widerspruchsmöglichkeit zur Anwendung kommen sollen, kann durch die Satzung bzw. Geschäftsordnung des Aufsichtsrats geregelt werden. Die Formulierung in § 108 Abs. 4 AktG, wonach neben einer schriftlichen oder fernmündlichen Beschlussfassung auch „andere vergleichbare Formen" grds. zulässig sein sollen, spricht dafür, dass auch kombinierte Beschlussverfahren möglich sind.[119] Denkbar sind bspw. hybride Sitzungsformate, bei denen ein Teil der Aufsichtsratsmitglieder in Präsenz teilnimmt und sich der andere Teil mittels Videokonferenz oder Telefon zuschaltet.[120] Dem entspricht auch die Gesetzesbegründung zu § 110 Abs. 3 AktG, wonach durch die geänderte Formulierung, dass der Aufsichtsrat Sitzungen „abhalten" (statt wie bisher „zusammentreten") soll, klargestellt wird, dass für Aufsichtsratssitzungen nicht zwingend die körperliche Anwesenheit *aller* Aufsichtsratsmitglieder erforderlich ist.[121] Dies impliziert, dass neben Sitzungsformaten, die entweder ausschließlich in Präsenz oder als Telefon- oder Videokonferenz durchgeführt werden, auch Mischformen zulässig sind. Mangels einer ausdrücklichen gesetzlichen Erwähnung hybrider Sitzungen/Beschlussfassungen empfiehlt es sich, in der Satzung oder der Geschäftsordnung des Aufsichtsrats neben der Zulässigkeit der in § 108 Abs. 4 AktG genannten Beschlussverfahren auch die Möglichkeit kombinierter Teilnahmeformen ausdrücklich zu regeln. 33

Bei der ebenfalls von § 108 Abs. 4 AktG erfassten schriftlichen Abstimmung (sog. Umlaufbeschluss) findet im Unterschied zur Teilnahme via Telefon oder Videokonferenz keine Sitzung statt. Umlaufbeschlüsse bieten den Vorteil, dass über diese – im Unterschied zu Sitzungen – Entscheidungen des Aufsichtsrats ohne größeren organisatorischen und zeitlichen Vorlauf herbeigeführt werden können. Insbesondere die bei Sitzungen zu beachtenden formalen Anforderungen, wie z. B. die Anberaumung eines Sitzungstermins inkl. Einladung und Tagesordnung oder die Entscheidung über Teilnehmer und Sitzungssprache, fallen bei Umlaufbeschlüssen regelmäßig weg. Auf der anderen Seite bietet eine Be- 34

117 *Habersack* in: Münchener Kommentar zum Aktiengesetz, 6. Aufl. 2023, § 108, Rn. 51.

118 *Hoffmann-Becking* in: Münchener Handbuch des Gesellschaftsrechts, Bd. 4, 5. Aufl. 2020, § 31, Rn. 94 ff.

119 So im Ergebnis auch *Habersack* in: Münchener Kommentar zum Aktiengesetz, 6. Aufl. 2023, § 108, Rn. 70 ff., der jedoch – anders als nach der hier vertretenen Meinung – die gemischte Beschlussfassung als besondere Form einer Beschlussfassung ohne Sitzung ansieht. Nach hiesiger Ansicht sind mit Ausnahme der Beschlussfassung im schriftlichen Umlaufverfahren die in § 108 Abs. 4 AktG erfassten Beschlussformen als Sitzungen zu qualifizieren.

120 Siehe zur Zulässigkeit von kombinierten Beschlussfassungen und zur Sitzungseigenschaft von Videokonferenzen *Wagner*, NZG 2002, 57, 58 ff.

121 RegBegr., BT-Drucks. 14/8769, S. 17.

schlussfassung im Umlaufverfahren keine Möglichkeit, für die Aufsichtsratsmitglieder den jeweiligen Beschlussgegenstand zu erörtern oder etwaige Rückfragen an den Vorstand zu richten. Für eine Abstimmung im Umlaufverfahren bieten sich daher in der Praxis insbesondere Themen an, die einer kurzfristigen Abstimmung bedürfen und daher nicht bis zur nächsten ordentlichen Sitzung aufgeschoben werden können bzw. in qualitativer Hinsicht keine erörterungsbedürftigen oder kritischen Fragestellungen beinhalten.[122] Die Entscheidung, ob ein bestimmter Sachverhalt innerhalb oder außerhalb einer Sitzung beschlossen werden soll, hängt daher maßgeblich von der Art und Bedeutung des jeweiligen Beschlussgegenstands ab und sollte in der Folge einzelfallabhängig bewertet werden. In formaler Hinsicht muss auch bei Abstimmungen per Umlaufbeschluss sichergestellt sein, dass den Aufsichtsratsmitgliedern alle für die Entscheidungsfindung maßgeblichen Hintergrundinformationen sowie die Beschlussvorschläge nebst den Abstimmungsoptionen und der Frist zur Stimmabgabe zur Verfügung gestellt werden. Zudem bietet es sich ggf. an, in der Satzung bzw. Geschäftsordnung eine klarstellende Regelung aufzunehmen, in welcher Form die Aufsichtsratsmitglieder ihr Votum übermitteln können.[123] Vgl. zu den verschiedenen Teilnahme- und Beschlussformen Tabelle 1.

Tab. 1: Teilnahme- und Beschlussformen

Sitzungsteilnahme	Stimmabgabe	Beschlussfassung
Präsenz	Persönlich oder per schriftlicher Stimmbotschaft (§ 108 Abs. 2, 3 AktG)	Sitzung
Telefon-/Videokonferenz	Fernmündlich, per schriftlicher Stimmbotschaft, in Textform oder in vergleichbarer Form (§§ 108 Abs. 3, 4, 110 Abs. 3 AktG)	Sitzung
Hybrid (Präsenz + Zuschaltung per Telefon/Video)	Persönlich, fernmündlich, per schriftlicher Stimmbotschaft, in Textform oder in vergleichbarer Form (§§ 108 Abs. 3, 4, 110 Abs. 3 AktG)	Sitzung
Keine	Schriftlich, in Textform oder in vergleichbarer Form (§ 108 Abs. 4 AktG)	Umlauf

Quelle: Eigene Darstellung

e) Abstimmungsverfahren

35 Abgesehen von den vorgenannten Anforderungen zur Beschlussfähigkeit und den mögliche Beschlussformaten, enthält § 108 AktG weder eine Regelung zu den in Abstimmungen erforderlichen Mehrheitsverhältnissen noch zum wirksamen Zustandekommen von Beschlüssen.

122 Denkbar ist ein Umlaufbeschluss z. B. auch dann, wenn eine ausführliche Erörterung des Themas bereits in der vorangegangenen Sitzung stattgefunden hat und bei unveränderter Sachlage lediglich die Beschlussfassung vertagt wurde.

123 So könnte für Beschlussfassungen außerhalb von Sitzungen z. B. neben der in § 108 Abs. 4 AktG genannten schriftlichen Form auch eine Übermittlung der Stimmabgabe per Telefax, E-Mail, virtuellem Datenraum oder in ähnlicher Weise vorgesehen werden.

Nach h.M. bedürfen Beschlüsse des Aufsichtsrats mit Verweis auf entsprechende Regelungen in § 32 Abs. 1 S. 3 BGB, § 29 Abs. 1 MitbestG und Art. 50 Abs. 1 SE-VO grds. der Mehrheit der abgegebenen Stimmen (einfache Mehrheit).[124]

Im Unterschied zur vorgelagerten Frage der Beschlussfähigkeit des Aufsichtsrats kommt es für die Abstimmung auf die Mehrheit der Stimmen der anwesenden Aufsichtsratsmitglieder an (Iststärke). Ein Beschluss gilt als gefasst, wenn die Zahl der Ja-Stimmen die der Nein-Stimmen überwiegt. Dabei werden bei der Frage der notwendigen Mehrheit (also, ob die Anzahl der Ja-Stimmen die Anzahl der Nein-Stimmen überwiegt) Stimmenthaltungen nicht berücksichtigt.[125] Bei Stimmengleichheit ist der Beschlussvorschlag abgelehnt.[126] In einer Sitzung eines aus zwölf Mitgliedern bestehenden Aufsichtsrats, bei der drei Mitglieder abwesend sind, ein Mitglied eine Stimmbotschaft[127] abgegeben hat und sich drei Mitglieder enthalten, wäre damit bei 5 abgegebenen Ja-Stimmen und 4 Nein-Stimmen, die Beschlussfähigkeit gegeben (da 9 Mitglieder an der Abstimmung teilnehmen) und der Beschlussvorschlag angenommen, da die Zahl der Ja-Stimmen überwiegt und die Enthaltung nicht gewertet wird.

Die nähere Gestaltung des Stimmabgabeprozesses obliegt dabei dem Aufsichtsratsvorsitzenden. Dieser kann bspw. im Rahmen seiner Sitzungsleitungsfunktion eine Einzelabstimmung zu jedem Beschlussgegenstand durchführen oder nach entsprechender vorheriger Ankündigung im Plenum vorschlagen, dass über mehrere Tagesordnungspunkte gebündelt (Sammelbeschluss) abgestimmt werden soll. Zur Vermeidung von Unklarheiten bzgl. des Inhalts der zu fassenden Beschlüsse ist unabhängig vom gewählten Abstimmungsprozedere sicherzustellen, dass die zur Beschlussfassung anstehenden Themenblöcke gemäß Tagesordnung eingehend erörtert und die jeweiligen Beschlussvorschläge in der Sitzung z.B. durch Verlesen vorgestellt werden. Bei der Formulierung der Beschlussanträge ist zudem darauf zu achten, dass diese eindeutig und verständlich gefasst sind und mit „ja" oder „nein" beantwortet werden können. Bei Präsenz- und Videositzungen erfolgt die Stimmabgabe in der Regel per Zuruf oder Handzeichen bzw. (bei nicht persönlich teilnehmenden Aufsichtsratsmitgliedern) mittels Stimmbotschaft; bei Umlaufbeschlüssen erfolgt die Abgabe des Votums durch rechtzeitige Übermittlung des vom jeweiligen Aufsichtsratsmitglieds unterschriebenen Abstimmungsbogens an den Aufsichtsratsvorsitzenden bzw. das Aufsichtsratsbüro.

124 *Habersack* in: Münchener Kommentar zum Aktiengesetz, 6. Aufl. 2023, § 108, Rn. 20; *Koch* in: Koch, AktG, 19. Aufl. 2025, § 108 Rn. 6.

125 Bei der Frage der Beschlussfähigkeit, bei der mindestens die Hälfte der Mitglieder „an der Beschlussfassung teilnehmen" müssen, werden Stimmenthaltungen dagegen mitgezählt, weil sie als Teilnahme an der Beschlussfassung gelten.

126 Bei mitbestimmten Instituten kann sich aufgrund des Zweitstimmrechts des Aufsichtsratsvorsitzenden nach § 29 Abs. 2 MitbestG, wonach bei zweimaliger Abstimmung über denselben Gegenstand mit Stimmengleichheit, der Aufsichtsratsvorsitzende (nicht jedoch seine Stellvertreter) zwei Stimmen hat, etwas anderes ergeben.

127 Siehe § 108 Abs. 3 AktG.

Praxistipp:

Der Aufsichtsratsvorsitzende sollte sicherzustellen, dass die Aufsichtsratsmitglieder entweder zu Sitzungsbeginn oder vor dem Abstimmungsvorgang ausdrücklich über den konkreten Abstimmungsumfang informiert werden. Soweit Abweichungen vom gesetzlichen Normalfall einer Abstimmung geplant sind (z. B. Abstimmung im Umlaufverfahren oder Sammelabstimmung über mehrere Tagesordnungspunkte), sind die Aufsichtsratsmitglieder zu befragen, ob gegen das geplante Vorgehen Einwände bestehen. Sollte ein Mitglied Einwände gegen eine Abstimmung per Sammelbeschluss geltend machen, ist eine Einzelabstimmung durchzuführen.

III. Dokumentation

36 § 107 Abs. 2 AktG bestimmt, dass über die Sitzungen des Aufsichtsrats eine vom Vorsitzenden zu unterschreibende Niederschrift anzufertigen ist. Das Sitzungsprotokoll hat den Ort und Tag der Sitzung, die Teilnehmer, die Gegenstände der Tagesordnung, den wesentlichen Inhalt der Verhandlungen sowie die Beschlüsse des Aufsichtsrats wiederzugeben (§ 107 Abs. 2 S. 2 AktG). Die Niederschrift kann durch eigenhändige (papierhafte) Unterschrift oder mittels qualifizierter elektronischer Signatur (§ 126a BGB) vom Aufsichtsrats-/Ausschussvorsitzenden unterzeichnet werden.[128] Ein fehlendes oder unzureichendes Protokoll lässt die Wirksamkeit der in der Sitzung gefassten Beschlüsse unberührt (§ 107 Abs. 2 S. 3 AktG). Jedes Aufsichtsratsmitglied kann verlangen, dass ihm eine Abschrift der Sitzungsniederschrift zur Verfügung gestellt wird (§ 107 Abs. 2 S. 4 AktG). Die Pflicht zur Erstellung von Niederschriften gilt dabei neben Sitzungen des Plenums auch für Ausschusssitzungen sowie für außerhalb von Sitzungen gefasste Umlaufbeschlüsse.[129]

37 Die Sitzungsniederschrift dient ausschließlich Beweiszwecken und dokumentiert die Richtigkeit und Vollständigkeit des beschriebenen Sitzungsablaufs und der getroffenen Beschlüsse.[130] Auf die Wirksamkeit der Beschlüsse hat die Sitzungsniederschrift dagegen keine Auswirkung (§ 107 Abs. 2 S. 3 AktG).[131] Im Innenverhältnis kann über das Protokoll zudem sichergestellt werden, dass das Institut auch in späterer Zeit noch nachvollziehen kann, mit welchen Themen sich der Aufsichtsrat befasst hat und auf welcher Informationsgrundlage er seine Entscheidungen zu bestimmten Sachverhalten getroffen und welche Er-

---

128 *Koch* in: Koch, AktG, 19. Aufl. 2025, § 107, Rn. 18.

129 *Mutter/Werner* in: Backhaus/Tielmann, Der Aufsichtsrat, 2. Aufl. 2023; § 107 AktG, Rn. 189 und 220 f.; *Hoffmann-Becking* in: Münchener Handbuch des Gesellschaftsrechts, Bd. 4, 5. Aufl. 2020, § 31, Rn. 112; teilweise aA *Habersack* in: Münchener Kommentar zum Aktiengesetz, 6. Aufl. 2023, § 107 Rn. 77 und *Henssler* in: Henssler/Strohn, Gesellschaftsrecht, 6. Aufl. 2024, § 107 AktG, Rn. 16, die bei Beschlüssen im Umlaufverfahren eine Protokollierung nur dann für erforderlich halten, wenn sich der Inhalt nicht bereits aus den entsprechenden Unterlagen ergibt.

130 *Mutter/Werner* in: Backhaus/Tielmann, Der Aufsichtsrat, 2. Aufl. 2023, § 107 AktG, Rn. 190; *Koch* in: Koch, AktG, 19. Aufl. 2025, § 107, Rn. 20.

131 *Mutter/Werner* in: Backhaus/Tielmann, Der Aufsichtsrat, 2. Aufl. 2023, § 107 AktG, Rn. 205; *Koch* in: Koch, AktG, 19. Aufl. 2025, § 107, Rn. 20.

wägungen er hierbei berücksichtigt hat. Daneben kommt der Sitzungsniederschrift auch im Außenverhältnis eine nicht zu unterschätzende Bedeutung zu, bspw. zum Nachweis einer pflichtgemäßen Ausübung der Überwachungs- und Kontrollfunktion des Aufsichtsrats im Rahmen der Abwehr etwaiger Haftungsansprüche Dritter (§ 116 iVm § 93 Abs. 1 S. 2 AktG) oder zur Erfüllung etwaiger Auskunftsbegehren der Aufsichtsbehörden[132]. Die Sicherstellung einer revisions- und gerichtsfesten Sitzungsdokumentation ist damit unerlässlich und stellt Institute vor die Herausforderung zu entscheiden, was und in welchem Umfang neben den in § 107 Abs. 2 S. 2 AktG genannten Pflichtangaben im Protokoll festgehalten werden muss bzw. weggelassen werden kann.[133]

1. Protokollerstellung und Protokollinhalt

Die Sitzungsniederschrift wird entweder vom Aufsichtsratsvorsitzenden selbst 38
oder einem hierfür beauftragten Protokollführer (§ 109 Abs. 1 AktG) erstellt. Wie sich aus § 107 Abs. 2 AktG ergibt, soll sich aus der Sitzungsniederschrift u. a. der „wesentliche Inhalt der Verhandlungen" ergeben; die Abfassung eines Wortprotokolls ist damit nicht vorgesehen.[134] Welche Verhandlungsinhalte konkret als „wesentlich" zu definieren sind, ist gesetzlich nicht näher normiert und bestimmt sich u. a. nach dem konkreten Sitzungsverlauf und den jeweiligen Gegenständen der Tagesordnung. In der Praxis besteht hierbei oftmals eine Divergenz zwischen den aktienrechtlich geforderten Mindestanforderungen an Protokolle und der Erwartungshaltung der Aufsicht. So ist teilweise festzustellen, dass die Aufsichtsbehörden tendenziell ausführlichere Protokolle präferieren. Dem steht entgegen, dass umfangreichere Sitzungsniederschriften nicht zwingend „bessere" Protokolle sind und nicht per se verlässlichere Rückschlüsse auf das tatsächliche Sitzungsgeschehen ermöglichen. Im Gegenteil, so kann ein sehr ausführlich gehaltenes Protokoll u. U. sogar den (falschen) Eindruck einer vermeintlich vollständigen Wiedergabe aller in der Sitzung erfolgten Wortmeldungen/Stellungnahmen erwecken. Umgekehrt könnte eine solche Niederschrift (irrigerweise) suggerieren, dass eine nicht protokollierte Äußerung eines Vorstands- und/oder Aufsichtsratsmitglieds auch nicht stattgefunden habe. Dies kann für Organmitglieder unter Haftungsgesichtspunkten relevant sein und angesichts der immanenten Beweisfunktion im Falle von potentiellen Pflichtverstößen den Nachweis rechtmäßigen Verhaltens erschweren. Aus den vorgenannten Gründen spricht daher vieles dafür, Sitzungsniederschriften entsprechend den aktienrechtlichen Vorgaben auf die wesentlichen Inhalte und

---

132 Vgl. hierzu Rn. 98 des Merkblatts der BaFin zu den Mitgliedern von Verwaltungs- und Aufsichtsorganen gemäß KWG und KAGB vom 29. 12. 2020, wonach Institute im Rahmen der Beurteilung der individuellen und kollektiven Eignung des Aufsichtsorgans verpflichtet sind, der BaFin und der Deutschen Bundesbank auf Anforderung die Protokolle von Verwaltungs- oder Aufsichtsorgansitzungen zur Verfügung zu stellen.

133 Siehe zum Inhalt von Sitzungsniederschriften ausführlich *Mutter/Werner* in: Backhaus/Tielmann, Der Aufsichtsrat, 2. Aufl. 2023, § 107 AktG, Rn. 196 ff.

134 Siehe auch die Gesetzesbegründung zur Vorgängervorschrift des § 104 Abs. 2 AktG a. F., RegBegr., BT-Drucks. IV/171, S. 142.

Diskussionspunkte zu beschränken.[135] Soweit ein Aufsichtsratsmitglied verlangt, dass sein Wortbeitrag explizit in das Protokoll aufgenommen wird, ist diesem Wunsch natürlich zu entsprechen.[136] Eine auf die Kerninhalte zugeschnittene Protokollierung bedeutet für die Aufsicht auch keine Nachteile, da diese aufgrund ihres Teilnahmerechts (§ 44 Abs. 4 KWG) jederzeit die Möglichkeit hat, an den Sitzungen des Aufsichtsrats teilzunehmen.

Getroffene Beschlüsse sollten entsprechend § 107 Abs. 2 AktG wortlautgetreu und vollständig sowie unter Angabe des Abstimmungsergebnisses im Protokoll wiedergegeben werden. Auch eine Stimmabgabe via Stimmbotschaft sollte erwähnt werden.

39 Neben den vorgenannten materiellen Protokollbestandteilen, sind auch formale Aspekte bei der Protokollerstellung zu berücksichtigen. Neben den nach § 107 Abs. 2 AktG zwingend aufzunehmenden Angaben zum Ort und Tag der Sitzung, den Teilnehmern sowie den Gegenständen der Tagesordnung empfiehlt es sich, auch Beginn und Ende der Aufsichtsrats- bzw. Ausschusssitzung festzuhalten. Sofern der Vorstand oder hinzugezogene aufsichtsratsfremde Sachverständige/Referenten nicht an der gesamten Sitzung teilnehmen, sollte im Protokoll zudem die Dauer der Anwesenheit vermerkt werden. Am Ende des Protokolls sollte eine Unterschriftszeile mit dem Namen des jeweiligen Sitzungsleiters (d. h. in der Regel des Aufsichtsrats- oder Ausschussvorsitzenden bzw. ggf. seines Stellvertreters) aufgenommen werden. Sofern die Sitzungsniederschrift nicht ausschließlich auf Deutsch erstellt wird (z. B. bei mehrsprachigen Aufsichtsratssitzungen), ist zudem darauf zu achten, dass die jeweiligen Sprachfassungen inhaltlich identisch sind und jeweils vom Sitzungsleiter unterschrieben werden.

2. *Protokollierung von Umlaufbeschlüssen*

40 Bei Umlaufbeschlüssen handelt es sich zwar um keine Sitzungen im formalen Sinne, dennoch empfiehlt es sich, auch diese zu protokollieren. Im Unterschied zu Protokollen „klassischer" Aufsichtsrats-/Ausschusssitzungen beschränkt sich die Niederschrift in der Regel auf die Beschreibung des zur Entscheidung stehenden Sachverhalts, die Darstellung des Beschlussvorschlags sowie die Feststellung der Beschlussfähigkeit und des Abstimmungsergebnisses. Angaben zu Teilnehmern und Tagesordnung sowie zum Verhandlungsablauf sind – anders als bei Präsenzsitzungen – mangels persönlicher Anwesenheit der Aufsichtsratsmitglieder naturgemäß nicht aufzunehmen.

135 Zur Möglichkeit gleichgerichtete Wortbeiträge thematisch zusammenzufassen siehe *Groß-Bölting/Rabe* in: Hölters/Weber, Aktiengesetz, 4. Aufl. 2022, § 107, Rn. 73; *Koch* in: Koch, AktG, 19. Aufl. 2025, § 107, Rn. 19; *Mutter/Werner* in: Backhaus/Tielmann, Der Aufsichtsrat, 2. Aufl. 2023, § 107 AktG, Rn. 197; *Breuer/Fraune* in: Heidel, Aktienrecht und Kapitalmarktrecht, 6. Aufl. 2024, § 107 AktG, Rn. 23.

136 *Koch* in: Koch, AktG, 19. Aufl. 2025, § 107, Rn. 19.

3. *Abstimmung von Wortbeiträgen*

Nach Erstellung des Protokollentwurfs bietet es sich an, diesen mit allen relevanten Teilnehmern (Vorstands-/Aufsichtsratsmitglieder, sonstige Referenten) abzustimmen, die in der Sitzung zu Tagesordnungspunkten vorgetragen oder kommentiert haben. In der Praxis kann dies bspw. über die Erstellung entsprechender Protokollauszüge erfolgen, die den Sitzungsteilnehmern zur Durchsicht und ggf. Korrektur ihrer Wortbeiträge übermittelt werden. 41

Anstelle einer Abstimmung mittels individuell erstellter und auf die Redeteile des jeweiligen Vorstands-/Aufsichtsratsmitglieds oder Referenten beschränkter Protokollauszüge, ist auch denkbar, den Gesamtentwurf des Protokolls en bloc allen Teilnehmern zur Durchsicht und Freigabe zukommen zu lassen. Dies mag sich insbesondere dann anbieten, wenn alle Empfänger des Protokolls für die gesamte Sitzungsdauer anwesend waren und damit über einen einheitlichen Kenntnisstand verfügen. Sofern Teilnehmer nur zu einzelnen Tagesordnungspunkten anwesend waren oder es sich um besonders vertrauliche Sitzungsinhalte handelt, kann es im Einzelfall angezeigt sein, den Empfängerkreis auf die im Protokoll zitierten Personen bzw. von diesen besonders legitimierte Mitarbeiter (z. B. Vorstandssekretariate/Business Manager) zu begrenzen.

Ungeachtet des jeweils gewählten Abstimmungsprozederes sollte aufgrund der dem Protokoll innewohnenden Beweisfunktion sichergestellt sein, dass für das Aufsichtsratsbüro jederzeit nachvollziehbar ist, ob und wenn ja, von wem welche Änderungen im Protokoll vorgenommen wurden.

Nach erfolgter Abstimmung aller Wortbeiträge und Einarbeitung etwaiger Korrekturen ist das Protokoll zur finalen Freigabe und Unterschrift an den Sitzungsleiter (i. d. R. den Aufsichtsrats- bzw. Ausschussvorsitzenden) zu übermitteln. Nach entsprechender Freigabe durch den Sitzungsleiter ist das Protokoll zur Genehmigung an die Aufsichtsratsmitglieder zu verteilen. Die Geschäftsordnung des Aufsichtsrats kann hierzu bspw. vorsehen, dass das Protokoll bei einem schriftlichen Versand nach Ablauf einer bestimmten Frist als genehmigt gilt, sofern kein Aufsichtsratsmitglied Einwendungen geltend macht. Alternativ kann eine Genehmigung des Protokolls auch per Umlaufbeschluss oder als eigenständiger Tagesordnungspunkt in der nachfolgenden Aufsichtsratssitzung eingeholt werden. Das vom Sitzungsleiter original unterschriebene und abschließend vom Aufsichtsrat genehmigte Protokoll verbleibt zur Aufbewahrung beim Aufsichtsratsbüro. 42

Praxistipp: 43

Insbesondere bei Aufsichtsorganen, die sowohl aus internen Mitarbeitern (z. B. Arbeitnehmervertreter) als auch externen Mitgliedern bestehen, stellt sich häufig die Frage, wie angesichts der Geheimhaltungsbedürftigkeit von Sitzungsinhalten eine sichere Übertragung von Protokollen oder Auszügen gewährleistet werden kann. Eine Möglichkeit besteht darin, auch externen Aufsichtsratsmitgliedern eine interne E-Mail Adresse zur Verfügung zu stellen, über die institutsbezogene Dokumente ausgetauscht werden können. Soll eine Übermittlung dagegen über die private E-Mail Adresse des externen Aufsichtsratsmitglieds erfolgen, kann dies bspw. über eine verschlüsselte Leitung oder – falls diese Möglichkeit nicht besteht – hilfsweise über einen Passwortschutz des Dokuments erfolgen. Zu beachten ist hierbei, dass das Dokument und das zu seiner Öffnung erforderliche Passwort nicht in derselben E-Mail, sondern getrennt voneinander an das Aufsichtsratsmitglied übermittelt werden. Alternativ bietet sich in der Praxis auch die Versendung von Protokollen über einen vom Institut bereitgestellten virtuellen Datenraum an, auf den die Aufsichtsratsmitglieder über entsprechende Berechtigungen zugreifen können.

4. Herausgabe von Sitzungsunterlagen bei Ausscheiden

44 Im Hinblick auf die Verwahrung von Sitzungsunterlagen und -protokollen stellt sich die Frage, wie im Falle des Ausscheidens von Aufsichtsratsmitgliedern mit zur Verfügung gestellten Unterlagen/Niederschriften zu verfahren ist. Nach der Rechtsprechung des BGH ist ein Aufsichtsratsmitglied – ungeachtet einer gesonderten Regelung in der Geschäftsordnung – schon nach dem Grundgedanken der §§ 666, 667 BGB verpflichtet, ihm während seiner Amtszeit anvertraute Unterlagen einschließlich etwaiger Duplikate oder Fotokopien nach Mandatsende an das Unternehmen herauszugeben.[137] Ebenso ist es nach dem BGH nicht zu beanstanden, wenn ein Unternehmen über entsprechende Satzungs- oder Geschäftsordnungsbestimmungen die Rückgabe von Dokumenten regelt.

45 Die Rückgabe von Unterlagen durch ausgeschiedene Aufsichtsratsmitglieder sollte durch das Aufsichtsratsbüro koordiniert und überwacht werden. Hierbei sollten Aufsichtsratsmitglieder rechtzeitig vor Mandatsablauf auf die bestehende Herausgabeverpflichtung hingewiesen und unter Setzung einer angemessenen Frist aufgefordert werden, die noch in ihrem Besitz befindlichen Unterlagen an das Institut zu übermitteln. Wie schon bei der Bereitstellung von Sitzungsdokumenten sollte aufgrund der besonderen Vertraulichkeit auch bei der Rückführung der beim jeweiligen Aufsichtsratsmitglied noch vorhandenen Unterlagen die Sicherheit des Übertragungsweges gewährleistet sein. Sofern eine Rücknahme von Sitzungsunterlagen aus logistischen Gründen seitens des Instituts nicht gewünscht ist, bietet es sich ggf. stattdessen an, das ausscheidende Aufsichtsratsmitglied um schriftliche Bestätigung zu bitten, dass er alle ihm im Zusammenhang mit seinem Aufsichtsratsmandat übermittelten Unterlagen und Informationen in einer den Anforderungen des Datenschutzes entsprechenden Form vernichtet hat. Darüber hinaus empfiehlt es sich, sowohl das „Ob" einer Herausgabepflicht als auch deren Umfang in der Satzung oder der Geschäftsordnung des Aufsichtsrats zu konkretisieren.

IV. Fazit

46 Zusammenfassend lässt sich festhalten, dass die formalen und materiellen Anforderungen zum Ablauf und Inhalt von Aufsichtsratssitzungen in Instituten nur fragmentarisch geregelt sind. Dies stellt Institute vor die Aufgabe, die internen Abläufe und Prozesse unter Berücksichtigung der maßgeblichen gesetz-

137 BGH, Beschluss vom 07.07.2008, II ZR 71/07.

lichen und aufsichtsrechtlichen Vorgaben zu analysieren und normative Lücken durch ergänzende Regelungen in der Satzung oder der Geschäftsordnung des Aufsichtsrats aufzufüllen. Dies betrifft sowohl die Sitzungsvorbereitung (Einladungsfristen, Sitzungssprache, Bereitstellung von Unterlagen etc.) als auch die Sitzungsdurchführung selbst (Sitzungsleitung, Beschlussfassung etc.) und die nachgelagerte Sitzungsdokumentation (Protokollinhalt, Abstimmungsmodalitäten etc.). Bei der Aufnahme von konkretisierenden Vorschriften in die Satzung oder Geschäftsordnung gilt es dabei, dem Institut und insbesondere dem Aufsichtsrat möglichst präzise Handlungsanweisungen für die rechtskonforme Mandatsausübung an die Hand zu geben. Allerdings wird sich in der Praxis aufgrund der Vielfalt bestehender, sich ständig ändernder Governance Anforderungen eine vollständige Abbildung aller existenten europäischen und nationalen Wohlverhaltensstandards in der Satzung bzw. der Geschäftsordnung in der Regel nicht anbieten. Im Ergebnis sollte die Satzung/Geschäftsordnung daher die für den Sitzungsablauf wesentlichen Verfahrensschritte reflektieren, dem Institut aber gleichzeitig Gestaltungsspielräume belassen, um auf kurzfristige Ereignisse oder unvorhergesehene Entwicklungen flexibel (d.h. ohne eine vorherige Änderung der Satzung/Geschäftsordnung) reagieren zu können.

Praxistipp:

Mangels allgemeinverbindlicher Standards zu den näheren Modalitäten von Aufsichtsratssitzungen bietet es sich an, die Einzelheiten in der Geschäftsordnung des Aufsichtsrats zu konkretisieren. Im Bereich der Sitzungsorganisation sind hierbei Regelungen zu folgenden Verfahrensschritten zu empfehlen:

- Einladung zu Sitzungen des Aufsichtsrats durch den Aufsichtsratsvorsitzenden bzw. (im Verhinderungsfall) durch seinen Stellvertreter
- Einladungsformalitäten wie Einladungsfristen, Einladungsform (schriftlich, in Textform, telefonisch, auf elektronische Weise, per virtuellem Datenraum etc.), Einladungsbestandteile (z.B. Hinweis, dass mit der Einladung die Tagesordnung und die zur Beschlussfassung anstehenden Gegenstände mitgeteilt werden) und ggf. Einladungssprache (sofern neben Deutsch auch andere Sitzungssprachen zulässig sein sollen)
- Form, Zeitpunkt und ggf. Sprachfassung bereitzustellender Sitzungsunterlagen (z.B. Hinweis, dass die Unterlagen in der Regel in Textform rechtzeitig bzw. mit einer Frist XY vor der Sitzung sowohl auf Deutsch als auch auf XY zur Verfügung gestellt werden)
- Teilnahmeformen der Aufsichtsratsmitglieder (z.B. Hinweis, dass Sitzungen in der Regel in Präsenz durchgeführt werden, nach Festlegung durch den Aufsichtsratsvorsitzenden eine Teilnahme aber auch per Telefon, Videokonferenz oder in kombinierter bzw. in anderer vergleichbarer Form möglich ist)
- Teilnahmevoraussetzungen außenstehender Dritter (z.B. Hinweis, dass Sachverständige und Auskunftspersonen nach Bestimmung durch den Aufsichtsratsvorsitzenden zur Beratung über einzelne Tagesordnungspunkte hinzugezogen werden können)
- Beschluss- und Abstimmungsmodalitäten (z.B. Hinweis, dass Beschlüsse in der Regel in Sitzungen unter physischer Anwesenheit der Aufsichtsratsmitglieder gefasst werden, nach Bestimmung durch den Aufsichtsratsvorsitzenden aber auch in schriftlicher, fernmündlicher oder in anderer vergleichbarer Form gefasst werden können)

- Bei mitbestimmten Instituten ggf. Hinweis auf das Zweitstimmrecht des Aufsichtsratsvorsitzenden nach § 29 Abs. 2 MitbestG, wonach bei zweimaliger Abstimmung über denselben Gegenstand mit Stimmengleichheit, der Aufsichtsratsvorsitzende (nicht jedoch seine Stellvertreter) zwei Stimmen hat
- Protokollierungsmodalitäten (z. B. Hinweis, welche Sitzungsbestandteile im Protokoll im Einzelnen erfasst werden) einschließlich Regelung zur Anwendbarkeit auf Umlaufbeschlüsse
- Bereitstellungs- und Einwendungsfristen bei der Protokollierung von Präsenzsitzungen und Umlaufbeschlüssen (z. B. Hinweis, dass Sitzungsprotokolle grundsätzlich innerhalb eines Zeitraums XY/vor der nächsten Aufsichtsratssitzung etc. den Aufsichtsratsmitgliedern zur Verfügung gestellt werden und dass etwaige Einwände gegen die in den Sitzungsniederschriften angegebenen Inhalte innerhalb einer Frist von XY zu erheben sind)
- Ggf. Regelung zur Herausgabepflicht von Sitzungsunterlagen/Aufsichtsratsprotokollen bei Mandatsbeendigung

C. Aufgaben und Befugnisse der Ausschüsse

I. Rechtliche Grundlagen

47 Die rechtlichen Anforderungen hinsichtlich der Bildung, Zusammensetzung und Aufgabenbereiche von Ausschüssen sind – wie schon die zuvor beleuchteten Rahmenbedingungen für Aufsichtsratssitzungen – auf eine Vielzahl von gesetzlichen und untergesetzlichen Normen verteilt. Institute in der Rechtsform der AG unterliegen damit nicht nur den gesellschaftsrechtlichen Bestimmungen des AktG, sondern insbesondere auch den sektorspezifischen Vorschriften des KWG sowie den für das Institut anwendbaren Best Practice Standards der BaFin/EBA und (bei Börsennotierung) des Corporate Governance Kodex. Die Möglichkeit zur Ausschussbildung beruht dabei auf dem Gedanken, dass ein kleineres Gremium die ihm durch das Plenum übertragenen Aufgaben regelmäßig schneller, konzentrierter und professioneller erledigen kann, als der Aufsichtsrat in seiner Gesamtheit und somit zur Steigerung der Effizienz und Qualität der Aufsichtsratsarbeit beiträgt.[138] Abgesehen von den Fällen, in denen eine Pflicht zur Einrichtung von Ausschüssen besteht, ist der Aufsichtsrat im Rahmen seiner Organisationsautonomie grds. frei in der Entscheidung, ob und welche Ausschüsse er bildet. Ungeachtet dessen, kann der Aufsichtsrat – in den hierfür vorgesehenen rechtlichen Grenzen und unter Wahrung seiner Gesamtverantwortung – nur solche Aufgaben an einen Ausschuss übertragen, die ihm selbst obliegen.[139] Als Pendant zur Ausschussbildung und zur Vermeidung von

138 RegBegr., BT-Drucks. 16/10067, S. 102. Auch der Deutsche Corporate Governance Kodex in der Fassung vom 28. 04. 2022 unterstreicht die Bedeutung von Ausschüssen. So heißt es im Grundsatz 14: „Die Bildung von Ausschüssen fördert bei größeren Gesellschaften regelmäßig die Wirksamkeit der Arbeit des Aufsichtsrats".

139 Zu beachten sind hier insbesondere die Delegationsverbote nach § 107 Abs. 3 S. 7 AktG. Nicht delegationsfähig sind auch solche Tätigkeiten, die den Kern der Überwachungsfunktion oder inneren Ordnung des Aufsichtsrats betreffen. Dem Aufsichtsrat steht es jedoch frei, Ausschüsse mit der Vorbereitung entsprechender Entscheidungen zu betrauen, vgl. *Grigoleit/Tomasic* in: Grigoleit, AktG, 2. Aufl. 2020, § 107 Rn. 27.

Informationssilos sind die Ausschüsse gemäß § 107 Abs. 3 S. 8 AktG ihrerseits verpflichtet, das Plenum regelmäßig (d. h. grundsätzlich in jeder ordentlichen Aufsichtsratssitzung) über ihre Arbeit zu unterrichten.[140]

1. Gesellschaftsrechtliche Anforderungen

Nach § 107 Abs. 3 AktG kann der Aufsichtsrat „aus seiner Mitte" einen oder mehrere Ausschüsse bestellen, denen grds. sowohl eine vorbreitende oder überwachende als auch – mit Ausnahme der in § 107 Abs. 3 S. 7 AktG genannten Bereiche – eine beschließende Funktion zukommen kann. Abgesehen von der durch das FISG[141] eingeführten verpflichtenden Einrichtung eines Prüfungsausschusses für Aktiengesellschaften von öffentlichem Interesse (§ 107 Abs. 4 AktG), obliegt die Entscheidung, ob bzw. welche Ausschüsse gebildet werden, dem Unternehmen. Mitglied eines Ausschusses kann nur ein Aufsichtsratsmitglied sein („aus seiner Mitte"). Die konkrete personelle Besetzung des jeweiligen Ausschusses ist dabei grds. dem Unternehmen überlassen. Für den Fall der verpflichtenden Bildung eines Prüfungsausschusses gilt dies jedoch mit der Maßgabe, dass mindestens ein Mitglied über Sachverstand auf dem Gebiet der Rechnungslegung und ein weiteres (anderes) Mitglied über Sachverstand auf dem Gebiet der Abschlussprüfung sowie der Ausschuss insgesamt über ausreichende Sektorexpertise verfügt (§ 107 Abs. 4 S. 3 iVm § 100 Abs. 5 AktG). In organisatorischer Hinsicht bestimmt § 107 Abs. 3 S. 8 AktG, dass der Aufsichtsrat regelmäßig (d. h. grds. in jeder ordentlichen Aufsichtsratssitzung) über die Arbeit der Ausschüsse im vorausgegangenen Berichtszeitraum zu informieren ist.[142] Im Übrigen sind die für Aufsichtsratssitzungen geltenden Anforderungen zur Beschlussfassung (§ 108 AktG), Sitzungsteilnahme (§ 109 AktG) und Protokollierung (§ 107 Abs. 2 AktG) auf die Ausschüsse entsprechend anwendbar. Für börsennotierte Unternehmen besteht zudem die Verpflichtung, im Aufsichtsratsbericht offenzulegen, welche Ausschüsse gebildet und wie viele Sitzungen im Jahresverlauf abgehalten wurden (§ 171 Abs. 2 S. 2 AktG). 48

Insbesondere für börsennotierte Institute besteht über die Entsprechenserklärung nach § 161 AktG („Comply or Explain") die Notwendigkeit, sich neben den Vorschriften des AktG auch mit den Empfehlungen des Deutschen Corporate Governance Kodex[143] zu befassen. Dieser empfiehlt hinsichtlich der Bildung und Besetzung von Ausschüssen u. a.: 49

- Die Bildung von Ausschüssen fördert bei größeren Gesellschaften regelmäßig die Wirksamkeit der Arbeit des Aufsichtsrats. Ein Prüfungsausschuss ist einzurichten (Grundsatz 14 DCGK).

140 Die Berichterstattung muss dabei nicht alle Einzelheiten der Ausschussarbeit wiedergeben, sondern kann auf die wesentlichen Inhalte beschränkt als Ergebnisbericht erfolgen, RegBegr., BT-Drucks. 14/8769, S. 16.

141 Gesetz zur Stärkung der Finanzmarktintegrität (Finanzmarktintegritätsstärkungsgesetz – FISG) vom 03. 06. 2021 (BGBl. I 2021, S. 1534 ff.).

142 RegBegr., BT-Drucks. 14/8769, S. 16.

143 DCGK in der Fassung vom 28. 04. 2022.

- Der Aufsichtsrat soll abhängig von den spezifischen Gegebenheiten des Unternehmens und der Anzahl seiner Mitglieder fachlich qualifizierte Ausschüsse bilden. Die jeweiligen Ausschussmitglieder und der Ausschussvorsitzende sollen namentlich in der Erklärung zur Unternehmensführung genannt werden (D.2 DCGK).
- Mindestens ein Mitglied des Prüfungsausschusses muss über Sachverstand auf dem Gebiet Rechnungslegung und mindestens ein weiteres Mitglied des Prüfungsausschusses über Sachverstand auf dem Gebiet Abschlussprüfung verfügen (Grundsatz 15 DCGK).
- Der Sachverstand auf dem Gebiet Rechnungslegung soll in besonderen Kenntnissen und Erfahrungen in der Anwendung von Rechnungslegungsgrundsätzen und interner Kontroll- und Risikomanagementsysteme bestehen und der Sachverstand auf dem Gebiet Abschlussprüfung in besonderen Kenntnissen und Erfahrungen in der Abschlussprüfung. Zur Rechnungslegung und Abschlussprüfung gehören auch die Nachhaltigkeitsberichterstattung und deren Prüfung (D.3 DCGK).
- Der Vorsitzende des Prüfungsausschusses soll zumindest auf einem der beiden Gebiete (d.h. Rechnungslegung oder Abschlussprüfung) sachverständig sein.[144] Die Erklärung zur Unternehmensführung soll die betreffenden Mitglieder des Prüfungsausschusses nennen und nähere Angaben zu ihrem Sachverstand auf den entsprechenden Gebieten enthalten (D.3 DCGK).
- Der Aufsichtsratsvorsitzende soll nicht den Vorsitz im Prüfungsausschuss innehaben (D.3 DCGK).
- Der Aufsichtsratsvorsitzende, der Vorsitzende des Prüfungsausschusses sowie der Vorsitzende des mit der Vorstandsvergütung befassten Ausschusses[145] sollen unabhängig von der Gesellschaft und vom Vorstand sein. Der Vorsitzende des Prüfungsausschusses soll zudem auch unabhängig vom kontrollierenden Aktionär sein (C.10 DCGK).
- Der Aufsichtsrat soll einen Nominierungsausschuss bilden, der ausschließlich mit Vertretern der Anteilseigner besetzt ist und dem Aufsichtsrat geeignete Kandidaten für dessen Vorschläge an die Hauptversammlung zur Wahl von Aufsichtsratsmitgliedern benennt (D.4 DCGK).
- Im Bericht des Aufsichtsrats soll angegeben werden, wie viele Sitzungen des Aufsichtsrats und der Ausschüsse in Präsenz oder als Video- oder Telefonkonferenzen durchgeführt wurden und an wie vielen Sitzungen des Aufsichtsrats

144 Nach § 107 Abs. 4 S. 3 i. V. m. § 100 Abs. 5 AktG muss die Sachkunde auf den Gebieten Rechnungslegung und Abschlussprüfung nicht zwingend in der Person des Vorsitzenden des Prüfungsausschusses vorliegen; es genügt vielmehr, wenn mindestens zwei einfache Ausschussmitglieder die Sachkunde auf den beiden Gebieten verkörpern.

145 Anders als die Bildung des Prüfungsausschusses (Grundsatz 14 DCGK) und des Nominierungsausschusses (D.4 DCGK) wird die Einrichtung eines Vergütungskontrollausschusses nicht ausdrücklich vom Deutschen Corporate Governance Kodex empfohlen.

und der Ausschüsse die einzelnen Mitglieder jeweils teilgenommen haben (D.7 DCGK).[146]

- Der Aufsichtsrat soll regelmäßig beurteilen, wie wirksam der Aufsichtsrat insgesamt und seine Ausschüsse ihre Aufgaben erfüllen (D.12 DCGK).
- Bei der Vergütung der Aufsichtsratsmitglieder soll der höhere zeitliche Aufwand des Vorsitzenden und des stellvertretenden Vorsitzenden des Aufsichtsrats sowie des Vorsitzenden und der Mitglieder von Ausschüssen angemessen berücksichtigt werden (G.17 DCGK).

2. *Sektorspezifische Anforderungen und Best Practice Standards*

Neben den für alle Aktiengesellschaften geltenden Bestimmungen des AktG 50
sind für Kreditinstitute insbesondere die Vorgaben des KWG sowie die begleitenden Verwaltungsanweisungen der EBA und der BaFin relevant.

a) Anforderungen nach dem KWG

Gemäß § 25d Abs. 7 S. 2 KWG müssen bedeutende Institute im Sinne des § 1 51
Abs. 3c KWG[147] zwingend einen Risiko-, einen Prüfungs-, einen Nominierungs- und einen Vergütungskontrollausschuss einrichten. Nicht-bedeutende Institute („Andere Institute") sind dagegen nicht generell zur Einrichtung entsprechender Ausschüsse verpflichtet, sofern dies aufgrund der Größe, internen Organisation und der Art, des Umfangs, der Komplexität und dem Risikogehalt der Geschäfte nicht geboten erscheint (§ 25d Abs. 7 S. 1 KWG). Hinsichtlich der Qualifikation der Ausschüsse bestimmt § 25d Abs. 7 S. 4 KWG, dass die Mitglieder über die zur Erfüllung der jeweiligen Ausschussaufgaben erforderlichen Kenntnisse, Fähigkeiten und Erfahrungen verfügen müssen. Ergänzend zu den Empfehlungen des Deutschen Corporate Governance Kodex muss der Vorsitzende des Prüfungsausschusses zudem über Sachverstand auf den Gebieten Rechnungslegung *und* Abschlussprüfung verfügen (§ 25d Abs. 9 S. 2 KWG). Bei der Besetzung des Vergütungskontrollausschusses ist außerdem zu beachten, dass mindestens ein Mitglied über ausreichend Sachverstand und Berufserfahrung im Bereich Risikomanagement und Risikocontrolling verfügt (§ 25d Abs. 12 S. 2 KWG). Betreffend der inneren Organisation der Ausschüsse bestimmen § 25d Abs. 7 S. 3 und 5 KWG, dass jeder Ausschuss eines seiner Mitglieder zum Vorsitzenden ernennen und mindestens ein Mitglied eines jeden Ausschusses einem weiteren Ausschuss angehören soll. Sofern dem Aufsichtsrat aufgrund mitbestimmungsrechtlicher Vorschriften Arbeitnehmervertreter angehören, muss dem Vergütungskontrollausschuss mindestens ein Arbeitnehmervertreter an-

146 Demgegenüber verlangt § 171 Abs. 2 S. 2 AktG im Fall von börsennotierten Gesellschaften lediglich die Angabe, welche Ausschüsse gebildet worden sind und wie viele Sitzungen des Aufsichtsrats und der Ausschüsse im Berichtsjahr stattgefunden haben.

147 Ein Institut ist nach § 1 Abs. 3c KWG bedeutend, wenn seine Bilanzsumme im Durchschnitt der letzten vier abgeschlossenen Geschäftsjahre 15 Milliarden Euro überschritten hat, es unter der direkten Aufsicht der EZB steht, als potentiell systemrelevant eingestuft wurde oder ein Finanzhandelsinstitut gemäß § 25f Abs. 1 KWG ist.

gehören (§ 25d Abs. 12 S. 3 KWG). Darüber hinaus soll der Vergütungskontrollausschuss mit dem Risikoausschuss zusammenarbeiten und sich intern (z. B. durch das Risikocontrolling) und extern von vorstandsunabhängigen Personen beraten lassen. Der Vorsitzende des Vergütungskontrollausschusses hat im Rahmen der Sitzungsorganisation zudem sicherzustellen, dass Vorstandsmitglieder nicht an Tagesordnungspunkten bzgl. ihrer Vergütung teilnehmen. Hinsichtlich der personellen Besetzung soll gemäß § 25d Abs. 8 S. 6 KWG der Vorsitzende des Risikoausschusses weder Vorsitzender des Aufsichtsrats noch Vorsitzender eines anderen Ausschusses sein.

b) Leitlinien der EBA und BaFin

52 Von hoher praktischer Relevanz sind für Institute zudem die EBA Guidelines on Internal Governance[148] und das Merkblatt der BaFin zu den Mitgliedern von Verwaltungs- und Aufsichtsorganen[149].

Abschnitt 5 der Governance Guidelines regelt dabei die Aufsichtspraktiken, die bei der Bildung von Aufsichtsratsausschüssen zu berücksichtigen sind. Institute von „erheblicher Bedeutung“[150] müssen danach zwingend einen Risiko-, einen Nominierungs- und einen Vergütungsausschuss einrichten.[151] Diese sollen das Plenum beraten und die von diesem zu treffenden Entscheidungen vorbereiten sowie zur Gestaltung und Umsetzung eines soliden Rahmenwerks für die interne Governance beitragen.[152] Alle anderen Institute sind dagegen grds. nicht zur Ausschussbildung verpflichtet.[153] Es steht Instituten nach der EBA zudem jederzeit frei, zusätzliche Ausschüsse z. B. zur Bekämpfung von Geldwäsche und Terrorismusfinanzierung oder zu Ethik-, Verhaltens- und Compliance-Themen einzurichten.[154] Bei der Einrichtung von Ausschüssen ist darauf zu achten, dass die Pflichten und Aufgaben zwischen den jeweiligen Ausschüssen in dokumentierter Form klar verteilt und geeignete Arbeitsverfahren eingerichtet sind.[155] In organisatorischer Hinsicht sollten Ausschüsse nach der EBA auch über „unab-

148 Final Report on Guidelines on internal governance under Directive 2013/36/EU vom 02. 07. 2021 (EBA/GL/2021/05, nachfolgend „Guidelines on Internal Governance“).

149 Merkblatt der BaFin zu den Mitgliedern von Verwaltungs- und Aufsichtsorganen gemäß KWG und KAGB vom 29. 12. 2020.

150 „Institute von erheblicher Bedeutung“ sind nach Rn. 13 der Guidelines on Internal Governance die in Artikel 131 der Richtlinie 2013/36/EU (CRD IV) erwähnten Institute, d. h. global systemrelevante Institute („G-SRI“) und andere systemrelevante Institute („A-SRI“) sowie sonstige Institute, die von der zuständigen Behörde oder nach nationalem Recht auf Grund der Größe, der internen Organisation und der Art, des Umfangs und der Komplexität der Geschäftstätigkeit als solche bestimmt werden.

151 Guidelines on Internal Governance, Rn. 40; im Unterschied zu § 107 Abs. 4 AktG und § 25d Abs. 7 S. 2 KWG sieht die EBA keine explizite Pflicht zur Bildung eines Prüfungsausschusses vor, setzt die Einrichtung eines solchen aber unter Verweis auf Artikel 41 der Richtlinie 2006/43/EG an mehreren Stellen voraus.

152 Guidelines on Internal Governance, Rn. 40 und Rn. 45.

153 Guidelines on Internal Governance, Rn. 40.

154 Guidelines on Internal Governance, Rn. 42.

155 Guidelines on Internal Governance, Rn. 43 und 44.

hängige" Mitglieder[156] verfügen und, jedenfalls bei verpflichtend einzurichtenden Ausschüssen, aus mindestens drei Mitgliedern bestehen.[157] Institute sollten zudem sicherstellen, dass Ausschüsse nicht jeweils personenidentisch besetzt sind und unter Berücksichtigung der erforderlichen Qualifikationsanforderungen einen gelegentlichen Wechsel der Vorsitzenden und Mitglieder von Ausschüssen in Betracht ziehen.[158] Bei Instituten von erheblicher Bedeutung sollten sowohl der Nominierungsausschuss als auch der Risikoausschuss mehrheitlich bzw. in ausreichender Zahl[159] aus unabhängigen Mitgliedern bestehen und der Vorsitz von einem unabhängigen Mitglied geführt werden.[160] Gleichwohl sollte in allen Instituten – entsprechend § 25d Abs. 8 S. 6 KWG – der Vorsitzende des Risikoausschusses nicht gleichzeitig der Vorsitzende des Aufsichtsrats oder eines anderen Ausschusses sein.[161]

In prozessualer Hinsicht sollen die Ausschüsse die Tagesordnungen der Ausschusssitzungen sowie deren wichtigste Ergebnisse und Schlussfolgerungen dokumentieren und dem Plenum regelmäßig Bericht erstatten.[162] Der Risiko- und der Nominierungsausschuss sollten zur Wahrnehmung ihrer Aufgaben zudem Zugang zu allen erforderlichen Informationen und Daten der relevanten Unternehmens- und Kontrollfunktionen[163] haben, regelmäßig Berichte über Risiken einschließlich wesentlicher Verstöße und eingeleiteter Abhilfemaßnahmen von den Leitern der internen Kontrollfunktionen erhalten und ggf. die ordnungsgemäße Einbeziehung der relevanten (Kontroll-)Funktionen sicherstellen und/oder externe fachliche Beratung in Anspruch nehmen.[164] Der Risikoausschuss sollte zudem mit anderen Ausschüssen zusammenarbeiten, deren Tätigkeiten Auswirkungen auf die Risikostrategie haben können und insbesondere prüfen, ob die durch die Vergütungsstruktur geschaffenen Anreize die Risiko- und Kapitalsituation des Instituts berücksichtigen.[165]

---

156 Siehe zur Einordnung als unabhängiges Aufsichtsratsmitglied Abschnitt 9.3 der Fit & Proper Guidelines. Nach der EBA wird bspw. ein Aufsichtsratsmitglied als nicht „unabhängig" betrachtet wird, wenn es innerhalb der vergangenen fünf Jahre Mitglied der Geschäftsführung in einem Institut im aufsichtlichen Konsolidierungskreis war, es ein beherrschender Anteilseigner des relevanten Instituts ist oder über eine wesentliche finanzielle oder geschäftliche Beziehung zum relevanten Institut verfügt.

157 Guidelines on Internal Governance, Rn. 47 und 48.

158 Guidelines on Internal Governance, Rn. 49 und 50.

159 Nach der EBA ist eine mehrheitliche Besetzung mit unabhängigen Mitgliedern jedenfalls bei global systemrelevanten Instituten („G-SRI") und anderen systemrelevanten Instituten („A-SRI") anzustreben.

160 Guidelines on Internal Governance, Rn. 52 und 54.

161 Guidelines on Internal Governance, Rn. 54.

162 Guidelines on Internal Governance, Rn. 56 und 59.

163 Rn. 60a der Guidelines on Internal Governance nennt hier beispielhaft die Bereiche Recht, Finanzen, Personal, IT, interne Revision, Risiko, Compliance einschließlich Geldwäsche und Terrorismusfinanzierung.

164 Guidelines on Internal Governance, Rn. 60.

165 Guidelines on Internal Governance, Rn. 62 und 63.

Im Hinblick auf eine mögliche Zusammenlegung verschiedener Ausschüsse, sollen die nationalen Aufsichtsbehörden (d.h. für in Deutschland ansässige Institute die BaFin) sog. Anderen Instituten gestatten können, sowohl den Risikoausschuss mit dem Prüfungsausschuss als auch den Risiko- mit dem Nominierungsausschuss zu kombinieren.[166]

53 Neben den Internal Governance Guidelines ergeben sich für den Vergütungskontrollausschuss zusätzliche Anforderungen aus den EBA-Leitlinien für eine solide Vergütungspolitik[167] sowie für den Nominierungsausschuss aus den Fit & Proper Guidelines.

So bestimmen die EBA-Leitlinien für eine solide Vergütungspolitik, dass Institute von erheblicher Bedeutung zwingend einen Vergütungskontrollausschuss einrichten müssen.[168] Bei global systemrelevanten Instituten („G-SRI") und anderen systemrelevanten Instituten („A-SRI") sollte sich der Vergütungskontrollausschuss nach der EBA dabei mehrheitlich aus unabhängigen Mitgliedern sowie einem unabhängigen Vorsitzenden zusammensetzen.[169] Bei anderen Instituten von erheblicher Bedeutung, sollte der Vergütungskontrollausschuss zumindest über eine ausreichende Zahl unabhängiger Mitglieder verfügen.[170] In mitbestimmten Instituten muss der Vergütungsausschuss – entsprechend der Regelung in § 25d Abs. 12 S. 3 KWG – zudem einen oder mehrere Arbeitnehmervertreter umfassen.[171] Die kollektive Eignung betreffend sollten die Mitglieder des Vergütungskontrollausschusses angemessene Kenntnisse, Fachwissen und Berufserfahrung in den Bereichen Vergütungspolitik und -praxis, Risikomanagement und Kontrolltätigkeiten aufweisen.[172] Der Vergütungskontrollausschuss sollte nach der EBA außerdem ungehinderten Zugang zu allen die Gestaltung, Umsetzung und Überwachung der Vergütungspolitik und -praxis betreffenden Daten, einschließlich der unabhängigen Kontrollfunktionen haben sowie die ordnungsgemäße Einbeziehung der Kontroll- und sonstigen relevanten Funktionen (z.B. der Personal- und Rechtsabteilung) sicherstellen bzw. bei Bedarf externe Beratung in Anspruch nehmen.[173] Darüber hinaus empfiehlt die EBA, dass der Vergütungskontrollausschuss mit anderen Ausschüssen, deren Tätigkeiten sich auf die Gestaltung und das ordnungsgemäße Funktionieren von Vergütungsrichtlinien und -praktiken auswirken können (z.B. Risiko-, Prüfungs- und Nominierungsausschuss), zusammenarbeitet sowie den Aufsichtsrat bzw. ggf. die Hauptversammlung über die wahrgenommenen Aufgaben angemessen informiert.[174] Sofern neben dem Vergütungskontrollausschuss auch ein Risikoausschuss eingerichtet wurde, sollte ferner ein Mitglied

166 Guidelines on Internal Governance, Rn. 65 und 66.
167 Guidelines on sound remuneration policies vom 02.07.2021 (EBA/GL/2021/04).
168 Guidelines on sound remuneration policies, Rn. 52.
169 Guidelines on sound remuneration policies, Rn. 55.
170 Guidelines on sound remuneration policies, Rn. 55.
171 Guidelines on sound remuneration policies, Rn. 55.
172 Guidelines on sound remuneration policies, Rn. 56.
173 Guidelines on sound remuneration policies, Rn. 59.
174 Guidelines on sound remuneration policies, Rn. 60.

des Risikoausschusses an den Sitzungen des Vergütungsausschusses teilnehmen und umgekehrt.[175]

Praxistipp: 54

Die den jeweiligen Ausschüssen seitens der EBA zugewiesenen Aufgaben sind – wie auch die Regelungen zur Bildung und Zusammensetzung – nicht in einer zentralen Leitlinie erfasst, sondern werden (mit teilweisen Überschneidungen) sowohl in den Guidelines on sound remuneration policies, den Guidelines on Internal Governance und den Fit & Proper Guidelines gesondert adressiert. Tabelle 2 gibt die entsprechenden Aufgaben wieder, die nach den vorgenannten Leitlinien der EBA im Sinne einer Best Practice von den entsprechenden Ausschüssen wahrzunehmen sind.

Tab. 2: Ausschüsse und Aufgaben nach Leitlinien der EBA

Nominierungsausschuss (Abschnitt 15 Fit & Proper Guidelines iVm Art. 88 Abs. 2 Richtlinie 2013/36/EU)	**Vergütungskontrollausschuss** (Abschnitt 2.4.2 Guidelines on sound remuneration policies)	**Risikoausschuss** (Abschnitt 5.4 Guidelines on Internal Governance)	**Prüfungsausschuss** (Abschnitt 5.5 Guidelines on Internal Governance)
– Nachfolgeplanung für Vorstand & Aufsichtsrat inkl. Identifizierung geeigneter Kandidaten – Festlegung von Zielvorgaben einschließlich Strategie für die Vertretung des unterrepräsentierten Geschlechts – Jährliche Evaluierung der Struktur, Größe, Zusammensetzung und Leistung des Vorstands und Aufsichtsrats – Jährliche Evaluierung der kollektiven und individuellen Kenntnisse, Fähigkeiten und Erfahrungen von Vorstand und Aufsichtsrat – Überprüfung der Grundsätze des Vorstands für die Auswahl und Bestellung der Personen der oberen Leitungsebene	– Vorbereitung von Beschlüssen zur Vergütung der Mitglieder des Vorstands und sonstiger identifizierter Mitarbeiter – Beratung bei der Gestaltung einer geschlechtsneutralen Vergütungspolitik des Instituts – Unterstützung bei der Überwachung der Vergütungspolitik, -praxis und -verfahren – Kontrolle, ob die bestehende Vergütungspolitik nach wie vor aktuell ist, und ggf. Unterbreitung von Änderungsvorschlägen – Überprüfung der Bestellung etwaiger externer Vergütungsberater – Sicherstellung der Angemessenheit der den Anteilseignern zur Vergütungspolitik und -praxis bereitgestellten Informationen – Bewertung, ob die Risiko-, Liquiditäts- und Kapitalsituation des Instituts ordnungsgemäß im Vergütungssystem berücksichtigt ist, die allgemeine Vergütungspolitik mit einem soliden und wirksamen Risikomanagement kohärent und diesem förderlich ist sowie mit der Unternehmensstrategie, den Zielen, den Unternehmenswerten, der	– Beratung bei der Überwachung der tatsächlichen und künftigen Risikostrategie sowie des Risikoappetits des Instituts um sicherzustellen, dass diese mit der Geschäftsstrategie, den Zielen, der Unternehmenskultur und den Werten des Instituts in Einklang stehen – Unterstützung bei der Überwachung der Umsetzung der Risikostrategie des Instituts und der festgelegten Limite – Überwachung der Umsetzung der Strategien für das Kapital- und Liquiditätsmanagement sowie für alle anderen relevanten Risiken – Unterbreitung von Empfehlungen zu notwendigen Anpassungen der Risikostrategie (z. B. aufgrund von Änderungen des Geschäftsmodells, Marktentwicklungen oder Empfehlungen des Risikomanagements) – Beratung zur etwaigen Beauftragung externer Berater – Überprüfung möglicher (Stress-)Szenarien, um zu bewerten, wie das Risikoprofil des Instituts bei externen und internen Ereignissen reagieren würde – Überwachung der Übereinstimmung aller wesentlichen Finanzprodukte und	– Überwachung der Wirksamkeit der internen Qualitätskontrolle und der Systeme für das Risikomanagement des Instituts sowie der internen Revision – Überwachung der Einführung von Rechnungslegungsmethoden durch das Institut – Überwachung des Rechnungslegungsprozesses und Unterbreitung von Empfehlungen zur Sicherstellung seiner Integrität – Überprüfung der Unabhängigkeit der Abschlussprüfer und der Angemessenheit der nicht prüfungsbezogenen Leistungen – Überwachung der Abschlussprüfung der (konsolidierten) Jahresabschlüsse – Verantwortung für die korrekte Durchführung des Auswahlverfahrens des externen Abschlussprüfers und Abgabe von Empfehlungen an den Aufsichtsrat zu dessen Bestellung, Vergütung und Abberufung – Überprüfung des Prüfungsumfangs und der Häufigkeit der Abschlussprüfung der Jahresabschlüsse – Information des Aufsichtsrats über das Ergebnis der Abschlussprüfung und wie die Abschlussprüfung zur In-

175 Guidelines on sound remuneration policies, Rn. 62.

	Risikokultur sowie dem langfristigen Interesse des Instituts in Einklang steht – Bewertung des Erreichens der Leistungsziele und der Notwendigkeit einer Ex-post-Risikoanpassung, einschließlich der Anwendung von Malus- und Rückforderungsvereinbarungen – Überprüfung möglicher Szenarien, um die Reaktion der Vergütungspolitik und -praxis auf externe und interne Ereignisse zu testen, sowie Rückvergleich der zugrunde gelegten Kriterien auf der Grundlage der tatsächlichen Risikoergebnisse	-dienstleistungen mit dem Geschäftsmodell und der Risikostrategie des Instituts, einschließlich Bewertung der verbundenen Risiken und Berücksichtigung der Übereinstimmung zwischen den zugewiesenen Preisen und erzielten Gewinnen – Bewertung von Empfehlungen von internen oder externen Prüfern sowie Überwachung der angemessenen Umsetzung der ergriffenen Maßnahmen – Prüfung, ob bei den durch die Vergütungspolitik und -praxis gebotenen Anreizen das Risiko, das Kapital, die Liquidität und die Wahrscheinlichkeit sowie der Zeitpunkt von Einnahmen des Instituts berücksichtigt werden	tegrität der Rechnungslegung beigetragen hat und welche Rolle der Prüfungsausschuss in diesem Prozess innehatte – Entgegennahme und Beachtung der Prüfberichte

Quelle: Eigene Darstellung

55 Mit dem Merkblatt zu den Mitgliedern von Verwaltungs- und Aufsichtsorganen[176] setzt die BaFin die Fit & Proper Guidelines[177] und die Guidelines on Internal Governance[178] vom 26. 11. 2017 um und stellt damit inhaltlich noch auf die „alten" Fassungen der beiden Guidelines ab. Um unnötige Wiederholungen zu vermeiden, wird im Folgenden nur auf die Regelungen eingegangen, mit denen die BaFin von den vorstehend beschriebenen aktuellen Anforderungen der EBA abweicht oder diese erweitert.

Entsprechend der Systematik der Governance Guidelines verfolgt die BaFin einen abgestuften Aufsichtsstandard und unterscheidet zwischen CRR-Instituten von erheblicher Bedeutung und „Anderen Instituten".[179] Neben der von der EBA für Institute von erheblicher Bedeutung geforderten Einrichtung eines Risiko-, Nominierungs- und eines Vergütungskontrollausschuss, ist nach Ansicht der BaFin auch zwingend ein Prüfungsausschuss zu bilden.[180] Anders als

176 Merkblatt der BaFin zu den Mitgliedern von Verwaltungs- und Aufsichtsorganen gemäß KWG und KAGB vom 29. 12. 2020.

177 Final report on joint ESMA and EBA Guidelines on the assessment of the suitability of members of the management body and key function holders under Directive 2013/36/EU and Directive 2014/65/EU vom 26. 09. 2017 (EBA/GL/2017/12).

178 Final Report on Guidelines on internal governance under Directive 2013/36/EU vom 26. 09. 2017 (EBA/GL/2017/17).

179 Ein CRR-Institut von erheblicher Bedeutung ist nach der Definition der BaFin ein CRR-Institut, das die Kriterien des § 25c Abs. 2 S. 6 KWG erfüllt; mit dem Risikoreduzierungsgesetz vom 09. 12. 2020 (BGBl. I 2020, S. 2773) wurde die Definition eines CRR-Instituts von erheblicher Bedeutung zum Begriff „bedeutendes Institut" vereinheitlicht und in § 1 Abs. 3c KWG überführt, vgl. RegBegr., BT-Drucks. 19/22786, S. 145.

180 Merkblatt der BaFin zu den Mitgliedern von Verwaltungs- und Aufsichtsorganen gemäß KWG und KAGB vom 29. 12. 2020, Rn. 211.

die EBA in ihren aktuellen Governance Guidelines, können – bei entsprechender schriftlicher Benachrichtigung der BaFin – auch Institute von erheblicher Bedeutung den Risiko- und Prüfungsausschuss zusammenlegen.[181] Dagegen sind nach der BaFin sowohl der Nominierungsausschuss als auch der Vergütungskontrollausschuss jeweils eigenständig einzurichten.[182] Für sog. Andere Institute ist die Bildung der vorgenannten Ausschüsse dagegen grds. optional.[183] Ein Verzicht auf die Bildung von Ausschüssen setzt jedoch nach Ansicht der BaFin voraus, dass das betroffene Institut seine Entscheidung auf Grundlage der Größe, internen Organisation und der Art, des Umfangs, der Komplexität und des Risikogehaltes der Geschäftstätigkeit nachvollziehbar begründet und angemessen dokumentiert sowie – für den Fall, dass keine Ausschüsse gebildet werden – regelmäßig überprüft.[184] In Übereinstimmung mit den Governance Guidelines der EBA können „Andere Institute" auch den Risiko- und den Nominierungsausschuss kombinieren.[185]

Betreffend der Zusammensetzung der Ausschüsse geht die BaFin ebenfalls von einer Mindestzahl von drei Ausschussmitgliedern aus, verzichtet jedoch im Unterschied zur EBA auf die Beteiligung unabhängiger Mitglieder.[186] Alle Mitglieder sollten zudem individuell und kollektiv über die erforderliche fachliche Eignung verfügen, um die von dem jeweiligen (ggf. auch kombinierten) Ausschuss wahrgenommenen Aufgaben erfüllen zu können.[187] Im Hinblick auf die Aufgabenverteilung stellt die BaFin klar, dass jeder Ausschuss die ihm nach dem KWG zugeordneten Zuständigkeiten wahrnehmen muss und eine Übertragung

181 Merkblatt der BaFin zu den Mitgliedern von Verwaltungs- und Aufsichtsorganen gemäß KWG und KAGB vom 29. 12. 2020, Rn. 211.

182 Merkblatt der BaFin zu den Mitgliedern von Verwaltungs- und Aufsichtsorganen gemäß KWG und KAGB vom 29. 12. 2020, Rn. 211.

183 Merkblatt der BaFin zu den Mitgliedern von Verwaltungs- und Aufsichtsorganen gemäß KWG und KAGB vom 29. 12. 2020, Rn. 213.

184 Merkblatt der BaFin zu den Mitgliedern von Verwaltungs- und Aufsichtsorganen gemäß KWG und KAGB vom 29. 12. 2020, Rn. 214.

185 Merkblatt der BaFin zu den Mitgliedern von Verwaltungs- und Aufsichtsorganen gemäß KWG und KAGB vom 29. 12. 2020, Rn. 214; die BaFin empfiehlt zu diesem Zweck, neben den Gründen für die Zusammenlegung auch zu dokumentieren, wie die jeweilige Aufgabenerfüllung der Ausschüsse durch die Kombination verwirklicht werden soll.

186 Merkblatt der BaFin zu den Mitgliedern von Verwaltungs- und Aufsichtsorganen gemäß KWG und KAGB vom 29. 12. 2020, Rn. 215; vgl. hierzu auch die eingeschränkten Compliance-Erklärungen der BaFin, wonach die Anforderungen zu unabhängigen Aufsichtsratsmitgliedern nach Rn. 55 der Guidelines on sound remuneration policies bzw. Rn. 32 der Internal Governance Guidelines iVm Abschnitt 9.3 der Fit & Proper Guidelines nicht in die nationale Verwaltungspraxis übernommen werden, abrufbar unter: *https://www.eba.europa.eu/regulation-and-policy/remuneration/guidelines-on-sound-remuneration-policies-second-revision* bzw. *https://www.bafin.de/SharedDocs/Veroeffentlichungen/DE/Merkblatt/mb_verwaltungs-aufsichtsorgane_KWG_KAGB.html* (zuletzt abgerufen am 28. 05. 2025).

187 Merkblatt der BaFin zu den Mitgliedern von Verwaltungs- und Aufsichtsorganen gemäß KWG und KAGB vom 29. 12. 2020, Rn. 216.

auf andere Ausschüsse insoweit ausgeschlossen ist.[188] Wie häufig und umfangreich sich ein Ausschuss mit den ihm zugewiesenen Aufgaben zu befassen hat, bestimmt sich nach der Größe, internen Organisation und der Art, des Umfangs, der Komplexität und des Risikogehaltes der Geschäftstätigkeit des jeweiligen Instituts.[189] An kleinere Institute sind unter Verhältnismäßigkeitsgesichtspunkten daher geringere Anforderungen zu stellen.[190] In jedem Fall ist die Aufgabenerfüllung angemessen zu dokumentieren.[191] So sollten die Ausschüsse neben den Tagesordnungen auch die wesentlichen Ergebnisse der Ausschusssitzungen einschließlich sonstiger relevanter Informationen zur Aufgabenwahrnehmung dokumentieren und dem Plenum regelmäßig Bericht erstatten.[192]

Praxistipp:

Bei der Entscheidung zur Bildung von Ausschüssen kommt es zunächst auf die Einstufung des Instituts an. Institute von erheblicher Bedeutung *müssen*, andere Institute *können* je nach Größe und Geschäftsmodell einen Risikoausschuss, einen Prüfungsausschuss, einen Nominierungsausschuss und einen Vergütungskontrollausschuss einrichten. Die Mitglieder der Ausschüsse werden dabei ausschließlich vom Plenum, die jeweiligen Vorsitzenden dagegen von den Ausschussmitgliedern, gewählt. Alle Ausschüsse sollten mindestens aus drei Mitgliedern bestehen. Bei der personellen Besetzung der Ausschüsse ist darauf zu achten, dass die Mitglieder über die jeweils erforderliche Qualifikation verfügen und dies durch entsprechende Fit & Proper Assessments angemessen dokumentiert ist. Zur Beurteilung welche individuellen und kollektiven Eignungskriterien bei der Ausschussbildung für ein börsennotiertes Institut von erheblicher Bedeutung zu berücksichtigen sind, kann die Checkliste in Tabelle 3 herangezogen werden.

188 Merkblatt der BaFin zu den Mitgliedern von Verwaltungs- und Aufsichtsorganen gemäß KWG und KAGB vom 29. 12. 2020, Rn. 220; eine Zuweisung weiterer, über das KWG hinausgehender Aufgaben ist dagegen nach der BaFin möglich.

189 Merkblatt der BaFin zu den Mitgliedern von Verwaltungs- und Aufsichtsorganen gemäß KWG und KAGB vom 29. 12. 2020, Rn. 222.

190 Merkblatt der BaFin zu den Mitgliedern von Verwaltungs- und Aufsichtsorganen gemäß KWG und KAGB vom 29. 12. 2020, Rn. 222.

191 Merkblatt der BaFin zu den Mitgliedern von Verwaltungs- und Aufsichtsorganen gemäß KWG und KAGB vom 29. 12. 2020, Rn. 222.

192 Merkblatt der BaFin zu den Mitgliedern von Verwaltungs- und Aufsichtsorganen gemäß KWG und KAGB vom 29. 12. 2020, Rn. 224.

Tab. 3: Ausschussbildung und Besetzung – Eignungskriterien

Ausschuss (mindestens 1 Mitglied in weiterem Ausschuss vertreten + keine personenidentische Besetzung)	**Mitglieder** (keine Anwendung des Kriteriums der Unabhängigkeit nach BaFin)	**Vorsitzender/Vorsitzende** (keine Anwendung des Kriteriums der Unabhängigkeit nach BaFin)	
Prüfungsausschuss	Sektorvertrautheit + jeweils 1 Mitglied mit Sachverstand auf dem Gebiet der Rechnungslegung und Abschlussprüfung (§ 100 Abs. 5 iVm § 107 Abs. 4 AktG)	≠ Aufsichtsratsvorsitzender sowie Sachverstand auf den Gebieten Rechnungslegung und/oder Abschlussprüfung inkl. Nachhaltigkeitsberichterstattung + unabhängig (§ 25d Abs. 9 S. 2 KWG iVm D.3 und C.10 DCGK)	□
Risikoausschuss (Zusammenarbeit mit Prüfungs- und Vergütungskontrollausschuss)	Mehrheitlich bzw. in ausreichender Zahl unabhängige Mitglieder (Rn. 54 Guidelines on Internal Governance)	≠ Aufsichtsratsvorsitzender und/oder Vorsitzender eines anderen Ausschusses + unabhängig (Rn. 54 Guidelines on Internal Governance)	□
Vergütungskontrollausschuss (Zusammenarbeit mit Risikoausschuss)	Mindestens 1 Mitglied mit Sachverstand und Berufserfahrung im Bereich Risikomanagement und Risikocontrolling + ggf. mindestens ein Arbeitnehmervertreter (§ 25d Abs. 12 S. 2 und S. 3 KWG) + mehrheitlich bzw. in ausreichender Zahl unabhängige Mitglieder (Rn. 55 Guidelines on sound remuneration policies)	Unabhängig (Rn. 55 Guidelines on sound remuneration policies)	□
Nominierungsausschuss	Ausschließlich Vertreter der Anteilseigner + mehrheitlich bzw. in ausreichender Zahl unabhängige Mitglieder (Rn. 52 Guidelines on Internal Governance, D.4 DCGK)	Unabhängig (Rn. 52 Guidelines on Internal Governance)	□

Quelle: Eigene Darstellung

II. Aufgabenbereich und Zusammenarbeit mit dem Plenum

Die Verantwortungsbereiche der jeweiligen Ausschüsse ergeben sich neben den 56 (prinzipiell unverbindlichen) EBA Guidelines[193] insbesondere aus § 25d Abs. 8 bis 12 KWG sowie punktuell aus dem Merkblatt der BaFin zu den Mitgliedern von Verwaltungs- und Aufsichtsorganen und dem Deutschen Corporate Governance Kodex. In der Praxis ist es zudem üblich, die Aufgabenverteilung auch in

193 Siehe zu den Anforderungen der EBA Guidelines on sound remuneration policies, der Guidelines on Internal Governance und der Fit & Proper Guidelines im Einzelnen die Ausführungen unter Rn. 52 ff.

Bezug auf die Zusammenarbeit mit dem Plenum in der Geschäftsordnung des Aufsichtsrats zu verankern.

1. Nominierungsausschuss

57 Zu den zentralen Funktionen des Nominierungsausschusses gehören die Nachfolgeplanung einschließlich der Identifizierung geeigneter Kandidaten für den Vorstand und Aufsichtsrat, die Erarbeitung einer Zielsetzung und Strategie zur Förderung der Diversität[194] und der Vertretung des unterrepräsentierten Geschlechts[195], die jährlich durchzuführende Evaluierung der individuellen und kollektiven Leistung und Eignung von Vorstand und Aufsichtsrat sowie die Überprüfung der Grundsätze des Vorstands für die Auswahl und Bestellung der Personen der oberen Leitungsebene (§ 25d Abs. 11 S. 1 Nr. 1 bis 5 KWG). Nach § 25 Abs. 11 S. 2 KWG soll der Nominierungsausschuss im Zusammenhang mit der jährlichen Funktionskontrolle nach § 25d Abs. 11 S. 1 Nr. 3 KWG darauf achten, dass die Entscheidungsfindung nicht von einzelnen Mitgliedern oder Gruppen im Vorstand dominiert wird. Zur Erfüllung seiner Aufgaben kann der Nominierungsausschuss auf alle erforderlichen Ressourcen inkl. externe Berater zurückgreifen (§ 25d Abs. 11 S. 4 KWG).

58 Die Mitglieder des Nominierungsausschusses sollen nach Auffassung der BaFin individuell und in der Gesamtheit über ausreichende Kenntnisse, Fähigkeiten und Erfahrung hinsichtlich des Auswahlverfahrens und der Eignungsanforderungen von Vorstands- und Aufsichtsorganmitgliedern verfügen.[196] Im Rahmen des bei der Ermittlung von geeigneten Bewerbern zu entwerfenden Kompetenzprofils sind dabei die Rollen, Aufgaben und erforderlichen Fähigkeiten für jede Position zu erfassen, die Ausgewogenheit aus Kenntnissen, Fähigkeiten und Erfahrung des Vorstands bzw. Aufsichtsrats und der erwartete Zeitaufwand zu bewerten sowie die Ziele der Diversitätsrichtlinie des Instituts zu berücksichtigen.[197] Die Einstellungsentscheidung sollte nach Ansicht der BaFin möglichst auf eine Vorauswahl geeigneter Kandidaten (z. B. in Form einer Shortlist) unter Berücksichtigung der Diversitätsziele des Instituts gestützt werden. Die zu be-

194 Nach Rn. 16 der Fit & Proper Guidelines beschreibt der Begriff „Diversität" die Situation, aufgrund derer die Eigenschaften der Mitglieder des Leitungsorgans, insbesondere Alter, Geschlecht, geografische Herkunft und Bildungshintergrund und beruflicher Hintergrund, so unterschiedlich sind, dass eine Vielzahl von Sichtweisen im Leitungsorgan ermöglicht wird.

195 Bei börsennotierten oder mitbestimmten Instituten beinhaltet dies auch die Festlegung von Zielgrößen für den Frauenanteil im Aufsichtsrat und im Vorstand gemäß § 111 Abs. 5 AktG.

196 Merkblatt der BaFin zu den Mitgliedern von Verwaltungs- und Aufsichtsorganen gemäß KWG und KAGB vom 29. 12. 2020, Rn. 225.

197 Merkblatt der BaFin zu den Mitgliedern von Verwaltungs- und Aufsichtsorganen gemäß KWG und KAGB vom 29. 12. 2020, Rn. 227; die Diversitätsrichtlinie gehört neben der Eignungsrichtlinie zu den Richtlinien, die Institute im Zusammenhang mit der Sicherstellung einer ordnungsgemäßen Geschäftsorganisation nach § 25a Abs. 1 KWG aufstellen sollten, vgl. hierzu im Einzelnen das Merkblatt der BaFin zu den Geschäftsleitern gemäß KWG, ZAG und KAGB vom 29. 12. 2020, Rn. 182 ff.

rücksichtigende Diversitätsrichtlinie sollte dabei jedoch nicht dazu führen, dass Vorstands- oder Aufsichtsratsmitglieder nur deshalb bestellt werden, um auf Kosten der individuellen oder kollektiven Eignung die Diversität zu erhöhen.[198]

Die Nachfolgeplanung sollte unter Berücksichtigung der Diversitätsrichtlinie die Vorgehensweise des Instituts bei plötzlichem oder unerwarteten Ausfall oder Weggang von Vorstands- oder Aufsichtsratsmitgliedern beschreiben und eine konstante Entscheidungsfindung gewährleisten sowie, soweit möglich, verhindern, dass zu viele Mitglieder gleichzeitig ersetzt werden müssen.[199] Bei der Bestellung von Vorstands- und Aufsichtsratsmitgliedern sollte der Nominierungsausschuss zur Stärkung der Meinungsvielfalt darauf achten, dass ein breites Spektrum an Qualitäten und Kompetenzen im jeweiligen Organ vertreten ist und den Aufsichtsrat bei der Erarbeitung einer Zielsetzung und Strategie zur Förderung der Diversität sowie der Vertretung des unterrepräsentierten Geschlechts unterstützen.[200] Im Rahmen der Zielfestlegungen für die Vertretung des unterrepräsentierten Geschlechts sollten Institute von erheblicher Bedeutung die angestrebte Beteiligungshöhe im Vorstand und Aufsichtsrat beziffern (z. B. in Form von Zahlen oder Prozentwerten) sowie den Zeitraum und die Schritte für deren Erreichung angeben.[201] Die Einhaltung bzw. Nicht-Einhaltung der gesetzten Diversitätsziele sollte im Zuge der jährlichen Effizienzkontrolle nach § 25d Abs. 11 S. 1 Nr. 3 KWG erfasst und für den Fall, dass diese nicht erreicht wurden, die Gründe und die zu ergreifenden Abhilfemaßnahmen nebst Umsetzungsfristen dokumentiert werden.[202] „Andere Institute", insbesondere solche deren Vorstand und Aufsichtsrat zusammen aus weniger als fünf Mitgliedern besteht, müssen dagegen keine konkreten Quoten benennen, sondern können nach Ansicht der BaFin ihre anvisierten Diversitätsziele auch qualitativ formulieren.[203]

Im Kontext der jährlichen Evaluierung des Aufsichtsrats und des Vorstands nach § 25d Abs. 11 S. 1 Nr. 3 und 4 KWG haben Institute zudem darauf zu achten, dass ihre Leitungsorgane unter Berücksichtigung der einschlägigen gesetzlichen Vorgaben über eine ausreichende Anzahl an Mitgliedern sowie eine geeignete Zusammensetzung verfügen und für einen angemessenen Zeitraum bestellt

198 Merkblatt der BaFin zu den Mitgliedern von Verwaltungs- und Aufsichtsorganen gemäß KWG und KAGB vom 29. 12. 2020, Rn. 229.

199 Merkblatt der BaFin zu den Mitgliedern von Verwaltungs- und Aufsichtsorganen gemäß KWG und KAGB vom 29. 12. 2020, Rn. 230.

200 Merkblatt der BaFin zu den Mitgliedern von Verwaltungs- und Aufsichtsorganen gemäß KWG und KAGB vom 29. 12. 2020, Rn. 231 und 232.

201 Merkblatt der BaFin zu den Mitgliedern von Verwaltungs- und Aufsichtsorganen gemäß KWG und KAGB vom 29. 12. 2020, Rn. 233.

202 Merkblatt der BaFin zu den Mitgliedern von Verwaltungs- und Aufsichtsorganen gemäß KWG und KAGB vom 29. 12. 2020, Rn. 233.

203 Merkblatt der BaFin zu den Mitgliedern von Verwaltungs- und Aufsichtsorganen gemäß KWG und KAGB vom 29. 12. 2020, Rn. 234. Welche Anforderungen konkret an eine entsprechende „qualitative" Zielbeschreibung zu stellen sind, ergibt sich aus dem Merkblatt der BaFin nicht.

werden.[204] Betreffend der individuellen und kollektiven Eignung ist nach der BaFin sicherzustellen, dass die Mitglieder des Vorstands und Aufsichtsrat „jederzeit“ einzeln und in der Gesamtheit geeignet sind.[205] Hierzu ist es nach Auffassung der BaFin erforderlich, dass Institute die individuelle und kollektive Eignung nicht nur bei der Neubestellung von Organmitgliedern bewerten, sondern diese fortlaufend überwachen und ggf. neu beurteilen (z. B. bei Verstößen gegen Verhaltenspflichten, Änderungen der Zusammensetzung/Zuständigkeitsbereiche oder bei Übernahme zusätzlicher Mandate).[206] Im Rahmen der mindestens einmal jährlich durchzuführenden Evaluierung der individuellen und kollektiven Kenntnisse, Fähigkeiten und Erfahrungen des Vorstands und Aufsichtsrats gemäß § 25d Abs. 11 S. 1 Nr. 4 KWG ist dabei von CRR-Instituten von erheblicher Bedeutung auch die zeitliche Verfügbarkeit und die Zuverlässigkeit zu überprüfen, während „Andere Institute“ eine komplette Neubewertung der Eignung nach der BaFin zumindest alle zwei Jahre durchführen sollten.[207] Soweit kein Nominierungsausschuss eingerichtet ist, genügt es ebenfalls, wenn die Eignung nach § 25d Abs. 11 S. 1 Nr. 3 und 4 KWG mindestens alle zwei Jahre bewertet wird.[208]

Darüber hinaus obliegt es dem Nominierungsausschuss, die Wirksamkeit der Richtlinien zu Eignungsbewertung des Instituts (Eignungsrichtlinien) zu überwachen sowie ihre Auslegung und Umsetzung zu kontrollieren und ggf. Empfehlungen zu ihrer Anpassung auszusprechen.[209] Die Eignungsrichtlinien sollten nach der BaFin die Grundsätze zur Auswahl, Wiederbestellung, Überwachung und Nachfolgeplanung für die Mitglieder des Vorstands und Aufsichtsrats regeln und zumindest Folgendes beinhalten:

- Den Prozess zur Auswahl, Ernennung, Wiederbestellung und Nachfolgeplanung von Mitgliedern des Vorstands und des Aufsichtsrats sowie das geltende interne Verfahren zur Eignungsbewertung eines Mitglieds, einschließlich der internen Funktion, die für die Unterstützung der Bewertung verantwortlich ist.

---

204 Merkblatt der BaFin zu den Mitgliedern von Verwaltungs- und Aufsichtsorganen gemäß KWG und KAGB vom 29. 12. 2020, Rn. 236.

205 Merkblatt der BaFin zu den Mitgliedern von Verwaltungs- und Aufsichtsorganen gemäß KWG und KAGB vom 29. 12. 2020, Rn. 237.

206 Merkblatt der BaFin zu den Mitgliedern von Verwaltungs- und Aufsichtsorganen gemäß KWG und KAGB vom 29. 12. 2020, Rn. 237; siehe zu den Kriterien, die von Instituten bei der Eignungsbewertung zu berücksichtigen sind, im Einzelnen Titel II Abschnitte 1 und 2 der Fit & Proper Guidelines sowie Rn. 246 ff. einschließlich der Eignungsmatrixvorlage und der Liste von relevanten Fähigkeiten in Anhang II und III des Merkblatts der BaFin zu den Mitgliedern von Verwaltungs- und Aufsichtsorganen gemäß KWG und KAGB vom 29. 12. 2020.

207 Merkblatt der BaFin zu den Mitgliedern von Verwaltungs- und Aufsichtsorganen gemäß KWG und KAGB vom 29. 12. 2020, Rn. 238 und 239.

208 Merkblatt der BaFin zu den Mitgliedern von Verwaltungs- und Aufsichtsorganen gemäß KWG und KAGB vom 29. 12. 2020, Rn. 238 und 240.

209 Merkblatt der BaFin zu den Mitgliedern von Verwaltungs- und Aufsichtsorganen gemäß KWG und KAGB vom 29. 12. 2020, Rn. 244.

- Die im Einklang mit den einschlägigen Gesetzen und Merkblättern stehenden anzuwendenden Kriterien bei der Bewertung.
- Wie im Rahmen des Rekrutierungsprozesses die Diversitätsrichtlinie für Mitglieder des Vorstands und des Aufsichtsrats sowie die Zielsetzung für das jeweils unterrepräsentierte Geschlecht zu berücksichtigen sind.
- Der Kommunikationskanal zu den zuständigen Behörden und
- wie die Bewertung dokumentiert werden sollte.[210]

Als Teil der individuellen Eignungsbewertung sollten Institute alle relevanten Informationen und Nachweise von dem zu beurteilenden Vorstands- bzw. Aufsichtsratsmitglied einholen und die Richtigkeit der Informationen nach Möglichkeit prüfen.[211] Der Nominierungsausschuss sollte die gewonnenen Erkenntnisse auswerten und ggf. erforderliche Korrekturmaßnahmen anstoßen sowie bei etwaigen Bedenken die Auswirkungen auf die individuellen Eignung des entsprechenden Vorstands- bzw. Aufsichtsratsmitglieds eruieren.[212] Die Ergebnisse der Eignungsbewertung sind nach der BaFin anhand der folgenden Kriterien zu dokumentieren:

- Fachliche Eignung bei Vorstandsmitgliedern bzw. erforderliche Sachkunde bei Mitgliedern des Aufsichtsrats,
- Zuverlässigkeit (einschließlich Interessenkonflikten und Unvoreingenommenheit),
- Einhaltung der Mandatsgrenzen gemäß § 25c Abs. 2 bzw. gemäß § 25d Abs. 3 oder Abs. 3a KWG,
- ausreichender Zeitaufwand.[213]

Neben der individuellen Eignung ist im Rahmen der Bewertung der kollektiven Eignung sicherzustellen, dass der Vorstand bzw. Aufsichtsrat auch in seiner Gesamtheit jederzeit über ein ausreichendes Maß an fachlicher Eignung bzw. Sachkunde verfügt, um die Geschäftstätigkeit und Hauptrisiken des Instituts verstehen zu können.[214] Im Falle von Ereignissen (z. B. Änderungen des Geschäftsmodells, der Geschäftsstrategien, der Geschäftsverteilung/Zusammensetzung oder der Organisation des Instituts), die eine wesentliche Auswirkung auf die individuelle oder kollektive Eignung haben können, ist eine Neubewertung hinsichtlich der fortbestehenden Eignung vorzunehmen.[215] Durchgeführte

210 Merkblatt der BaFin zu den Mitgliedern von Verwaltungs- und Aufsichtsorganen gemäß KWG und KAGB vom 29. 12. 2020, Rn. 245.

211 Merkblatt der BaFin zu den Mitgliedern von Verwaltungs- und Aufsichtsorganen gemäß KWG und KAGB vom 29. 12. 2020, Rn. 249.

212 Merkblatt der BaFin zu den Mitgliedern von Verwaltungs- und Aufsichtsorganen gemäß KWG und KAGB vom 29. 12. 2020, Rn. 249.

213 Merkblatt der BaFin zu den Mitgliedern von Verwaltungs- und Aufsichtsorganen gemäß KWG und KAGB vom 29. 12. 2020, Rn. 250.

214 Merkblatt der BaFin zu den Mitgliedern von Verwaltungs- und Aufsichtsorganen gemäß KWG und KAGB vom 29. 12. 2020, Rn. 251.

215 Merkblatt der BaFin zu den Mitgliedern von Verwaltungs- und Aufsichtsorganen gemäß KWG und KAGB vom 29. 12. 2020, Rn. 255.

Neubewertungen sollten einschließlich des Grundes und der Ergebnisse sowie etwaiger Empfehlungen bzgl. festgestellter Schwächen und ergriffener Maßnahmen dokumentiert werden.[216] Der Nominierungsausschuss bzw. (falls ein solcher nicht eingerichtet ist) der Aufsichtsrat sollte den Vorstand über die Ergebnisse der Bewertung unterrichten, auch wenn keine Änderungen der Zusammensetzung oder sonstige Maßnahmen empfohlen werden.[217]

> *Praxistipp:*
>
> Die Neubestellung oder Abberufung von Vorstandsmitgliedern wird vor einer Befassung im Plenum in der Regel sowohl im Nominierungsausschuss als auch im Vergütungskontrollausschuss erörtert. Dabei übernimmt bzw. überwacht der Nominierungsausschuss (häufig mit Unterstützung der zuständigen Personalabteilung und/oder externen Personalberatern) bei der Berufung von Vorstandsmitgliedern die Durchführung der Fit & Proper Prüfung des jeweiligen Kandidaten sowie die form- und fristgerechte Anzeige der Bestellungsabsicht gemäß § 24 Abs. 1 Nr. 1 KWG einschließlich der Korrespondenz mit der BaFin. Dem Vergütungskontrollausschuss obliegt dagegen die Prüfung der Gestaltung bzw. Beendigung der Vorstandsverträge einschließlich der Festlegung der Vergütungsbestandteile. In der Praxis wird es daher regelmäßig erforderlich sein, vor der über die Bestellung und Abberufung von Vorstandsmitgliedern beschließenden Sitzung des Plenums, sowohl den Nominierungsausschuss als auch den Vergütungskontrollausschuss einzuberufen und diesen die notwendigen Unterlagen (insbesondere Lebenslauf, Angaben zur fachlichen Eignung, persönlichen Zuverlässigkeit und zeitlichen Verfügbarkeit, Behördenführungszeugnis, Gewerbezentralregisterauszug)[218] zur Wahrnehmung ihrer jeweiligen Aufgaben rechtzeitig zur Verfügung zu stellen. In der anschließenden Aufsichtsratssitzung sollten unter dem Tagesordnungspunkt, in dem über die Bestellung bzw. Abberufung des jeweiligen Vorstandsmitglieds entschieden werden soll, die Vordiskussionen und Schlussfolgerungen des Nominierungs- und Vergütungskontrollausschusses (z. B. durch entsprechende Berichte der Vorsitzenden) berücksichtigt und bei der Abstimmung die jeweiligen Beschlussempfehlungen der Ausschüsse zugrunde gelegt werden. In den überwiegenden Fällen wird sich der Aufsichtsratsvorsitzende bei der Formulierung des Beschlussvorschlags an das Plenum an den Empfehlungen des Nominierungs- und des Vergütungskontrollausschusses orientieren.

---

216 Merkblatt der BaFin zu den Mitgliedern von Verwaltungs- und Aufsichtsorganen gemäß KWG und KAGB vom 29. 12. 2020, Rn. 256; siehe hierzu auch § 44 Abs. 1 S. 1 KWG, wonach die BaFin die Vorlage der Dokumentation verlangen kann.

217 Merkblatt der BaFin zu den Mitgliedern von Verwaltungs- und Aufsichtsorganen gemäß KWG und KAGB vom 29. 12. 2020, Rn. 257; „Sonstige Maßnahmen" können nach Rn. 259 des Merkblatts der BaFin zu den Mitgliedern von Verwaltungs- und Aufsichtsorganen gemäß KWG und KAGB vom 29. 12. 2020 u. a. Schulungen, die Änderung von Abläufen, Maßnahmen zur Minderung von Interessenkonflikten, die Ernennung von zusätzlichen Mitgliedern mit besonderen Kompetenzen sowie der Austausch von Mitgliedern des Leitungsorgans sein.

218 Siehe zu Art und Umfang der einzureichenden Unterlagen im Einzelnen das Merkblatt der BaFin zu den Geschäftsleitern gemäß KWG, ZAG und KAGB vom 29. 12. 2020, Rn. 28 ff.

2. *Vergütungskontrollausschuss*

Die vom Vergütungskontrollausschuss wahrzunehmenden Aufgaben ergeben sich insbesondere aus § 25d Abs. 12 KWG und der Institutsvergütungsverordnung.[219] Dem Vergütungskontrollausschuss kommt dabei die Aufgabe zu, die angemessene Ausgestaltung der Vergütungssysteme der Vorstandsmitglieder und Mitarbeiter zu überwachen und die Beschlüsse des Aufsichtsrats zur Festsetzung des Gesamtbetrags der variablen Vergütungen gemäß § 45 Abs. 2 Nr. 10 KWG vorzubereiten.[220] 59

Bei der Festsetzung des Gesamtbetrags der variablen Vergütungen ist sicherzustellen, dass die Anforderungen des § 7 InstitutsVergV, d. h. insbesondere die Risikotragfähigkeit, die mehrjährige Kapitalplanung und die Ertragslage des Instituts (und ggf. der Gruppe) sowie eine angemessene Eigenmittel- und Liquiditätsausstattung inkl. der erforderlichen Kapitalpuffer nach § 10i KWG, berücksichtigt sind.[221] Dies umfasst auch die Festlegung von angemessenen Vergütungsparametern, von Erfolgsbeiträgen, der Leistungs- und Zurückbehaltungszeiträume und der Voraussetzungen für einen vollständigen Verlust oder eine teilweise Reduzierung der zurückbehaltenen variablen Vergütung (sog. Malus) oder für eine Rückforderung bereits ausgezahlter variabler Vergütung (sog. Clawback).[222] Der Vergütungskontrollausschuss überprüft darüber hinaus regelmäßig, mindestens jedoch jährlich, ob die vom Aufsichtsrat beschlossenen Festlegungen zu den vorgenannten Punkten noch angemessen sind und erstellt bei festgestellten Mängeln zeitnah einen Maßnahmenplan.[223]

Ferner unterstützt der Vergütungskontrollausschuss den Aufsichtsrat bei der Überwachung der angemessenen Ausgestaltung der (insbesondere auch geschlechtsneutralen[224]) Vergütungssysteme für die Mitarbeiter und der Vergütungen für die Leiter der Risikocontrolling-Funktion, der Compliance-Funktion und der Risikoträger. Hierzu zählt – wie bei der Vergütung des Vorstands – die regelmäßige, mindestens jährliche Überprüfung, ob der Gesamtbetrag der variablen Vergütungen unter Berücksichtigung des § 7 InstitutsVergV ermittelt ist. Anders als bei der Vorstandsvergütung, deren Parameter vom Aufsichtsrat selbst bestimmt werden, hat der Vergütungskontrollausschuss im Rahmen der Mitarbeitervergütung zu bewerten, ob die vom Vorstand implementierten Grundsätze zur Bemessung der Vergütungsparameter, Erfolgsbeiträge, Leis-

219 Für den Vergütungskontrollausschuss eines börsennotierten Instituts sind neben den Vorgaben des KWG und der InstitutsVergV zusätzlich die hier nicht gesondert dargestellten Vergütungsanforderungen des AktG zu beachten. Dies umfasst insbesondere die Unterstützung des Plenums bei der Aufstellung und den Beschlussvorschlägen eines Vergütungssystems für den Vorstand nach § 87a AktG sowie bei der jährlichen Erstellung des Vergütungsberichts durch den Vorstand und Aufsichtsrat nach § 162 AktG.

220 § 25d Abs. 12 S. 1 Nr. 1 KWG iVm § 15 Abs. 2 S. 2 Nr. 1 InstitutsVergV.

221 § 7 InstitutsVergV.

222 § 15 Abs. 2 S. 2 Nr. 1 InstitutsVergV.

223 § 15 Abs. 2 S. 2 Nr. 1 InstitutsVergV.

224 § 5 Abs. 1 Nr. 6 InstitutsVergV.

tungs- und Zurückbehaltungszeiträume einschließlich der Anwendung von Malus- und Rückforderungsvereinbarungen angemessen sind und ob die Vergütungssysteme der Mitarbeiter in den Kontrolleinheiten (d.h. insbesondere die Leiter der Risikocontrolling-Funktion und der Compliance-Funktion) den Anforderungen der InstitutsVergV entsprechen.[225] Nach der Auslegungshilfe der BaFin zur InstitutsVergV hat der Vergütungskontrollausschuss im Rahmen seiner Bewertung die eingerichteten Mechanismen und Systeme darauf zu prüfen, dass alle Arten von Risiken, die Liquidität und Kapitalausstattung ordnungsgemäß in den Vergütungssystemen berücksichtigt sind sowie dass sich die allgemeine Vergütungspolitik kohärent in ein solides und wirksames Risikomanagement einfügt, diesem förderlich ist und mit der Unternehmensstrategie, den Zielen, der Unternehmenskultur und den Unternehmenswerten sowie dem langfristigen Interesse des Instituts in Einklang steht.[226] Dabei sollten nach der BaFin auch die zugrunde gelegten Vergütungsparameter rückblickend evaluiert werden (sog. Backtesting).[227]

In bedeutenden Instituten gemäß §1 Abs.3c des KWG unterstützt der Vergütungskontrollausschuss den Aufsichtsrat ferner bei der Überwachung des Prozesses der Ermittlung der (Gruppen-)Risikoträger gemäß §§25a Abs.5b, 27 Abs.2 S.1 KWG. Werden im Rahmen der Überwachung Mängel am Vergütungssystem oder hinsichtlich der Risikoanalyse zur Identifizierung der Risikoträger festgestellt, hat der Vergütungskontrollausschuss dem Aufsichtsrat zudem Vorschläge für Empfehlungen zur Weitergabe an den Vorstand zu unterbreiten.[228] Bei der jährlichen Angemessenheitsprüfung der Vergütungssysteme des Vorstands und der Mitarbeiter nach §15 Abs.2 S.2 Nr.2 und Abs.3 InstitutsVergV, insbesondere bzgl. ihrer Vereinbarkeit mit der Geschäfts- und Risikostrategie sowie der Kapital- und Liquiditätsausstattung des Instituts, hat der Vergütungskontrollausschuss die diesbezüglichen Berichte der Internen Revision, den Prüfungsbericht des Abschlussprüfers gemäß §26 Abs.1 des KWG sowie (in bedeutenden Instituten) den Vergütungskontrollbericht des Vergütungsbeauftragten gemäß §24 Abs.3 InstitutsVergV heranzuziehen. Ferner ist seitens des Vergütungskontrollausschusses sicherzustellen, dass die internen Kontrolleinheiten und alle sonstigen maßgeblichen Bereiche (z.B. die Personal- und Rechtsabteilung, Vergütungsbeauftragter etc.) bei der Ausgestaltung der Vergütungssys-

225 §15 Abs.3 InstitutsVergV.

226 §15 Abs.4 InstitutsVergV iVm §25d Abs.12 Abs.2 S.2 KWG; Auslegungshilfe der BaFin zur Verordnung über die aufsichtsrechtlichen Anforderungen an Vergütungssysteme von Instituten vom 16.12.2013 in der am 04.08.2017 in Kraft getretenen Fassung (Stand: 15.02.2018), S.35ff.

227 Auslegungshilfe der BaFin zur Verordnung über die aufsichtsrechtlichen Anforderungen an Vergütungssysteme von Instituten vom 16.12.2013 in der am 04.08.2017 in Kraft getretenen Fassung (Stand: 15.02.2018), S.37.

228 Auslegungshilfe der BaFin zur Verordnung über die aufsichtsrechtlichen Anforderungen an Vergütungssysteme von Instituten vom 16.12.2013 in der am 04.08.2017 in Kraft getretenen Fassung (Stand: 15.02.2018), S.37.

teme sowie (in bedeutenden Instituten) auch in Bezug auf den Prozess der Ermittlung der (Gruppen-)Risikoträger angemessen einbezogen wurden.[229]

Weiterhin obliegt dem Vergütungskontrollausschuss gemäß § 15 Abs. 5 InstitutsVergV die Aufgabe, den Aufsichtsrat im Bedarfsfall bei der Erstellung der Beschlussvorschläge an die Hauptversammlung zur Billigung eines höheren Höchstwerts der variablen Vergütung gemäß § 25a Abs. 5 S. 6 KWG zu unterstützen.[230]

Neben der Überwachung der Vergütungssysteme des Instituts ist der Vergü- 60
tungskontrollausschuss auch für die Vorbereitung der Beschlüsse des Plenums über die Vergütung der Vorstandsmitglieder zuständig. Gemäß § 25d Abs. 12 S. 1 Nr. 2 KWG soll der Vergütungskontrollausschuss dabei besonders die Auswirkungen der Aufsichtsratsbeschlüsse auf die Risiken und das Risikomanagement des Instituts sowie die langfristigen Interessen von Anteilseignern, Anlegern und sonstiger Beteiligter berücksichtigen. Bei der Festsetzung der Vorstandsvergütung hat der Vergütungskontrollausschuss bzw. das Plenum dafür zu sorgen, dass diese in einem angemessenen Verhältnis zu den Aufgaben und Leistungen des jeweiligen Vorstandsmitglieds sowie zur Lage des Instituts steht und die übliche Vergütung nicht ohne besondere Gründe übersteigt.[231] Nach der Auslegungshilfe der BaFin zur InstitutsVergV können neben der vertikalen und horizontalen Üblichkeit bei der Beurteilung der Angemessenheit der Vorstandsvergütung die nachfolgenden Indikatoren herangezogen werden:

- Qualifikation, Fachkenntnisse, Berufserfahrung, Reputation, voraussichtliche Befugnisse, Aufgaben, Zuständigkeiten und Funktionen des jeweiligen Vorstandsmitglieds,
- Wirtschaftliche Gesamtsituation, finanzielle Lage, Strategie und Reputation des Instituts,
- Komplexität der Unternehmensstruktur, der Dienstort, die mit der Übernahme des Vorstandsmandats einhergehenden Risiken (Haftungsrisiken, Amtsdauer, Perspektiven) sowie die geografische Marktdurchdringung.[232]

Ferner sollen die gewährten variablen Vergütungen eine mehrjährige (d. h. mindestens dreijährige) Bemessungsgrundlage haben und für außerordentliche Entwicklungen eine Begrenzungsmöglichkeit vorsehen.[233] Dabei genügt es nach der BaFin nicht, wenn lediglich die Auszahlung der variablen Vergütung herausgeschoben wird; vielmehr muss die variable Vergütung zumindest an den negativen Entwicklungen während des zugrunde zu legenden Be-

229 § 25d Abs. 12 S. 1 Nr. 3 KWG iVm § 3 Abs. 3 InstitutsVergV.

230 Gemäß § 25a Abs. 5 S. 6 KWG kann die Hauptversammlung – auf entsprechende Empfehlung der Geschäftsleitung und/oder des Aufsichtsrats – eine höhere Obergrenze für die variable Vergütung von bis zu 200 % der fixen Vergütung billigen.

231 § 10 Abs. 1 InstitutsVergV iVm § 87 Abs. 1 S. 1 AktG.

232 Auslegungshilfe der BaFin zur Verordnung über die aufsichtsrechtlichen Anforderungen an Vergütungssysteme von Instituten vom 16. 12. 2013 in der am 04. 08. 2017 in Kraft getretenen Fassung (Stand: 15. 02. 2018), S. 31.

233 § 10 Abs. 2 InstitutsVergV iVm § 87 Abs. 1 S. 3 AktG.

trachtungszeitraums teilhaben.[234] Dabei sollen nach der BaFin auch Auszahlungen vor Ablauf des dreijährigen Betrachtungszeitraums möglich sein, müssen jedoch mindestens die Leistungs- und Erfolgsbewertung eines Jahres reflektieren.[235] Die BaFin nennt als Beispiele möglicher Auszahlungsgestaltungen z. B. als Abschlagszahlung ausgezahlte Jahresboni, deren endgültige Höhe erst nach Ablauf und Bewertung des dreijährigen Betrachtungszeitraums feststeht und bei denen eine Rückzahlungsverpflichtung bei Zuvielleistung vereinbart ist, die Anwendung von Bonus-Malus-Systemen auf Basis eines persönlichen „Guthabenkontos" oder die anteilige Auszahlung in Form von Aktien oder gleichwertigen Instrumenten, die mit einer Verfügungssperre bis zum Ablauf des dreijährigen Betrachtungszeitraums versehen sind.[236] Elementarer Bestandteil der Vorbereitungs- und Unterstützungsaufgaben des Vergütungskontrollausschusses ist damit die rechtskonforme Ausgestaltung und Überprüfung der Vorstandsverträge sowie die Festlegung der Ziele nebst der für die Zielerreichung maßgeblichen Bemessungs- und Auszahlungskriterien.

61 Neben der Vorstandsvergütung überwacht der Vergütungskontrollausschuss auch die angemessene Ausgestaltung der Vergütungen für die Leiter der Risikocontrolling-Funktion und der Compliance-Funktion sowie der sog. Risikoträger, also der Mitarbeiter, die einen wesentlichen Einfluss auf das Gesamtrisikoprofil des Instituts haben.[237] Für die Vergütung der beiden erst genannten Mitarbeitergruppen sind hierbei vor allem die zusätzlichen Vergütungsanforderungen für Kontrolleinheiten gemäß § 9 InstitutsVergV zu berücksichtigen. Die Vergütung von Mitarbeitern in Kontrollfunktionen muss danach vorwiegend fix und der Höhe nach so ausgestaltet sein, dass die Gewinnung qualifizierten Personals in diesen Funktionen ermöglicht wird und die gebotene Unabhängigkeit der Kontrolltätigkeit sichergestellt ist.[238] Im Zusammenhang mit der Überwachung der angemessenen Ausgestaltung der Vergütungen für sog. Risikoträger[239] hat der Vergütungskontrollausschuss im Fall von bedeutenden Instituten sicherzustellen, dass alle Risikoträger (regelmäßig, mindestens aber jährlich) auf Basis einer

234 Auslegungshilfe der BaFin zur Verordnung über die aufsichtsrechtlichen Anforderungen an Vergütungssysteme von Instituten vom 16. 12. 2013 in der am 04. 08. 2017 in Kraft getretenen Fassung (Stand: 15. 02. 2018), S. 31.

235 Auslegungshilfe der BaFin zur Verordnung über die aufsichtsrechtlichen Anforderungen an Vergütungssysteme von Instituten vom 16. 12. 2013 in der am 04. 08. 2017 in Kraft getretenen Fassung (Stand: 15. 02. 2018), S. 31.

236 Auslegungshilfe der BaFin zur Verordnung über die aufsichtsrechtlichen Anforderungen an Vergütungssysteme von Instituten vom 16. 12. 2013 in der am 04. 08. 2017 in Kraft getretenen Fassung (Stand: 15. 02. 2018), S. 31.

237 § 25d Abs. 12 S. 1 Nr. 1 KWG.

238 Auslegungshilfe der BaFin zur Verordnung über die aufsichtsrechtlichen Anforderungen an Vergütungssysteme von Instituten vom 16. 12. 2013 in der am 04. 08. 2017 in Kraft getretenen Fassung (Stand: 15. 02. 2018), S. 29 f.

239 „Risikoträger" sind gemäß §§ 1 Abs. 21, 25a Abs. 5b S. 1 und 2 KWG alle Mitarbeiter, deren berufliche Tätigkeit sich wesentlich auf das Risikoprofil eines Instituts auswirkt. Als Risikoträger gelten auch die Geschäftsleiter und die Mitglieder des Aufsichtsorgans im Sinne des § 25d KWG.

umfassenden Risikoanalyse ordnungsgemäß identifiziert wurden und die gewährte Vergütung den Anforderungen der § 18 bis § 22 InstitutsVergV entspricht.[240] Hierzu zählt insbesondere die Einhaltung der Vorgaben an die Ex-ante und Ex-post-Risikoadjustierung bei der Ermittlung und Auszahlung der variablen Vergütung gemäß §§ 19 und 20 InstitutsVergV, einschließlich der Anwendung von Malus- und Rückforderungsvereinbarungen. So muss bspw. im Fall von negativen Erfolgsbeiträgen des Risikoträgers sichergestellt sein, dass Defizite in der Zielerreichung zu einer Abschmelzung, in schwerwiegenden Fällen sogar zu einer vollständigen Streichung der variablen Vergütung führen können.[241] Der für die Bemessung der variablen Vergütung maßgebliche Betrachtungszeitraum muss mindestens ein Jahr bzw. – sofern es sich bei dem Risikoträger um ein Vorstandsmitglied handelt – mindestens drei Jahre betragen.[242] Die für die individuelle Leistungsmessung zugrunde gelegten Kriterien und Ziele müssen sowohl quantitative als auch qualitative Vergütungsparameter angemessen berücksichtigen.[243] Ferner müssen mindestens 40 bis 60 Prozent der variablen Vergütung eines Risikoträgers über einen Zeitraum von mindestens vier bis fünf Jahren zurückbehalten werden.[244] Während des Zurückbehaltungszeitraums ist im Rahmen eines sog. Backtestings (Rückschauprüfung) zu untersuchen, ob die ursprünglich ermittelte variable Vergütung (Ex-ante-Risikoadjustierung nach § 19 InstitutsVergV) auch rückblickend noch als angemessen angesehen werden kann oder ob diese z. B. aufgrund nachträglich manifestierter Risiken reduziert werden muss.[245] Der Vergütungskontrollausschuss hat daher neben dem Vorhandensein eines solchen Ex-post-Risikoadjustierungsprozesses zu bewerten, ob das Institut über angemessene Malus- und Clawback-Mechanismen verfügt, über die eine zurückbehaltene variable Vergütung ggf. auch vollständig nachträglich abgeschmolzen (sog. Malus) oder – sofern diese bereits ausbezahlt wurde – zurückgefordert werden kann (sog. Clawback).[246]

240 Siehe zur Risikoträgerermittlung § 25a Abs. 5b Satz 2 KWG und S. 43 ff. der Auslegungshilfe der BaFin zur Verordnung über die aufsichtsrechtlichen Anforderungen an Vergütungssysteme von Instituten vom 16. 12. 2013 in der am 04. 08. 2017 in Kraft getretenen Fassung (Stand: 15. 02. 2018).

241 § 18 Abs. 5 InstitutsVergV.

242 § 19 Abs. 1 S. 2 und 3 InstitutsVergV.

243 § 19 Abs. 2 InstitutsVergV; siehe hierzu auch die Beispiele für qualitative und quantitative Vergütungsparameter in der Auslegungshilfe der BaFin zur Verordnung über die aufsichtsrechtlichen Anforderungen an Vergütungssysteme von Instituten vom 16. 12. 2013 in der am 04. 08. 2017 in Kraft getretenen Fassung (Stand: 15. 02. 2018), S. 54 f.

244 § 20 Abs. 1 S. 1 und 2, Abs. 2 InstitutsVergV.

245 § 20 Abs. 4 Nr. 3 InstitutsVergV.

246 Vgl. 20 Abs. 6 S. 1 InstitutsVergV sowie zu den Anforderungen der Ex-post-Risikoadjustierung im Einzelnen die Auslegungshilfe der BaFin zur Verordnung über die aufsichtsrechtlichen Anforderungen an Vergütungssysteme von Instituten vom 16. 12. 2013 in der am 04. 08. 2017 in Kraft getretenen Fassung (Stand: 15. 02. 2018), S. 58 ff.

3. *Prüfungsausschuss*

62 Gemäß § 25d Abs. 9 S. 1 Nr. 1 bis 4 KWG unterstützt der Prüfungsausschuss den Aufsichtsrat bei der Überwachung des Rechnungslegungsprozesses, der Wirksamkeit des Risikomanagementsystems (insbesondere des internen Kontrollsystems und der Internen Revision), der Durchführung der Abschlussprüfungen einschließlich der Unabhängigkeit des Abschlussprüfers und der erbrachten Leistungen (Umfang, Häufigkeit, Berichterstattung).[247] Dem Prüfungsausschuss kommt ferner die Aufgabe zu, dem Aufsichtsrat Vorschläge für die Bestellung des Abschlussprüfers und die Höhe seiner Vergütung zu unterbreiten sowie das Plenum zur Kündigung oder Fortsetzung des Prüfauftrags zu beraten und die zügige Behebung der vom Prüfer festgestellten Mängel durch den Vorstand mittels geeigneter Maßnahmen zu überwachen. Im Unterschied zu § 107 Abs. 4 S. 3 iVm § 100 Abs. 5 AktG, wonach es genügt, wenn mindestens zwei (einfache) Ausschussmitglieder über Sachkunde auf den Gebieten Rechnungslegung und Abschlussprüfung verfügen, verlangt § 25d Abs. 9 S. 2 KWG, dass (auch) der Vorsitzende des Prüfungsausschusses über Sachverstand auf beiden Gebieten verfügt.

Gemäß § 107 Abs. 3 S. 2 AktG hat der Prüfungsausschuss im Zusammenhang mit der Abschlussprüfung neben der Unabhängigkeit auch die Auswahl des Abschlussprüfers sowie die Qualität der Abschlussprüfung und der vom Abschlussprüfer zusätzlich erbrachten Leistungen zu überwachen. Im Rahmen der Abschlussprüferbestellung bei Gesellschaften von öffentlichem Interesse[248] muss der Vorschlag des Aufsichtsrats zur Wahl des Abschlussprüfers zwingend auf die Empfehlung des Prüfungsausschusses gestützt werden und den Namen, ausgeübten Beruf und Wohnort des Abschlussprüfers angeben (§ 124 Abs. 3 S. 2 und S. 4 AktG). Gemäß Art. 5 Abs. 4 EU-APrVO[249] hat der Prüfungsausschuss bei einem Unternehmen von öffentlichem darüber hinaus über Art und Umfang zulässiger Nichtprüfungsleistungen zu entscheiden. Soweit der Jahres- oder Konzernabschluss durch einen Abschlussprüfer zu prüfen ist, hat dieser an den Verhandlungen des Plenums bzw. des Prüfungsausschusses teilzunehmen (§ 171 Abs. 1 S. 2 AktG). Der Abschlussprüfer hat dabei insbesondere über identifizierte wesentliche Schwächen des internen Kontroll- und Risikomanagementsystems bezogen auf den Rechnungslegungsprozess zu berichten. Im Rahmen der Vorprüfung des Jahres- und Konzernabschlusses kann dem Prüfungsausschuss auch die Vorprüfung des Berichts über die Beziehungen zu verbun-

247 Vgl. zu den Aufgaben des Prüfungsausschusses im Einzelnen auch RegBegr., BT-Drucks. 16/10067, S. 102 f.

248 „Unternehmen von öffentlichem Interesse" sind gemäß § 316a S. 2 HGB u. a. alle CRR-Kreditinstitute im Sinne des § 1 Abs. 3d S. 1 KWG mit Ausnahme der Institute nach § 2 Abs. 1 Nr. 1 und 2 KWG (d. h. die Deutsche Bundesbank, die Zentralbanken der EU-Mitgliedstaaten und die Kreditanstalt für Wiederaufbau).

249 Verordnung (EU) Nr. 537/2014 des Europäischen Parlaments und des Rates vom 16. April 2014 über spezifische Anforderungen an die Abschlussprüfung bei Unternehmen von öffentlichem Interesse und zur Aufhebung des Beschlusses 2005/909/EG der Kommission (ABl. L 158 vom 27. 05. 2014, S. 77).

denen Unternehmen (§ 314 AktG) einschließlich der Vorbereitung der entsprechenden Beschlussfassungen des Aufsichtsrats übertragen werden.[250]

Neben den gesetzlichen Anforderungen des KWG und AktG ergeben sich aus dem Corporate Governance Kodex weitere Vorgaben an die Tätigkeit des Prüfungsausschusses. So sollen nach der Empfehlung D.3 DCGK die Bereiche Rechnungslegung und Abschlussprüfung ausdrücklich auch die Nachhaltigkeitsberichterstattung und deren Prüfung umfassen.[251] Für den Vorsitzenden des Prüfungsausschusses bestimmt D.3 DCGK ferner, dass dieser zumindest auf einem der beiden Gebiete entsprechend sachverständig sein muss (d.h. mittelbar ebenfalls über Kenntnisse und Erfahrungen auf dem Gebiet Nachhaltigkeitsberichterstattung verfügen muss).[252] Dem Vorsitzenden des Prüfungsausschusses obliegt zudem die primäre Verantwortung für die Definition des Arbeitsprogramms des Ausschusses.[253] Dies beinhaltet nach dem DCGK auch den regelmäßigen Austausch mit dem Finanzvorstand außerhalb von Ausschusssitzungen sowie die Federführung in der Zusammenarbeit mit dem Abschlussprüfer.[254] Er muss die Wirksamkeit der Ausschussarbeit gewährleisten, den Prozess der Ausschreibung der Abschlussprüfung leiten, die Überwachung der Qualität der Abschlussprüfung steuern und ggf. das Auskunftsrecht der Mitglieder des Prüfungsausschusses nach §§ 25d Abs. 9 S. 3 KWG, 107 Abs. 4 S. 4 AktG gegenüber den Leitern der Zentralbereiche (insbesondere der Leiter des Risikomanagements und der Leiter der Internen Revision) ausüben.[255] 63

Praxistipp:

Angesichts der gesetzlichen Vorgaben an die Zusammensetzung und fachliche Eignung des Prüfungsausschusses, insbesondere bzgl. der erforderlichen Besetzung mit zwei „Finanzexperten“ auf den Gebieten Rechnungslegung und Ab-

250 Die Prüfung und Beschlussfassung als solche können dagegen gemäß § 107 Abs. 3 S. 7 AktG nicht an den Prüfungsausschuss delegiert werden, vgl. auch *Schatz/Schödel* in: Heidel, Aktienrecht und Kapitalmarktrecht, 6. Aufl. 2024, § 314 AktG Rn. 7 ff.

251 Nach der Begründung der am 28. 04. 2022 beschlossenen Änderungen des Deutschen Corporate Governance zu D.3 setzen Erfahrungen auf den Gebieten Rechnungslegung und Abschlussprüfung eine eigene Tätigkeit auf diesen Gebieten – nicht jedoch zwingend eine Ausbildung und Tätigkeit als Wirtschaftsprüfer – voraus.

252 Demgegenüber muss der Ausschussvorsitzende nach § 25d Abs. 9 S. 2 KWG über Sachverstand auf beiden Gebieten (d. h. Rechnungslegung *und* Abschlussprüfung) verfügen, wohingegen es gemäß § 107 Abs. 4 S. 3 iVm. § 100 Abs. 5 AktG genügt, wenn mindestens zwei (einfache) Ausschussmitglieder auf jeweils einem der beiden Gebiete sachkundig sind; siehe auch die Begründung der am 28. 04. 2022 beschlossenen Änderungen des Deutschen Corporate Governance Kodex zu D.3.

253 Begründung der am 28. 04. 2022 beschlossenen Änderungen des Deutschen Corporate Governance zu D.3.

254 Begründung der am 28. 04. 2022 beschlossenen Änderungen des Deutschen Corporate Governance zu D.3.

255 Begründung der am 28. 04. 2022 beschlossenen Änderungen des Deutschen Corporate Governance zu D.3. Zu den Adressaten eines Auskunftsverlangens sollen dabei die Zentraleinheiten der ersten Führungsebene unter dem Vorstand gehören, die die in § 107 Abs. 3 S. 2 genannten Aufgaben zu verantworten haben, RegBegr., BT-Drucks. 19/26966, S. 116.

schlussprüfung, sollten Institute ihre Stellenprofile entsprechend anpassen und ggf. fehlende Expertise aufbauen. Ein besonderes Augenmerk sollte dabei auf den nach dem DCGK mitumfassten Bereich Nachhaltigkeitsberichterstattung nach §§ 289c, 315c HGB (Sustainability Reporting) gelegt werden. Der nachzuweisende Sachverstand in den Bereichen Rechnungslegung und Abschlussprüfung setzt voraus, dass die jeweiligen Mitglieder beruflich mit Rechnungslegung bzw. Abschlussprüfung befasst sind oder waren, was jedoch nach der Gesetzesbegründung zum Bilanzrechtsmodernisierungsgesetz (BilMoG) nicht zwingend eine steuerberatende oder wirtschaftsprüfende Tätigkeit oder eine spezielle berufliche Ausbildung voraussetzt.[256] Vielmehr soll eine entsprechende Expertise bspw. auch für Finanzvorstände, fachkundige Angestellte aus den Bereichen Rechnungswesen und Controlling, Analysten sowie langjährige Mitglieder in Prüfungsausschüssen oder Betriebsräten, die sich diese Fähigkeit im Zuge ihrer Tätigkeit durch Weiterbildung angeeignet haben, angenommen werden können.[257] Hinsichtlich des im DCGK definierten Kompetenzniveaus der „besonderen Kenntnisse und Erfahrungen" ist eine eigene Tätigkeit der beiden Finanzexperten auf diesen Gebieten sowie – falls diese lediglich einfache Ausschussmitglieder sind – auch des Vorsitzenden erforderlich.[258] Bzgl. der nach dem DCGK zusätzlich nachzuweisenden Sachkunde in Fragen der Nachhaltigkeitsberichterstattung sollten Institute zudem frühzeitig etwaige „Lücken" evaluieren und fehlendes Know-how gezielt aufbauen sowie in den Kompetenzprofilen der jeweiligen Finanzexperten und des Ausschussvorsitzenden hinterlegen. Aufgrund der in diesem Bereich erforderlichen Spezialexpertise sollte zudem durch eine umsichtige Nachfolgeplanung sichergestellt sein, dass auch bei einem ungeplanten Ausscheiden von Ausschussmitgliedern geeignete (Ersatz-)Kandidaten kurzfristig identifiziert werden können.

4. Risikoausschuss

64 Die rechtlichen Rahmenbedingungen für Institute zum Aufgabenbereich des Risikoausschusses ergeben sich im Wesentlichen aus § 25d Abs. 8 KWG und den in den MaRisk verkörperten Verwaltungsanweisungen der BaFin. Dem Risikoausschuss obliegt es danach, den Aufsichtsrat zur aktuellen und zur künftigen Gesamtrisikobereitschaft und -strategie des Instituts zu beraten und diesen bei der Überwachung der Umsetzung der Strategie durch die obere Leitungsebene zu unterstützen.[259] Der Risikoausschuss wacht ferner darüber, dass die Konditionen im Kundengeschäft mit dem Geschäftsmodell und der Risikostruktur des Unternehmens im Einklang stehen bzw. fordert – soweit dies nicht der Fall ist – vom Vorstand entsprechende Verbesserungsvorschläge ein und überwacht deren Umsetzung.[260] Der Risikoausschuss prüft zudem, ob die durch das Vergütungssystem gesetzten Anreize die Risiko-, Kapital- und Liquiditätsstruktur des Unternehmens sowie die Wahrscheinlichkeit und Fälligkeit von Einnahmen

---

256 RegBegr., BT-Drucks. 16/10067, 102.
257 RegBegr., BT-Drucks. 16/10067, 102.
258 Begründung der am 28.04.2022 beschlossenen Änderungen des Deutschen Corporate Governance zu D.3.
259 § 25d Abs. 8 S. 1 KWG.
260 § 25d Abs. 8 S. 2 und S. 3 KWG.

berücksichtigen.[261] Analog zum Prüfungsausschussvorsitzenden kann auch der Vorsitzende des Risikoausschusses unmittelbar bei den Leitern der Internen Revision und des Risikocontrollings Auskünfte einholen sowie bei Bedarf den Rat externer Sachverständiger einholen.[262] Gemäß § 25d Abs. 8 S. 10 KWG bestimmt der Risikoausschuss darüber hinaus Art, Umfang, Format und Häufigkeit der Informationen, die der Vorstand zum Thema Strategie und Risiko vorlegen muss.[263]

Die MaRisk bilden den aufsichtsrechtlichen Ordnungsrahmen für die Ausgestal- 65
tung des Risikomanagements von Instituten und dienen damit in erster Linie der Sicherstellung einer ordnungsgemäßen Geschäftsorganisation gemäß § 25a Abs. 1 KWG. Die MaRisk beinhalten keine explizite Aufgabenzuweisung an den Risikoausschuss, erwähnt jedoch in ihren Erläuterungen an mehreren Stellen eine mögliche Übertragung von Zuständigkeiten auf Ausschüsse des Aufsichtsorgans.[264] Aufgrund der Sachnähe wird sich dabei eine (Vor-)Befassung des Risikoausschusses häufig anbieten; je nach Geschäftsorganisation und Ausschussbildung können Themen jedoch auch vom Plenum gesamthaft oder statt bzw. neben dem Risikoausschuss von einem anderen Ausschuss wahrgenommen werden. Als mögliche Aufgabenbereiche des Risikoausschusses kommen z. B. in Betracht:

- Erörterung der Geschäfts- und Risikostrategie des Instituts einschließlich ggf. erforderlicher Anpassungen und Zielabweichungen, auch unter Berücksichtigung der Auswirkungen von ESG-Risiken.[265]
- Sichtung und Prüfung des jährlichen Compliance-Berichts, insbesondere hinsichtlich der Angemessenheit und Wirksamkeit der Regelungen zur Einhaltung der wesentlichen rechtlichen Vorgaben sowie zu möglichen Defiziten und Maßnahmen zu deren Behebung.[266]
- Sichtung und Prüfung der Quartalsberichte und des Jahresberichts der Internen Revision insbesondere hinsichtlich etwaiger aufgedeckter Mängel, der zur Abhilfe ergriffenen Maßnahmen sowie den Status dieser Maßnahmen[267]
- Sichtung und Prüfung des vierteljährlichen Berichts des Vorstands über die Risikosituation einschließlich vorhandener Risikokonzentrationen und et-

261 § 25d Abs. 8 S. 4 KWG; siehe hierzu auch die parallele Zuständigkeit des Vergütungskontrollausschusses nach § 25d Abs. 12 S. 1 Nr. 1 KWG.

262 § 25d Abs. 8 S. 6 und S. 7 KWG.

263 § 25d Abs. 8 S. 10 KWG statuiert damit ein eigenes Informations(gestaltungs)recht des Risikoausschusses gegenüber dem Vorstand und geht damit über die aktienrechtlichen Berichterstattungspflichten nach § 90 Abs. 1 und Abs. 3 AktG hinaus.

264 Erläuterungen der BaFin zum Rundschreiben 10/2021 (BA) vom 16.08.2021.

265 AT 4.2 Ziff. 2 und Ziff. 6 MaRisk; Merkblatt der BaFin zum Umgang mit Nachhaltigkeitsrisiken vom 13.01.2020.

266 AT 4.4.2 Ziff. 7 MaRisk.

267 BT 2.4 Ziff. 4 MaRisk.

waiger besonderer Risiken für die Geschäftsentwicklung und dafür geplanter Maßnahmen.[268]

- Ggf. Sichtung und (Vor-)Prüfung weiterer an die Geschäftsleitung gerichteter Berichte der Risikocontrolling-Funktion, z. B. des vierteljährlichen Gesamtrisikoberichts über die als wesentlich eingestuften Risikoarten, des vierteljährlichen Risikoberichts über die Adressenausfallrisiken (inkl. Entwicklung des Kreditportfolios, Großkredite/Sanierungs- und Abwicklungskredite, Limitüberschreitungen und Entwicklung der Risikovorsorge), des vierteljährlichen Risikoberichts über die vom Institut eingegangenen Marktpreisrisiken einschließlich Zinsänderungsrisiken, des vierteljährlichen – bzw. im Fall von bedeutenden oder kapitalmarktorientierten Instituten – monatlichen Risikoberichts über die Liquiditätsrisiken und die Liquiditätssituation (inkl. Ergebnisse der Stresstests, wesentlicher Änderungen des Notfallplans für Liquiditätsengpässe und ggf. Höhe, Qualität und Zusammensetzung der Liquiditätspuffer), des jährlichen Risikoberichts über bedeutende Schadensfälle und des vierteljährlichen Risikoberichts über die sonstigen vom Institut als wesentlich identifizierten Risiken.[269]

III. Fazit

66 Ausschüsse von Banken unterliegen im Unterschied zu Unternehmen außerhalb der Finanzbranche einer Vielzahl spezialgesetzlicher und verwaltungsrechtlicher Vorschriften. Dies betrifft neben Art und Anzahl der zu bildenden Ausschüsse insbesondere auch die personelle Besetzung und Qualifikation der Ausschussmitglieder als auch die von diesen wahrzunehmenden Aufgaben. Bei der Festlegung des Aufgabenspektrums des Nominierungs-, Vergütungskontroll-, Prüfungs- und Risikoausschusses sind daher neben den gesetzlichen Bestimmungen des AktG und KWG insbesondere auch die zusätzlichen Anforderungen der InstitutsVergV sowie die quasi-verbindlichen Aufsichtsstandards der BaFin (insb. MaComp und MaRisk) und EBA/ESMA (insb. Guidelines zur Internal Governance und Fit & Proper) zu beachten. Die Komplexität der von den Ausschüssen wahrzunehmenden Themen und die Dichte und Dynamik der regulatorischen Anforderungen im Finanzbereich[270] wirken sich auch auf das Aufsichtsratsmanagement und insbesondere auf die mit der Sitzungsorganisation befassten Kompetenzeinheiten aus. So ist neben einer an den gesetzlich geforderten Pflichtinhalten[271] ausgerichteten Tagesordnungsgestaltung insbesondere eine regelmäßige Überprüfung der für die Ausübung der Ausschusstätigkeit erforderlichen fachlichen und zeitlichen Ressourcen sowie die Bereitstel-

268 BT 3.1 Ziff. 5 MaRisk.

269 Siehe zu den Berichten der Risikocontrolling-Funktion im Einzelnen BT 3.2 MaRisk.

270 Zu erwähnen sind hier bspw. die legislativen Entwicklungen in den Bereichen Nachhaltigkeit/ESG, Offenlegung von Ertragssteuerinformationen oder bei den Eigenkapitalanforderungen nach CRR III sowie CRD VI.

271 Zu erwähnen sind hier insbesondere die vom Risiko-, Prüfungs-, Nominierungs- und Vergütungskontrollausschuss nach § 25d Abs. 8, 9, 11 und 12 KWG wahrzunehmenden Aufgaben.

lung geeigneter, den aktuellen Aufsichtsstandards entsprechenden Schulungs- und Fortbildungsprogramme sicherzustellen. Vgl. zum Ganzen Tabelle 4.

D. Muster Regelthemen zur Sitzungsvorbereitung

Die im Muster dargestellten Themenbereiche dienen lediglich der Veranschaulichung. Sie sind weder abschließend noch generell auf alle Institute übertragbar und erfüllen nicht zwingend alle aufsichtsrechtlichen Anforderungen. 67

Tab. 4: Regelthemen Aufsichtsratssitzung

Bereich	**Rechtsgrundlage**	**Thema**
Geschäftsentwicklung	– § 90 Abs. 1 AktG – § 111 Abs. 1 AktG – §§ 89, 111 Abs. 4, 111b AktG – Tz. 34 EBA Guidelines Internal Governance (EBA/GL/2021/05 vom 2. Juli 2021)	– Berichterstattung zu aktuellen geschäftspolitischen, marktwirtschaftlichen oder rechtlichen Handlungsschwerpunkten (Beispiele: Geschäftsaktivitäten, regulatorische/wirtschaftliche/geopolitische/strategische Entwicklungen, bankrelevante Rechtsfälle, geplante Transaktionen, Strukturmaßnahmen, Änderungen in der Geschäftsorganisation etc.) – Umgang mit Umwelt-, Sozial- und Governance-Risiken („ESG-Risiken") – Überwachung der Corporate Governance der Unternehmensführung (z. B. Rechtmäßigkeit von Entscheidungsprozessen, Umsetzung und Wirksamkeit von Maßnahmen des Vorstands etc.) – Ggf. Beschlussfassung zu zustimmungspflichtigen Geschäften
Strategie/ Risikomanagement	– § 90 Abs. 1 AktG – § 25d Abs. 6, Abs. 8, Abs. 9 KWG – § 25c Abs. 3, Abs. 4a Nr. 1 KWG – AT 4.2 MaRisk – AT 4.3.2 MaRisk – BT 3.1 Ziff. 5 MaRisk – Tz. 32 & Tz. 34 EBA Guidelines Internal Governance (EBA/GL/2021/05 vom 2. Juli 2021) – EZB Leitfaden zu Klima- und Umweltrisiken vom November 2020	– Erörterung der Geschäfts- und Risikostrategie des Instituts mit dem Vorstand inkl. Budget- und Personalplanung – Ggf. Erörterung der ESG-Strategie inkl. Klima- und Umweltrisiken – Überwachung der Umsetzung der Strategien und Ziele des Instituts (inkl. „Follow up" Berichterstattung) – Überwachung, dass die Konditionen im Kundengeschäft in Übereinstimmung mit dem Geschäftsmodell und der Risikostruktur des Instituts ausgestaltet sind – Überwachung der Wirksamkeit des Risikomanagementsystems inkl. des internen Kontrollsystems und der Internen Revision

Bereich	Rechtsgrundlage	Thema
Finanzberichte/Rechnungslegung/Abschlussprüfung/Abhängigkeitsbericht	– § 111 Abs. 2 AktG – §§ 171 Abs. 1, Abs. 2, 172 AktG – § 314 Abs. 2, Abs. 3 AktG – § 316 HGB – § 25d Abs. 9 KWG – Tz. 34 EBA Guidelines Internal Governance (EBA/GL/2021/05 vom 2. Juli 2021)	– Überwachung der Durchführung der Abschlussprüfungen inkl. der Unabhängigkeit des Abschlussprüfers und der vom Abschlussprüfer erbrachten Leistungen (Umfang, Häufigkeit, Berichterstattung) – Beschlussfassung zum Vorschlag an die Hauptversammlung zur Wahl des Abschlussprüfers durch die Hauptversammlung – Entscheidung über die Höhe der Vergütung und die Erteilung des Prüfauftrags an den Wirtschaftsprüfer – Erörterung und Prüfung des Jahres- und ggf. Konzernabschlusses inkl. Billigung (Feststellung) – Prüfung des Lageberichts und ggf. des Konzernlageberichts – Prüfung des Gewinnverwendungsvorschlags des Vorstands – Prüfung des Abhängigkeitsberichts und Stellungnahme zum Prüfungsbericht des Wirtschaftsprüfers sowie der Schlusserklärung des Vorstands – Ggf. Überwachung der Behebung etwaiger vom Wirtschaftsprüfer festgestellter Mängel durch den Vorstand – Beschlussfassung zum Bericht des Aufsichtsrats
Vorstand/Vergütung/Evaluierung/Personalthemen	– § 25d Abs. 6, Abs. 8, Abs. 11, Abs. 12 KWG – § 25a Abs. 5b KWG – § 3 InstitutsVergV – § 15 Abs. 2, Abs. 3, Abs. 4 InstitutsVergV – §§ 84 Abs. 1, 111 Abs. 5 AktG – §§ 87, 87a, 120a, 162 AktG – AT 4.4.1 Ziff. 6 MaRisk – AT 4.4.2 Ziff. 8 MaRisk – AT 4.4.3 Ziff. 6 MaRisk – Tz. 174 EBA Guidelines Internal Governance (EBA/GL/2021/05 vom 2. Juli 2021)	– Erörterung der Nachfolgeplanung und Stellenbeschreibung für den Vorstand und Aufsichtsrat unter Berücksichtigung von Diversity Kriterien (Fit & Proper) – Vorbereitung von Wahlvorschlägen an die Hauptversammlung für die Wahl der Mitglieder des Aufsichtsrats – Erarbeitung einer Zielsetzung und Strategie bzgl. der Vertretung des unterrepräsentierten Geschlechts – Bei börsennotierten oder mitbestimmten Instituten Festlegung von Zielgrößen für den Frauenanteil im Aufsichtsrat und Vorstand inkl. Erarbeitung einer Strategie zu deren Erreichung – Effizienzprüfung bzgl. der Struktur, Größe, Zusammensetzung und Leistung des Vorstands und Aufsichtsrats sowie der fachlichen Eignung der einzelnen Mitglieder und des Gesamtorgans (jährlich) – Überprüfung der Grundsätze des Vorstands für die Auswahl und Bestellung der Personen der oberen Leitungsebene – Überwachung des Prozesses zur Identifikation von Risikoträgern auf Grundlage einer Risikoanalyse – Überprüfung der Angemessenheit der Vergütungssysteme für Vorstand und Mitarbeiter inkl. Risikoträger sowie Überwachung der ordnungsgemäßen Einbeziehung der internen maßgeblichen (Kontroll-)Einheiten – Prüfung der Auswirkungen der Vergütungssysteme auf die Risiko-, Kapital- und Liquiditätsstruktur des Instituts – Festsetzung der individuellen Vergütung des Vorstands, insbesondere unter Berücksichtigung von Leistungs-, Angemessenheits-, Risiko- und Nachhaltigkeitsaspekten – Bei börsennotierten Instituten zusätzlich Ausarbeitung des Vergütungssystems für den Vorstand und des Vergütungsberichts sowie Vorlage an die Hauptversammlung zur Billigung – Vorstandsvertragsthemen (z. B. bei Verlängerung, Aufhebung, Anpassung) – Ggf. Zustimmung bei personellen Wechseln der Leiter der internen Kontrollfunktionen

Bereich	Rechtsgrundlage	Thema
Governance/ Compliance	– § 25d Abs. 6 KWG – § 25c Abs. 4a Nr. 3 KWG – § 91 Abs. 2 AktG – AT 4.4.2 Ziff. 7 MaRisk – BT 2.4 Ziff. 4 MaRisk – BT 2.4 Ziff. 5 MaRisk – Tz. 34 & Tz. 192 EBA Guidelines Internal Governance (EBA/GL/2021/05 vom 2. Juli 2021)	– Überwachung der Wirksamkeit des Risikomanagementrahmens, des internen Kontrollsystems und der Internen Revision inkl. der Unabhängigkeit der Kontrollfunktionen – Überwachung der Einhaltung der bankaufsichtsrechtlichen Regelungen durch den Vorstand – Überprüfung der Wirksamkeit des Rahmenwerks für die interne Governance des Instituts – Überwachung der Einrichtung und Umsetzung wirksamer Richtlinien zum Umgang mit Interessenkonflikten – Überwachung der Umsetzung des Prüfungsplans der internen Revision – Überwachung der Einhaltung der rechtlichen Anforderungen im Zusammenhang mit der Steuerung und Offenlegung von Nachhaltigkeitsrisiken (ESG)

Quelle: Eigene Darstellung auf Basis der für Institute wesentlichen regulatorischen Anforderungen

Kapitel IV: Das Verhältnis des Aufsichtsrats zu anderen Einheiten der Bank

Inhaltsübersicht

A. Einleitung

Im aktienrechtlichen Gefüge der Organe einer AG steht der Aufsichtsrat **gleichberechtigt** neben Vorstand und Hauptversammlung. Eine Hierarchie der Organe gibt es nicht. 1

Die zunehmend strenge Regulierung der Finanzbranche hat in den letzten Jahren jedoch bewusst durch eine Vielzahl an gesetzlichen Regelungen und untergesetzlichen Vorgaben eine weitere Stärkung des Aufsichtsrats vorangetrieben – teils in Ergänzung zur aktienrechtlichen Grundkonzeption, teils in deutlicher 2

Abweichung von ihr.[1] Dies betrifft auch das **Verhältnis des Aufsichtsrats zu anderen Organen und Stakeholdern der Bank.**

3 Ziel dieser regulatorischen Vorgaben ist die **Stärkung der Kontroll- und Überwachungsfunktion** des Aufsichtsrats.[2] Diese kann nur erreicht werden, wenn der Aufsichtsrat stärker als üblich in das Informationsgefüge des Unternehmens eingebunden ist. Dies wiederum setzt das Bestehen einer Informationsinfrastruktur voraus, die sicherstellt, dass der Aufsichtsrat zum einen rechtzeitig und proaktiv aus dem Unternehmen heraus über relevante Ereignisse und/oder Risiken informiert wird und zum anderen in der Lage ist, jederzeit selbst entsprechende Informationen bei der Geschäftsleitung und u. U. auch direkt bei einzelnen Kontrolleinheiten anzufordern. Die bankaufsichtsrechtlichen Regelungen versuchen, die Einbindung des Aufsichtsrats in eine derartige Informationsinfrastruktur zu erreichen, indem sie einen stärkeren Informationsfluss an den Aufsichtsrat verlangen und eine intensivere und direkte Vernetzung des Aufsichtsrats mit unterschiedlichen (Kontroll-)Funktionen im Unternehmen fördern. So sollen der Aufsichtsrat und der Nominierungsausschuss, falls ein solcher eingerichtet ist, gemäß Tz. 126 der EBA-Leitlinien zur Bewertung der Eignung von Mitgliedern des Leitungsorgans und Inhabern von Schlüsselfunktionen vom 02. 07. 2021[3] über „Zugang zu allen erforderlichen Informationen verfügen, um ihre Aufgaben zu erfüllen, und in der Lage sein, bei Bedarf die relevanten internen Kontrollfunktionen und sonstige zuständige interne Funktionen einzuschalten".

4 Dies stellt eine nicht unerhebliche Veränderung des vom Aktienrecht vorgesehenen **Informationsgefüges** innerhalb der AG dar, demzufolge der Aufsichtsrat seine Informationen grundsätzlich ausnahmslos durch den Vorstand erhält. Zwar erkennen die aufsichtsrechtlichen Regelungen an und sehen teilweise sogar explizit vor, dass der Vorstand auch weiterhin zumindest zeitgleich über Informationsflüsse an den Aufsichtsrat zu unterrichten ist. Gerade im Austausch mit Kontrolleinheiten erlangt der Aufsichtsrat inzwischen durch die aufsichtsrechtlichen Regelungen allerdings deutlich bessere Einblicke als zu früheren Zeiten.[4]

5 Diese regulatorischen Entwicklungen hatten auch eine gewisse „Ausstrahlungswirkung" auf das Aktienrecht. Zwar war es schon nach tradierter Rechtslage auf Basis des § 109 Abs. 1 AktG möglich, dass Angestellte des Unternehmens als „Auskunftspersonen" an Sitzungen des Aufsichtsrats teilnahmen – dies nach

---

1 Vgl. *Böcking/Bundle* in: Hopt/Binder/Böcking, Handbuch Corporate Governance von Banken und Versicherungen, 2. Aufl., 2020, § 2, Rn. 31; *Wolfgarten* in: Boos/Fischer/Schulte-Mattler, KWG, CRR-VO, 5. Aufl., 2016, Rn. 1.

2 Siehe dazu auch die EBA-Leitlinien zur Bewertung der Eignung von Mitgliedern des Leitungsorgans und Inhabern von Schlüsselfunktionen vom 02. 07. 2021 (EBA/GL/2021/06), Tz. 65.

3 EBA/GL/2021/06.

4 Siehe dazu die näheren Ausführungen in den nachfolgenden Abschnitten.

wohl immer noch h. M. jedoch nur unter Vermittlung des Vorstandes.[5] Eine im Vordingen befindliche Meinung hält allerdings eine direkte Befragung von Angestellten auch ohne Zustimmung des Vorstands für möglich, um die **Kontrollfunktion des Aufsichtsrats** zu stärken und eine „unbefangene Informationserteilung“[6] zu ermöglichen. Des Weiteren wurde durch das FISG[7] im Jahr 2021 in § 107 Abs. 4 AktG eine Regelung für „Unternehmen von öffentlichem Interesse“ (wozu auch CRR-Kreditinstitute und kapitalmarktorientierte Unternehmen gehören)[8] eingeführt, derzufolge der Prüfungsausschuss des Aufsichtsrats unmittelbar bei den Leitern derjenigen Zentralbereiche der Gesellschaft Auskünfte einholen kann, die in der Gesellschaft für Aufgaben zuständig sind, die den Prüfungsausschuss betreffen.

Nicht übersehen werden sollte allerdings auch, dass die Aufwertung und engere Einbindung des Aufsichtsrats in aktienrechtlicher Hinsicht durchaus zu einem höheren persönlichen Haftungsrisiko der einzelnen Aufsichtsratsmitglieder führt.[9] Es darf jedoch vermutet werden, dass genau dieser Effekt durchaus im Sinne des regulatorischen „Erfinders“ ist, der sich durch die Stärkung des Aufsichtsrats ja eine Verbesserung des Prinzips der **„Checks & Balances“** erhofft; ein erhöhtes Haftungsrisiko seitens des Aufsichtsrats lässt den Regulator darauf hoffen, dass die Aufsichtsratsmitglieder ihre Überwachungs- und Kontrollaufgaben umso sorgfältiger wahrnehmen. 6

Praxistipp: 7

Vor diesem Hintergrund empfiehlt es sich für den Bank-Aufsichtsrat mehr denn je, nicht nur seiner Überwachungsaufgabe besonders sorgfältig nachzukommen, sondern dies auch entsprechend zu dokumentieren. Dazu gehört nicht nur, die vorgelegten Sitzungsunterlagen sorgfältig durchzuarbeiten, sondern – je nach Situation des Einzelfalls – auch,

- die vorgelegten Informationen kritisch zu hinterfragen,
- bei Bedarf in der Sitzung weitergehende Nachfragen/Verständnisfragen zu stellen,
- soweit angezeigt, um weitere Analysen und/oder ergänzende Informationen zu bitten,
- im Bedarfsfall Diskussionen anzustoßen bzw. im Aufsichtsrat einzufordern,
- fachkundige interne oder externe Beratung hinzuzuziehen, soweit erforderlich.

Die Erfahrung in der Praxis zeigt ferner, dass die Aufsichtsbehörden gerne ausgeprägte (auch kontroverse) Diskussionen in den Gremien sehen. Dies mag zum Teil darauf zurückzuführen sein, dass den Behörden hinsichtlich der (Entscheidungs-)Abläufe in Wirtschaftsunternehmen nicht immer ganz klar zu sein

5 *Habersack* in: MüKo-AktG, 6. Aufl., 2023, § 109, Rn. 20.
6 *Habersack* in: MüKo-AktG, 6. Aufl., 2023, § 109, Rn. 20 mit weiteren Angaben zur im Vordringen befindlichen Gegenansicht.
7 Gesetz zur Stärkung der Finanzmarktintegrität vom 03.06.2021, BGBl. 2021 I 1534.
8 Vgl. § 316a Satz 2 HGB.
9 Siehe insgesamt Kapitel V. Verantwortlichkeit und Haftung.

scheint, dass in vielen Fällen im Vorfeld von Gremienentscheidungen bereits umfangreiche nicht-formalisierte interne Abstimmungen auf unterschiedlichen Hierarchieebenen (auf Arbeitsebene, zwischen Arbeitsebene und Vorstandsmitgliedern, bilateral zwischen Vorstandsmitgliedern unterschiedlicher Ressorts sowie zwischen CEO und Aufsichtsratsvorsitzendem) stattfinden, was im Einzelfall dazu führen kann, dass im Rahmen der finalen Gremienentscheidung kein großer Diskussionsbedarf mehr besteht, weil alle Aspekte im Vorfeld geklärt wurden. Gleichwohl sind die Gremien – allen voran der Aufsichtsrat, der in das Tagesgeschäft naturgemäß nicht so eng eingebunden ist – gut beraten, die Erwartungshaltung der Aufsichtsbehörden an die gremieninterne Kommunikation und Diskussion nicht zu ignorieren. Ein offener und lebendiger Austausch in den Gremiensitzungen zeugt nicht nur von einer guten Kommunikationskultur, die sich Zeit nimmt, die anstehenden Themen aus allen relevanten Perspektiven zu beleuchten, sondern wird nicht selten von der Aufsicht als ein Kriterium einer guten Corporate Governance angesehen.

B. Aufsichtsrat und Vorstand

I. Allgemeines

8 Das **Verhältnis des Aufsichtsrats zum Vorstand** der Bank wurde bereits in den vorangehenden Kapiteln näher beleuchtet.[10] Der Aufsichtsrat kontrolliert und berät den Vorstand und unterliegt bei seiner Aufgabenerfüllung den gleichen Haftungsprinzipien wie der Vorstand.[11] Die regulatorischen Bestrebungen, die Rolle des Aufsichtsrats zu stärken, betonen freilich seine Kontroll- und Überwachungsfunktion. Angefangen von umfangreichen „Fit&Proper"-Tests zur Überprüfung der fachlichen Eignung von Vorstands- und Aufsichtsratsmitgliedern über die Kontrolle der Ausgestaltung der Vergütungssysteme bis hin zur Erörterung und Überwachung von Strategien und Risiken des Unternehmens wurde der Aufgabenkatalog des Aufsichtsrats eines Kreditinstituts in den vergangenen Jahren deutlich erweitert und präzisiert. Die Überwachung des Vorstands durch den Aufsichtsrat erstreckt sich – in diesem Kontext wenig überraschend – explizit auch auf die für den Vorstand geltenden (ebenfalls erheblich erweiterten) bankaufsichtsrechtlichen Vorgaben (vgl. § 25d Abs. 6 KWG).

II. Intensivierter Informationsaustausch: Berichtspflichten des Vorstands und Auskunftsrechte des Aufsichtsrats

9 Nach den aktienrechtlichen Grundprinzipien (insbesondere § 90 Abs. 1 und 2 AktG) hat der Vorstand dem Aufsichtsrat **regelmäßig Bericht zu erstatten**, und zwar u. a. hinsichtlich Geschäftspolitik, Rentabilität, Umsatz, Lage der Gesellschaft und Geschäfte von erheblicher Bedeutung. Soweit die AG Mutterunter-

---

10 Siehe dazu u. a. Rn. 9 in Kapitel 2 B.I., Rn. 10 ff. in Kapitel 2 B. und Rn. 28 ff. in Kapitel 2 B.III.); bzgl. Vorstandsvergütung siehe Rn. 5 in Kapitel 6 B.

11 Zu den Details der Haftung des Aufsichtsrats siehe Rn. 2 in Kapitel 5 B.

nehmen im Sinne des § 290 HGB ist, umfasst die Berichtspflicht auch die Tochterunternehmen und Gemeinschaftsunternehmen (§ 310 HGB) im Konzern.

Die Regelungen in § 90 AktG sind nicht abschließend.[12] Dies ergibt sich zum einen bereits daraus, dass auch für den Aufsichtsrat die **Business Judgement Rule** gilt, derzufolge jede unternehmerische Entscheidung des Aufsichtsrats (z. B. im Rahmen des Katalogs der zustimmungspflichtigen Geschäfte) auf ausreichender Informationsgrundlage zu erfolgen hat. Dies setzt im konkreten Einzelfall voraus, dass der Vorstand den Aufsichtsrat – über die allgemeinen Berichte hinaus – in einer Weise hinreichend informiert, die es dem Aufsichtsrat ermöglicht, bei seiner Entscheidung den Voraussetzungen der Business Judgement Rule zu genügen. Zum anderen ist der Aufsichtsrat nach heute h. M. berechtigt, jederzeit einen Zustimmungsvorbehalt für ein Einzelgeschäft „ad hoc" zu etablieren.[13] Dies wiederum ist ihm jedoch nur dann möglich, wenn er über alle wesentlichen Vorgänge hinreichend informiert ist. 10

Die Berichte des Vorstands haben grundsätzlich in Textform zu erfolgen und sind „möglichst rechtzeitig" zu erstatten (§ 90 Abs. 4 AktG). Die Formulierung „in Textform" erlaubt die Nutzung moderner Kommunikationsmittel und lässt daher auch Berichte per E-Mail genügen. Eine hinreichende Rechtzeitigkeit ist gegeben, wenn die Berichte dem Aufsichtsrat mit einem zeitlichen Vorlauf zugehen, der es erlaubt, sie eingehend zu lesen und gegebenenfalls weitere Informationen einzuholen.[14] 11

Jedes Aufsichtsratsmitglied hat ein Recht auf Kenntnis der Vorstandsberichte (§ 90 Abs. 5 AktG). Dieses Recht kann nicht ausgeschlossen werden; auch nicht durch Einrichtung eines Aufsichtsratsausschusses zur Entgegennahme der Vorstandsberichte, dessen Sitzungen gemäß § 109 Abs. 2 AktG auf die Ausschussmitglieder begrenzt sind.[15] 12

Die **Berichtspflicht** des Vorstands wird ergänzt durch ein jederzeitiges **Auskunftsrecht** des Aufsichtsrats, § 90 Abs. 4 AktG. Dies ist notwendig, um eine effektive Kontrolle der Geschäftsleitung durch den Aufsichtsrat zu gewährleisten, da die Einschätzungen über Berichtsnotwendigkeiten zwischen Aufsichtsrat und Vorstand divergieren können. Das Auskunftsrecht des Aufsichtsrats bezieht sich auf die „Angelegenheiten der Gesellschaft" und ist weit auszulegen. Insbesondere ist das Auskunftsrecht nicht auf Vorgänge von erheblicher Bedeutung beschränkt; seine Grenze findet es erst im Rechtsmissbrauch.[16] Das Recht auf Auskunft ist genau genommen ein Recht der AG auf Auskunft gegenüber ihrem Vorstand, das vom Aufsichtsrat als Organ in Vertretung für die Gesellschaft wahrgenommen wird. Die Wahrnehmung des Auskunftsrechts kann sich u. U. zu einer Pflicht des Aufsichtsrats verdichten. Aufsichtsratsmitglieder, die in 13

12 *Spindler* in: MüKo-AktG, 6. Aufl., 2023, § 90, Rn. 3.
13 *Habersack* in: MüKo-AktG, 6. Aufl., 20239, § 111, Rn. 131.
14 *Spindler* in: MüKo-AktG, 6. Aufl., 2023, § 90, Rn. 15.
15 *Spindler* in: MüKo-AktG, 5. Aufl., 2019, § 90, Rn. 10.
16 *Spindler* in: MüKo-AktG, 6. Aufl., 2023, § 90, Rn. 34.

dieser Situation schuldhaft nicht von ihrem Recht auf Auskunft Gebrauch machen, können sich gegenüber der Gesellschaft schadensersatzpflichtig machen (§§ 116, 93 AktG).[17]

14 Das **Auskunftsrecht** steht nicht nur dem Aufsichtsrat insgesamt, sondern auch jedem einzelnen Aufsichtsratsmitglied zu. Allerdings kann ein einzelnes Aufsichtsratsmitglied vom Vorstand stets nur eine Berichterstattung an den gesamten Aufsichtsrat und nicht exklusiv an sich verlangen.[18]

15 Nach allgemeinen aktienrechtlichen Grundsätzen kann der Aufsichtsrat Auskunft grundsätzlich nur vom Vorstand verlangen; ein Auskunftsrecht gegenüber Angestellten oder ein direkter Zugang zu IT-gestützten Managementinformationssystemen besteht nicht bzw. nur in Ausnahmefällen. Anders ist dies jedoch beim **Aufsichtsrat einer Bank**. Dieser genießt ein **erweitertes Auskunftsrecht** auf Basis der bankaufsichtsrechtlichen Regelungen. Siehe dazu die näheren Ausführungen nachfolgend unter Rn. 18 ff.

III. Das Untersuchungsrecht des Aufsichtsrats

16 Vom Auskunftsrecht nach § 90 AktG zu unterscheiden ist das Recht des Aufsichtsrats gemäß § 111 Abs. 2 AktG, **Einsicht** in die Bücher und Schriften sowie die Vermögensgegenstände, namentlich die Kasse und die Bestände an Wertpapieren und Waren zu nehmen. Dafür ist ein Beschluss des Aufsichtsrats nötig. Das Untersuchungsrecht steht nur dem Aufsichtsrat als Gesamtorgan (und nicht auch den einzelnen Aufsichtsratsmitgliedern) zu.[19] Allerdings muss der Aufsichtsrat die Einsicht nicht als Gesamtorgan vornehmen, sondern kann einzelne seiner Mitglieder damit beauftragen. Hierfür gelten die allgemeinen aktienrechtlichen Regeln. Insbesondere gilt der Grundsatz, dass die Information des Aufsichtsrats durch den Vorstand Vorrang hat vor der eigenständigen (vorstandsunabhängigen) Informationseinholung seitens des Aufsichtsrats.[20] Auf die Richtigkeit der Vorstandsberichte darf sich der Aufsichtsrat grundsätzlich verlassen.[21]

17 Hiervon zu unterscheiden sind eigenständige **„interne Untersuchungen“** (auch **„Internal Investigations“** genannt) des Aufsichtsrats, welche nur in Grenzen zulässig sind. Für interne Untersuchungen des Aufsichtsrats gelten auch in Kreditinstituten die allgemeinen aktienrechtlichen Regeln. Demnach stellen interne Untersuchungen eine sog. Geschäftsführungsmaßnahme dar, die dem Vorstand vorbehalten ist.[22] Daneben steht dem Aufsichtsrat nach wohl überwiegender Ansicht ein eigenes Untersuchungsrecht nicht bzw. nur in Ausnahmefällen zu, nämlich z. B. dann, wenn der Vorstand trotz des Vorliegens von Anhaltspunkten für erhebliche Compliance-Verstöße Aufklärungsmaßnahmen unter-

17 *Spindler* in: MüKo-AktG, 6. Aufl., 2023, § 90, Rn. 37.
18 *Spindler* in: MüKo-AktG, 6. Aufl., 2023, § 90, Rn. 42.
19 *Spindler* in: MüKo-AktG, 6. Aufl., 2023, § 90, Rn. 44.
20 *Rothenburg* in: Goette/Arnold, Handbuch Aufsichtsrat, 2. Aufl., 2024, § 4, Rn. 359.
21 *Rothenburg* in: Goette/Arnold, Handbuch Aufsichtsrat, 2. Aufl., 2024, § 4, Rn. 359.
22 *Rothenburg* in: Goette/Arnold, Handbuch Aufsichtsrat, 2. Aufl., 2024, § 4, Rn. 354.

lässt oder im Rahmen einer laufenden Untersuchung den Aufsichtsrat ungenügend informiert oder sogar der konkrete Verdacht besteht, dass Vorstandsmitglieder selbst Compliance-Verstöße begangen haben.[23] Ein abstrakter Verdacht, dass Vorstandsmitglieder verstrickt sein könnten, reicht hingegen nicht aus.[24] In aller Regel wird sich der Aufsichtsrat daher (zunächst) mit einer (konstruktiv) kritisch begleitenden Rolle und einer Auswertung der Ergebnisse der vom Vorstand durchgeführten Untersuchung begnügen müssen, soweit keine konkreten Anhaltspunkte dafür vorliegen, dass eine der vorstehend genannten Ausnahmesituationen vorliegt (z. B. weil Vorstandsmitglieder ihre Untersuchungs- und Aufklärungspflichten verletzt haben).

C. Aufsichtsrat und Kontrollfunktionen

I. Allgemeines

Eine besondere Privilegierung erfährt der Bank-Aufsichtsrat durch Sonderrege- 18
lungen im Bankaufsichtsrecht (u. a. in § 25d KWG), die ihm – entgegen der aktienrechtlichen Vorgaben – die **direkte Einholung von Auskünften** bei bestimmten leitenden Angestellten des Unternehmens erlauben – und zwar ohne Einholung einer vorherigen Zustimmung des Vorstands; der Vorstand ist lediglich zu informieren.[25] Diese Privilegierung steht in Widerspruch zum ursprünglichen Grundgedanken des Aktienrechts, wonach der Aufsichtsrat grundsätzlich alle notwendigen Informationen vom Vorstand erhält bzw. einfordern kann, ohne jedoch selbst auf die dem Vorstand unterstellten Mitarbeiter des Unternehmens zugreifen zu dürfen (Grundsatz der Informationshoheit des Vorstandes). Sinn und Zweck der bankaufsichtsrechtlichen Regelungen erschließen sich mit Blick auf die Zielsetzung einer Stärkung und Professionalisierung des Aufsichtsrats aber auf Anhieb, bieten sie doch wirksame Mittel für den Aufsichtsrat, um seiner Kontrollfunktion noch effektiver gerecht zu werden, indem sie die Informationshoheit des Vorstandes durchbrechen.[26] Sie versetzen den Bank-Aufsichtsrat in die Lage, jederzeit – und somit schnell und kurzfristig – den Kenntnisstand der internen Kontrollfunktionen zu bestimmten Themen abzufragen und darauf aufsetzend die Frage zu beantworten, ob und inwieweit der Aufsichtsrat ggfs. eigene Untersuchungen in die Wege leiten sollte. Zugleich stellen die Regelungen durch das Erfordernis einer jeweils zumindest gleichzeitigen Information des Vorstands einen Informations-Gleichlauf zwischen Vor-

23 *Wilsing/Winkler* in: Semler/v. Schenck/Wilsing, Arbeitshandbuch für Aufsichtsratsmitglieder, 5. Aufl., 2021, § 8, Rn. 24 ff.; *Rothenburg* in: Goette/Arnold, Handbuch Aufsichtsrat, 2. Aufl., 2024, § 4, Rn. 356.

24 *Ghassemi-Tabar/Wenzl* in: Münchener Handbuch des Gesellschaftsrechts, Bd. 7, 6. Aufl., 2020, § 107, Rn. 25; *Rothenburg* in: Goette/Arnold, Handbuch Aufsichtsrat, 2. Aufl., 2024, § 4, Rn. 356.

25 Vgl. hierzu z. B. § 25 Abs. 8 Satz 7 f. oder § 25 Abs. 9 Satz 3 f. KWG.

26 *Henning* in: Hopt/Binder/Böcking, Handbuch Corporate Governance von Banken und Versicherungen, 2.A., 2020, § 14, Rn. 52.

stand und Aufsichtsrat sicher und verhindern das Entstehen von Informations-Asymmetrien zugunsten des Aufsichtsrats.

19 Eine besondere Aufwertung haben in diesem Zusammenhang die „internen Kontrollfunktionen" erfahren, zu denen die **EBA-Leitlinie für interne Governance** (i) das Risikocontrolling, (ii) die Compliance und (iii) die interne Revision zählen.[27] Gemäß Ziff. 3 Tz. 34 der EBA-Leitlinien gehört es u. a. zur Aufgabe des Aufsichtsrats sicherzustellen, dass die Leiter dieser internen Kontrollfunktionen – ungeachtet anderer Berichtspflichten – soweit erforderlich **direkt gegenüber dem Aufsichtsrat Bedenken äußern** und diesen warnen können, wenn „nachteilige Risikoentwicklungen das Institut beeinträchtigen oder beeinträchtigen können".[28]

II. Aufsichtsrat und Compliance

20 Das Verhältnis zwischen Aufsichtsrat und Compliance ist in aufsichtsrechtlicher Hinsicht in einer Vielzahl unterschiedlicher Vorschriften geregelt. Die wichtigsten sind die „Mindestanforderungen an die Compliance-Funktion und weitere Verhaltens-, Organisations- und Transparenzpflichten" (MaComp) der BaFin[29], die EBA-Leitlinien zur internen Governance[30] und die „Mindestanforderung an das Risikomanagement" (MaRisk) der BaFin[31].

21 Die Compliance gehört zu den sog. **„internen Kontrollfunktionen"**, ist als sog. „Second-Level-Control" Bestandteil des „internen Kontrollsystems"[32] und wird ihrerseits von der Internen Revision („Third-Level-Control") kontrolliert.[33] Aufgabe der Compliance ist es, denjenigen Risiken, die sich aus einer Nichteinhaltung rechtlicher Regelungen und Vorgaben ergeben können, entgegenzuwirken.[34] Gemäß MaRisk hat die Compliance auf die Implementierung wirksamer Verfahren zur Einhaltung der für das Institut wesentlichen rechtlichen Regelungen und Vorgaben und entsprechender Kontrollen hinzuwirken und die Geschäftsleitung entsprechend zu beraten.[35] Die Compliance hat somit sowohl eine präventive („Verfahren zur Einhaltung") als auch eine reaktive Funktion („Kontrolle"). In jedem Fall bleiben allerdings die Geschäftsleiter des Instituts – und zwar unbeschadet der Aufgaben der Compliance – für die Einhaltung von Recht und Gesetz durch die Bank (letzt-)verantwortlich.

22 Gemäß MaComp BT 1.1 Tz. 1 muss die Compliance (von der Geschäftsleitung) so eingerichtet und ausgestattet sein, dass sie „ihre Aufgabe unabhängig wahrneh-

27 EBA/GL/2021/05 Tz. 169.
28 EBA/GL/2021/05 Tz. 34, lit. i.
29 BaFin-Rundschreiben 05/2018 (WA); die MaComp gelten für alle Kredit- und Finanzdienstleistungsinstitute, die Wertpapierdienstleistungen erbringen.
30 EBA/GL/2021/05 vom 02.07.2021.
31 BaFin-Rundschreiben 10/2021 (BA).
32 MaRisk AT 1 Tz. 1.
33 EBA/GL/2021/05 Tz. 169.
34 MaRisk AT 4.4.2 Tz. 1.
35 MaRisk AT 4.4.2 Tz. 1.

men kann". Die Letztverantwortung für die Compliance-Funktion liegt bei der Geschäftsleitung.[36]

Die Compliance kann organisatorisch an andere Kontrolleinheiten (z. B. an das Risikocontrolling; nicht jedoch an die Interne Revision) angebunden sein. Bedeutende Institute haben für die Compliance-Organisation jedoch grundsätzlich eine eigenständige Organisationseinheit einzurichten.[37] 23

1. Direkte und indirekte Berichtswege

Die regulatorischen Vorgaben erkennen an, dass die Compliance-Funktion ein Instrument der Geschäftsleitung ist.[38] Die Compliance-Funktion hat grundsätzlich direkt der Geschäftsleitung unterstellt zu sein[39] und ist daher primär gegenüber dieser berichtspflichtig. Gemäß MaComp BT 1.2.2 Tz. 3 sind die **Berichte der Compliance-Funktion** allerdings auch dem Aufsichtsrat zu übermitteln. Die Übermittlung hat dabei grundsätzlich über die Geschäftsleitung zu erfolgen; eine **Pflicht** der Compliance, Compliance-Berichte ohne vorherige Information der Geschäftsleitung direkt an den Aufsichtsrat zu übersenden, besteht grundsätzlich nicht (zu den Ausnahmen siehe nachfolgend). Etwaige durch die Geschäftsleitung veranlasste inhaltliche Änderungen dieser Berichte sind zu dokumentieren und dem Vorsitzenden des Aufsichtsrats zur Kenntnis zu bringen.[40] 24

Ähnliches ergibt sich aus den MaRisk, wonach der Jahresbericht der Compliance sowie anlassbezogene **Berichte über die Tätigkeiten der Compliance** auch an den Aufsichtsrat weiterzuleiten sind, vgl. MaRisk AT 4.4.2 Tz. 7. Aus den ergänzenden Erläuterungen der BaFin ist zu entnehmen, dass die Weiterleitung seitens des Aufsichtsrats aus Sicht der Aufsicht auch auf einen Aufsichtsratsausschuss beschränkt werden kann, sofern sichergestellt ist, dass der Vorsitzende des Ausschusses das Aufsichtsratsplenum regelmäßig informiert und jedem Aufsichtsratsmitglied das Recht eingeräumt ist, die an den Ausschuss gerichtete Berichterstattung einzusehen. Damit wird deutlich, dass der Regulator den aktienrechtlichen Möglichkeiten zur internen Organisation des Aufsichtsrats gemäß § 107 AktG in dieser Hinsicht keine weitergehenden regulatorischen Einschränkungen auferlegen wollte, was aus Sicht der Praxis zu begrüßen ist. Entsprechende Regelungen zur Aufgabenübertragung an Ausschüsse können durch die Geschäftsordnung des Aufsichtsrats erfolgen. Das Erfordernis eines regelmäßigen Berichts im Aufsichtsratsplenum über die Arbeit der Ausschüsse ergibt sich bereits aus § 107 Abs. 3 Satz 8 AktG. Auch das Einsichtsrecht ausschussfremder Aufsichtsratsmitglieder in die Sitzungsunterlagen eines Ausschusses stellt einen aktienrechtlichen Grundsatz dar, der gemäß § 109 Abs. 2 AktG nur in Ausnahmefällen auf Anordnung des Aufsichtsratsvorsitzenden bei 25

36 MaComp BT 1.1 Tz. 1 und BT 1.2.1 Tz. 2.
37 MaRisk AT 4.4.2, Tz. 3 und 4.
38 Vgl. MaRisk AT 4.4.2 (v. a. Tz. 3) sowie MaComp BT 1.1 (insbesondere Tz. 2).
39 Vgl. MaRisk AT 4.4.2 Tz. 3.
40 MaComp BT 1.1 Tz. 4.

Vorliegen eines sachlichen Grundes ausgeschlossen werden kann.[41] Die Sicherstellung des Einsichtnahmerechts kann in der Praxis unschwer über entsprechende Zugangsberechtigungen für ein dem Aufsichtsrat zur Verfügung stehendes elektronisches Laufwerk bzw. einen entsprechenden elektronischen Datenraum ermöglicht werden.

26 Eine über das Vorstehende hinausgehende Sonderregelung mit dem Zweck einer weiteren Stärkung der Compliance-Funktion enthalten die EBA-Leitlinien zur internen Governance, die der Compliance in Ausnahmefällen ein **Recht** auf einen **direkten Bericht an den Aufsichtsrat** gibt. Demnach sollten die für die Bekämpfung von Geldwäsche/Terrorismusfinanzierung zuständige Person/der Geldwäsche-Beauftragte (der in der Praxis häufig personenidentisch mit dem Leiter der Compliance ist) sowie die Leiter der internen Kontrollfunktionen (also auch der Leiter der Compliance) – soweit notwendig – in der Lage sein, **sich direkt an den Aufsichtsrat zu wenden** und diesem Bericht zu erstatten, um Bedenken zu äußern und den Aufsichtsrat gegebenenfalls zu warnen, wenn bestimmte Entwicklungen das Institut beeinträchtigen (können), vgl. Ziff. 19 Tz. 171 und 173 der EBA-Leitlinien zur internen Governance. Diese Regelungen sind nach hier vertretener Auffassung allerdings nicht so zu verstehen, dass damit die primäre Berichtspflicht gegenüber der Geschäftsleitung suspendiert oder ersetzt wird. Eine andere Interpretation ließe sich mit den aktienrechtlichen Zuständigkeiten und der regulatorischen Intention, einen unternehmensinternen Informationsaustausch zu stärken, kaum in Einklang bringen. Die EBA-Leitlinien sind vielmehr so zu verstehen, dass – zusätzlich zu den üblichen Berichtswegen an die Geschäftsleitung – das Recht hinzutritt, selbst direkt an den Aufsichtsrat heranzutreten. Dies ergibt sich auch aus dem Wortlaut der EBA-Leitlinien, wonach die Leiter der Kontrollfunktionen durch diese Befugnis „nicht davon abgehalten werden, auch innerhalb der regulären Berichtswege Bericht zu erstatten".[42] Auch in Bezug auf den Geldwäsche-Beauftragten ist die Rede davon, dass er erforderlichenfalls in der Lage sein sollte, „dem Leitungsorgan in seiner Leitungs- und in seiner Aufsichtsfunktion direkt Bericht zu erstatten"; auch hier ist also ein (jeweils direkter) Bericht an Geschäftsleitung *und* Aufsichtsrat gemeint.[43]

27 Im Ergebnis wird damit hinsichtlich der Information an den Aufsichtsrat lediglich der „Umweg" über die Geschäftsleitung ausnahmsweise ausgesetzt, um den Aufsichtsrat zeitnah und aus erster Hand mit wichtigen Informationen zu versorgen.

28 *Praxistipp:*

Dies kann in der Praxis insbesondere dann eine Rolle spielen, wenn die Sorge besteht, dass die Geschäftsleitung selbst z. B. einem Interessenkonflikt unterliegt oder gar ihre Pflichten verletzt haben könnte. Zugleich – also neben der Informa-

41 *Habersack* in: MüKo-AktG, 6. Aufl., 2023, § 109, Rn. 26 ff.
42 Ziff. 19 Tz. 173 der EBA-Leitlinien zur internen Governance.
43 Ziff. 19 Tz. 171 der EBA-Leitlinien zur internen Governance.

tion an den Aufsichtsrat – sind allerdings stets auch weiterhin die Berichtswege an die Geschäftsleitung einzuhalten, was zu dem aktien- wie aufsichtsrechtlich erwünschten Ziel führt, dass die Geschäftsleitung in der Verantwortung bleibt, etwaige in den Berichten identifizierten Missstände umgehend abzustellen.

Zudem sollten der **Risiko- und der Nominierungsausschuss** gemäß den EBA- 29
Leitlinien zur internen Governance regelmäßige Berichte, Ad-hoc-Informationen, Mitteilungen und Stellungnahmen von den Leitern der Kontrollfunktionen betreffend das aktuelle Risikoprofil der Bank, seine Risikokultur und Risikolimite sowie über jegliche wesentlichen Verstöße, die aufgetreten sind, mit detaillierten Informationen und Empfehlungen für eingeleitete, einzuleitende oder vorgeschlagene Abhilfemaßnahmen erhalten.[44]

2. *Wechsel des Leiters der Compliance*

Ein **Wechsel in der Position des Compliance-Beauftragten** ist dem Aufsichts- 30
rat nach MaRisk AT 4.4.2 Tz. 8 rechtzeitig vorab unter Angabe der Gründe für den Wechsel mitzuteilen. Noch weiter gehen die EBA-Leitlinien zur internen Governance, denen zufolge[45] die Leiter der internen Kontrollfunktionen[46] (zu denen auch der Leiter der Compliance gehört) **nicht ohne die vorherige Zustimmung des Aufsichtsrats**[47] ihrer Funktion enthoben werden sollten; in Instituten von erheblicher Bedeutung sollten die zuständigen Behörden unverzüglich über die Zustimmung und die wichtigsten Gründe für den Weggang/der Entlassung des bisherigen Leiters informiert werden.

Die beiden Regelungen unterscheiden sich bei genauem Hinsehen insofern, als die MaRisk jeden diesbezüglichen „Wechsel" erfassen, also sowohl das Ausscheiden eines bisherigen Compliance-Beauftragten als auch die Bestellung eines neuen. Die EBA-Leitlinien hingegen erfassen genau genommen nur die Abberufung des Compliance-Beauftragten. Für Abberufungsfälle verlangen die EBA-Leitlinien eine Zustimmung des Aufsichtsrats, während die MaRisk für ihren etwas weiteren Anwendungsbereich eines „Wechsels" lediglich eine Information an den Aufsichtsrat vorsehen. Die Formulierung in den MaRisk („ist ... zu informieren") macht deutlich, dass es sich hierbei aus Sicht der Aufsicht um ein zwingendes Erfordernis handelt. Demgegenüber ist die Verwendung des Wortes „sollte" in den EBA-Leitlinien nach deutschem Rechtsverständnis nicht als zwingendes Erfordernis zu verstehen.

In der Praxis keinen nennenswerten Unterschied dürfte der Umstand machen, 31
dass die EBA-Leitlinien auf den „Leiter" der Compliance und die MaRisk auf den

44 Ziff. 5.3 Tz. 60 der EBA-Leitlinien zur internen Governance.

45 Ziff. 19.1 Tz. 174 der EBA-Leitlinien zur internen Governance.

46 Gemäß Ziff. 19 Tz. 169 der EBA-Leitlinien zur internen Governance gehören dazu die Interne Revision, die Compliance und das Risikomanagement.

47 In der deutschen Fassung der EBA-Leitlinien ist Tz. 174 unklar formuliert, weil nur vom „Leitungsorgan" die Rede ist. Dabei scheint es sich um einen Übersetzungsfehler zu handeln. Sowohl in der englischen als auch in der französischen Fassung wird der Begriff des „Leitungsorgans in seiner Aufsichtsfunktion" verwendet, der in der Terminologie der Leitlinien für den Aufsichtsrat steht.

„Compliance-Beauftragten" abstellen. Rein theoretisch kann die Funktion des „Compliance-Beauftragten" gemäß MaRisk „abhängig von Art, Umfang, Komplexität und Risikogehalt der Geschäftsaktivitäten sowie der Größe des Instituts im Ausnahmefall" auch einem Geschäftsleiter übertragen werden. Aus der Formulierung ergibt sich aber bereits, dass der Regulator dies für eine Ausnahme hält. Bedeutende Institute haben ohnehin gemäß MaRisk AT 4.4.2 Tz. 4 für die Compliance-Funktion eine eigenständige Organisation einzurichten. Der „Compliance-Beauftragte" der MaRisk wird also in der Praxis weit überwiegend mit der Person des „Leiters" der Compliance identisch sein.

32 *Praxistipp:*

Zur Vermeidung von Diskussionen mit der Aufsicht über die Angemessenheit der Governance der Bank, empfiehlt es sich, die EBA-Leitlinien auf jeglichen Wechsel (Ernennung und Abberufung) anzuwenden.

Genau genommen würde es – streng am Wortlaut orientiert – für eine angemessene Governance der Bank genügen, interne Regelungen vorzusehen, wonach (i) jeder Wechsel in der Position des Leiters der Compliance dem Aufsichtsrat rechtzeitig vorab unter Angabe der Gründe mitzuteilen ist (MaRisk) und (ii) die Zustimmung des Aufsichtsrats einzuholen ist, falls der „Wechsel" die Abberufung des bisherigen Leiters der Compliance beinhaltet (EBA-Leitlinien). Mit Blick auf den Sinn und Zweck der Regelungen und die – aus Sicht des Aufsichtsrats – herausgehobene Stellung des Leiters der Compliance spricht jedoch vieles dafür, interne Regelungen vorzusehen, wonach jeder Wechsel des Leiters der Compliance (also sowohl Abberufung als auch Neubestellung) der Zustimmung des Aufsichtsrats bedarf. Eine übertrieben formalistische Unterscheidung zwischen Abberufung und Neubestellung macht in der Praxis keinen Sinn, da Abberufung des bisherigen Amtsinhabers und Neubestellung seines Nachfolgers in der Regel in einem Vorgang erledigt werden; zudem mag es Fälle geben, in denen eine „Abberufung" im engeren Sinne nicht erfolgt/erfolgen kann (z. B. bei Tod des Amtsinhabers). Die hier empfohlene einheitliche Handhabung lässt sich auch gut mit den aktienrechtlichen Vorgaben aus § 111 AktG in Einklang bringen, wonach Satzung oder Aufsichtsrat zu bestimmen haben, dass bestimmte Geschäfte der Zustimmung des Aufsichtsrats bedürfen. Die wohl h. M. in der aktienrechtlichen Literatur vertritt in diesem Zusammenhang die Auffassung, dass der Aufsichtsrat durchaus auch wesentliche Personalentscheidungen des Vorstandes an eine Zustimmung des Aufsichtsrats binden sollte.[48] In der Praxis bietet es sich daher an, eine entsprechende Regelung in den Katalog der „zustimmungspflichtigen Geschäfte" gemäß § 111 Abs. 4 Satz 2 AktG aufzunehmen.

3. *Auskunftsrechte seitens des Aufsichtsrats*

33 Außerhalb des Bankaufsichtsrechts war in der aktienrechtlichen Literatur bislang bereits anerkannt, dass der Aufsichtsrat Auskünfte beim Compliance-Be-

48 *Habersack* in: MüKo-AktG, 6. Aufl., 2023, § 111, Rn. 127.

auftragten einholen darf – dies allerdings nur, sofern Pflichtverletzungen von Vorstandsmitgliedern in Betracht kamen und der Compliance Officer zunächst beim Vorstand auf eine Untersuchung hingewirkt hatte.[49]

Eine Sonderregelung findet sich seit 2021 in § 107 Abs. 4 Satz 4 AktG. Demnach hat in einem „Unternehmen von öffentlichem Interesse" gemäß § 316a HGB (dazu gehören u. a. CRR-Kreditinstitute sowie börsennotierte Unternehmen)[50] jedes Mitglied des Prüfungsausschusses das Recht, über den Ausschussvorsitzenden Auskünfte unmittelbar bei den **Leitern derjenigen Zentralbereiche** der Gesellschaft einzuholen, die in der Gesellschaft für die Aufgaben zuständig sind, die den **Prüfungsausschuss** betreffen. Hierunter werden üblicherweise die Zentralbereiche Risikomanagement, Revision, Rechnungswesen, Recht und Compliance subsumiert.[51] Bei deren Leitern kann der Prüfungsausschussvorsitzende demnach direkte Auskünfte einholen; der Vorstand ist darüber aber gemäß § 107 Abs. 4 Satz 6 AktG zu informieren. Das Recht zur Einholung derartiger Informationen steht jedem Prüfungsausschussmitglied zu; die Ausübung dieses Rechts hat jedoch über den Ausschussvorsitzenden zu erfolgen.[52]

Gemäß MaComp BT 1.1 Tz. 2 ist sicherzustellen, dass der Vorsitzende des Auf- 34
sichtsrats unter Einbeziehung der Geschäftsleitung **Auskünfte direkt beim Compliance-Beauftragten einholen** kann. Soweit ein Prüfungsausschuss besteht, kann alternativ geregelt werden, dass der Vorsitzende des Prüfungsausschusses berechtigt ist, derartige Auskünfte einzuholen; eine entsprechende Regelung kann in der Geschäftsordnung des Aufsichtsrats geregelt werden.

Aus den o. g. Formulierungen der MaComp wird deutlich, dass die Grundsätze 35
des aktienrechtlichen Berichtsgefüges erhalten bleiben, wonach grundsätzlich keine Informationen aus dem Unternehmen „am Vorstand vorbei" bzw. ohne Kenntnis des Vorstandes an den Aufsichtsrat fließen sollten. Gestärkt wird vielmehr das Initiativrecht des Aufsichtsrats, von sich aus auf die Compliance zuzugehen und um Information bitten zu können – und zwar unter gleichzeitiger Information des Vorstands über dieses Vorgehen.

Ferner sollten gemäß den EBA-Leitlinien zur internen Governance der **Risiko-** 36
und der Nominierungsausschuss Zugang zu allen maßgeblichen Informationen und Daten haben, die für die Wahrnehmung ihrer jeweiligen Funktion erforderlich sind. Dazu gehören Informationen und Daten von relevanten Un-

49 *Wilsing/Winkler* in: Semler/v. Schenck/Wilsing, Arbeitshandbuch für Aufsichtsratsmitglieder, 5. Aufl., 2021, § 8, Rn. 62.

50 Das Gesetz verwendet in § 316a HGB den Begriff des „kapitalmarktorientierten Unternehmens" gemäß § 264d HGB. § 264d HGB lautet: „Eine Kapitalgesellschaft ist kapitalmarktorientiert, wenn sie einen organisierten Markt im Sinn des § 2 Absatz 11 des Wertpapierhandelsgesetzes durch von ihr ausgegebene Wertpapiere im Sinn des § 2 Absatz 1 des Wertpapierhandelsgesetzes in Anspruch nimmt oder die Zulassung solcher Wertpapiere zum Handel an einem organisierten Markt beantragt hat." Dazu gehören u. a. börsennotierte Gesellschaften.

51 *Habersack* in: MüKo-AktG, 6. Aufl., 2023, § 107, Rn. 182.

52 *Habersack* in: MüKo-AktG, 6. Aufl., 2023, § 107, Rn. 181.

ternehmens- und Kontrollfunktionen (z. B. Recht, Finanzen, Personal, IT, interne Revision, Risiko, Compliance, einschließlich Compliance im Bereich Geldwäsche und Terrorismusfinanzierung sowie aggregierter Informationen über Berichte zu verdächtigen Transaktionen, sowie Risikofaktoren im Bereich Geldwäsche und Terrorismusfinanzierung), vgl. Ziff. 5.3 Tz. 60 der EBA-Leitlinien zur internen Governance.

37 Auch diese Regelungen stärken das Auskunftsrecht des Aufsichtsrats, ohne die üblichen Berichtswege abzuschneiden oder gar Zuständigkeiten auszuhöhlen. Alle dem Risiko- und/oder Nominierungsausschuss auf dieser Basis zugänglich gemachten Informationen sind daher grundsätzlich entweder über die Geschäftsleitung und zumindest mit vorheriger Zustimmung der Geschäftsleitung an die genannten Ausschüsse zu übermitteln.

4. Rechte der Compliance gegenüber dem Aufsichtsrat

38 Im Verhältnis zwischen Aufsichtsrat und Compliance-Abteilung sind jedoch nicht nur die Berichtspflichten gegenüber dem Aufsichtsrat bzw. die Auskunftsrechte des Aufsichtsrats von Relevanz. Erwähnenswert sind vielmehr auch die **Rechte des Compliance-Beauftragten gegenüber dem Aufsichtsrat**: Gemäß MaComp BT 1.3.1.2 Tz. 2 muss dem Compliance-Beauftragten, der in der Praxis meist personenidentisch mit dem Leiter der Compliance sein wird, **Zugang zu allen internen und externen Berichten an den Aufsichtsrat** eingeräumt werden, soweit diese für seine Tätigkeit relevant sein können. Dem Compliance-Beauftragten muss zudem das **Recht** eingeräumt werden, **an Sitzungen des Aufsichtsrats teilzunehmen**, soweit dies für seine Aufgabenerfüllung erforderlich und gesetzlich zulässig ist.

Wenngleich in den MaComp nicht explizit genannt, wird man dieses Recht auch auf Sitzungen der Aufsichtsratsausschüsse ausdehnen müssen, um dem Compliance-Beauftragten eine umfassende Wahrnehmung seiner Aufgaben zu ermöglichen.

39 In eine ähnliche Richtung gehen die Anforderungen der EBA-Leitlinien zur internen Governance, die den internen Kontrollfunktionen (zu denen die Compliance gehört) „Zugang zu internen und externen Informationen, die sie für die Wahrnehmung ihrer Aufgaben benötigen", gewähren.[53]

40 *Praxistipp:*

Um den Compliance-Beauftragten in die Lage zu versetzen zu entscheiden, an welchen Sitzungen seine Teilnahme erforderlich ist, dürfte es sich in der Praxis anbieten, dem Compliance-Beauftragten die Tagesordnungen der jeweiligen Sitzungen zugänglich zu machen. Dabei stellt sich die nicht leicht zu beantwortende Frage, ob ggfs. zuvor solche Tagesordnungspunkte zu schwärzen sind, die einer besonderen Vertraulichkeit unterliegen oder aus anderen Gründen für die Tätigkeit des Compliance-Beauftragten nicht von Bedeutung sind (z. B. Vorstandspersonalien). Die Schwierigkeit dieser Entscheidung liegt darin, dass auch Themen,

53 Ziff. 19.4 Tz. 178 der EBA-Leitlinien zur internen Governance.

bei denen auf den ersten Blick kein Compliance-Bezug besteht (Vorstands- oder Aufsichtsratspersonalien), im Einzelfall eine Einbindung der Compliance-Abteilung erforderlich machen können – z. B., wenn es um die ordnungsgemäße Beurteilung potentieller Interessenkonflikte möglicher Kandidaten geht. Eine weitere Schwierigkeit wird im Falle einer Schwärzung darin bestehen, dem Compliance-Beauftragten zu erläutern, warum eine Schwärzung erfolgt ist. Dies kann z.B. dadurch geschehen, dass dem Compliance-Beauftragten der abstrakte Kontext des jeweiligen Tagesordnungspunktes genannt wird (z. B. „Selbst-Evaluation Aufsichtsrat").

Das Vorstehende darf jedoch nicht darüber hinwegtäuschen, dass auf Basis der aktiengesetzlichen Kompetenzordnung der Aufsichtsrat (bzw. der jeweilige Aufsichtsratsausschuss) letzten Endes selbst und abschließend entscheidet, an welchen Teilen seiner Sitzungen ggfs. weitere Auskunftspersonen (hier: der Compliance-Beauftragte) und an welchen Sitzungsteilen nur Aufsichtsratsmitglieder teilnehmen. Dies gebietet schon die Unabhängigkeit des Aufsichtsrats, die sich im Rahmen der gesetzlichen Vorgaben auch auf seine Selbstverwaltung erstreckt. Daran vermögen – schon mit Blick auf die Normenhierarchie[54] – auch die MaComp nichts zu ändern. 41

Unabhängig von der Frage der Sitzungsteilnahme hat der Aufsichtsrat allerdings weiterhin die unter Rn. 19 bereits erwähnte Pflicht sicherzustellen, dass die Leiter der internen Kontrolleinheiten **jederzeit direkt gegenüber dem Aufsichtsrat Bedenken äußern** oder diesen warnen können. Der Aufsichtsrat kann und darf sich also nicht verschließen, wenn interne Kontrolleinheiten sich an ihn wenden – was selbstredend auf dem Boden der geltenden aktienrechtlichen Regelungen unzulässig wäre. 42

5. *Sonstiges*

Wesentliche **Kürzungen des Budgets der Compliance** sind dem Aufsichtsrat mitzuteilen, MaComp BT 1.3.1.1 Tz. 2. 43

Gemäß Ziff. 21 Tz. 208 der EBA-Leitlinien zur internen Governance ist es zudem Aufgabe des Aufsichtsrats, die Umsetzung gut dokumentierter **Compliance-Richtlinien** zu überwachen, die allen Mitarbeitern kommuniziert werden sollten. 44

III. Aufsichtsrat und Interne Revision

Das Verhältnis zwischen Aufsichtsrat und interner Revision ist in aufsichtsrechtlicher Hinsicht im KWG, in den EBA-Leitlinien zur internen Governance[55] und den „Mindestanforderung an das Risikomanagement" (MaRisk) der BaFin[56] geregelt. Dabei ist die Unabhängigkeit der internen Revision besonders deutlich hervorgehoben. BT 2.2 Tz. 1 der MaRisk besagt: „Die Interne Revision hat ihre 45

54 Die MaComp sind ein Rundschreiben der Aufsicht und fallen in der Normenhierarchie damit lediglich in die Kategorie einer „Selbstbindung der Verwaltung".

55 EBA/GL/2021/05 vom 02.07.2021.

56 BaFin-Rundschreiben 10/2021 (BA).

Aufgaben selbständig und unabhängig wahrzunehmen. Insbesondere ist zu gewährleisten, dass sie bei der Berichterstattung und der Wertung der Prüfungsergebnisse keinen Weisungen unterworfen ist. Das Direktionsrecht der Geschäftsleitung zur Anordnung zusätzlicher Prüfungen steht der Selbständigkeit und Unabhängigkeit der Internen Revision nicht entgegen."

Die Interne Revision gehört zu den sog. „internen Kontrollfunktionen" und agiert als sog. „Third-Level-Control".[57] Aufgabe der Internen Revision ist es, die Einhaltung aller relevanten (internen und externen) Vorgaben durch die anderen Einheiten der Bank zu überprüfen. Dazu gehört auch, dass die Interne Revision die Prozesse der anderen Überwachungsfunktionen, z. B. Risikomanagement, Compliance, Controlling, Qualitätsmanagement und das interne Kontrollsystem, in ihre Prüfungstätigkeiten einbezieht.[58]

46 Gemäß MaRisk hat jedes Institut über eine funktionsfähige Interne Revision zu verfügen. Aufgabe der Internen Revision ist es, die Wirksamkeit und Angemessenheit des Risikomanagement und des internen Kontrollsystems sowie die Ordnungsmäßigkeit aller Aktivitäten und Prozesse zu prüfen und zu beurteilen.[59] Dies gilt unabhängig davon, ob Aktivitäten und Prozesse oder Teile davon ausgelagert sind.

1. Direkte und indirekte Berichtswege

47 Wie bei der Compliance betonen die regulatorischen Vorgaben auch in Bezug auf die Interne Revision, dass diese ein Instrument der Geschäftsleitung ist.[60] Die Interne Revision ist grundsätzlich direkt der Geschäftsleitung unterstellt[61] und daher primär gegenüber dieser berichtspflichtig.

48 Gemäß MaRisk BT 2.4 Tz. 4 hat die Interne Revision zeitnah einen **Quartalsbericht** über die von ihr seit dem Stichtag des letzten Quartalsberichts durchgeführten Prüfungen zu verfassen und zeitnah der Geschäftsleitung und dem Aufsichtsrat vorzulegen. Der Quartalsbericht muss über die wesentlichen oder höher eingestuften Mängel, die beschlossenen Maßnahmen sowie den Status dieser Maßnahmen informieren. Es ist ferner darzulegen, ob und inwieweit die Vorgaben des Prüfungsplans eingehalten wurden. Zusätzlich hat die Interne Revision im Rahmen eines **Jahresberichts** über die im Jahresverlauf festgestellten schwerwiegenden sowie über die noch nicht behobenen wesentlichen Mängel in inhaltlich prägnanter Form an die Geschäftsleitung und den Aufsichtsrat zu berichten, vgl. MaRisk BT 2.4 Tz. 4, wobei der vierte Quartalsbericht und der

---

57 EBA/GL/2021/05 Tz. 169.

58 Siehe hierzu u. a. Seite 7 des gemeinsamen Positionspapiers „Interne Revision und Risikomanagement" des Deutschen Instituts für interne Revision e. V. und des Risk Management and Rating Association e. V., Version 2.0, vom 31. 10. 2022, abrufbar unter: *https://www.diir.de/content/uploads/2023/07/Positionspapier_Interne_Revision_und_Risikomanagement_2022__Version_2.0_.pdf* (zuletzt abgerufen am 30. 06. 2025).

59 MaRisk AT 4.4.3 Tz. 3.

60 Vgl. MaRisk AT 4.4.3 Tz. 2.

61 Vgl. MaRisk AT 4.4.3 Tz. 2.

Jahresbericht als gesonderte Abschnitte in einem Bericht zusammengefasst werden können.[62] Die aufgedeckten schwerwiegenden Mängel, die beschlossenen Maßnahmen sowie der Status dieser Maßnahmen sind dabei besonders hervorzuheben. Über besonders schwerwiegende Mängel hat die Interne Revision unabhängig von ihren regelmäßigen Berichten unverzüglich zu berichten. Innerhalb eines Konzerns hat die Konzernrevision gemäß MaRisk AT 4.5 Tz. 6 in angemessenen Abständen, mindestens aber vierteljährlich, an die Geschäftsleitung und den Aufsichtsrat des übergeordneten Unternehmens über ihre Tätigkeit auf Gruppenebene in analoger Anwendung der Regeln in MaRisk BT 2.4 Tz. 4 zu berichten.

Die Erläuterungen der BaFin zu den MaRisk ergänzen in diesem Zusammenhang, dass eine Berichterstattung an den Aufsichtsrat **auch über die Geschäftsleitung** erfolgen kann, sofern dadurch keine nennenswerte Verzögerung der Informationen eintritt und der Inhalt der Berichterstattung an Geschäftsleitung und Aufsichtsorgan deckungsgleich ist. Damit ist auch in dieser Hinsicht klargestellt, dass die regulatorischen Vorgaben keine Abweichung von den aktienrechtlichen Grundsätzen verlangen, wonach die Information des Aufsichtsrats primär durch die Geschäftsleitung erfolgt. Der Regelfall in der Praxis dürfte sein, dass der Bericht an die Geschäftsleitung gesandt wird, verbunden mit der Bitte um Freigabe für eine Weiterleitung an den Aufsichtsrat, so dass der Bericht anschließend zeitnah direkt von der Internen Revision an den Aufsichtsrat übersandt werden kann. 49

Gemäß MaRisk BT 2.4 Tz. 5 ist der Geschäftsleitung durch die Interne Revision unverzüglich Bericht zu erstatten, falls sich im Rahmen der Prüfungen schwerwiegende Feststellungen gegen Geschäftsleiter ergeben. In diesen Fällen hat die Geschäftsleitung unverzüglich den Aufsichtsratsvorsitzenden sowie die Aufsicht (BaFin, Bundesbank) zu informieren. Kommt die Geschäftsleitung dieser Berichtspflicht nicht nach oder beschließt sie keine sachgerechten Maßnahmen, so hat die Interne Revision **direkt den Aufsichtsratsvorsitzenden** zu informieren. 50

Auch in Bezug auf die Interne Revision enthalten die EBA-Leitlinien zur internen Governance eine über das Vorstehende hinausgehende Sonderregelung, die der internen Revision in Ausnahmefällen ein **Recht** auf eine direkte Einbindung des Aufsichtsrats durch die Internen Revision gibt. Demnach sollten die Leiter der internen Kontrollfunktionen (also auch der Leiter der der Internen Revision) – soweit notwendig – in der Lage sein, **sich direkt an den Aufsichtsrat zu wenden** und diesem Bericht zu erstatten, um Bedenken zu äußern und den Aufsichtsrat gegebenenfalls zu warnen, wenn bestimmte Entwicklungen das Institut beeinträchtigen (können), vgl. Ziff. 19 Tz. 171 und 173 der EBA-Leitlinien zur internen Governance. Diesbezüglich kann auf die entsprechenden Ausführungen unter Rn. 26 ff. verwiesen werden. Gleiches gilt für die regelmäßigen Berichte und Ad-hoc-Informationen an den Risiko- und den Nominie- 51

62 Vgl. Erläuterungen der BaFin zu MaRisk BT 2.4 Tz. 4.

rungsausschuss gemäß Ziff. 5.3 Tz. 60 der EBA-Leitlinien zur internen Governance.

2. Wechsel des Leiters der Internen Revision

52 Ein **Wechsel in der Position des Leiters der Internen Revision** ist dem Aufsichtsrat nach MaRisk AT 4.4.3 Tz. 6 rechtzeitig vorab unter Angabe der Gründe für den Wechsel mitzuteilen. Noch weiter gehen – wie bereits unter Rn. 30 ff. beschrieben – die EBA-Leitlinien zur internen Governance, denen zufolge[63] die Leiter der internen Kontrollfunktionen[64] (zu denen auch der Leiter der Internen Revision gehört) nicht ohne die vorherige Zustimmung des Aufsichtsrats[65] ihrer Funktion enthoben werden sollten; in Instituten von erheblicher Bedeutung sollten die zuständigen Behörden unverzüglich über die Zustimmung und die wichtigsten Gründe für den Weggang/der Entlassung des bisherigen Leiters informiert werden.

53 *Praxistipp:*

Wie schon bei einem Wechsel in der Position des Leiters der Compliance (Rn. 30 ff.) empfiehlt es sich auch hinsichtlich des Wechsels in der Position des Leiters der Internen Revision zur Vermeidung von Diskussionen mit der Aufsicht die EBA-Leitlinien auf jeglichen Wechsel (Ernennung und Abberufung) anzuwenden und in diesen Fällen die Zustimmung des Aufsichtsrats zu verlangen.

Auch in dieser Hinsicht bietet es sich in der Praxis an, eine entsprechende Regelung in den Katalog der „zustimmungspflichtigen Geschäfte" gemäß § 111 Abs. 4 Satz 2 AktG aufzunehmen.

3. Auskunftsrechte seitens des Aufsichtsrats

54 Außerhalb des Bankaufsichtsrechts gilt auch für die Interne Revision die Sonderregelung des § 107 Abs. 4 Satz 4 AktG, vgl. Rn. 33. Demnach hat in einem „Unternehmen von öffentlichem Interesse" (u. a. CRR-Kreditinstitute sowie börsennotierte Unternehmen) jedes Mitglied des Prüfungsausschusses das Recht, über den Ausschussvorsitzenden Auskünfte unmittelbar bei den **Leitern derjenigen Zentralbereiche** der Gesellschaft einzuholen, die in der Gesellschaft für die Aufgaben zuständig sind, die den **Prüfungsausschuss** betreffen. Hierunter werden üblicherweise die Zentralbereiche Risikomanagement, Revision, Rechnungswesen, Recht und Compliance subsumiert.[66] Bei deren Leitern kann der Prüfungsausschussvorsitzende demnach direkte Auskünfte einholen; der Vorstand ist darüber aber gemäß § 107 Abs. 4 Satz 6 AktG zu informieren. Das Recht

---

63 Ziff. 19.1 Tz. 174.

64 Gemäß Ziff. 19 Tz. 169 der EBA-Leitlinien zur internen Governance gehören dazu die Interne Revision, die Compliance und das Risikomanagement.

65 In der deutschen Fassung der EBA-Leitlinien ist Tz. 174 unklar formuliert, weil nur vom „Leitungsorgan" die Rede ist. Dabei scheint es sich um einen Übersetzungsfehler zu handeln. Sowohl in der englischen als auch in der französischen Fassung wird der Begriff des „Leitungsorgans in seiner Aufsichtsfunktion" verwendet, der in der Terminologie der Leitlinien für den Aufsichtsrat steht.

66 *Habersack* in: MüKo-AktG, 6. Aufl., 2023, § 107, Rn. 182.

zur Einholung derartiger Informationen steht jedem Prüfungsausschussmitglied zu; die Ausübung dieses Rechts hat jedoch über den Ausschussvorsitzenden zu erfolgen.[67]

Gemäß den Regelungen in § 25d Abs. 8 Satz 7, Abs. 9 Satz 3, Abs. 12 Satz 6 KWG 55
können die Vorsitzenden des Risiko-, des Prüfungs- und des Vergütungskontrollausschusses oder, falls der jeweilige Ausschuss nicht eingerichtet wurde, der Vorsitzende des Verwaltungs- oder Aufsichtsorgans, „**unmittelbar beim Leiter der Internen Revision (...) Auskünfte einholen**". Die Geschäftsleitung ist hierüber zu unterrichten.

Auch nach MaRisk AT 4.4.3 Tz. 2 ist sicherzustellen, dass der Aufsichtsratsvorsit- 56
zende unter Einbeziehung der Geschäftsleitung Auskünfte direkt beim Leiter der Internen Revision einholen kann. Soweit ein Prüfungsausschuss besteht, kann alternativ geregelt werden, dass der Vorsitzende des Prüfungsausschusses berechtigt ist, derartige Auskünfte einzuholen; eine entsprechende Regelung kann in der Geschäftsordnung des Aufsichtsrats geregelt werden.

In diesem Kontext gelten die bereits unter Rn. 35 ff. in Bezug auf die Compliance 57
gemachten Aussagen entsprechend: Auch aus diesen Formulierungen wird deutlich, dass die Grundsätze des aktienrechtlichen Berichtsgefüges erhalten bleiben, wonach grundsätzlich keine Informationen aus dem Unternehmen ohne Kenntnis des Vorstandes an den Aufsichtsrat fließen sollten.

Soweit der Aufsichtsrat ausnahmsweise berechtigt ist, eigene „interne Untersu- 58
chungen" durchzuführen (siehe dazu bereits Rn. 16 f.), wird man davon ausgehen dürfen, dass der Aufsichtsrat auch berechtigt ist, sich insoweit der Unterstützung der internen Revision zu bedienen, da dem Aufsichtsrat in diesem Fall grundsätzlich die gleichen Instrumente und Aufklärungsmethoden zur Verfügung stehen wie dem Vorstand.[68]

Praxistipp: 59

Interne Untersuchungen unter Einbindung des Aufsichtsrats oder gar eigene interne Untersuchungen des Aufsichtsrats sind eine haftungsträchtige und rechtlich äußerst komplexe Materie. In diesen Fällen ist der Aufsichtsrat in der Regel gut beraten, sich von Anfang an durch externe Rechtsberater unterstützen zu lassen. Denn bereits im Rahmen der Vorbereitungen einer internen Untersuchung ist es von entscheidender Bedeutung, zwischen Vorstand und Aufsichtsrat eine Vorgehensweise festzulegen, die dem aktienrechtlichen Kompetenzgefüge Rechnung trägt, Interessenkonflikte vermeidet und ihrerseits keine Anlässe für neue Haftungsfragen (ggfs. sogar in Bezug auf amtierende Aufsichtsratsmitglieder) gibt. Bereits in diesem Stadium ist einzelfallabhängig auch zu klären, ob und inwieweit es sinnvoll und zulässig ist, interne Einheiten der Bank, die grundsätzlich dem Vorstand unterstellt sind (z. B. Interne Revision oder Rechtsabteilung[69]), einzubeziehen.

---

67 *Habersack* in: MüKo-AktG, 6. Aufl., 2023, § 107, Rn. 181.

68 *Wilsing/Winkler* in: Semler/v. Schenck/Wilsing, Arbeitshandbuch für Aufsichtsratsmitglieder, 5. Aufl., 2021, § 8, Rn. 42.

69 Siehe hierzu Rn. 81 ff.

4. *Rechte der Internen Revision gegenüber dem Aufsichtsrat*

60 Im Unterschied zu den MaComp (für die Compliance) gibt es für die interne Revision keine expliziten Regelungen, die der internen Revision **Zugang zu allen internen und externen Berichten an den Aufsichtsrat** einräumen, soweit diese für ihre Tätigkeit relevant sein können. Soweit ersichtlich findet sich für den Leiter der Revision auch kein explizites **Recht, an Sitzungen des Aufsichtsrats oder seiner Ausschüsse teilzunehmen**, soweit dies für seine Aufgabenerfüllung erforderlich und gesetzlich zulässig ist. Allerdings regeln die MaRisk in AT 4.4.3 Tz. 4, dass der Internen Revision zur „Wahrnehmung ihrer Aufgaben (…) ein vollständiges und uneingeschränktes Informationsrecht einzuräumen" ist, dass dieses Recht „jederzeit zu gewährleisten" ist und dass der Internen Revision „insoweit unverzüglich die erforderlichen Informationen zu erteilen, die notwendigen Unterlagen zur Verfügung zu stellen und Einblick in die Aktivitäten und Prozesse sowie die IT-Systeme des Instituts zu gewähren" sind.

61 *Praxistipp:*

Vor diesem Hintergrund und mit Blick auf das „Three Lines of Defense"-Modell des Institute of Internal Auditors[70] sowie das diesbezügliche Positionspapier des Deutschen Instituts für Interne Revision e. V.[71] wird man dem Leiter der Internen Revision im Ergebnis dieselben Rechte einräumen müssen wie der Compliance. Anders ließen sich die Aufgaben der Internen Revision, zu denen im Rahmen der „Third Level Control" auch die Kontrolle der Compliance[72] gehört, nicht wirksam erfüllen. Auch für ihn besteht – insbesondere mit Blick auf seine Unabhängigkeit – das Bedürfnis zu entscheiden, an welchen Sitzungen seine Teilnahme erforderlich ist. Auch hier dürfte es sich daher in der Praxis anbieten, dem Leiter der internen Revision u. a. die Tagesordnungen der jeweiligen Sitzungen zugänglich zu machen. Insoweit kann auf die Ausführungen unter Rn. 40 verwiesen werden.

62 Auch in diesem Kontext darf aber nicht übersehen werden, dass der Aufsichtsrat (bzw. der jeweilige Aufsichtsratsausschuss) letzten Endes selbst und abschließend entscheidet, an welchen Teilen seiner Sitzungen ggfs. weitere Auskunftspersonen und an welchen Sitzungsteilen nur Aufsichtsratsmitglieder teilnehmen, sofern trotz allem sichergestellt bleibt, dass die Leiter der internen

70 The Institute of Internal Auditors, Position Paper "The Three Lines of Defense in Effective Management and Control", 2013.

71 Die Interne Revision im Spannungsfeld zwischen Vorstand und Aufsichtsrat; *https://www.diir.de/fileadmin/fachwissen/diir_veroeffentlichungen/DIIR-Positionspapier.pdf* (zuletzt abgerufen am 30. 06. 2025); zur Weiterentwicklung des „Three Lines of Defense Model" vgl. das gemeinsame Positionspapier „Interne Revision und Risikomanagement" des Deutschen Instituts für interne Revision e. V. und des Risk Management and Rating Association e. V., Version 2.0, vom 31. 10. 2022, *https://www.diir.de/content/uploads/2023/07/Positionspapier_Interne_Revision_und_Risikomanagement_2022__Version_2.0_.pdf* (zuletzt abgerufen am 30. 06. 2025).

72 Vgl. EBA/GL/2021/05 vom 02. 07. 2021, Tz. 169, Satz 2.

Kontrolleinheiten **jederzeit direkt gegenüber dem Aufsichtsrat Bedenken äußern** oder diesen warnen können.[73]

5. *Sonstiges*

Gemäß Ziff. 3 Tz. 34 der EBA-Leitlinien zur internen Governance ist es Aufgabe des Aufsichtsrats, die Umsetzung des **Prüfungsplans** der internen Revision (nach vorheriger Einbeziehung des Risiko- und des Prüfungsausschusses) zu überwachen.[74] 63

IV. Aufsichtsrat und Risikocontrolling-Funktion

Das Verhältnis zwischen Aufsichtsrat und **Risikocontrolling** ist in aufsichtsrechtlicher Hinsicht im KWG, in den EBA-Leitlinien zur internen Governance[75] und den „Mindestanforderung an das Risikomanagement" (MaRisk) der BaFin[76] geregelt. Dabei werden z. T. etwas unterschiedliche Begrifflichkeiten verwendet: Die MaRisk und das KWG sprechen von „Risikocontrolling", die EBA-Leitlinien zur internen Governance verwenden den Begriff „Risikomanagementfunktion". Gemeint ist diejenige Funktion, die u. a. für folgende Themen zuständig ist: Unterstützung der Geschäftsleitung bei der Entwicklung der Risikostrategie, Durchführung der Risikoinventur, Erstellung des Gesamtrisikoprofils, Einrichtung und Weiterentwicklung der Risikosteuerungs- und -controllingprozesse, Einrichtung und Weiterentwicklung eines Risikofrüherkennungssystems, laufende Überwachung der Risikosituation, der Risikotragfähigkeit und der Einhaltung der Risikolimite, Erstellung der Risikoberichte für die Geschäftsleitung.[77] Zum Zwecke der Vereinfachung wird nachfolgend einheitlich von „Risikocontrolling" gesprochen. 64

Bei bedeutenden Instituten hat die exklusive Wahrnehmung der **Leitung der Risikocontrolling-Funktion** gemäß AT 4.4.1 Tz. 5 der MaRisk grundsätzlich durch einen Geschäftsleiter zu erfolgen; dieser Geschäftsleiter kann auch für die Marktfolge zuständig sein, sofern eine klare aufbauorganisatorische Trennung von Risikocontrolling-Funktion und Marktfolge bis unterhalb der Geschäftsleiterebene erfolgt.[78] Die Risikocontrolling-Funktion muss zudem aufbauorganisatorisch bis einschließlich zur Ebene der Geschäftsleitung von denjenigen Einheiten getrennt sein, die für die Initiierung bzw. den Abschluss von Geschäften zuständig sind (also u. a. Markt, Handel und Treasury).[79] Sie gehört zu den 65

73 Siehe dazu bereits die Ausführungen unter Rn. 41 f.
74 EBA/GL/2021/05 vom 02. 07. 2021, Tz. 34, lit. j., Satz 2.
75 EBA/GL/2021/05 vom 02. 07. 2021.
76 BaFin-Rundschreiben 10/2021 (BA).
77 Vgl. MaRisk AT 4.4.1, Tz. 2 sowie EBA/GL/2021/05 u. a. Tz. 184 ff., 187 ff., 191 ff., 198 f.
78 Vgl. MaRisk AT 4.4.3, Tz. 5 sowie zur Unabhängigkeit der Risikomanagementfunktion EBA/GL/2021/05 Tz. 183.
79 MaRisk AT 4.4.1 Tz. 1.

„internen Kontrollfunktionen“[80], ist Bestandteil des „internen Kontrollsystems“[81] und wird ihrerseits von der Internen Revision kontrolliert.[82]

1. Direkte und indirekte Berichtswege

66 Die **Risikocontrolling-Funktion** hat regelmäßig ihre Einschätzung zu wesentlichen Risikofragen, wesentliche risikobezogenen Informationen sowie Risikoberichte an die Geschäftsleitung zu übermitteln – in dringenden Fällen auch Ad-hoc-Berichte.[83] Die Geschäftsleitung ihrerseits hat mindestens vierteljährlich – in dringenden Fällen auch ad hoc – über die Risikosituation an den Aufsichtsrat zu berichten; soweit der Aufsichtsrat einen zuständigen Ausschuss eingerichtet hat (typischerweise einen Risikoausschuss), kann die Berichterstattung auch an diesen erfolgen, sofern der Ausschussvorsitzende (wie üblich) regelmäßig im Plenum berichtet und jedem Aufsichtsratsmitglied das Recht eingeräumt wird, die Berichte an den Ausschuss einzusehen.[84]

67 Gemäß den EBA-Leitlinien zur internen Governance sollte das Risikocontrolling Verstöße gegen den Risikoappetit bzw. die Risikolimite unabhängig beurteilen und die Geschäftsleitung informieren.

68 Darüber hinaus enthalten die EBA-Leitlinien zur internen Governance auch in Bezug auf das Risikocontrolling eine Sonderregelung, die dem Risikocontrolling in Ausnahmefällen ein **Recht** auf eine direkte Einbindung des Aufsichtsrats gibt. Demnach sollten die Leiter der internen Kontrollfunktionen (also auch der Leiter des Risikocontrollings) – soweit notwendig – in der Lage sein, **sich direkt an den Aufsichtsrat zu wenden** und diesem Bericht zu erstatten, um Bedenken zu äußern und den Aufsichtsrat gegebenenfalls zu warnen, falls bestimmte Entwicklungen das Institut beeinträchtigen (können), vgl. Ziff. 19 Tz. 171 und 173 der EBA-Leitlinien zur internen Governance. Wenn und soweit Verstöße gegen den Risikoappetit bzw. die Risikolimite wesentlich sind, sollte das Risikocontrolling ebenfalls **direkt an den Aufsichtsrat** Bericht erstatten, vgl. Ziff. 20.4 Tz. 198 der EBA-Leitlinien zur internen Governance. Bzgl. dieser Rechte auf direkten Bericht an den Aufsichtsrat kann auf die entsprechenden Ausführungen (Rn. 26 ff.) verwiesen werden. Gleiches gilt für die regelmäßigen Berichte und Ad-hoc-Informationen an den Risiko- und den Nominierungsausschuss gemäß Ziff. 5.3 Tz. 60 der EBA-Leitlinien zur internen Governance. Für das Risikocontrolling ist zudem in Ziff. 20 Tz. 180 noch einmal explizit erwähnt, dass dieses über direkten Zugang zum Aufsichtsrat und dessen Ausschüssen, insbesondere zum Risikoausschuss, verfügen sollte.

---

80 Bestehend aus Risikomanagementfunktion, Compliance und Interner Revision, vgl. EBA/GL/2021/05 Tz. 169.

81 MaRisk AT 1 Tz. 1.

82 EBA/GL/2021/05 Tz. 169.

83 MaRisk BT 3.1 Tz. 1 und Tz. 3 sowie EBA/GL/2021/05 Tz. 187, 189, 192, 197, 198 und 199.

84 MaRisk BT 3.1 Tz. 5.

2. *Wechsel des Leiters des Risikocontrollings*

Ein **Wechsel in der Position des Leiters der Risikocontrolling-Funktion** ist dem Aufsichtsrat gemäß MaRisk AT 4.4.1 Tz. 6 rechtzeitig vorab unter Angabe der Gründe für den Wechsel mitzuteilen. Noch weiter gehen – wie bereits Rn. 30 ff. beschrieben – die EBA-Leitlinien zur internen Governance, denen zufolge[85] die Leiter der internen Kontrollfunktionen[86] (zu denen auch der Leiter des Risikocontrollings gehört) nicht ohne die vorherige Zustimmung des Aufsichtsrats[87] ihrer Funktion enthoben werden sollten; in Instituten von erheblicher Bedeutung sollten die zuständigen Behörden unverzüglich über die Zustimmung und die wichtigsten Gründe für den Weggang/der Entlassung des bisherigen Leiters informiert werden. 69

3. *Auskunftsrechte seitens des Aufsichtsrats*

Außerhalb des Bankaufsichtsrechts gilt auch für das Risikocontrolling die Sonderregelung des § 107 Abs. 4 Satz 4 AktG. Insoweit kann auf die Ausführungen unter Rn. 33 verwiesen werden. Soweit für den Prüfungsausschuss und seine Aufgabenerledigung relevant, kann auch das Risikocontrolling zu denjenigen Einheiten gezählt werden, bei deren Leitern der Prüfungsausschussvorsitzende direkte Auskünfte einholen kann; der Vorstand ist darüber gemäß § 107 Abs. 4 Satz 6 AktG zu informieren. Das Recht zur Einholung derartiger Informationen steht jedem Prüfungsausschussmitglied zu; die Ausübung dieses Rechts hat jedoch über den Ausschussvorsitzenden zu erfolgen.[88] 70

Gemäß den Regelungen in § 25d Abs. 8 Satz 7, Abs. 9 Satz 3 KWG können die Vorsitzenden des Risiko- und des Prüfungsausschusses oder, falls der jeweilige Ausschuss nicht eingerichtet wurde, der Vorsitzende des Verwaltungs- oder Aufsichtsorgans, „**unmittelbar beim Leiter des Risikocontrollings (...) Auskünfte einholen**". Die Geschäftsleitung ist hierüber zu unterrichten. 71

In diesem Kontext gelten die bereits unter Rn. 35 ff. in Bezug auf die Compliance gemachten Aussagen entsprechend: Auch aus diesen Formulierungen wird deutlich, dass die Grundsätze des aktienrechtlichen Berichtsgefüges erhalten bleiben, wonach grundsätzlich keine Informationen aus dem Unternehmen ohne Kenntnis des Vorstandes an den Aufsichtsrat fließen sollten. 72

Auch die EBA-Leitlinien zur internen Governance regeln in Ziff. 20.4 Tz. 203, dass der Aufsichtsrat „in der Lage sein" sollte, „direkt mit dem Leiter der Risikomanagementfunktion über wichtige Risikofragen zu kommunizieren, darunter 73

85 Ziff. 19.1 Tz. 174.

86 Gemäß Ziff. 19 Tz. 169 der EBA-Leitlinien zur internen Governance gehören dazu die Interne Revision, die Compliance und das Risikomanagement.

87 In der deutschen Fassung der EBA-Leitlinien ist Tz. 174 unklar formuliert, weil nur vom „Leitungsorgan" die Rede ist. Dabei scheint es sich um einen Übersetzungsfehler zu handeln. Sowohl in der englischen als auch in der französischen Fassung wird der Begriff des „Leitungsorgans in seiner Aufsichtsfunktion" verwendet, der in der Terminologie der Leitlinien für den Aufsichtsrat steht.

88 *Habersack* in: MüKo-AktG, 6. Aufl., 2023, § 107, Rn. 181.

auch Entwicklungen, die möglicherweise nicht mit dem Risikoappetit und der Risikostrategie des Instituts übereinstimmen".

4. *Rechte des Risikocontrollings gegenüber dem Aufsichtsrat*

74 Ähnlich wie bei der Internen Revision gibt es auch für das Risikocontrolling keine expliziten Regelungen, die ihm einen **Zugang zu allen internen und externen Berichten an den Aufsichtsrat** einräumen, soweit diese für seine Tätigkeit relevant sein können. Soweit ersichtlich findet sich für den Leiter des Risikocontrollings auch kein explizites **Recht, an Sitzungen des Aufsichtsrats oder seiner Ausschüsse teilzunehmen**, soweit dies für seine Aufgabenerfüllung erforderlich und gesetzlich zulässig ist.

75 Allerdings regeln die MaRisk in AT 4.4.1 Tz. 3, dass der Risikocontrolling-Funktion „alle notwendigen Befugnisse und ein uneingeschränkter Zugang zu allen Informationen einzuräumen" ist, „die für die Erfüllung ihrer Aufgaben erforderlich sind". In eine ähnliche Richtung gehen die Anforderungen der EBA-Leitlinien zur internen Governance, die den internen Kontrollfunktionen (zu denen die Risikocontrolling-Funktion gehört) „Zugang zu internen und externen Informationen, die sie für die Wahrnehmung ihrer Aufgaben benötigen", gewähren.[89]

76 Ferner unterliegt der Aufsichtsrat der unter Rn. 19 bereits erwähnten Pflicht sicherzustellen, dass die Leiter der internen Kontrolleinheiten **jederzeit direkt gegenüber dem Aufsichtsrat Bedenken äußern** oder diesen warnen können. Der Aufsichtsrat kann und darf sich also nicht verschließen, wenn interne Kontrolleinheiten sich an ihn wenden – was selbstredend auf dem Boden der geltenden aktienrechtlichen Regelungen unzulässig wäre.

77 *Praxistipp:*

Ob und inwieweit man vor diesem Hintergrund dem Leiter der Risikocontrolling-Funktion in gleichem Maße wie dem Leiter der Compliance und dem Leiter der Internen Revision (vgl. Rn. 40 und 61) das Recht einräumen sollte/muss, im Vorfeld der Gremien-Sitzungen anhand der Tagesordnungen zu klären, an welchen Sitzungen seine Teilnahme ggfs. erforderlich sein kann, ist derzeit – soweit erkennbar – nicht abschließend geklärt. Gegen die proaktive Abstimmung der Tagesordnungen mit dem Leiter der Risikocontrolling-Funktion spricht, dass der Aufgabenbereich der Risikocontrolling-Funktion im Gegensatz zur Compliance-Funktion und zur Internen Revision deutlich enger ist. In der Praxis dürfte es daher naheliegender sein, den Leiter der Risikocontrolling-Funktion im Vorfeld nur insoweit einzubinden, als dies für seine Aufgabenerfüllung erforderlich und gesetzlich zulässig ist.

Davon unberührt bleiben sowohl das jederzeitige Recht des Aufsichtsrates, um Teilnahme des Leiters des Risikocontrollings an den Aufsichtsrats- oder Ausschusssitzungen zu bitten, soweit dies dem Aufsichtsrat angezeigt erscheint, als

89 Ziff. 19.4 Tz. 178 der EBA-Leitlinien zur internen Governance.

auch das Recht des Leiters des Risikocontrollings, sich in wichtigen Fällen direkt an den Aufsichtsrat zu wenden (vgl. Rn. 19 und 76).

D. Aufsichtsrat und Personalabteilung/Vergütungsbeauftragte

Der Aufsichtsrat und insbesondere sein **Vergütungskontrollausschuss** sowie sein Nominierungsausschuss können an verschiedenen Stellen (u. a. bei der Nachfolgeplanung und der Kontrolle der Vergütungssysteme) auf interne Unterstützung durch die Personalabteilung zurückgreifen. § 25d Abs. 12 Satz 6 KWG erlaubt dem Leiter des Vergütungskontrollausschusses (bzw., falls ein solcher nicht besteht, dem Aufsichtsratsvorsitzenden), direkt bei „den Leitern der für die Ausgestaltung der Vergütungssysteme zuständigen Organisationseinheiten Auskünfte einzuholen". Ebenso gestattet § 25d Abs. 11 Satz 4 KWG dem Nominierungsausschuss bei der Wahrnehmung seiner Aufgaben, „auf alle Ressourcen" zurückzugreifen, „die er für angemessen hält, und auch externe Berater" einzuschalten. 78

Dies spielt insbesondere bei der **Nachfolgeplanung** eine Rolle. Gemäß Ziff. 13 Tz. 114 der EBA-Leitlinien zur Bewertung der Eignung von Mitgliedern des Leitungsorgans und Inhabern von Schlüsselfunktionen[90] haben Banken im Rahmen ihrer internen Richtlinien zur Eignungsprüfung auch Grundsätze zur Nachfolgeplanung festzulegen. Dabei wird es in der Regel sinnvoll sein, zumindest einmal jährlich zu überprüfen, welche Veränderungen anstehen (könnten) und/oder notwendig sind, wie lange die einzelnen Vorstandsverträge noch laufen und inwieweit ausreichend Kandidaten (intern oder extern) für eine Nachfolge vorhanden sind. Soweit im Rahmen der Nachfolgeplanungen für Vorstandsmitglieder interne Kandidaten in Betracht kommen sollen, ist seitens des Aufsichtsrats bzw. des Nominierungsausschusses die Auswahl von entsprechenden internen Talenten gemeinsam mit dem Vorstand und der Personalabteilung unerlässlich.[91] Dies entspricht auch den Empfehlungen des Deutschen Corporate Governance Kodex (Empfehlung B.2). Bei der gemeinsamen Nachfolgeplanung durch Vorstand und Aufsichtsrat in Bezug auf Vorstandspositionen ist auch zu berücksichtigen, ob und inwieweit mögliche Nachfolger bereits über eine hinreichende Ausbildung verfügen bzw. wo ggfs. noch weitere Fortbildungen notwendig sein können. 79

Auch der **Vergütungskontrollausschuss** kann die ihm zugedachten Aufgaben in der Regel nur schwer ohne zusätzliche Unterstützung erledigen. Dem trägt § 23 Institutsvergütungsverordnung (IVV) Rechnung, wonach die Geschäftsleitung von bedeutenden Instituten nach Anhörung des Aufsichtsrats einen Vergütungsbeauftragten sowie einen hinreichend qualifizierten Vertreter zu bestellen hat. Gemäß § 24 Abs. 2 IVV hat der Vergütungsbeauftragte den Aufsichtsrat 80

90 EBA/GL/2021/06; ugs. auch bezeichnet als „Fit & Proper Guidelines".

91 *Schuster* in: Hopt/Binder/Böcking, Handbuch Corporate Governance von Banken und Versicherungen, 2. Aufl., 2020, § 7, Rn. 72.

und – soweit vorhanden – dessen Vergütungskontrollausschuss bei dessen Überwachungs- und Ausgestaltungsaufgaben hinsichtlich aller Vergütungssysteme zu unterstützen und den jeweiligen Vorsitzenden Auskunft zu erteilen. Zusätzlich dazu kann sich der Vergütungskontrollausschuss auch durch externe Berater unterstützen lassen, § 25d Abs. 12 Satz 4 KWG.

E. Aufsichtsrat und Rechtsabteilung

81 Außerhalb des Bankaufsichtsrechts gilt auch in Bezug auf die Rechtsabteilung die Sonderregelung des § 107 Abs. 4 Satz 4 AktG. Insoweit kann auf die Ausführungen (Rn. 33) verwiesen werden. Die Rechtsabteilung zählt zu denjenigen Einheiten, bei deren Leitern der Prüfungsausschussvorsitzende direkte Auskünfte einholen kann; der Vorstand ist darüber gemäß § 107 Abs. 4 Satz 6 AktG zu informieren. Das Recht zur Einholung derartiger Informationen steht jedem Prüfungsausschussmitglied zu; die Ausübung dieses Rechts hat jedoch über den Ausschussvorsitzenden zu erfolgen.[92]

82 Die regulatorischen Vorschriften enthalten keine besonderen Regelungen zum Verhältnis zwischen Aufsichtsrat und Rechtsabteilung. Lediglich die EBA-Leitlinien zur internen Governance stellen in Ziff. 5.3 Tz. 60 klar, dass Risiko- und Nominierungsausschuss im Rahmen ihrer Funktionen Zugang zu allen relevanten Informationen und Daten haben, wozu auch die Einholung von Informationen bei der Rechtsabteilung gehören kann (vgl. Rn. 36). In Betracht kommen diesbezüglich insbesondere Berichte der Rechtsabteilung zu aktuellen Rechtsrisiken des Kreditinstituts.

83 Im Übrigen kann der Aufsichtsrat, der in der Regel über keine eigenen Rechtsberater im Unternehmen verfügt, sich durch die Rechtsabteilung rechtlich beraten lassen, was in der Praxis auch der Fall ist. Es ist weithin anerkannt, dass die Rechtsabteilung in der Lage ist, unabhängigen Rechtsrat zu erteilen.[93]

84 *Praxistipp:*

Vorsicht ist aus Sicht des Aufsichtsrats angezeigt, wenn das Risiko eines – und sei es auch nur potentiellen – Interessenkonflikts bestehen kann, z. B. weil die Rechtsabteilung in derselben Angelegenheit bereits den Vorstand berät/beraten hat *und* eine Situation besteht, in der die Interessen von Vorstand und Aufsichtsrat divergieren können (im extremsten Fall: wenn es um die Frage geht, ob der Vorstand in einer bestimmten Situation seinen Pflichten genügt hat). Ähnliches mag für den Fall gelten, dass es dem Aufsichtsrat gerade darum geht, ein von der Rechtsabteilung erstelltes Gutachten oder Handlungskonzept rechtlich überprüfen zu lassen. In diesen Fällen dürfte es sich u. U. – je nach Bedeutung, Art und Risikogehalt der jeweiligen Situation – für den Aufsichtsrat empfehlen, sorgfältig zu prüfen, ob und in welchem Umfang es angezeigt ist, zusätzlich eine externe

92 *Habersack* in: MüKo-AktG, 6. Aufl., 2023, § 107, Rn. 181.

93 Backhaus/Tielmann, Der Aufsichtsrat, 2. Aufl., 2023, § 116 AktG, Rn. 700; *Strohn*, ZHR 176 (2012), 137, 140 f.

rechtliche Beratung einzuholen, um seinerseits den an ihn gestellten Sorgfaltspflichten zu genügen.[94] Hier kann auch ein „gestuftes" Verfahren in Betracht kommen, in welchem der Aufsichtsrat sich zunächst von der Rechtsabteilung deren Einschätzung darlegen lässt und anschließend entscheidet, inwieweit er zusätzlich eine externe Beratung für erforderlich hält. In besonders sensiblen Fällen mag eine externe Beratung auch in Abwesenheit eines Interessenkonflikts schon allein deshalb angezeigt sein, um einen „falschen Anschein" zu vermeiden. In jedem Fall wird die Einbeziehung eigener externer Berater für den Aufsichtsrat angezeigt sein, wenn er im Namen der Bank Schadensersatzansprüche gegen amtierende oder frühere Vorstandsmitglieder geltend macht oder zu machen gedenkt. Inwieweit hierbei auch die interne Rechtsabteilung unterstützen kann/darf (z. B. bei der Auswahl, Mandatierung und Steuerung der externen Anwälte des Aufsichtsrats) hängt maßgeblich von den Umständen des Einzelfalls ab – u. a. davon, ob gegen amtierende oder frühere Vorstände vorgegangen wird und inwieweit u. U. auch die Frage im Raum steht, ob der Rechtsabteilung (oder einzelnen ihrer Mitarbeiter) eigene Fehler vorzuwerfen sind.

F. Aufsichtsrat und sonstige Einheiten

Die Aufsicht erwartet namentlich vom Risiko- und vom Nominierungsaus- 85
schuss gemäß Ziff. 5.3 Tz. 60 der EBA-Leitlinien zur internen Governance ausdrücklich, dass sie, soweit notwendig, neben den internen Kontrollfunktionen auch „**sonstige relevante Funktionen** (Personal, Recht, Finanzen) innerhalb der jeweiligen Fachgebiete" **einbeziehen** und/oder bei Bedarf externe fachliche Beratung in Anspruch zu nehmen. Es spricht Vieles dafür, dass die gleiche Erwartungshaltung auch für das Aufsichtsratsplenum und die anderen Aufsichtsratsausschüsse gilt.

Diese Erwartungshaltung der Aufsicht ist wenig überraschend. Die entspre- 86
chende Handhabung ist in der Praxis ohnehin üblich, weil durch interne Einheiten neben schneller und kostengünstiger Beratung zusätzlich die notwendige Kenntnis unternehmens- und/oder gruppeninterner Zuständigkeiten und Abläufe sichergestellt ist.

Außerhalb des Bankaufsichtsrechts gilt auch in Bezug auf „sonstige Einheiten" 87
die Sonderregelung des § 107 Abs. 4 Satz 4 AktG (vgl. Rn. 33). Der Prüfungsausschuss hat das Recht, über den Ausschussvorsitzenden Auskünfte unmittelbar bei den **Leitern derjenigen Zentralbereiche** der Gesellschaft einzuholen, die in der Gesellschaft für die Aufgaben zuständig sind, die den **Prüfungsausschuss** betreffen. Der Gesetzgeber hat dabei bewusst auf eine enumerative Aufzählung der Zentralbereiche verzichtet, um eine flexible Auslegung der Norm je nach Organisationsform des jeweiligen Unternehmens zu ermöglichen. Zentralbereiche sind daher immer dann erfasst, wenn sie für Aufgaben zuständig sind, deren Begleitung und Kontrolle auf Ebene des Aufsichtsrats in die Zuständigkeit des Prüfungsausschusses fällt. Bei den Leitern dieser Einheiten (gemeint ist damit

94 *V. Schenck* in: Semler/v. Schenck/Wilsing, Arbeitshandbuch für Aufsichtsratsmitglieder, 5. Aufl., 2021, § 12, Rn. 15.

die erste Führungsebene unterhalb des Vorstandes)[95] kann der Prüfungsausschussvorsitzende direkte Auskünfte einholen; der Vorstand ist darüber gemäß § 107 Abs. 4 Satz 6 AktG zu informieren. Das Recht zur Einholung derartiger Informationen steht jedem Prüfungsausschussmitglied zu; die Ausübung dieses Rechts hat jedoch über den Ausschussvorsitzenden zu erfolgen.[96]

88 *Praxistipp:*

Ihre Grenzen findet die Einbindung dieser – formal gesehen – dem Vorstand unterstellten internen Einheiten in den allgemeinen aktienrechtlichen Grundsätzen zur Überwachung des Vorstandes. Sie bedarf insbesondere dann einer sorgfältigen Abwägung, wenn Anlass zur Sorge besteht, dass im Rahmen einer laufenden (oder bevorstehenden) Untersuchung gegen amtierende oder frühere Vorstandsmitglieder interne Einheiten in Interessenskonflikte geraten können (vgl. Rn. 59 und 84).

G. Das Teilnahmerecht der Aufsicht an den Sitzungen des Aufsichtsrats

89 In Deutschland hat die Aufsicht ein **Recht, an Sitzungen des Aufsichtsrats** eines beaufsichtigten Instituts **teilzunehmen**.

90 Für die **BaFin** ergibt sich dieses Recht bereits direkt aus § 44 Abs. 4 Satz 1 KWG. Dort ist geregelt, dass die BaFin „zu den Hauptversammlungen, Generalversammlungen oder Gesellschafterversammlungen sowie zu den Sitzungen der Aufsichtsorgane bei Instituten, Finanzholding-Gesellschaften oder gemischten Finanzholding-Gesellschaften in der Rechtsform einer juristischen Person Vertreter entsenden" kann. Die Vertreter der BaFin können in der Sitzung auch das Wort ergreifen. Ein Antrags- oder Stimmrecht steht den Vertretern der BaFin allerdings nicht zu.[97] Zwar sind die Ausschüsse des Aufsichtsrats in dieser Rechtsgrundlage nicht explizit erwähnt; die Formulierung „Aufsichtsorgane" wird man vernünftigerweise aber dahin auslegen müssen, dass eine Teilnahme der BaFin auch an den Sitzungen der Ausschüsse des Aufsichtsrats bejahen werden muss, denen eine „Aufsichtsfunktion" zukommt. Ausschüsse oder „Beiräte" mit lediglich beratender Funktion dürften davon in der Regel nicht umfasst sein.[98]

91 Das Teilnahmerecht der BaFin gilt unabhängig davon, ob die BaFin die allein zuständige Aufsichtsbehörde ist oder im Rahmen des europaweiten einheit-

95 *Habersack* in: MüKo-AktG, 6. Aufl., 2023, § 107, Rn. 182.
96 *Habersack* in: MüKo-AktG, 6. Aufl., 2023, § 107, Rn. 181.
97 *Braun* in: Fischer/Schulte-Mattler, KWG, 6. Aufl., 2023, § 44, Rn. 101. *Schwennicke* in: Schwennicke/Auerbach, KWG, 4. Aufl., 2021, § 44, Rn. 28.
98 *Braun* in: Fischer/Schulte-Mattler, KWG, 6. Aufl., 2023, § 44, Rn. 102.

lichen Aufsichtsmechanismus („SSM") als national zuständige Behörde unter Leitung der EZB eingebunden ist.[99]

> *Praxistipp:*
>
> Nach hM besteht grundsätzlich keine Verpflichtung, die BaFin über geplante Sitzungen zu informieren. Im Sinne eines konstruktiven und proaktiven Dialogs mit der Aufsicht ist es aber überaus empfehlenswert, die Aufsicht über bevorstehende Sitzungen regelmäßig und rechtzeitig zu unterrichten.[100] Zumal die BaFin nach § 44 KWG ohnehin das Recht hat, von den Instituten Auskunft über geplante Sitzungstermine und Tagesordnungen zu verlangen.[101] Ein Verstoß gegen den Teilnahmewunsch der BaFin ist grundsätzlich bußgeldbewährt.[102]

Nicht ganz so einfach zu beantworten ist die Frage, ob dieses Teilnahmerecht 92 auch für die **Bundesbank** als Aufsichtsbehörde gilt. In § 44 KWG ist die Bundesbank nicht explizit erwähnt. Andererseits arbeiten den BaFin und die Bundesbank gemäß § 7 Abs. 1 und Abs. 1a KWG sowohl im Rahmen der nationalen Aufsicht als auch im Rahmen des europaweiten einheitlichen Aufsichtsmechanismus zusammen. Gemäß § 44 Abs. 1 Satz 2 KWG kann die BaFin die Durchführung von Prüfungen auf die Bundesbank übertragen.

> *Praxistipp:*
>
> Es spricht vieles dafür, die Delegationsmöglichkeit gemäß § 44 Abs. 1 Satz 2 KWG auch auf das Recht zur Teilnahme an Sitzungen (§ 44 Abs. 4 KWG) anzuwenden. Insoweit wird man daher der Bundesbank eine Teilnahme an den Sitzungen des Aufsichtsrats (und seiner Ausschüsse) nicht verwehren können, wenn und soweit die Bundesbank im Auftrag der BaFin tätig wird.

---

99 In der vor dem 10.06.2017 geltenden Fassung des KWG war in § 44 Abs. 5a KWG geregelt, dass die Rechte der BaFin aus § 44 KWG (= also auch das Recht zur Teilnahme an AR-Sitzungen) nur insoweit galten, als die BaFin die zuständige Aufsichtsbehörde gemäß § 1 Abs. 5 Nr. 2 KWG war. Diese Regelung wurde zum 10.06.2017 ersatzlos gestrichen. Ausweislich der Gesetzesbegründung (vgl. BT-Drs. 18/10935, Seite 29) erfolgte die ersatzlose Streichung des Abs. 5a vor dem Hintergrund, dass Art. 6 Abs. 6 Unter-Abs. 2 der Verordnung (EU) 1024/2013 (= „SSM-Verordnung") klarstellt, dass die national zuständigen Behörden und die national benannten Behörden auch innerhalb des einheitlichen Aufsichtsmechanismus die Befugnis behalten, „nach nationalem Recht Informationen von Kreditinstituten, Holdinggesellschaften, gemischten Holdinggesellschaften und Unternehmen, die in die konsolidierte Finanzlage eines Kreditinstituts einbezogen sind, einzuholen und vor Ort Prüfungen dieser Kreditinstitute, Holdinggesellschaften, gemischten Holdinggesellschaften und Unternehmen durchzuführen". Damit ist klargestellt, dass der BaFin die in § 44 KWG genannten Rechte auch hinsichtlich ihrer Tätigkeiten im Rahmen des einheitlichen Aufsichtsmechanismus (SSM) zustehen sollen.

100 *Braun* in: Fischer/Schulte-Mattler, KWG, 6. Aufl., 2023, § 44, Rn. 104; *Schwennicke* in: Schwennicke/Auerbach, KWG, 4. Aufl., 2021, § 44, Rn. 29.

101 *Schwennicke* in: Schwennicke/Auerbach, KWG, 4. Aufl., 2021, § 44, Rn. 29. *Braun* in: Fischer/Schulte-Mattler, KWG, 6. Aufl., 2023, § 44, Rn. 104.

102 Die Ordnungswidrigkeit ergibt sich aus § 56 Abs. 2 Nr. 16 lit. b KWG, der auf § 44 Abs. 4 Satz 6 KWG verweist. Die Bußgeldhöhe beträgt gemäß § 56 Abs. 6 Nr. 4 KWG grundsätzlich bis zu EUR 100.000.

93 Am schwierigsten zu beantworten ist die Frage, ob und inwieweit auch der **EZB** als zuständiger europäischer Aufsichtsbehörde im Rahmen des SSM ein eigenes Recht zur Teilnahme an den Sitzungen des Aufsichtsrats einer von ihr beaufsichtigten Bank zusteht. Ein explizites Teilnahmerecht der EZB ist weder in der SSM-Verordnung[103] noch in der SSM-Rahmenverordnung[104] noch in der CRD IV[105] vorgesehen. Soweit ersichtlich hat sich die EZB in der Vergangenheit allerdings in der Regel auf die ihr im Rahmen des SSM eingeräumten umfangreichen Befugnisse[106] berufen, um ein Teilnahmerecht an Sitzungen des Aufsichtsrats (und seiner Ausschüsse) zu begründen. In der Praxis dürfte es jedenfalls in Deutschland inzwischen üblich sein, dass die Teilnahme an Sitzungen des Aufsichtsrats und/oder seiner Ausschüsse durch Vertreter der jeweils zuständigen nationalen Aufsichtsbehörden (insbesondere BaFin) wahrgenommen wird, die in der Regel dem gemeinsamen Aufsichtsteam (JST) angehören und sich jedenfalls in Deutschland auf die o.g. eindeutige gesetzliche Rechtsgrundlage im KWG berufen können, die ihnen eine Teilnahme an den Sitzungen erlaubt.

103 Verordnung (EU) 1024/2013.

104 Verordnung (EU) 468/2014.

105 Richtlinie 2013/36/EU.

106 Hierfür werden seitens der Aufsicht in aller Regel u.a. folgende Fundstellen bemüht: (i) Das Recht, gemäß Art. 104 Abs. 1 lit. l CRD IV ergänzende Informationen einzufordern. (ii) Die Pflicht der Mitgliedsstaaten, gemäß Art. 4 CRD IV sicherzustellen, dass die zuständigen Aufsichtsbehörden alle für die Beaufsichtigung notwendigen Informationen erlangen und entsprechenden Befugnisse erhalten. (iii) Die Befugnisse der EZB und des jeweils zuständigen gemeinsamen Aufsichtsteams (JST) gemäß Art. 3 Abs. 2 und Art. 143 SSM-Rahmenverordnung, Vor-Ort-Prüfungen anzusetzen und daran teilzunehmen. Darüber hinaus wird man wohl auch Art. 6 Abs. 5 lit. b) SSM-Verordnung (Recht, einschlägige Befugnisse an sich zu ziehen).

Kapitel V: Verantwortlichkeit und Haftung

Inhaltsübersicht

A. Einleitung

Übergeordnetes Ziel einer jeden anwaltlichen Beratung von Aufsichtsratsmitgliedern ist es, beginnend bei der Organisation und der Zusammensetzung des Aufsichtsrats bis hin zur Überwachung des Vorstands, für eine ordnungsgemäße und sachgerechte Arbeit des Organs sowie die Erfüllung seiner Aufgaben zu sorgen und damit insbesondere einen Haftungsfall des Aufsichtsratsmitglieds aufgrund einer Pflichtverletzung zu vermeiden. Denn eine Pflichtverletzung kann unterschiedliche Sanktionen zur Folge haben. Neben einer Abberufung oder der Verweigerung der Entlastung durch die Hauptversammlung, kann vor allem eine Haftung auf Schadensersatz oder gar eine strafrechtliche Haftung drohen. Dies gilt für jedes Aufsichtsratsmitglied einer Gesellschaft, unabhängig von deren Geschäftszweck. Bei Banken bestehen durch die aufsichtsrechtlichen Anforderungen zusätzliche Pflichten der Aufsichtsratsmitglieder. Auch diese müssen beachtet werden, um eine Haftung auszuschließen. 1

B. Haftung gegenüber der Gesellschaft (Innenhaftung)

2 Bei der sog. Aufsichtsratsinnenhaftung verhält es sich bei privatrechtlichen Kreditinstituten in Form einer Aktiengesellschaft oder einer Gesellschaft mit beschränkter Haftung[1] wie bei sonstigen Aktiengesellschaften bzw. Gesellschaften mit beschränkter Haftung. Die bankspezifischen Regelungen enthalten keine eigenen Haftungstatbestände, so dass die Aufsichtsratsmitglieder eines als AG oder GmbH organisierten Kreditinstituts gemäß § 116 i. V. m. § 93 AktG gegenüber der Gesellschaft haften.

3 Bei den als eingetragene Genossenschaften organisierten Kreditinstituten richtet sich die Innenhaftung nach § 41 i. V. m. § 34 GenG. Da § 34 GenG in den wesentlichen Passagen jedoch wortgleich mit § 93 AktG ist, gelten die Aussagen für eine AG für Aufsichtsratsmitglieder einer eingetragenen Genossenschaft entsprechend.

4 Öffentlich-rechtlich organisierte Kreditinstitute, insbesondere Förderbanken, Landesbanken und Sparkassen, werden auf Basis von Spezialgesetzen errichtet[2] und gleichen in ihrer Struktur häufig ebenfalls einer privatrechtlichen AG mit Vorstand und Aufsichtsorgan, so dass auch für sie die nachfolgenden Ausführungen zur AG grundsätzlich entsprechend gelten. Letztlich sind jedoch die für die einzelne Anstalt öffentlichen Rechts erlassenen Regelungen maßgeblich.

5 Eine vertragliche Haftung von Aufsichtsratsmitgliedern ist ausgeschlossen, zumal ein Aufsichtsratsmitglied in der Regel über keinen eigenen Anstellungsvertrag verfügt. Allenfalls in der Sonderkonstellation eines Konzerns, wo die Aufsichtsratstätigkeit bei der Tochtergesellschaft Gegenstand des Anstellungsvertrags mit der Obergesellschaft ist, mag im Einzelfall eine „mittelbare" vertragliche Aufsichtsratshaftung möglich sein.

6 Damit ist für die Innenhaftung des Aufsichtsrats gegenüber der Gesellschaft § 116 i. V. m. § 93 AktG maßgeblich. Danach haben Aufsichtsratsmitglieder ihre Aufgaben mit der Sorgfalt eines ordentlichen und gewissenhaften Aufsichtsratsmitglieds auszuführen. Eine Haftung gegenüber der Gesellschaft setzt eine schuldhafte Pflichtverletzung des Aufsichtsratsmitglieds sowie einen daraus resultierenden Schaden der Gesellschaft voraus.

I. Pflichtverletzung

7 Für eine Haftung von Aufsichtsratsmitgliedern ist zunächst erforderlich, dass das Aufsichtsratsmitglied eine ihm obliegende Pflicht verletzt hat. Neben der

1 Unter den 40 größten Kreditinstituten in Deutschland (gemessen an der Bilanzsumme 2021) finden sich 27 Banken in der Rechtsform der AG oder GmbH, 11 Anstalten des öffentlichen Rechts und 2 Banken in Form der Genossenschaft. Quelle: Statista.com unter *https://de.statista.com/statistik/daten/studie/157580/umfrage/bilanzsumme-der-groessten-banken-in-deutschland/* (zuletzt abgerufen am 27.05.2025).

2 Vgl. bspw. das Gesetz über die Landesbank Baden-Württemberg (LBWG) vom 11. November 1998.

allgemeinen Sorgfaltspflicht bestehen die Treuepflicht sowie die Organisationspflichten als spezifische Sorgfaltspflichten.

1. Treuepflicht

Es ist allgemein anerkannt, dass Aufsichtsratsmitglieder gegenüber der Gesell- 8
schaft eine Treuepflicht haben.[3] Neben der allgemeinen Treuepflicht ist die Verschwiegenheitspflicht als besondere Ausprägung der Treuepflicht von besonderer praktischer Relevanz.

a) Allgemeine Treuepflicht

Das Aufsichtsratsmitglied ist dazu verpflichtet, im Unternehmensinteresse zu 9
handeln und dieses zu bewahren. Umgekehrt darf es seine Organstellung nicht für eigene Interessen und zum Schaden der Gesellschaft ausnutzen.[4] Pflichtwidrig handelt daher, wer z. B. Informationen, die er in seiner Eigenschaft als Aufsichtsratsmitglied erhalten hat, benutzt, um Geschäftschancen der Gesellschaft für sich selbst zu nutzen.[5] Sofern das Aufsichtsratsmitglied Geschäftschancen nutzt, ohne Informationen zu verwenden, die aufgrund des Aufsichtsratsmandats erlangt wurden, ist dies dagegen gestattet.

> *Praxistipp:*
> Damit das Aufsichtsratsmitglied bei börsennotierten Gesellschaften mit Aktien der Gesellschaft handeln kann, ohne sich des Vorwurfs des Insiderhandels auszusetzen, sollte es durch die Compliance-Abteilung der Bank immer darüber informiert werden, in welchem Zeitfenster ein Handel möglich und wann er verboten ist. Dazu kann die Bank mit einem automatisierten System arbeiten, das auf Anfrage, ob ein Handel möglich ist, unverzüglich die Antwort sendet. Aufsichtsratsmitglieder sind zudem gesetzlich verpflichtet, Eigengeschäfte unverzüglich gegenüber der BaFin zu melden (Art. 19 der Marktmissbrauchsverordnung (EU) Nr. 596/2014).

Außerhalb seiner Organfunktion muss das Aufsichtsratsmitglied nicht im 10
Unternehmensinteresse handeln, sondern muss auf dieses lediglich Rücksicht nehmen.[6] So unterliegt das Aufsichtsratsmitglied im Gegensatz zu Vorstandsmitgliedern auch keinem gesetzlichen Wettbewerbsverbot. Ein gleichzeitiges Mandat bei einem Wettbewerber kann allerdings einen Interessenkonflikt begründen, welcher bei der Prüfung der Geeignetheit des Mitglieds zu berücksichtigen ist (vgl. Kapitel I B. III sowie Leitlinien der ESMA und der EBA zur Beurtei-

---

3 *Koch,* in: Koch, AktG, 17. Aufl. 2023, § 116 Rn. 7; OLG Stuttgart, Urt. v. 29. 02. 2012 – 20 U 3/11, GWR 2012, 156.

4 *Spindler,* in: Spindler/Stilz, beck-online.GROSSKOMMENTAR Stand 01. 01. 2023, § 116 Rn. 12; *Lutter/Krieger/Verse,* Rechte und Pflichten des Aufsichtsrats, 7. Aufl. 2020, § 13 Rn. 1006.

5 BGH, Urt. v. 23. 09. 1985 – II ZR 246/84, NJW 1986, S. 585 ff; *Mertens/Cahn,* in: Zöllner/Noack, Kölner Komm. AktG, 3. Aufl. 2013, § 116 Rn. 27.

6 *Spindler,* in: Spindler/Stilz, beck-online.GROSSKOMMENTAR Stand 01. 01. 2023, § 116 Rn. 14; *Mertens/Cahn,* in: Zöllner/Noack, Kölner Komm. AktG, 3. Aufl. 2013, § 116 Rn. 26.

lung der Eignung von Mitgliedern des Leitungsorgans und von Inhabern von Schlüsselfunktionen gemäß der Richtlinie 2013/36/EU und der Richtlinie 2014/65/EU.). Dies ist daher vom Institut vor dem Wahlvorschlag an die Hauptversammlung zu prüfen. Aber auch die Bankenaufsicht prüft dies umfassend (vgl. Merkblatt zu den Mitgliedern von Verwaltungs- und Aufsichtsorganen gemäß KWG und KAGB vom 4. 1. 2016, geändert am 29. 12. 2020 sowie EZB-Leitfaden zur Beurteilung der fachlichen Qualifikation und persönlichen Zuverlässigkeit, Dezember 2021)[7] und kann bei Bedenken z. B. anordnen, dass ein Mandat niederzulegen ist.

11 Bei Interessenkonflikten ist der Konflikt dem Aufsichtsrat gegenüber offenzulegen und das Aufsichtsratsmitglied hat sich gemäß etwaigen Richtlinien oder Regelungen der Gesellschaft zum Umgang mit Interessenkonflikten zu verhalten (z. B. Enthaltung bei Abstimmungen, Nichtteilnahme an Erörterung und Entscheidung in der Sitzung etc.; vgl. dazu auch Leitlinien der EBA zur internen Governance GL/2021/05).

b) Verschwiegenheitspflicht

12 Die Aufsichtsratsmitglieder sind zur Verschwiegenheit über erhaltene vertrauliche Berichte und vertrauliche Beratungen verpflichtet, § 116 Satz 2 AktG. Diese eigentlich selbstverständliche Pflicht wird leider in der Praxis nicht immer befolgt. So sind Presseberichte über vertrauliche Informationen aus Aufsichtsratssitzungen oder aus Aufsichtsratsunterlagen leider in der Praxis nichts Ungewöhnliches. Solche Leaks können der Reputation der Gesellschaft großen Schaden zufügen. Ist dieser bezifferbar, kann dies zu einem Schadensersatzanspruch der Gesellschaft gegen das Aufsichtsratsmitglied führen. Zudem ist die Verletzung der Verschwiegenheitspflicht nach § 404 StGB strafbewehrt (siehe dazu Rn. 89). Ebenso schwerwiegend wie ein Reputationsschaden ist, dass das Vertrauensverhältnis innerhalb des Aufsichtsrats und zwischen Aufsichtsrat und Vorstand durch Leaks verletzt oder gar zerstört wird. Ein intaktes Vertrauensverhältnis im Aufsichtsrat sowie zwischen Vorstand und Aufsichtsrat ist Grundvoraussetzung für eine konstruktive und gute Arbeit des Aufsichtsrats. Daher ist es von wesentlicher Bedeutung, die Einhaltung der Verschwiegenheitspflicht sicherzustellen.

Praxistipp:

Zur Sicherstellung der Verschwiegenheit über vertrauliche Informationen durch die Aufsichtsratsmitglieder kann es sinnvoll sein, Medientrainings abzuhalten. Denn nicht jedes Aufsichtsratsmitglied ist mit dem Umgang von Presseanfragen vertraut und geübt. Ferner empfiehlt es sich bei sehr vertraulichen Themen ausdrücklich auf die Vertraulichkeit und die Folgen eines Verstoßes hinzuweisen sowie, sofern möglich, nach dem need-to-know-Prinzip vorzugehen und den

7 Aktuell läuft die Konsultation 11/2025 der BaFin zu einem neuen, für Geschäftsleiter und Aufsichtsorgane einheitlichen Fit & Propper Merkblatt („Rundschreiben XX/2025 zu den Mitgliedern der Geschäftsleitung sowie von Verwaltungs- und Aufsichtsorganen gemäß KWG").

Kreis involvierter Personen möglichst klein zu halten. Dies kann sich z. B. auf den Kreis der bei der Sitzungsvorbereitung involvierten Mitarbeiter beziehen. Es kann aber z. B. auch im Rahmen des sehr vertraulichen Prozesses der Bestellung neuer Vorstandsmitglieder ratsam sein, neben dem Aufsichtsratsvorsitzenden nur ein bis zwei weitere Mitglieder des Nominierungsausschusses bei den Bewerbungsgesprächen hinzuzuziehen und dem Aufsichtsratsplenum nur den oder die letztlich favorisierte/n Kandidatin/en zu präsentieren. Auch können Maßnahmen im Rahmen der Sitzungsvorbereitung, z. B. die zur Verfügungstellung hoch vertraulicher Unterlagen nur als Tischvorlagen in der Sitzung, das Risiko von Leaks minimieren.

Kommt es zu Leaks, stellt sich in der Praxis stets die Frage, wie herausgefunden werden kann, wer gegen die Verschwiegenheitspflicht verstoßen hat. Interne forensische Untersuchungen und die Stellung eines Strafantrags tragen weder zur Verbesserung des Vertrauensverhältnisses bei, noch lässt sich in der Regel dadurch die Person ermitteln, die den Verstoß begangen hat. In den meisten Fällen ist es daher sehr schwierig bis unmöglich, die für das Leak verantwortliche Person zu ermitteln. Deshalb ist zu empfehlen, von Anfang an und immer wieder während der Amtsperiode auf die Vertraulichkeit und das Erfordernis der Einhaltung der Verschwiegenheitspflicht sowie auf die Folgen von Leaks eindringlich hinzuweisen und durch geeignete Maßnahmen Leaks möglichst entgegenzuwirken. 13

2. *Organisationspflichten*

Eine weitere spezifische Sorgfaltspflicht des Aufsichtsrats und seiner Mitglieder neben der Treuepflicht ist die Organisationspflicht. Danach haben die Aufsichtsratsmitglieder die Pflicht, den Aufsichtsrat und sich selbst so zu organisieren, dass die organschaftlichen Pflichten ordnungsgemäß erfüllt werden können.[8] Die Arbeit des Aufsichtsrats und der Ausschüsse sowie das Zusammenwirken der Aufsichtsratsmitglieder muss also so organisiert sein, dass z. B. die Geschäftsführung durch den Vorstand hinreichend überwacht werden kann.[9] Der Aufsichtsrat benötigt folglich eine funktionsgerechte und angemessene Organisation. Dies beginnt bei der ordnungsgemäßen Sitzungsvorbereitung, umfasst aber auch die angemessene Zusammensetzung des Aufsichtsrats einschließlich der Eignung der Aufsichtsratsmitglieder sowie die Ausschussbildung und den Erlass von Geschäftsordnungen. Bei Banken sind insbesondere die Organisationspflichten nach dem KWG zu beachten, wonach u. a. spezielle Ausschüsse und Kompetenzen vorgeschrieben werden. Verstoßen die Aufsichtsratsmitglieder gegen ihre Organisationspflichten und entsteht der Bank dadurch ein Schaden, kann dies zu einem Schadensersatzanspruch der Bank gegen die Aufsichtsratsmitglieder führen. 14

8 *Habersack*, in: Goette/Habersack/Kalss, MüKo AktG, 5. Aufl. 2019, § 116 Rn. 17.
9 *Lutter/Krieger/Verse*, Rechte und Pflichten des Aufsichtsrats, 7. Aufl. 2020, § 13 Rn. 992.

> *Praxistipp:*
> In der Praxis verfügen Banken in der Regel über ein Aufsichtsratsbüro bzw. einen Stab, der eine ordnungsgemäße Organisation des Aufsichtsrats sicherstellt. Dies ist angesichts der zu beachtenden vielfältigen Organisationspflichten von Aufsichtsratsmitgliedern von Banken zu empfehlen.

a) *Zusammensetzung des Aufsichtsrats und Eignung*

15 Der Aufsichtsrat hat im Rahmen seiner Pflicht zur Selbstorganisation sicherzustellen, dass er gesetzeskonform und angemessen zusammengesetzt ist und seine Mitglieder alle Anforderungen an die Eignung von Aufsichtsratsmitgliedern von Banken erfüllen (vgl. dazu den Leitfaden zur Beurteilung der fachlichen Qualifikation und persönlichen Zuverlässigkeit der EZB aus Dezember 2021). Dabei muss nicht jedes einzelne Aufsichtsratsmitglied über sämtliche zur ordnungsgemäßen Wahrnehmung der Aufgaben des Organs notwendigen Kenntnisse verfügen. Der Aufsichtsrat als Organ ist aber so zusammenzusetzen, dass seine Mitglieder insgesamt über die zur ordnungsgemäßen Wahrnehmung der Aufgaben erforderlichen Kenntnisse, Fähigkeiten und fachlichen Erfahrungen verfügen und die gesetzliche Geschlechterquote eingehalten wird (vgl. Grundsatz 11 DCGK). Es ist die Pflicht des Aufsichtsrats, durch die Unterbreitung von entsprechenden Wahlvorschlägen an die Hauptversammlung gemäß § 124 Abs. 3 Satz 1 AktG auf die Wahl hinreichend geeigneter Mitglieder hinzuwirken. Bei börsennotierten Gesellschaften sind dabei die Empfehlungen des DCGK C.1, C.13 und C.14 zu berücksichtigen.

16 Abgesehen von der kollektiven Eignung des Gesamtorgans muss jedes einzelne Aufsichtsratsmitglied die gesetzlichen Voraussetzungen für die Mitgliedschaft im Aufsichtsrat einer Bank erfüllen (siehe dazu Kapitel I B.) und grundsätzlich diejenigen Mindestkenntnisse und -fähigkeiten besitzen bzw. sich aneignen, die erforderlich sind, um die Überwachungsaufgaben ordnungsgemäß auszuüben.[10] Das einzelne Aufsichtsratsmitglied ist selbst für seine ausreichende Qualifikation verantwortlich. Es kann daher unter dem Aspekt des Übernahmeverschuldens haften, sofern es nicht über die für die Mandatsübernahme erforderliche Sachkunde verfügt.[11] Ab der Mandatsübernahme sind zudem die Institute verpflichtet, angemessene personelle und finanzielle Ressourcen einzusetzen, um den Mitgliedern des Aufsichtsrats die Einführung in ihr Amt zu erleichtern und die Fortbildung zu ermöglichen, die zur Aufrechterhaltung der erforderlichen Sachkunde notwendig ist (§ 25d Abs. 4 KWG, vgl. auch Empfehlung D.11 DCGK).

---

10 *Dornwächter/Kaßmann*, in: Thüsing/Giebeler/Hey, Handwörterbuch für Aufsichtsräte, Seite 881, Rn. 43; *Koch*, in Koch, AktG, 17. Aufl. 2023, § 116 Rn. 3; *Habersack*, in: Goette/Habersack/Kalss, MüKo AktG, 5. Aufl. 2019, § 116 Rn. 24.

11 *Habersack*, in: Goette/Habersack/Kalss, MüKo AktG, 5. Aufl. 2019, § 116 Rn. 20.

b) Bildung von Ausschüssen und Erlass einer Geschäftsordnung

Die Pflicht des Aufsichtsrats zur effektiven und effizienten Selbstorganisation umfasst auch die Verpflichtung, die nach dem KWG geforderten Ausschüsse zu bilden sowie über die Bildung etwaiger weiterer Ausschüsse und die Besetzung der Ausschüsse zu entscheiden, § 25d Abs. 7 KWG (zu den Ausschüssen im Einzelnen vgl. Kapitel III C. sowie Leitlinien der EBA zur internen Governance GL/2021/05). 17

Schließlich hat der Aufsichtsrat im Rahmen seiner Selbstorganisation zwar keine Pflicht eine Geschäftsordnung zu erlassen; der Erlass einer Geschäftsordnung ist aber sinnvoll, um eine angemessene und effiziente Organisation sicherzustellen und wird zudem vom Kodex in D.1 DCGK empfohlen. 18

3. Allgemeine Sorgfaltspflichten

Die Aufsichtsratsmitglieder „haben bei ihrer Geschäftsführung die Sorgfalt eines ordentlichen und gewissenhaften Geschäftsleiters anzuwenden" (§§ 116, 93 Abs. 1 Satz 1 AktG), d. h. sie müssen ihre Aufgaben sorgfältig und gewissenhaft erledigen. 19

a) Sorgfaltsmaßstab

Die Frage, welcher Sorgfaltsmaßstab zu Grunde zu legen ist, welches also die im Verkehr erforderliche Sorgfalt (§ 276 BGB) ist, die die Aufsichtsratsmitglieder bei ihrer Aufgabenerfüllung an den Tag legen müssen, lässt sich nicht nach einem einheitlichen festen Maßstab beantworten. Vielmehr ist stets der Einzelfall zu betrachten, wobei u. a. die Größe und wirtschaftliche Situation des Instituts zu berücksichtigen sind.[12] 20

Ein besonderer Sorgfaltsmaßstab für Aufsichtsratsmitglieder von Finanzinstituten ist im KWG nicht vorgesehen. Allerdings sieht § 25d Abs. 6 KWG vor, dass der Aufsichtsrat „die Geschäftsleiter auch im Hinblick auf die Einhaltung der einschlägigen bankaufsichtsrechtlichen Regelungen überwachen" und „der Erörterung von Strategien, Risiken und Vergütungssystemen für Geschäftsleiter und Mitarbeiter ausreichend Zeit widmen" muss. Diese Intensivierung der Pflichten spricht für einen branchenspezifisch erhöhten Sorgfaltsmaßstab.[13] Unabhängig von der dogmatischen Einordnung lässt sich auch in der Praxis beobachten, dass die Anforderungen an die Aufsichtsräte von Finanzinstituten und damit auch der Sorgfaltsmaßstab stetig steigend sind. 21

Aufsichtsratsmitglieder haben nicht nur an den Sitzungen teilzunehmen und sich auf diese anhand der zur Verfügung gestellten Unterlagen vorzubereiten, sondern müssen auch ihre Informations- und Fragerechte ausüben sowie prä- 22

---

12 *Langenbucher*, in: Hölscher/Altenhain, Hdb Aufsichts- und Veraltungsräte in Kreditinstituten, S. 21.

13 *Langenbucher*, in: Hölscher/Altenhain, Hdb Aufsichts- und Veraltungsräte in Kreditinstituten, S. 15.

ventive Überwachungsmaßnahmen nutzen.[14] Die erforderlichen Informationen für ihre ordnungsgemäße Aufgabenerfüllung erhalten die Aufsichtsratsmitglieder in erster Linie durch die Kenntnisnahme und Bewertung der vom Vorstand erstatteten Berichte (§ 90 AktG), durch die gründliche Vorbereitung auf und die aktive Teilnahme an den Sitzungen des Aufsichtsrats. Darüber hinaus können die Aufsichtsratsmitglieder aber auch dazu verpflichtet sein, aktiv Informationen vom Vorstand anzufordern. Dies beispielsweise dann, wenn die überlassenen Informationen nicht für die Beurteilung eines bedeutsamen Geschäfts ausreichend sind, wenn es sich um besondere Risiken von überdurchschnittlicher Bedeutung handelt oder wenn es um grundsätzliche Fragen der Unternehmensstrategie und -organisation geht.[15] Jedes Aufsichtsratsmitglied hat nach besten Kräften an der Aufgabenerledigung durch den Aufsichtsrat mitzuwirken. Verstößt ein zustimmungspflichtiges Geschäft gegen das Gesetz oder die Satzung, muss die Zustimmung verweigert werden.[16]

Praxistipp:

Im Rahmen der Aufgabenerfüllung durch die Aufsichtsratsmitglieder reicht es nicht, in kritischen Situationen nichts zu tun oder bei einer rechtswidrigen Beschlussfassung lediglich mit Nein zu stimmen.[17] Vielmehr sollte z. B. bei einer als problematisch erkannten Entscheidung der eigene Standpunkt dargelegt und im Protokoll festgehalten werden sowie beurteilungsrelevante Informationen an den Aufsichtsrat weitergegeben werden.[18] Des Weiteren sollte ein Aufsichtsratsmitglied seine Ablehnung gegen einen Beschluss ausdrücklich zu Protokoll geben, wenn es bei einer Entscheidung überstimmt wird, die es für fehlerhaft ansieht.[19]

23 Fehlt dem Aufsichtsrat zur Beurteilung eines Sachverhalts die erforderliche Sachkunde, muss er den Rat von Experten einholen. Dies kann z. B. der Fall sein, wenn die Rechtmäßigkeit einer Handlung eines Vorstandsmitglieds oder die Angemessenheit der Höhe der Vorstandsvergütung zu prüfen ist. Zu den Voraussetzungen für Expertenrat und dessen Konsequenzen für die Verantwortung von Aufsichtsratsmitgliedern siehe Rn. 66.

24 In Bezug auf die individuellen Fähigkeiten der Aufsichtsratsmitglieder ist Folgendes zu beachten. Grundsätzlich muss ein Aufsichtsratsmitglied mit der Übernahme des Mandats die Kenntnisse und Fähigkeiten besitzen, die dafür im Einzelnen erforderlich sind. Etwaige fehlende Kenntnisse muss es sich aneignen (vgl. dazu Rn. 16). Ein Aufsichtsratsmitglied muss also z. B. in der Lage sein,

---

14 *Langenbucher* in: Hölscher/Altenhain, Hdb Aufsichts- und Veraltungsräte in Kreditinstituten, S. 15.

15 *Mertens/Cahn*, in: Zöllner/Noack, KölnerKomm, AktG, 3. Aufl. 2013, § 111 Rn. 17.

16 Vgl. *Mertens/Cahn*, in: Zöllner/Noack, KölnerKomm, AktG, 3. Aufl. 2013, § 116 Rn. 11, 18 sowie § 111 Rn. 111.

17 So auch *Lutter/Krieger/Verse*, Rechte und Pflichten des Aufsichtsrats, 7. Aufl. 2020, § 13 Rn. 997.

18 *Lutter/Krieger/Verse*, Rechte und Pflichten des Aufsichtsrats, 7. Aufl. 2020, § 13 Rn. 997 mit Bespielen aus der Rechtsprechung.

19 Vgl. LG Berlin, Urt. v. 08. 10. 2003 – 101 O 80/02, ZIP 2004, 73, 76.

Berichte des Abschlussprüfers zu verstehen und daraus Schlussfolgerungen zu ziehen. Bei Amtsantritt hat sich ein neues Aufsichtsratsmitglied umfassend über die wirtschaftliche Situation des Instituts zu informieren und dabei sein pflichtgebundenes Auskunftsrecht gegenüber dem Vorstand auszuüben. Auch sollte es sich über die Arbeit der vorherigen Aufsichtsratsmitglieder informieren und einen Bericht über die bisherige Tätigkeit des Aufsichtsrats verlangen sowie sich insbesondere die Protokolle der vorhergehenden Sitzungen vorlegen lassen. Wie bereits angesprochen (vgl. Rn. 16), muss das Institut den Aufsichtsratsmitgliedern die Einführung in ihr Amt erleichtern und dazu angemessene personelle und finanzielle Ressourcen einsetzen (§ 25d Abs. 4 KWG).

Praxistipp:

Institute sollten ihren neuen Aufsichtsratsmitgliedern zur Erleichterung der Einführung in ihr Amt ein umfassendes Onboarding-Programm anbieten sowie ggf. auf die jeweiligen Mitglieder zugeschnittene Programme anbieten, um sie auf den erforderlichen Kenntnisstand zu bringen. Zudem empfiehlt es sich bei der Anzeige neuer Aufsichtsratsmitglieder an die Bankenaufsicht direkt die vorgesehenen Onboarding- und Schulungsprogramme zur Verfügung zu stellen, damit diese bei etwaigen Auflagen der Aufsicht zu Schulungen sofort berücksichtigt werden können.

Aufsichtsratsmitglieder, die eine besondere Funktion wahrnehmen, also insbesondere der Aufsichtsratsvorsitzende und die Ausschussvorsitzenden, unterliegen einem erhöhten Sorgfaltsmaßstab.[20] Sie müssen über die Kenntnisse und Fähigkeiten verfügen, die für die Funktion erforderlich sind. Anderenfalls dürfen sie die Position nicht übernehmen. 25

b) Ausschusstätigkeit und Überwachungsverpflichtung

Verletzt ein Aufsichtsratsausschuss seine ihm zugewiesenen Pflichten, betrifft dies zunächst die Ausschussmitglieder. In Bezug auf die Haftung der übrigen Aufsichtsratsmitglieder ist danach zu unterscheiden, inwieweit das Gesamtgremium mit dem Thema befasst ist oder nicht. Sofern der Ausschuss nur vorbereitend tätig ist, die Entscheidung aber letztlich durch den Aufsichtsrat getroffen wird, können sich die nicht dem Ausschuss angehörenden Aufsichtsratsmitglieder zwar auf die Vorbereitungstätigkeit stützen und der Beschlussempfehlung folgen. Doch dürfen sie sich nicht ohne Prüfung auf die Vorarbeit verlassen, sondern müssen diese auf Plausibilität und Nachvollziehbarkeit hin überprüfen.[21] Ist der Aufsichtsrat als Gesamtorgan nicht an der Meinungsbildung beteiligt und der Vorgang an einen Ausschuss zur abschließenden Entscheidung delegiert, so sind die dem Ausschuss nicht angehörenden Aufsichtsratsmitglieder verpflichtet, die Arbeit des Ausschusses zu überwachen. Dazu sollten die 26

20 *Lutter/Krieger/Verse*, Rechte und Pflichten des Aufsichtsrats, 7. Aufl. 2020, § 13 Rn. 1011.

21 *Lutter/Krieger/Verse*, Rechte und Pflichten des Aufsichtsrats, 7. Aufl. 2020, § 13 Rn. 1003; *Spindler*, in: Spindler/Stilz, beck-online.GROSSKOMMENTAR Stand 01.01.2023, § 116 Rn. 59.

Ausschussvorsitzenden regelmäßig in den Aufsichtsratssitzungen über die Ausschussarbeit berichten. Sofern Zweifel an der ordnungsgemäßen Aufgabenwahrnehmung durch den Ausschuss bestehen, muss diesen nachgegangen und ggf. eingeschritten werden. Eine Pflichtverletzung durch einen Ausschuss kann daher bei gleichzeitiger Verletzung der Überwachungspflicht durch den Aufsichtsrat auch zur Haftung der nicht dem Ausschuss angehörenden Aufsichtsratsmitglieder führen.[22]

27 Neben der Pflicht jedes Aufsichtsratsmitglieds, die ordnungsgemäße Aufgabenerfüllung durch die Ausschüsse zu überwachen, sind die Mitglieder auch zur gegenseitigen Überwachung ihrer Tätigkeit verpflichtet.[23] Sofern ein Aufsichtsratsmitglied von einem rechtswidrigen Verhalten eines anderen Mitglieds erfährt, muss es den Aufsichtsratsvorsitzenden darüber informieren und ggf. auf eine Behandlung im Aufsichtsrat hinwirken, die im Extremfall zu einer gerichtlichen Abberufung des Mitglieds führen kann (vgl. § 103 Abs. 3 AktG).[24]

c) Amtspflichten des Aufsichtsrats

28 Im Rahmen der Aufgabenerfüllung steht sowohl bei Instituten als auch bei anderen Unternehmen neben der Besetzung des Vorstands die Überwachung des Vorstands und als besondere Ausprägung dieser Aufgabe die Geltendmachung von Schadensersatzansprüchen gegen Vorstandsmitglieder im Vordergrund.

aa) Geltendmachung von Schadensersatzansprüchen gegen Vorstandsmitglieder

29 Dem Aufsichtsrat obliegt als Ausfluss seiner Aufgabe der Überwachung und Kontrolle des Vorstands (§ 111 AktG) sowie seiner Kompetenz zur Vertretung der Gesellschaft gegenüber den Vorstandsmitgliedern (§ 112 AktG) die Pflicht, das Bestehen von Schadensersatzansprüchen der Gesellschaft gegenüber Vorstandsmitgliedern eigenverantwortlich zu prüfen.[25] Diese Pflicht besteht unabhängig von der Möglichkeit der Hauptversammlung, gemäß § 147 AktG über die Geltendmachung von Ersatzansprüchen zu entscheiden.[26] Sie wird durch eine Entscheidung der Hauptversammlung erst dann überlagert, wenn die Hauptversammlung gemäß § 93 Abs. 4 S. 3 AktG wirksam auf Schadensersatzansprüche verzichtet hat bzw. gemäß § 147 AktG positiv die Geltendmachung von Schadensersatzansprüchen beschlossen hat. Im letzteren Fall ist der Aufsichtsrat dann zur Geltendmachung der Ansprüche verpflichtet. Ein ablehnender

---

22 *Lutter/Krieger/Verse*, Rechte und Pflichten des Aufsichtsrats, 7. Aufl. 2020, § 13 Rn. 1003.

23 *Groß-Bölting/Rabe*, in: Hölters/Weber, AktG, 4. Aufl. 2022, § 116 Rn. 19.

24 *Habersack*, in: Goette/Habersack/Kalss, MüKo AktG, 5. Aufl. 2019, § 116 Rn. 35.

25 BGH, Urt. v. 21.04.1997 – II ZR 175/95, NJW1997, 1926, 1927 (ARAG/Garmenbeck).

26 BGH, Urt. v. 21.04.1997 – II ZR 175/95, NJW1997, 1926, 1927.

Hauptversammlungsbeschluss hingegen befreit den Aufsichtsrat nicht von seiner eigenverantwortlichen Prüfungspflicht.[27]

Gemäß der Rechtsprechung des BGH[28] hat die Prüfung durch den Aufsichtsrat in folgenden Schritten zu erfolgen: Ausgangspunkt ist zunächst die Prüfung, ob sich ein Vorstandsmitglied aufgrund einer Pflichtverletzung schadensersatzpflichtig gemacht hat. In einem zweiten Schritt hat der Aufsichtsrat sodann auf Basis einer Risikoanalyse abzuschätzen, ob und in welchem Umfang die gerichtliche Geltendmachung des Schadensersatzanspruchs zu einem Ausgleich des entstandenen Schadens führt. Schließlich hat der Aufsichtsrat vor Geltendmachung eines Schadensersatzanspruchs zu hinterfragen, ob ausnahmsweise gewichtige Gründe des Wohls der Gesellschaft gegen eine Geltendmachung des Anspruchs sprechen, wobei diese Gründe das Interesse an der Anspruchsverfolgung überwiegen oder zumindest gleichwertig sein müssen. 30

Im Rahmen des ersten Schritts hat der Aufsichtsrat den Sachverhalt zu ermitteln und festzustellen, ob in tatsächlicher, wie in rechtlicher Hinsicht, eine zum Schadensersatz führende Pflichtverletzung vorliegt. Als Annexkompetenz zum § 112 AktG ist der Aufsichtsrat berechtigt, die Gesellschaft bei sog. Hilfsgeschäften gegenüber Dritten zu vertreten. Der Aufsichtsrat kann somit sich bereits bei der Ermittlung des Sachverhalts externer Dritter bedienen und diese im Namen der Gesellschaft, vertreten durch den Aufsichtsrat, beauftragen. Dabei ist der in § 93 Abs. 1 S. 2 AktG normierte weite unternehmerische Entscheidungsspielraum des Vorstands zu berücksichtigen, so dass schlichter Misserfolg keine Haftung begründen kann. Vielmehr ist erforderlich, dass *„die Grenzen, in denen sich ein von Verantwortungsbewusstsein getragenes, ausschließlich am Unternehmenswohl orientiertes, auf sorgfältiger Ermittlung der Entscheidungsgrundlagen beruhendes unternehmerisches Handeln bewegen muss, deutlich überschritten sind, die Bereitschaft, unternehmerischer Risiken einzugehen, in unverantwortlicher Weise überspannt worden ist oder das Verhalten* […] *aus anderen Gründen als pflichtwidrig gelten muss."*[29] Auf dieser Stufe steht dem Aufsichtsrat keine, die gerichtliche Nachprüfbarkeit einschränkende Einschätzungsprärogative zu. 31

Sodann hat der Aufsichtsrat sich mit der Frage auseinanderzusetzen, inwieweit ein Schadensersatzanspruch gerichtlich erfolgreich durchsetzbar und inwieweit eine Schadensersatzforderung beizutreiben wäre. Auch hier ist eine Einschränkung der gerichtlichen Nachprüfbarkeit grundsätzlich zu verneinen. Dabei dürfen überzogene Anforderungen nicht von vornherein zu einer Nichtgeltendma- 32

27 *Arnold*, in: Goette/Habersack/Kalss, MüKo AktG, 5. Aufl. 2022, § 147 Rn. 71; *Groß-Bölting/Rabe*, in: Hölters/Weber, AktG, 4. Aufl. 2022, § 116 Rn. 102; *Habersack*, in: Goette/Habersack/Kalss, MüKo AktG, 5. Aufl. 2019, § 116 Rn. 76; *Rieckers/Vetter*, in: Kölner Komm. AktG, 3. Aufl. 2015, § 147 Rn. 258 ff.; *Schmolke*, in: GroßKomm AktG, 5. Aufl. 2021, § 147 Rn. 209; wohl auch *Zwissler* in Wachter, AktG, 4. Aufl. 2022, § 147 Rn. 19.

28 BGH, Urt. v. 21. 04. 1997 – II ZR 175/95, NJW1997, 1926, 1927.

29 BGH, Urt. v. 21. 04. 1997 – II ZR 175/95, NJW1997, 1926, 1928.

chung führen. Es genügt, wenn die Durchsetzbarkeit bzw. die Einbringung der Forderung „voraussichtlich“[30] erfolgreich ist.

33 In einem dritten Schritt hat der Aufsichtsrat sich dann mit der Frage zu befassen, ob trotz des Bejahens eines Anspruchs in tatsächlicher und rechtlicher Hinsicht und einer voraussichtlich erfolgreichen gerichtlichen Durchsetzungsmöglichkeit des Anspruchs, gleichwohl von der Verfolgung des Anspruchs abgesehen werden sollte. Die Beantwortung dieser Frage hat sich allein am Unternehmenswohl zu orientieren. Dieses verlangt zunächst grundsätzlich, die Wiedergutmachung des am Gesellschaftsvermögen eingetreten Schadens. Hiervon kann nur ausnahmsweise dann abgewichen werden, wenn gewichtige Interessen und Belange der Gesellschaft es rechtfertigen, dass ein Hinnehmen des Schadens gleichwohl dem Unternehmenswohl dient, weil die entgegenstehenden Interessen und Belange das Interesse an Schadenswiedergutmachung überwiegen oder zumindest gleichwertig sind.[31] Die möglicherweise entgegenstehenden Interessen und Belange können vielfältig sein. Relevante Aspekte können ein möglicher Reputationsschaden für die Gesellschaft, die Kosten der Durchsetzung oder auch die zu erwartende Dauer des Verfahrens sein. Allerdings wird man einen ablehnenden Beschluss der Hauptversammlung gem. § 147 AktG an dieser Stelle nicht berücksichtigen können.[32] Zum einen kann aus einem ablehnenden Beschluss nicht gefolgert werden, dass die Mehrheit der Aktionäre einen Anspruchsverzicht unterstützt, zum anderen sind Unternehmenswohl und Aktionärsinteressen bzw. gar nur Aktionärsmehrheit nicht gleichzusetzen.[33] Schließlich stünde das Heranziehen eines Aktionärsbeschlusses im Rahmen der Prüfung des Aufsichtsrats auch im Widerspruch zu § 93 Abs. 4 S. 3 AktG, der an den Anspruchsverzicht durch die Hauptversammlung gewisse Anforderungen stellt, die über einen rein ablehnenden Beschluss weit hinausgehen.[34]

34 Der Aufsichtsrat sollte im Rahmen der Geltendmachung von Schadensersatzansprüchen gegen Vorstandsmitglieder bereits früh den Aspekt der Verjährung mitberücksichtigen, um selbst nicht Gefahr zu laufen, eine eigene Pflicht zu verletzen. Die Verjährung der Ansprüche wird in § 93 Abs. 6 AktG geregelt. Sie tritt bei börsennotierten Gesellschaften nach 10 Jahren seit Anspruchsentstehung ein.[35] Gemäß AktG gilt für nicht börsennotierte Gesellschaften zwar eine Verjährungsfrist von 5 Jahren, für Kreditinstitute hingegen gilt unabhängig von

30 BGH, Urt. v. 21. 04. 1997 – II ZR 175/95, NJW1997, 1926, 1928.
31 BGH, Urt. v. 21. 04. 1997 – II ZR 175/95, NJW1997, 1926, 1928.
32 Zurückhaltend *Arnold* in: Goette/Habersack/Kalss, MüKo AktG, 5. Aufl. 2022, § 147 Rn. 71; *Rieckers/Vetter,* in: Kölner Komm. AktG, 3. Aufl. 2015, § 147 Rn. 258 ff.; *Schmolke,* in: GroßKomm AktG, 5. Aufl. 2021, § 147 Rn. 210.
33 *Rieckers/Vetter,* in: Kölner Komm. AktG, 3. Aufl. 2015, § 147 Rn. 259 f.; *Schmolke,* in: GroßKomm AktG, 5. Aufl. 2021, § 147 Rn. 209.
34 *Rieckers/Vetter,* in: Kölner Komm. AktG, 3. Aufl. 2015, § 147 Rn. 259; *Schmolke,* in: GroßKomm AktG, 5. Aufl. 2021, § 147 Rn. 210.
35 *Spindler,* in: Goette/Habersack/Kalss, MüKo AktG, 5. Aufl. 2019, § 93 AktG Rn. 291; *Koch,* in: Koch, AktG, 17. Aufl. 2023, § 93 AktG Rz. 87.

der Börsennotierung gemäß § 52a KWG stets die 10-jährige Frist. Anspruchsentstehung erfordert in diesem Zusammenhang, dass ein Anspruch gerichtlich festgestellt werden könnte, weil ein Schaden unzweifelhaft bejaht werden kann. Nicht erforderlich ist, dass die genaue Schadenshöhe bereits feststeht.[36]

Da auf die Anspruchsentstehung für den Fristlauf abgestellt wird, kann in der 35
Praxis auch bei einer Frist von 10 Jahren durchaus schon kurz nach Kenntniserlangung des Sachverhalts der Eintritt der Verjährung drohen. So war bei Kreditinstituten die Frage nach dem Eintritt der Verjährung beispielsweise im Zusammenhang mit Cum/Ex-Geschäften und daraus resultierenden möglichen Ansprüchen gegen (ehemalige) Vorstandsmitglieder schon früh ein relevantes Thema. Sofern man bei diesen Geschäften etwa auf ein aktives Handeln von Organmitgliedern abstellt, kann die Anspruchsentstehung bereits bei Abschluss der Geschäfte gesehen werden. Anspruchsentstehung wäre dann bei Cum/Ex-Geschäften im Wesentlichen der Zeitraum zwischen 2003 bis 2011, auch wenn diese Art von Geschäften erst gegen 2015 in den Fokus der Öffentlichkeit und der Steuerbehörden rückten und somit Organhaftungsansprüche überhaupt erst in Erwägung gezogen und Untersuchungshandlungen unternommen wurden. Entsprechend ist es für den Aufsichtsrat empfehlenswert, frühzeitig sich mit der Frage der Verjährung zu befassen und ggf. rechtzeitig Verjährungsverzichtserklärungen abzuschließen.[37]

bb) Überwachung des Vorstands

Eine der wichtigsten Aufgaben des Aufsichtsrats ist es, den Vorstand bzw. die 36
Geschäftsführung zu überwachen (§ 111 Abs. 1 AktG). Dabei sind die Führungsentscheidungen der Geschäftsführung Überwachungsgegenstand, nicht hingegen das Tagesgeschäft und auch nicht nachgeordnete Führungsebenen oder untergeordnete Konzerngesellschaften.[38] Der Aufsichtsrat haftet daher nicht für Fehler oder Versäumnisse auf diesen Ebenen. Allerdings muss der Aufsichtsrat kontrollieren, ob der Vorstand seinen Organisations- und Überwachungspflichten angemessen nachkommt. Dies beinhaltet unter anderem die Kontrolle, ob der Vorstand angemessene und wirksame Corporate Governance Systeme eingerichtet hat, also z.B. ein angemessenes und wirksames Risikomanagementsystem, Compliancemanagementsystem, internes Kontrollsystem, internes Revisionssystem, Controlling und natürlich einen ordnungsgemäßen Rechnungslegungsprozess eingerichtet und geeignete Organisationsstrukturen geschaffen hat.

Die Überwachungspflicht des Aufsichtsrats bezieht sich auf die Rechtmäßigkeit, 37
Ordnungsmäßigkeit und die Zweckmäßigkeit der Unternehmensführung durch

36 BGH, Urt. v. 21.2.2005 – II ZR 112/03, ZIP 2005, 852, 853.
37 So auch *Krieger*, in: Krieger/Schneider, Hdb. Managerhaftung, 3. Aufl. 2017, § 3 Rn. 3.43.
38 *Lutter/Krieger/Verse*, Rechte und Pflichten des Aufsichtsrats, 7. Aufl. 2020, § 13 Rn. 985.

den Vorstand.[39] Der Aufsichtsrat handelt daher pflichtwidrig, wenn er z. B. Geschäfte des Vorstands duldet, die den satzungsmäßigen Unternehmensgegenstand der Gesellschaft überschreiten[40] oder einen satzungsmäßigen Zustimmungsvorbehalts des Aufsichtsrats durch den Vorstand missachten. Im Rahmen der Zweckmäßigkeit hat der Aufsichtsrat insbesondere darüber zu wachen, dass der Vorstand seiner Pflicht nachkommt, für den Bestand des Unternehmens und für dauerhafte Rentabilität zu sorgen.[41] Die Angemessene Wahrnehmung nachhaltiger und sozialer Verpflichtungen ist bislang kein eigenständiger Überwachungsmaßstab. Diese Sicht kann sich jedoch ändern, umso mehr auch den CSR-Pflichten des Vorstands zunehmend verpflichtender Charakter beigemessen wird (siehe dazu unter D.). Bei der Überwachung der Zweckmäßigkeit des Vorstandshandelns ist zu berücksichtigen, dass dem Vorstand ein weites unternehmerisches Ermessen zusteht. Der Aufsichtsrat muss daher überprüfen, ob der Vorstand auf der Grundlage ausreichender Informationen eine wirtschaftlich vertretbare Entscheidung zum Wohle der Gesellschaft getroffen hat. Etwaige Bedenken des Aufsichtsrats gegen die Zweckmäßigkeit der Vorstandsentscheidung sind darzulegen und zu diskutieren. Solange die Entscheidung des Vorstands aber im Rahmen der Business Judgement Rule (dazu unter Rn. 57 ff.) vertretbar ist, braucht der Aufsichtsrat nicht einschreiten. Umgekehrt steht dem Aufsichtsrat ebenfalls ein weiter unternehmerischer Ermessensspielraum zu, wenn er zu einem zustimmungspflichtigen Geschäft seine Zustimmung erteilt oder verweigert. Die Aufsichtsratsmitglieder haften daher nicht, wenn sie bei einer unternehmerischen Entscheidung vernünftigerweise annehmen durften, auf der Grundlage angemessener Informationen zum Wohle der Gesellschaft zu handeln. Dagegen handeln die Aufsichtsratsmitglieder pflichtwidrig, wenn sie einer Maßnahme zustimmen, ohne auf einer angemessenen Informationsgrundlage die Chancen und Risiken abgewogen zu haben.[42] Perspektivisch könnte zu einer angemessenen Informationsgrundlage auch die Berücksichtigung von KI-Systemen hinzuzuziehen sein. So ist nicht auszuschließen, dass zukünftig der Aufsichtsrat (und auch der Vorstand) KI als Teil der verfügbaren Informationsquellen angemessen in die Entscheidungsfindung einzubeziehen haben.[43]

cc) Vorstandsbestellung und Abberufung

38 Neben der Überwachung des Vorstands sind die Personalmaßnahmen des Aufsichtsrats, also die Vorstandsbestellung und Abberufung, von zentraler Bedeutung (zu der Aufgabe im Einzelnen siehe Kapitel II B. V.). Nach § 25d Abs. 11 Nr. 1 KWG unterstützt der Nominierungsausschuss den Aufsichtsrat bei der Ermittlung von Bewerbern für die Besetzung einer Vorstandsposition. Zudem

---

39 *Koch,* in: Koch, AktG, 17. Aufl. 2023, § 111 Rn. 29.
40 BGH Urt. V. 15.01.2013 – II ZR 90/11, NJW 2013, 1958.
41 *Koch,* in: Koch, AktG, 17. Aufl. 2023, § 111 Rn. 29.
42 BGH Urt. v. 06.11.2012 – II ZR 111/12, NZG 2013, 339 (Piëch).
43 Vgl. auch Praxis Impuls „Einsatz Künstlicher Intelligenz im Aufsichtsrat" der Regierungskommission DCGK, dort S. 1.

hat der Aufsichtsratsvorsitzende im Auswahlprozess in der Regel eine besondere Verantwortung und Funktion. Gleichwohl handelt es sich bei der Auswahl und Bestellung von geeigneten Kandidaten um eine kollektive Aufgabe des Aufsichtsrats.[44] Der Aufsichtsrat haftet für die sorgfältige Auswahl geeigneter Kandidaten, handelt also pflichtwidrig, wenn er ungeeignete Personen zu Vorstandsmitgliedern bestellt. Da dem Aufsichtsrat hierbei ein weiter Beurteilungsspielraum zusteht, liegt eine Pflichtwidrigkeit des Aufsichtsrats nur bei völlig unvertretbaren Vorstandsbestellungen vor[45] oder bei Missachtung von Bestellungshindernissen (vgl. § 76 Abs. 3 Satz 2 und 3 AktG sowie die Anforderungen nach § 25c Abs. 1 und 2 KWG). Da die Geeignetheit von Vorstandsmitgliedern vor der Wirksamkeit ihrer Bestellung vom Institut und von der Bankenaufsicht zu prüfen ist, wird eine Bestellung eines völlig unvertretbaren Kandidaten in der Praxis bei Banken keine wesentliche Rolle spielen.

Der Aufsichtsrat kann die Bestellung zum Vorstandsmitglied und die Ernennung zum Vorsitzenden des Vorstands widerrufen, wenn ein wichtiger Grund vorliegt. Ein solcher Grund ist namentlich grobe Pflichtverletzung, Unfähigkeit zur ordnungsmäßigen Geschäftsführung oder Vertrauensentzug durch die Hauptversammlung, es sei denn, dass das Vertrauen aus offenbar unsachlichen Gründen entzogen worden ist (§ 84 Abs. 4 AktG). Widerruft der Aufsichtsrat die Bestellung eines Vorstandsmitglieds ohne Vorliegen eines wichtigen Grundes, handelt der Aufsichtsrat pflichtwidrig und kann sich schadensersatzpflichtig machen. 39

> *Praxistipp:*
>
> Ein wichtiger Grund zur Abberufung ist in der Praxis in den wenigsten Fällen gegeben, da die Voraussetzungen hierfür sehr hoch sind. Dennoch kann es sein, dass der Aufsichtsrat mit der Leistung eines Vorstandsmitglieds völlig unzufrieden oder das Vertrauensverhältnis zerstört ist und der Aufsichtsrat das betreffende Vorstandsmitglied vor Ablauf seiner Bestellungsperiode auswechseln möchte. In diesen Fällen sollte der Aufsichtsrat mit dem betreffenden Vorstandsmitglied über die Beendigung der Bestellung durch den Abschluss einer einvernehmlichen Aufhebungsvereinbarung verhandeln.

dd) Vergütung des Vorstands

Der Aufsichtsrat ist für die Vergütung des Vorstands verantwortlich. Er ist namentlich zum Schadensersatz verpflichtet, wenn er eine unangemessene Vergütung, also insbesondere eine zu hohe Vergütung, festsetzt (§ 116 Satz 3 AktG). Das Vergütungssystem für den Vorstand von Kreditinstituten muss den Regelungen der Institutsvergütungsverordnung entsprechen (dazu Kapitel VI B.). Nach der Institutsvergütungsverordnung ist auch regelmäßig die Angemessenheit der Ausgestaltung des Vorstandsvergütungssystems vom Aufsichtsrat zu überprüfen, der dabei vom Vergütungskontrollausschuss unterstützt wird. Es 40

44 *Mertens/Cahn*, in: Zöllner/Noack, Kölner Komm. AktG, 3. Aufl. 2010, § 116 Rn. 15.

45 *Lutter/Krieger/Verse*, Rechte und Pflichten des Aufsichtsrats, 7. Aufl. 2020, § 13 Rn. 993.

empfiehlt sich in der Praxis regelmäßig zur Angemessenheit der Ausgestaltung des Systems ein externes unabhängiges Gutachten einzuholen. Bei der Frage der Vergütungshöhe steht dem Aufsichtsrat im Übrigen ein weiter Ermessensspielraum zu.[46] Er handelt pflichtwidrig, wenn er freiwillig Leistungen an Vorstandsmitglieder bewilligt, denen kein adäquater Vorteil für die Gesellschaft gegenübersteht.[47]

41 Der Aufsichtsrat haftet ferner, wenn er bei Verschlechterung der Lage des Instituts nicht von seiner Möglichkeit, die Vergütung herabzusetzen nach § 87 Abs. 2 AktG Gebrauch macht. Danach soll der Aufsichtsrat die Gesamtbezüge auf die angemessene Höhe herabsetzen, wenn sich die Lage der Gesellschaft so verschlechtert, dass die unveränderte Weitergewährung der Bezüge unbillig für die Gesellschaft wäre.

ee) Entsprechenserklärung

42 Vorstand und Aufsichtsrat einer börsennotierten Gesellschaft müssen jährlich die Entsprechenserklärung nach § 161 AktG abgeben. Ist diese unrichtig oder wird sie gar nicht abgegeben, kann der Aufsichtsrat dafür haften. In der Regel dürfte es jedoch an einem kausal verursachten Schaden der Gesellschaft fehlen. Klarstellend sei erwähnt, dass eine erklärte und begründete Abweichung von den Empfehlungen des Kodex keine Sorgfaltspflichtverletzung begründet. Auch stellt die Entscheidung, Empfehlungen des Kodex nicht zu entsprechen, kein Indiz für ein sorgfaltswidriges Verhalten des Aufsichtsrats dar.[48]

ff) Prüfung Jahresabschluss, Nachhaltigkeitsberichterstattung, Vergütungsbericht

43 Eine weitere wichtige Amtspflicht des Aufsichtsrats, auf die im Folgenden in Bezug auf den erforderlichen Sorgfaltsmaßstab wegen der hohen Relevanz ausführlicher eingegangen wird, ist die Prüfung des Jahresabschlusses, des Lageberichts und des Gewinnverwendungsvorschlags bzw. bei Mutterunternehmen auch des Konzernabschlusses und den Konzernlageberichts (§ 171 Abs. 1 AktG). Dabei wird der Aufsichtsrat durch den Abschlussprüfer unterstützt, der dem Aufsichtsrat und dem Prüfungsausschuss über die wesentlichen Ergebnisse seiner Prüfung berichtet. Die Aufsichtsratsmitglieder müssen also selbst keine „zweite Abschlussprüfung" durchführen oder sich die Sachkunde eines Abschlussprüfers aneignen.[49] Jedes Aufsichtsratsmitglied, egal ob Anteilseigner- oder Arbeitnehmervertreter, ist aber dazu verpflichtet, den Bericht des Abschlussprüfers durchzuarbeiten, sich ein Urteil über die innere Plausibilität zu bilden, Unverständlichkeiten nachzugehen und das Urteil des Abschlussprüfers

---

46 *Lutter/Krieger/Verse*, Rechte und Pflichten des Aufsichtsrats, 7. Aufl. 2020, § 13 Rn. 993.

47 BGH, Urt. v. 21. 12. 2005 – 3 StR 470/04, AG 2006, 110 (Mannesmann-Entscheidung).

48 *Lutter/Krieger/Verse*, Rechte und Pflichten des Aufsichtsrats, 7. Aufl. 2020, § 13 Rn. 995; *Koch*, in: Koch, AktG, 17. Aufl. 2023, § 161, Rn. 27; a. A. *Lutter*, in: Zöllner/Noack, Kölner Komm. AktG, 3. Aufl., § 161 Rn. 164.

49 *Koch*, in: Koch, AktG, 17. Aufl. 2023, § 171 Rn. 9.

an der eigenen Lebens- und Geschäftserfahrung zu messen.[50] Die Frage, welche Prüfungstiefe im Einzelnen vom Aufsichtsrat zu fordern ist, hängt in erster Linie davon ab, ob der Abschlussprüfer den Bestätigungsvermerk uneingeschränkt erteilt oder nur eingeschränkt oder ihn gar versagt.

Bei uneingeschränktem Bestätigungsvermerk genügt es regelmäßig, wenn jedes Aufsichtsratsmitglied den Prüfungsbericht sorgfältig und kritisch mit dem erforderlichen Zeitaufwand durcharbeitet.[51] Dabei sollte es zum einen feststellen, ob sich aus dem Bericht selbst Bedenken gegen die Rechtmäßigkeit des Jahresabschlusses ergeben. Bedenken können sich bei Verstößen oder Risiken, die nach Meinung des Prüfers keine Einschränkung oder Versagung rechtfertigen, z. B. aus Zusätzen zum Bestätigungsvermerk, aus kritischen Hinweisen im Berichtstext und aus eigener Kenntnis der betrieblichen Geschehnisse ergeben.[52] Bedenken sollten im Aufsichtsrat mit dem Abschlussprüfer und dem Vorstand diskutiert werden. Können sie nicht ausgeräumt werden, muss der Aufsichtsrat diesen nachgehen und z. B. von seinem Einsichts- und Prüfungsrecht, das sich auf sämtliche Unterlagen der Bank erstreckt, Gebrauch machen. In der Praxis werden Vorstand, Aufsichtsrat und der Abschlussprüfer darum bemüht sein, schnellstmöglich gemeinsam die Bedenken aufzuklären bzw. eine gemeinsame Lösung zu finden. 44

Zum anderen muss jedes Aufsichtsratsmitglied überprüfen, ob der Bericht des Abschlussprüfers widerspruchsfrei und plausibel ist sowie mit dem eigenen Wissen des Mitglieds, welches es insbesondere über die Berichte des Vorstands aber ggf. auch aus eigenen Erfahrungen z. B. als Arbeitnehmer der Bank erlangt hat, in Einklang steht.[53] Bestehen Zweifel oder Fragen, muss das Aufsichtsratsmitglied nachfragen und Erläuterungen einfordern. Auch bei einem uneingeschränkten Bestätigungsvermerk darf sich ein Aufsichtsratsmitglied also nicht ohne Weiteres damit zufriedengeben. Führt der Abschlussprüfer in seinem Bericht z. B. aus, dass die für ein bestimmtes Risiko gebildete Vorsorge zwar noch angemessen, aber am Ende der unteren Bandbreite liege, sollte der Aufsichtsrat kritisch hinterfragen, wie groß die Bandbreiten sind und ob die Risikoeinschätzung und die Vorsorgehöhe wirklich angemessen sind. Sofern der Abschlussprüfer beispielsweise Schwächen des internen Kontroll- und Risikomanagementsystems bezogen auf den Rechnungslegungsprozess feststellt und dennoch einen uneingeschränkten Bestätigungsvermerk ausstellt, sollte der 45

50 OLG Karlsruhe 29.04.2019 – 15 U 138/16, BeckRS 2019, 49058 ff. Rn. 98; *Buhleier/Krowas*, Persönliche Pflicht zur Prüfung des Jahresabschlusses durch den Aufsichtsrat, DB 2010, 1165, 1166; *Koch*, in: Koch, AktG, 17. Aufl. 2023, § 171 Rn. 9.

51 *Koch*, in: Koch, AktG, 17. Aufl. 2023, § 171 Rn. 9.

52 *Hennrichs/Pöschke*, in: Goette/Habersack/Kalss, MüKo AktG, 5. Aufl. 2022, AktG § 171 Rn. 97, 98.

53 *Hennrichs/Pöschke*, in: Goette/Habersack/Kalss, MüKo AktG, 5. Aufl. 2022, AktG § 171 Rn. 100.

Aufsichtsrat hinterfragen, ob das positive Ergebnis der Abschlussprüfung auch unter Berücksichtigung dieser Schwächen plausibel ist.[54]

46 Hat der Abschlussprüfer den Bestätigungsvermerk eingeschränkt oder gar versagt, sind die Anforderungen an die Sorgfaltspflicht deutlich höher.[55] Eine intensive Erörterung mit Vorstand und Abschlussprüfer, in der die Tragweite und Bedeutung der Beanstandungen des Prüfers sowie der etwaigen Gegenposition des Vorstands aufgezeigt werden, ist dann notwendig. Ggf. kann es erforderlich werden, dass der Aufsichtsrat einzelne seiner Mitglieder oder Dritte mit entsprechenden Prüfungshandlungen beauftragt oder ein Sachverständigengutachten einholt.[56] Hält der Aufsichtsrat die Beanstandungen des Prüfers für berechtigt, muss er bei behebbaren Beanstandungen darauf dringen, dass der Vorstand den Abschluss entsprechend ändert. Kommt der Vorstand dem nicht nach oder sind die Mängel nicht behebbar, muss der Aufsichtsrat dem Abschluss seine Zustimmung versagen. In dem Bericht des Aufsichtsrats an die Hauptversammlung muss er dazu ausführlich Stellung beziehen.

47 Der Umfang der Prüfungspflicht richtet sich zudem nach der Lage des Instituts. So kann in einer wirtschaftlichen Krisensituation grundsätzlich eine umfangreichere Prüfung und Berichterstattung angezeigt sein.[57]

48 Bei Kreditinstituten mit einem Prüfungsausschuss wird der Abschluss durch diesen vorberaten, das Meinungsbildung des Aufsichtsrats vorbereitet und an ihn berichtet. Dies entbindet die dem Ausschuss nicht angehörenden Mitglieder aber nicht von der Pflicht zur eigenen Prüfung und Urteilsbildung. Auch sie müssen den Prüfungsbericht des Abschlussprüfers auf Plausibilität prüfen. Von den Mitgliedern des Prüfungsausschusses kann man darüber hinaus erwarten, dass sie mit den Grundprinzipien der Rechnungslegung vertraut sind und den Ausführungen des Abschlussprüfers mit Verständnis folgen können.[58]

49 Auch der Lagebericht ist vom Aufsichtsrat zu prüfen, insbesondere darauf, ob er ein zutreffendes Bild der tatsächlichen Lage der Gesellschaft vermittelt und ob der Lagebericht mit den im Jahresabschluss gemachten Angaben in Einklang steht, wobei der Aufsichtsrat sich wiederum auf die Prüfung durch den Abschlussprüfer stützen kann.

50 Börsennotierte Kapitalgesellschaften (im Sinne des § 289f Abs. 1 Satz 1 HGB) sind verpflichtet, eine Erklärung zur Unternehmensführung abzugeben. Diese Erklärung kann entweder als gesonderter Abschnitt in den Lagebericht aufgenommen oder auf der Internetseite der Gesellschaft öffentlich zugänglich gemacht werden. Unabhängig von der Art und Weise der Veröffentlichung ist der

54 *Hennrichs/Pöschke*, in: Goette/Habersack/Kalss, MüKo AktG, 5. Aufl. 2022, AktG § 171 Rn. 102.

55 *Koch*, in: Koch, AktG, 17. Aufl. 2023, § 171 Rn 10.

56 *Hennrichs/Pöschke*, in: Goette/Habersack/Kalss, MüKo AktG, 5. Aufl. 2022, AktG § 171 Rn. 105.

57 OLG Düsseldorf, Urt. v. 22. 11. 2012 – 6 U 18/12, AG 2013, 759, 762.

58 *Hennrichs/Pöschke*, in: Goette/Habersack/Kalss, MüKo AktG, 5. Aufl. 2022, AktG § 171 Rn. 92; OLG München, Urt. v. 28. 04. 2010–23 U 5517/09, NZG 2010, 784 f.

Aufsichtsrat für Teile der Erklärung zur Unternehmensführung inhaltlich selbst verantwortlich, z. B. für die gemeinsame Entsprechenserklärung von Vorstand und Aufsichtsrat zum DCGK (§ 161 AktG) und die Beschreibung der Arbeitsweise des Aufsichtsrats sowie der Zusammensetzung und Arbeitsweise seiner Ausschüsse. Zudem muss er die Erklärung zur Unternehmensführung im Rahmen seiner allgemeinen Überwachungspflicht zur Kenntnis nehmen. Üblicherweise wird die gesamte Erklärung zur Unternehmensführung dem Aufsichtsrat in der Praxis zur Beschlussfassung vorgelegt und nicht nur ein Beschluss des Vorstands herbeigeführt, der formalrechtlich für die Abgabe der Erklärung zuständig ist.

Eine Besonderheit der Prüfung des Gewinnverwendungsvorschlags des Vorstands durch den Aufsichtsrat ist, dass der Aufsichtsrat der Hauptversammlung einen eigenen Gewinnverwendungsvorschlag machen muss (§ 124 Abs. 3 S. 1 AktG). Regelmäßig werden sich Vorstand und Aufsichtsrat auf einen einheitlichen Vorschlag einigen, dem die Hauptversammlung dann folgt. Der Aufsichtsrat trägt daher auch hier die Mitverantwortung für eine unternehmerische Entscheidung. Können Vorstand und Aufsichtsrat sich nicht auf einen einheitlichen Vorschlag verständigen, so muss der Aufsichtsrat seine Einwände gegen den Vorschlag des Vorstands in seinem Bericht an die Hauptversammlung (dazu sogleich unten) darlegen und einen abweichenden Gewinnverwendungsvorschlag unterbreiten. 51

Schließlich hat der Aufsichtsrat auch die Nachhaltigkeitsberichterstattung zu prüfen. Durch die EU-Richtlinie zur Nachhaltigkeitsberichterstattung (Corporate Sustainability Reporting Directive, CSRD) wird die bisherige nichtfinanzielle Erklärung (bisher geregelt in § 289b HGB) künftig durch den Nachhaltigkeitsbericht abgelöst. Der Inhalt der Nachhaltigkeitsberichterstattung wird durch europäische Standards, die European Sustainability Reporting Standards (ESRS), konkretisiert. Anders als bislang[59], wird die Nachhaltigkeitsberichterstattung künftig verpflichtender Bestandteil des Lageberichts und damit auch der externen Prüfpflicht unterliegen. Die Prüfung hat dabei durch einen Wirtschaftsprüfer oder eine Wirtschaftsprüfungsgesellschaft zu erfolgen, wobei auch der Abschlussprüfer des Jahres- bzw. Konzernabschlusses als Prüfer des Nachhaltigkeitsberichts ausgewählt werden kann (§ 324e HGB-E). Für einen Übergangszeitraum beschränkt sich die Prüfung des Nachhaltigkeitsberichts zunächst auf eine prüferische Durchsicht mit begrenzter Prüfungssicherheit, solange die EU-Kommission noch keine Standards zur Erlangung hinreichender Prüfungssicherheit für die Prüfung des Nachhaltigkeitsberichts angenommen oder die EU-Prüfungsstandards noch nicht anzuwenden sind. Gemäß § 107 Abs. 3 Satz 2 AktG-E soll sich der Prüfungsausschuss des Aufsichtsrats künftig 52

59 Bislang ist gesetzlich eine inhaltliche Prüfung durch den Abschlussprüfer noch nicht zwingend vorgesehen (vgl. § 317 Abs. 2 S. 4 HGB) Der Aufsichtsrat kann aber auch bereits heute die CSR-Berichterstattung durch einen Wirtschaftsprüfer prüfen lassen (vgl. § 111 Abs. 2 S. 4 AktG) und muss dann den Prüfungsbericht kritisch lesen sowie mit dem Abschlussprüfer auch die CSR-Aspekte diskutieren.

im Rahmen seiner Überwachung des Rechnungslegungsprozesses auch mit dem Prozess der Nachhaltigkeitsberichterstattung sowie mit der Prüfung des Nachhaltigkeitsberichts befassen. Zudem ist der Nachhaltigkeitsbericht als Teil des (Konzern-)Lageberichts nach §§ 170,171 AktG-E Gegenstand der Prüfung durch den Aufsichtsrat.

Praxistipp:

Sofern der Aufsichtsrat einen Nachhaltigkeits-/ESG-Ausschuss gebildet hat, sollte auch dieser sich mit der Nachhaltigkeitsberichterstattung auseinandersetzen und möglichst bei der Erstellung beratend zur Seite stehen bzw. den Erstellungsprozess begleiten. Auf dieser Vorarbeit sollten der Prüfungsausschuss und letztlich der Aufsichtsrat bei ihrer jeweiligen Prüfung der Berichterstattung aufsetzen. Besondere Bedeutung bei der Nachhaltigkeitsberichterstattung hat das Kriterium der „Wesentlichkeit", denn nicht alle Aspekte der Nachhaltigkeit sind in die Nachhaltigkeitsberichterstattung aufzunehmen. Hierfür haben Unternehmen eine Wesentlichkeitsanalyse[60] vorzunehmen. Sowohl der Prüfungsausschuss als auch ein etwaiger Nachhaltigkeits-/ESG-Ausschuss sollten daher bereits bei der Wesentlichkeitsanalyse des Unternehmens eng einbezogen werden. Zudem bietet es sich aus Effizienzgründen an, den Abschlussprüfer des Jahres- bzw. Konzernabschlusses auch als Prüfer des Nachhaltigkeitsberichts auszuwählen.

53 Der Aufsichtsrat hat über das Ergebnis seiner Prüfungen schriftlich an die Hauptversammlung zu berichten. In dem Bericht hat der Aufsichtsrat auch mitzuteilen, in welcher Art und in welchem Umfang er die Geschäftsführung der Gesellschaft während des Geschäftsjahres geprüft hat. Bei börsennotierten Gesellschaften hat er insbesondere anzugeben, welche Ausschüsse gebildet worden sind, sowie die Anzahl seiner Sitzungen und die der Ausschüsse mitzuteilen. Der Aufsichtsrat hat ferner zu dem Ergebnis der Prüfung des Jahresabschlusses durch den Abschlussprüfer Stellung zu nehmen. Am Schluss des Berichts hat der Aufsichtsrat zu erklären, ob nach dem abschließenden Ergebnis seiner Prüfung Einwendungen zu erheben sind und ob er den vom Vorstand aufgestellten Jahresabschluss billigt. Verletzt der Aufsichtsrat seine Berichtspflicht und ist die Verletzung ursächlich für einen Schaden, was in der Praxis selten der Fall sein dürfte, haften die verantwortlichen Aufsichtsratsmitglieder der Gesellschaft.

54 Schließlich müssen Vorstand und Aufsichtsrat einer börsennotierten Gesellschaft nach § 162 AktG jährlich einen klaren und verständlichen Vergütungsbericht erstellen, in dem über die im letzten Geschäftsjahr jedem einzelnen gegenwärtigen oder früheren Mitglied des Vorstands und des Aufsichtsrats gewährte und geschuldete Vergütung berichtet wird. Verletzt der Aufsichtsrat diese Be-

---

60 Zu berichten ist sowohl über die wesentlichen Auswirkungen der Tätigkeiten des Unternehmens auf Mensch und Umwelt („Wesentlichkeit der Auswirkungen") als auch über die wesentlichen Auswirkungen der Nachhaltigkeitsaspekte auf das Unternehmen („finanzielle Wesentlichkeit"), d. h. wie sich z. B. der Klimawandel auf die Entwicklung, die Leistung und die Lage des Unternehmens auswirkt (bzw. auswirken kann).

richtspflicht, kann er sich schadensersatzpflichtig machen. Auch hier wird es aber regelmäßig an einem kausalen Schaden fehlen.

gg) Übernahmen

Eine Haftung der Aufsichtsratsmitglieder kann schließlich bei Übernahmeangeboten in Betracht kommen. Nach § 27 WpÜG sind der Vorstand und der Aufsichtsrat der Zielgesellschaft dazu verpflichtet, eine begründete Stellungnahme zu dem Angebot sowie zu jeder seiner Änderungen abzugeben. Kommt der Aufsichtsrat dem nicht ordnungsgemäß nach, verletzt der Aufsichtsrat seine Sorgfaltspflichtverletzung gegenüber der Gesellschaft. Daneben hat der Aufsichtsrat in Übernahmesituationen eine erhöhte Überwachungspflicht des Vorstands. Denn dieser darf nach Veröffentlichung der Entscheidung zur Abgabe eines Angebots bis zur Veröffentlichung des Ergebnisses keine Handlungen vornehmen, durch die der Erfolg des Angebots verhindert werden könnte. Dabei steht dem Vorstand ein weiter unternehmerischer Ermessensspielraum zu. Stimmt der Aufsichtsrat Verteidigungsmaßnahmen des Vorstands zu, steht auch dem Aufsichtsrat ein weiter Ermessensspielraum zu. Wird der Vorstand von der Hauptversammlung nach § 33 Abs. 2 WpÜG zu Verteidigungsmaßnahmen ermächtigt, bedürfen diese der Zustimmung des Aufsichtsrats, so dass auch in diesem Fall der Aufsichtsrat im Rahmen seines unternehmerischen Ermessens sorgfältig entscheiden muss. Sofern die Maßnahmen nicht im Interesse der Gesellschaft liegen oder nicht vom Hauptversammlungsbeschluss abgedeckt werden, darf der Aufsichtsrat nicht zustimmen. Anderenfalls verletzt er seine Sorgfaltspflichten und kann sich gegenüber der Gesellschaft schadensersatzpflichtig machen, sofern hierdurch ein Schaden entsteht. 55

hh) Evaluierung und Selbstbeurteilung

Nach § 25d Abs. 11 Satz 1 Nr. 3 und 4 KWG muss der Aufsichtsrat mindestens einmal jährlich die Geschäftsleitung sowie den Aufsichtsrat jeweils als Gremium als auch die einzelnen Mitglieder evaluieren, wobei er vom Nominierungsausschuss zu unterstützen ist. Bei börsennotierten Instituten überschneidet sich diese Aufgabe mit der in D.12 DCGK empfohlenen Selbstbeurteilung des Aufsichtsrats. Kommen Nominierungsausschuss und Aufsichtsrat der genannten Aufgabe nicht nach, dürfte dies in der Regel nicht zu einem kausal verursachten Schaden des Instituts führen, so dass daraus eine Schadensersatzpflicht kaum denkbar ist. Andersherum können die Evaluierung von Vorstand und Aufsichtsrat sowie die Selbstbeurteilung zu Verbesserungen und Weiterentwicklungen führen und sollten daher in der Praxis sorgfältig durchgeführt werden. 56

II. Business Judgement Rule und Beweislast

Die in § 93 Abs. 1 S. 2 AktG formulierte sog. Business Judgement Rule gilt gemäß § 116 S. 1 AktG für den Aufsichtsrat sinngemäß. Somit kommt eine Haftung des Aufsichtsrats gegenüber der Gesellschaft in den Fällen, in denen der Aufsichtsrat über einen eigenen unternehmerischen Beurteilungsspielraum verfügt, 57 dann nicht in Betracht, wenn der Aufsichtsrat vernünftigerweise annehmen durfte, auf der Grundlage angemessener Informationen zum Wohle der Gesellschaft zu handeln.[61]

58 Ein derartiger unternehmerischer Beurteilungsspielraum des Aufsichtsrats besteht insbesondere bezüglich der zustimmungsbedürftigen Handlungen und Geschäfte. Da dem Aufsichtsrat in diesen Fällen derselbe Spielraum wie dem Vorstand zusteht, erfordert eine Zustimmungserteilung, dass der Aufsichtsrat sich zuvor die für eine Entscheidung erforderlichen Informationen verschafft hat – ggf. unter Einbindung von externem Sachverstand (siehe hierzu B. III, v. a. Rn. 66) – und sodann Chancen und Risiken gegeneinander abwägt.

59 Darüber hinaus kommt dem Aufsichtsrat bei Personalentscheidungen bezogen auf die Besetzung von Vorstandsmitgliedern ein weiter Beurteilungsspielraum zu. Die Grenze zur Haftung ist hier erst bei vollends unvertretbaren Personalentscheidungen erreicht (siehe dazu bereits B. I. 3. c) cc), Rn. 38 ff.).

60 Schließlich wird überwiegend auch die Entscheidung des Aufsichtsrats, von einer Geltendmachung von Schadensersatzansprüchen gegenüber Vorstandsmitgliedern aufgrund überwiegender Interessen der Gesellschaft abzusehen, der Business Judgement Rule unterstellt.[62] Das Unternehmenswohl werde nicht allein durch das Kompensationsinteresse definiert, vielmehr seien für eine Entscheidung zunächst das Unternehmenswohl zu definieren, die verschiedenen Optionen zur Wahrung des Unternehmenswohls samt Vor- und Nachteile herauszuarbeiten, um am Ende eine Abwägungsentscheidung treffen zu können.[63]

61 Da § 116 AktG in seinem Verweis § 93 Abs. 2 S. 2 AktG nicht ausschließt, gilt die dort geregelte Beweislastumkehr auch für die Haftung von Aufsichtsratsmitgliedern. Somit muss die Gesellschaft die Entstehung eines Schadens und dessen Höhe darlegen sowie beweisen, dass dieser Schaden auf einem Verhalten (Handlung oder Unterlassen) des Aufsichtsrats beruht. Zudem muss die Gesellschaft die mögliche Pflichtwidrigkeit des Verhaltens darlegen. Es ist dann an dem Aufsichtsrat, sich insbesondere hinsichtlich der Aspekte Pflichtwidrigkeit und Verschulden zu entlasten.

62 Gleich dem Vorgehen bei unternehmerischen Entscheidungen des Vorstands, ist es bei den vorgenannten Entscheidungen des Aufsichtsrats, die der Business Judgement Rule unterfallen, empfehlenswert, die Entscheidung inklusive der vorgenannten Abstufungen – Definition Unternehmenswohl, Optionen, Vor- und Nachteile, Abwägung – zu dokumentieren.

61 *Hoffmann-Becking*, in: Münchner Hdb. GR, Band 4, 5. Aufl. 2020, § 33 Rn. 87; BGH, Urt. v. 21. 12. 2005 – 3 StR 470/04, AG 2006, 110, 111.

62 *Goette*, ZHR 2012, 588, 594; *Krieger*, in: Krieger/Schneider, Hdb. Managerhaftung, 3. Aufl. 2017, § 3 Rn. 3.42 bzw. 3.47 f.

63 *Goette*, ZHR 2012, 588, 593 f.

III. Verschulden

Eine Haftung des Aufsichtsrats setzt ebenso wie bei der Haftung des Vorstands ein Verschulden voraus. Der Verschuldensmaßstab folgt aus der Formulierung des § 93 Abs. 1 S. 1 AktG in Verbindung mit § 116 S. 1 AktG, wonach die Sorgfalt eines ordentlichen und gewissenhaften Aufsichtsratsmitglieds geschuldet ist (siehe dazu auch bereits unter B. I. 3. a), Rn. 20 ff.). Wird die erforderliche Sorgfalt nicht an den Tag gelegt, handelt das Organ bzw. das Organmitglied schuldhaft, wobei leichte Fahrlässigkeit bereits ausreicht. Relevant ist nur eigenes Verschulden. Eine Zurechnung des Verschuldens anderer Aufsichtsratsmitglieder oder eingeschalteter externer Dritter erfolgt nicht. 63

Für die Definition des Verschuldensmaßstabs kommt es auf die individuellen Kenntnisse und Fähigkeiten einzelner Organmitglieder nicht an.[64] Entsprechend ist die praktische Bedeutung des Verschuldens gering, es wird bei feststehender Pflichtverletzung vielmehr regelmäßig vermutet. 64

Andersherum müssen einzelne Aufsichtsratsmitglieder, die besondere Spezialkenntnisse in einzelnen Bereichen haben, sich diese auch im Rahmen des Verschuldensmaßstabs anrechnen lassen.[65] Eine Exkulpation mit dem Hinweis, dass das durchschnittliche Aufsichtsratsmitglied über derartige Kenntnisse nicht verfüge, ist nicht möglich. In diesem Zusammenhang werden für Aufsichtsratsmitglieder in Kreditinstituten die aufsichtsrechtlichen Regelungen, insbesondere die für das einzelne Aufsichtsratsmitglied in § 25d Abs. 1 S. 1 KWG formulierten Kriterien sowie die für das Gesamtorgan Aufsichtsrat normierten Kriterien gemäß § 25d Abs. 2 KWG relevant, sowie die Tatsache, dass diese Kriterien durch die europäischen bzw. nationalen Aufsichtsbehörden laufend überprüft werden. Zur Konkretisierung der letztlich aus der europäischen Eigenkapitalrichtlinie (Capital Requirement Directive) resultierenden gesetzlichen Vorgaben haben die Europäische Bankenaufsichtsbehörde EBA zusammen mit der Europäischen Wertpapier- und Marktaufsichtsbehörde ESMA[66] bzw. die Europäische Zentralbank EZB[67] einerseits sowie für der Aufsicht der Bundesanstalt für Finanzdienstleistungsaufsicht BaFin unterstellte Kreditinstitute die BaFin[68] andererseits Leitlinien bzw. Merkblätter herausgegeben. Diese sehen u. a. vor, dass ein Aufsichtsratsmitglied im Rahmen seiner Bestellung umfangreiche Angaben zur fachlichen Vorbildung und zu relevanten Fortbildungen macht. Sofern die Frage nach dem Verschulden gestellt wird, wird das jeweilige Aufsichtsratsmitglied sich an den gemachten Angaben festhalten lassen müssen. 65

Inwieweit ein Aufsichtsratsmitglied die erforderliche ordentliche und gewissenhafte Sorgfalt an den Tag legt, wenn es sich auf den Rat von Experten verlässt, 66

64 *Spindler*, in: Goette/Habersack/Kalss, MüKo AktG, 5. Aufl. 2019, § 93 Rn. 198.
65 BGH, Urt. v. 20.09.2011 – II ZR 234/09, NZG 2011, 1271, Rn. 28.
66 ESMA35-36-2319, EBA/GL/2021/06 vom 2. Juli 2021.
67 EZB: Leitfaden zur Beurteilung der fachlichen Qualifikation und persönlichen Zuverlässigkeit, Dezember 2021.
68 BaFin: Merkblatt zu den Mitgliedern von Verwaltungs- und Aufsichtsorganen gemäß KWG und KAGB vom 4. 1. 2016, geändert am 24. 6. 2021.

hat der BGH in verschiedenen Entscheidungen konkretisiert.[69] Auch wenn es auf die Fakten der konkreten Situation ankommt, sollten die folgenden vier Voraussetzungen erfüllt sein, damit die Befolgung des Expertenrats eine Pflichtverletzung eines Aufsichtsratsmitglieds ausschließt: Zunächst muss es sich um einen fachkundigen Experten handeln. Hier wird man sich auf einen anerkannten oder „im Markt bekannten" Spezialisten verlassen dürfen, ohne dessen Fachkunde im Detail erforschen zu müssen.[70] Des Weiteren muss der Berater seinen Rat unabhängig erteilen. Dies ist grundsätzlich auch bei unternehmensinternen Beratern, insbesondere Rechts- oder Steuerabteilung, der Fall.[71] Zudem ist erforderlich, dass der Experte über ein komplettes und korrektes Bild des zu beurteilenden Sachverhalts verfügt. Verschweigt der den Rat Suchende absichtlich oder bewusst wesentliche Aspekte oder stellt dies nicht korrekt dar, kommt eine Exkulpation mit Verweis auf den Expertenrat nicht in Betracht. Anders ist es zu bewerten, wenn der Experte es unterlässt, offene Aspekte zu erfragen, die aus seiner Sicht wesentlich für die Beurteilung sind. Schließlich müssen die Aufsichtsratsmitglieder den erteilten Rat einer Plausibilitätsprüfung unterziehen.[72] Hierfür ist erforderlich, dass die Berücksichtigung aller geschilderten Umstände überprüft und sich aufdrängende Fragen geklärt werden.[73] Da im Zweifel die Beweislast für die Plausibilitätsprüfung das die Exkulpation suchende Aufsichtsratsmitglied trifft, sollte auf eine Dokumentation dieser Plausibilitätsprüfung geachtet werden.[74] Liegen die vorgenannten Voraussetzungen vor und handelt das Aufsichtsratsmitglied in Übereinstimmung mit dem erteilten Expertenrat, liegt kein Verschulden des Aufsichtsratsmitglieds vor.[75]

IV. Kausaler Schaden und Gesamtschuldnerschaft

67 Voraussetzung für eine Haftung ist ein Schaden der Gesellschaft, der durch die Pflichtverletzung des Aufsichtsratsmitglieds adäquat kausal verursacht wurde.[76] Ein Schaden, der auch bei rechtmäßigem Verhalten eingetreten wäre, ist nicht zu ersetzen.[77] Für die Ermittlung des Schadens ist grundsätzlich auf die

69 BGH, Urt. v. 20.09.2011 – II ZR 234/09 (sog. Ision-Entscheidung), NZG 2011, 1271, Rn. 18 ff.; BGH, Urt. v. 28.04.2015 – II ZR 63/14, NZG 2015, 792, Rn. 28 ff.

70 *Fleischer,* in Spindler/Stilz, beck-online.GROSSKOMMENTAR, Stand: 01.01.2023, § 93 Rn. 46.

71 *Fleischer,* in Spindler/Stilz, beck-online.GROSSKOMMENTAR, Stand: 01.01.2023, § 93 Rn. 47.

72 BGH, Urt. v. 20.09.2011 – II ZR 234/09, NZG 2011, 1271, Rn. 24.

73 BGH, Urt. v. 28.04.2015 – II ZR 63/14, NZG 2015, 792, Rn. 30.

74 *Fleischer,* in Spindler/Stilz, beck-online.GROSSKOMMENTAR, Stand: 01.01.2023, § 93 Rn. 49.

75 So BGH, Urt. v. 20.09.2011 – II ZR 234/09, NZG 2011, 1271, Rn. 28; a. A. *Fleischer,* in Spindler/Stilz, beck-online.GROSSKOMMENTAR, Stand: 01.01.2023, § 93 Rn. 51 mit weiteren Nachweisen, der bereits die Pflichtverletzung verneint.

76 *Spindler,* in: Goette/Habersack/Kalss, MüKo AktG, 5. Aufl. 2019, § 93 AktG Rz. 174; *Koch,* in: Koch, AktG, 17. Aufl. 2023, § 93 AktG Rz. 47.

77 Umstritten ist an dieser Stelle, ob das auch bei Verletzungen von Kompetenzregelungen gilt, vgl. im Einzelnen *Krieger,* in: Krieger/Schneider, Hdb. Managerhaftung, 3. Aufl. 2017, § 3 Rn. 3.38, mit weiteren Nachweisen.

§§ 249 ff. BGB zurückzugreifen, so dass ein Vergleich der Vermögenslage der Gesellschaft gegenüber einer hypothetischen Vermögenslage erforderlich ist, die ohne pflichtwidriges Verhalten bestünde. Von diesem Grundsatz muss aber vereinzelt abgewichen werden, wobei diese Fälle für Aufsichtsratsmitglieder weniger praktische Relevanz haben dürften. Zum einen greift der hypothetische Vermögensvergleich nicht im Falle eines kompetenzwidrigen Verhaltens. Sollte der Aufsichtsrat außerhalb seiner Kompetenzen handeln, kann unabhängig von einer Vermögensminderung verlangt werden, dass die Gesellschaft so gestellt wird, wie sie bei kompetenzgemäßem Handeln stünde. Zum anderen wird man auch bei der Haftung von Aufsichtsratsmitgliedern die Grundsätze der Vorteilsausgleichung[78] anerkennen müssen, wonach unter bestimmten Voraussetzungen der Schadensersatzanspruch um diejenigen Positionen gemindert wird, die dem Geschädigten als Vorteil aus einem schädigenden Ereignis zugeflossen sind.

Sind mehrere Aufsichtsratsmitglieder für den Schaden der Gesellschaft verant- 68
wortlich, haften diese als Gesamtschuldner.[79] Diese Gesamtschuldnerschaft kann auch pflichtwidrig handelnde Vorstandsmitglieder mit einbeziehen, sofern dem Aufsichtsrat etwa ein Überwachungsversagen vorzuwerfen ist. Für die Gesamtschuldnerschaft gelten dann die allgemeinen Vorschriften gemäß §§ 420 ff. BGB, insbesondere somit der Innenausgleich und der Forderungsübergang gemäß § 426 BGB. Im Rahmen des Innenausgleichs wird dann die Frage relevant, welches Mitglied der Gesamtschuldnerschaft in welchem Umfang den Schaden zu verantworten hat. Gemäß § 254 BGB sind die konkreten Umstände des Einzelfalls maßgeblich, insbesondere der Grad der Verursachung.

V. Haftungsausschluss aufgrund Beschlusses

Eine Haftung ist dann ausgeschlossen, wenn die den Schaden kausal verursa- 69
chende Handlung auf einem gesetzmäßigen Beschluss der Hauptversammlung basiert, § 93 Abs. 4 S. 1 AktG. Insofern ist zum einen nach überwiegender Ansicht für den Haftungsausschluss ein förmlicher Beschluss des Gremiums Hauptversammlung erforderlich.[80] Zum anderen muss der Beschluss im Vorfeld gefasst worden sein, damit die Maßnahme auf ihm beruht. Eine nachträgliche Billigung lässt die Haftung nicht entfallen.[81] Ein gesetzmäßiger Beschluss setzt schließlich voraus, dass der Beschluss nicht unter Angabe falscher Informationen gefasst wurde und eine Anfechtung bzw. die Nichtigkeit zumindest nicht mehr geltend gemacht werden kann.[82] Ein entsprechender Beschluss lässt allein

78 Vgl. BGH, Urt. v. 17. 5. 1984 – VII ZR 169/82, BGHZ 91, 206, 209 f.

79 *Habersack*, in: Goette/Habersack/Kalss, MüKo AktG, 5. Aufl. 2019, § 116 Rn. 78.

80 OLG Köln, Urt. v. 25. 10. 2012 – 18 U 37/12, AG 2013, 396; *Koch*, in: Koch, AktG, 17. Aufl. 2023, § 93 AktG, Rn. 73.

81 *Spindler*, in: Goette/Habersack/Kalss, MüKo AktG, 5. Aufl. 2019, § 93 AktG Rn. 242; *Koch*, in: Koch, AktG, 17. Aufl. 2023, § 93 AktG, Rn. 73.

82 *Spindler*, in: Goette/Habersack/Kalss, MüKo AktG, 5. Aufl. 2019, § 93 AktG Rn. 237; *Koch*, in: Koch, AktG, 17. Aufl. 2023, § 93 AktG, Rn. 73.

die Haftung gegenüber der Gesellschaft entfallen, gegenüber den Gläubigern der Gesellschaft entfaltet er gemäß § 93 Abs. 5 S. 3 AktG keine Wirkung.

VI. Verzicht, Vergleich und Verjährung

70 Verzicht und Vergleich über Ansprüche gegen Aufsichtsratsmitglieder richten sich über den Verweis in § 116 S. 1 AktG nach § 93 Abs. 4 S. 3 AktG. Demnach bedarf es für die Erklärung eines Verzichts oder eines Vergleichs, bzw. für wirtschaftlich vergleichbare Handlungen, eines zustimmenden Beschlusses der Hauptversammlung. Zudem ist erforderlich, dass Aktionäre, die zusammen mindestens 10 % des Grundkapitals repräsentieren, keinen Widerspruch gegen den Beschluss zu Protokoll erklärt haben. Darüber hinaus verlangt das Gesetz, dass seit Anspruchsentstehung mindestens drei Jahre vergangen sind. Der Wortlaut steht der vorherigen Aufnahme von Vergleichsgesprächen nicht entgegen. Allerdings ist er eindeutig hinsichtlich der Frage, ob bereits vor Ablauf der dreiJahre ein Verzicht erklärt oder ein Vergleich abgeschlossen werden kann, aber die Hauptversammlung erst nach Ablauf der dreiJahre zustimmt. Die rechtswirksame Handlung wäre die Verzichtserklärung oder Vergleichsvereinbarung, unterzeichnet durch das zuständige Organ im Namen der Gesellschaft (im Fall von Ansprüchen gegen Aufsichtsratsmitglieder unterzeichnet durch den Vorstand). Diese Erklärung wäre auch ohne Zustimmung der Hauptversammlung wirksam, sofern sie nicht unter den Vorbehalt der Zustimmung der Hauptversammlung gestellt wird. Insofern dürfte die Abgabe einer Erklärung im Namen der Gesellschaft vor Ablauf der drei Jahre mit dem Wortlaut nicht vereinbar sein.[83] Wie auch bei Handlungen auf Basis eines Hauptversammlungsbeschlusses ist erneut gemäß § 93 Abs. 5 S. 3 AktG ein Verzicht oder ein Vergleich gegenüber den Gläubigern der Gesellschaft ohne Wirkung.

71 Die Verjährung der Ansprüche gegen Aufsichtsratsmitglieder entspricht derjenigen gegen Vorstandsmitglieder (siehe dazu B. I. c) aa), Rn. 34 f.). Gemäß §§ 93 Abs. 6 AktG, 52a KWG beträgt sie für Kreditinstitute stets 10 Jahre. Auch hier gilt, da auf die Anspruchsentstehung für den Fristablauf abgestellt wird, dass in der Praxis durchaus Verjährung eingetreten sein kann. Aufsichtsratsmitglieder, gegen die ein Anspruch erhoben wird, sollten sich daher mit der Frage der Verjährung befassen und nicht unüberlegt Verjährungsverzichtserklärungen unterzeichnen.

VII. Durchsetzung eines Schadensersatzanspruches gegenüber einem Aufsichtsratsmitglied

72 Wesentliches Problem im Zusammenhang mit möglichen Haftungsansprüchen gegenüber Aufsichtsratsmitgliedern ist deren Geltendmachung in der Praxis, zumindest sofern es um Ansprüche gegen aktuelle oder erst kürzlich ausgeschiedene Aufsichtsratsmitglieder geht. Grundsätzlich erfolgt die Vertretung der

83 Zweifelnd auch *Krieger*, in: Krieger/Schneider, Hdb. Managerhaftung, 3. Aufl. 2017, § 3 Rn. 3.42.

Gesellschaft, als Anspruchsinhaberin bei Innenhaftungsansprüchen, durch den Vorstand (§78 AktG) oder durch den Aufsichtsrat (§112 AktG). Im Fall des Aufsichtsrats ist es eine eigene Pflicht des Vorstands, Ansprüche gegen Aufsichtsratsmitglieder zu prüfen und ggf. geltend zu machen. Bei ehemaligen Aufsichtsratsmitgliedern ist eine Geltendmachung von Ansprüchen und damit ein Erfüllen der Pflicht durch den Vorstand denkbar. Bei aktuellen oder erst kürzlich ausgeschiedenen Aufsichtsratsmitgliedern wird man faktisch eine gewisse Hemmschwelle des Vorstands nicht verneinen können,[84] letztlich muss man aber davon ausgehen, dass der Vorstand auch in diesen Fällen seiner gesetzlichen Verpflichtung zur Geltendmachung nachkommt.

Vor diesem Hintergrund sind die Regelungen der §§147 und 148 AktG zu sehen, 73
die unter bestimmten Voraussetzungen ein Erzwingen einer Anspruchsdurchsetzung ermöglichen. Gemäß §147 Abs.1 S.1 AktG kann die Hauptversammlung mit einfacher Stimmenmehrheit beschließen, dass Ersatzansprüche gegen Mitglieder des Aufsichtsrats geltend zu machen sind. Hierfür kann die Hauptversammlung explizit besondere Vertreter bestellen, die die Gesellschaft im Rahmen der Geltendmachung gegenüber dem Aufsichtsratsmitglied vertreten. Erfolgt dies nicht, ist es die Pflicht des Vorstands, in Umsetzung des Hauptversammlungsbeschlusses den Ersatzanspruch gegen das Aufsichtsratsmitglied zu verfolgen.

Darüber hinaus enthält das in §148 AktG normierte Klagezulassungsverfahren 74
die Möglichkeit, dass eine Aktionärsminderheit, die mindestens 1 % des Grundkapitals oder 100.000 Euro Grundkapital auf sich vereint, im eigenen Namen Ersatzansprüche der Gesellschaft geltend macht.

Das Klagezulassungsverfahren wird überwiegend als für die Praxis bedeutungs- 75
los beurteilt.[85] Entsprechend gab es Bestrebungen in 2019 das Verfahren zu reformieren, diese Bestrebungen blieben aber bislang erfolglos.

VIII. Innenhaftung eines konzernabhängigen Aufsichtsratsmitglieds

Im Wesentlichen gelten die bisherigen Ausführungen für die Innenhaftung 76
eines Aufsichtsratsmitglieds einer abhängigen Konzerngesellschaft entsprechend. Je nach Art des Konzerns ändern sich die jeweiligen Pflichteninhalte bzw. deren Schwerpunkte. Besteht etwa ein Vertragskonzern kommt dem Aufsichtsrat der beherrschten Gesellschaft die zusätzliche Aufgabe zu, die Beachtung der Grenzen der Weisungsbefugnis und die Einhaltung der gesetzlichen Regelungen gemäß §§291 ff. AktG, insbesondere Zustandekommen des Unternehmensvertrags, Grenzen der Gewinnabführung, Angemessenheit des Ausgleichs etc., zu überwachen.

---

84 Vgl. Begründung zum Entwurf eines Gesetzes zur Unternehmensintegrität und Modernisierung des Anfechtungsrechts (UMAG), BT-Drs 15/5092, S.20.

85 Vgl. *Arnold,* in: Goette/Habersack/Kalss, MüKo AktG, 5. Aufl. 2022, §147 Rn. 9, mit weiteren Nachweisen sowie zu den Gründen.

77 Im faktischen Konzern kommt dem Aufsichtsrat der beherrschten Gesellschaft insbesondere die Überwachung der Einhaltung des § 311 AktG zu, also die Erfüllung der Verpflichtung zum Ausgleich von Nachteilen durch die Obergesellschaft.

Praxistipp:

Sowohl im faktischen wie auch im Vertragskonzern finden sich auf der Anteilseignerseite in der Regel im Wesentlichen Mitarbeiter oder Vorstandsmitglieder der Obergesellschaft. Entsprechend können gerade bei den zuvor genannten Aspekten wie Grenzen der Weisungsbefugnis, Angemessenheit des Ausgleichs oder Ausgleich aller Nachteile Interessenskonflikte entstehen. Hier empfiehlt es sich, zunächst ausdrücklich eine unabhängige schriftliche Einschätzung des Vorstands der Untergesellschaft einzufordern, die die Tatsachen des konkreten Sachverhalts beleuchtet. Darüber hinaus mag es im Einzelfall angemessen sein, möglichen Interessenkonflikten oder dem alleinigen Vorwurf eines Interessenkonflikts durch Nichtbefassung/Enthaltung oder Einbindung externer Dritter vorzubeugen.

C. Haftung gegenüber Dritten

78 Die Haftung von Aufsichtsratsmitgliedern gegenüber Dritten (sog. Außenhaftung) hat aufgrund des Grundsatzes der Haftungskonzentration auf die Innenhaftung keine nennenswerte Bedeutung. Gleichwohl ist eine solche Haftung in bestimmten Situationen durchaus möglich.

I. Vertragsähnliche Haftung

79 Die wesentlichen Aufgaben des Aufsichtsrats sind die oben beschriebenen Amtspflichten, insbesondere die verschiedenen Aspekte der Steuerung und Überwachung des Vorstands. Insofern tritt der Aufsichtsrat als reines Innenorgan nur ganz vereinzelt nach außen auf.[86] Entsprechend wird die Voraussetzung einer vertragsähnlichen Haftung, dass der Aufsichtsrat für sich ein besonderes persönliches Vertrauen in Anspruch nimmt, allenfalls in absoluten Ausnahmesituationen zu bejahen sein.

II. Deliktsrechtliche Haftung, §§ 823 und 826 BGB, § 117 Abs. 2 AktG

80 Für eine deliktsrechtliche Haftung des Aufsichtsrats reicht eine bloße Verletzung der dem Aufsichtsrat obliegenden Pflichten nicht aus.[87] Hier gilt der Vorrang der Innenhaftung gegenüber der Gesellschaft. Geht das Verhalten des Aufsichtsrats jedoch über die reine Pflichtverletzung hinaus oder werden Schutzge-

86 *Habersack*, in: Goette/Habersack/Kalss, MüKo AktG, 5. Aufl. 2019, § 116 AktG, Rn. 84.
87 Vgl. BGH Urt. v. 14.4.1986 – II ZR 123/85, NJW-RR 1986, 1158, 1159; *Habersack*, in: Goette/Habersack/Kalss, MüKo AktG, 5. Aufl. 2019, § 116 Rn. 82.

setze mit Individualschutzcharakter im Sinne des § 823 Abs. 2 BGB verletzt[88], kommt grundsätzlich auch bezogen auf den Aufsichtsrat eine deliktsrechtliche Haftung, insbesondere als Teilnehmer oder Gehilfe bei der Verwirklichung von Haftungstatbeständen durch den Vorstand, in Betracht.

Eine solche wird gegenüber Aktionären etwa angenommen, wenn der Auf- 81
sichtsrat vorsätzlich Verhalten des Vorstands veranlasst oder unterstützt, welches nicht mehr vom satzungsmäßigen Unternehmensgegenstand gedeckt ist (insbesondere bei strafbarem oder sittenwidrigem Verhalten).[89] Dann liegt ein Eingriff in die Mitgliedschaftsrechte der Aktionäre vor, der über einen reinen Wertverlust hinausgeht. Aufgrund der erforderlichen aktiven Beiträge des Aufsichtsrats im Zusammenhang mit der Durchführung einer Kapitalerhöhung aus genehmigtem Kapital hat das OLG Düsseldorf[90] im Fall einer betrügerischen Kapitalerhöhung eine deliktsrechtliche Haftung des Aufsichtsrats bejaht. Sofern dem Aufsichtsrat bewusst sei, dass der Vorstand betrügerische Absichten mit der Kapitalerhöhung verfolgt, sei sein Beitrag – Zustimmung gemäß § 203 Abs. 3 S. 2 AktG sowie Anmeldung zur Eintragung gemäß § 184 Abs. 1 S. 1 AktG – ausreichend, um ihn als Beihilfeleistung zu werten. Bislang hat die deliktsrechtliche Haftung aber keine nennenswerte praktische Relevanz erlangt, in Bezug auf Banken ist ein entsprechender Fall – soweit ersichtlich – nicht bekannt.

Gemäß § 117 Abs. 2 AktG kommt eine Mithaftung auch des Aufsichtsratsmit- 82
glieds gegenüber Dritten bei schädigender Einflussnahme in Betracht. Erforderlich ist dafür eine Haftung aus § 117 Abs. 1 AktG aufgrund schädigender Einflussnahme sowie eine Pflichtverletzung des Mithaftenden, etwa weil ein Aufsichtsratsmitglied nicht gegen die schädigende Einflussnahme des Vorstands im Rahmen seiner Möglichkeiten vorgegangen ist.

III. Deliktsrechtliche Haftung in Verbindung mit Garantenstellung

Mit Blick auf die Geschäftsführung werden in der Rechtsprechung zudem per- 83
sönliche Verantwortlichkeiten und damit mögliche Außenhaftungen gegenüber Dritten auch bei fehlendem positivem Tun diskutiert. Eine solche Haftung wird zumindest dann angenommen, wenn der Geschäftsführer über die Organstellung hinaus aufgrund einer Garantenstellung zum Schutz Außenstehender vor Gefährdung oder Verletzung deren durch § 823 Abs. 1 BGB geschützten Rechte gehalten ist.[91]

88 Vgl. etwa OLG Karlsruhe, Urt. v. 4. 9. 2008, AG 2008, 900 ff., wo eine Haftung des Aufsichtsratsvorsitzenden aufgrund von Beihilfe zum Betrug gemäß §§ 823 Abs. 2, 830 Abs. 1 BGB, §§ 263 Abs. 1, 27 Abs. 1 StGB bejaht wurde. Weiteres Beispiel wäre der rechtswidrige Ausschluss von Bezugsrechten, *Habersack*, in: Goette/Habersack/Kalss, MüKo AktG, 5. Aufl. 2019, § 116 Rn. 83.

89 *Habersack*, in: Goette/Habersack/Kalss, MüKo AktG, 5. Aufl. 2019, § 116 AktG, Rn. 83.

90 OLG Düsseldorf, Urt. v. 23. 6. 2008, AG 2008, 666 ff.

91 Vgl. allgemein dazu BGH, Urt. v. 15. 12. 2015 – X ZR 30/14, GRUR 2016, 257, 264 (Absatz 111).

84 Bei dem reinen Innenorgan Aufsichtsrat wäre eine Garantenstellung zum Schutz der Rechte außenstehender Dritter allenfalls in sehr beschränkten Ausnahmefällen überhaupt denkbar, und zwar sofern der Aufsichtsrat die Gesellschaft gegenüber Dritten vertritt. Die bislang in der Rechtsprechung diskutierten Fälle aus dem Bereich Patent- oder Urheberrechtsverletzungen sowie Verletzungshandlungen im Bereich des unlauteren Wettbewerbs lassen sich auf den Aufsichtsrat nicht übertragen.

D. Neue Haftungsgrundlagen im Kontext von ESG

85 Im Kontext von ESG wurden in den vergangenen Jahren verschiedene Klagen gegen Unternehmen angestrengt. Diese zielen in Deutschland bislang überwiegend auf die Geltendmachung von Unterlassungsansprüchen ab.[92] Im Ausland wird jedoch bereits versucht, die Geschäftsführung mit dem Argument der Wertevernichtung aufgrund mangelnder Klimastrategie auf Schadensersatz in Anspruch zu nehmen.[93]

86 Umweltbelange, soziale Belange und Aspekte guter Unternehmensführung haben bereits jetzt Auswirkungen auf den Pflichtenkanon der Organe. In diesem Bereich sind auch in Zukunft weitere Änderungen zu erwarten, wobei Banken als Finanzierer der Wirtschaft und damit als Faktor mit hohem Wirkungsgrad ggf. besonders in den Fokus geraten werden. Dieser veränderte Pflichtenkanon wirkt sich auch auf die Haftung von Geschäftsführung und Aufsichtsrat aus, allerdings bislang im Rahmen der dargestellten Haftungstatbestände.

87 Es bleibt abzuwarten, ob es im Zuge neuer Verordnungen, Richtlinien, Gesetze und Rechtsprechung im Bereich ESG auch zu neuen eigenständigen Haftungstatbeständen kommen wird. Die ab 2025 erstmalig anzuwendende Corporate Sustainability Reporting Directive (CSRD) bzw. der Referentenentwurf des entsprechenden Umsetzungsgesetzes sieht keine neuen Haftungstatbestände vor. Allerdings werden dadurch, dass der Lagebericht der Gesellschaft nun um einen Nachhaltigkeitsbericht erweitert wird, die inhaltliche Berichterstattung und damit auch die Aufgaben und Pflichten des Aufsichtsrats in Bezug auf die Berichterstattung ausgeweitet. Wurde aufgrund der bislang gesetzlich nicht geforderten externen inhaltlichen Überprüfung der CSR-Berichterstattung vertreten, der vom Aufsichtsrat gesetzlich geforderte Prüfungsmaßstab sei beim nichtfinanziellen Bericht geringer als bei der Prüfung der Finanzberichterstattung (ausreichend sei eine Plausibilitätsprüfung),[94] wird in Zukunft für die Finanzberichterstattung und für die Nichtfinanzielle Berichterstattung der gleiche gesetzliche Sorgfalts- und Prüfungsmaßstab gelten. Nach den Vorgaben der CSRD

92 Vgl. etwa das Verfahren Lliuya gegen RWE vor dem OLG Hamm (5 U 15/17) bzw. die Klagen der Deutschen Umwelthilfe gegen BMW vor dem LG München (3 O 12581/21) bzw. gegen Mercedes vor dem LG Stuttgart (17 O 789/21).

93 Vgl. etwa Client Earth gegen Shell im Vereinigten Königreich.

94 *Euler/Klein*, in Spindler/Stilz, beck-online.GROSSKOMMENTAR, Stand: 01.06.2024, § 171 Rn. 64.

wird somit der Prüfung des Aufsichtsrats nun eine größere Bedeutung zugewiesen. Allerdings dürften größere Unternehmen auch bislang ihrem Aufsichtsrat bereits empfohlen haben, den nichtfinanziellen Bericht einer externen Prüfung zu unterziehen, was faktisch dann zu einem vergleichbaren Prüfungsmaßstab für nichtfinanziellen Bericht und Finanzberichterstattung führte. Entsprechend der erweiterten Berichterstattung sind auch die Anforderungen an die Expertise des Aufsichtsrats im Bereich Nachhaltigkeit gestiegen. Ferner wird sich der Aufsichtsrat vertieft mit den Auswirkungen des Unternehmens auf Umwelt und Gesellschaft und die daraus resultierenden Chancen und Risiken für das Unternehmen auseinandersetzen müssen. Dazu empfiehlt es sich, mehr als zuvor in den Dialog mit den Stakeholdern der Gesellschaft und mit Fachleuten einzutreten, um eine eigene Einschätzung dazu gewinnen zu können. Auch ohne explizit neuen Haftungstatbestand führen diese inhaltlichen Ausdehnungen zu einer Ausweitung des Haftungsregimes für Aufsichtsräte. Insbesondere aus den gestiegenen Anforderungen an die Expertise lassen sich auch Organisationspflichten für das Gremium ableiten (etwas hinsichtlich Zusammensetzung, Ausschussbildung, Erlangung von Kompetenzen durch Fort- und Weiterbildung).

Die mit ihrer Veröffentlichung im Amtsblatt der Europäischen Union am 88
5. Juli 2024 in Kraft getretene Corporate Sustainability Due Diligence Directive (CSDDD) verlangt in Art. 22 in Verbindung mit Art. 7 der Richtlinie[95], dass bei Entscheidungen die kurz-, mittel- und langfristigen Folgen für Nachhaltigkeitsaspekte und mögliche Folgen für Menschenrechte, Klimawandel und Umwelt zu berücksichtigen sind. Die Richtlinie konkretisiert damit zum einen den Inhalt der Sorgfaltspflicht, zum anderen deutet sie eine Wertung der drei genannten Aspekte bei möglichen Zielkonflikten an. Auch die sich aus der Konkretisierung ggf. mit der Zeit ergebenden neuen Maßstäbe wird der Aufsichtsrat bei der Wahrnehmung seiner Überwachungsaufgabe berücksichtigen müssen. Hier wird zu beobachten sein, ob sich aus derartigen Konkretisierungen, Verschärfungen oder neue Maßstäbe in der Rechtsprechung entwickeln. Aber schon jetzt lässt sich festhalten, dass auch hier die inhaltlichen Anforderungen an den Aufsichtsrat ausgeweitet werden.

E. Strafrechtliche Haftung

Die strafrechtliche Verantwortung von Aufsichtsratsmitgliedern ist nur verein- 89
zelt durch spezielle gesetzliche Vorschriften wie etwa § 404 AktG eindeutig geregelt. Ganz überwiegend finden die allgemeinen strafrechtlichen Tatbestände je nach Pflicht und Art und Weise der Pflichtverletzung auch auf das Verhalten von Aufsichtsratsmitgliedern Anwendung.

95 Vorschlag für eine Richtlinie des europäischen Parlaments und des Rates über die Sorgfaltspflichten von Unternehmen im Hinblick auf Nachhaltigkeit, COM(2022) 71 final – 2022/0051 (COD), Brüssel, den 23. 2. 2022.

90 Höchstrichterlich anerkannt ist, dass sich aus der Überwachungspflicht gemäß § 111 Abs. 1 AktG eine Vermögensbetreuungspflicht gemäß § 263 StGB ergibt.[96] Je nach Einzelfall ist von daher eine Verletzung der Überwachungspflicht auch strafrechtlich im Rahmen der Untreue relevant. Dabei führt nicht jede Verletzung der Überwachungspflicht zur strafrechtlichen Untreue. Da das Strafrecht die Gemeinschaft vor sozialschädlichem Verhalten bewahren will, ist eine Verletzung einer Vermögensbetreuungspflicht nur dann anzunehmen, wenn die Überwachungspflichten unter Zugrundelegung der Kriterien Unternehmensinteresse, Informationsgrundlage und Risikosituation evident und in unvertretbarer Weise verletzt wurden. Für die Ebene des Vorstands hat der BGH in seiner HSH Nordbank-Entscheidung[97] klargestellt, dass ein Überschreiten der Grenzen des unternehmerischen Ermessens gemäß § 93 Abs. 1 AktG das Verletzen einer Hauptpflicht des Vorstands gegenüber dem Unternehmen darstellt, die zugleich eine Pflichtwidrigkeit im Sinne von § 266 StGB begründet. Für eine gesonderte Prüfung der Pflichtverletzung als „evident" oder „gravierend" sei kein Raum. Das Urteil dürfte entsprechend auch für den Aufsichtsrat und dem ihm gemäß §§ 116 Abs. 1, 93 Abs. 1 AktG zustehenden unternehmerischen Ermessensspielraum gelten. Die Verletzung der Vermögensbetreuungspflicht kann grundsätzlich auch in Form von Unterlassen erfolgen, wobei hinsichtlich der Ausgestaltung der Garantenstellung von Aufsichtsratsmitgliedern vieles unklar ist.[98] Anerkannt dürfte sein, dass der Aufsichtsrat das Gesellschaftsvermögen vor verletzenden Handlungen des Vorstands zu bewahren hat. Hat der Aufsichtsrat Kenntnis von Pflichtverletzungen des Vorstands und bleibt untätig, statt auf Abhilfe zu drängen, ist der Vorwurf der Untreue durch Unterlassen denkbar.

91 Sofern der Aufsichtsrat die Gesellschaft ausnahmsweise nach außen vertritt, trifft der Aufsichtsrat eigene Geschäftsentscheidungen und die Frage nach der Verletzung einer Vermögensbetreuungspflicht gleicht der bei einem Vorstandsmitglied.[99] Am relevantesten ist die Vertretung der Gesellschaft gegenüber dem Vorstand, mithin insbesondere bei der Anstellung von Vorstandsmitgliedern, im Rahmen der Vorstandsvergütung und bei der Geltendmachung von Schadensersatzansprüchen gegenüber Vorstandsmitgliedern. Da der Aufsichtsrat in diesen Bereichen wie ein Vorstand handelt, unterliegt er hier Sorgfaltspflichten, die mit denen des Vorstands vergleichbar sind, was sich auf den Inhalt der Vermögensbetreuungspflicht auswirkt. Im Ergebnis ist in diesem Bereich das strafrechtliche Haftungsrisiko von Aufsichtsratsmitgliedern wesentlich höher als in anderen Aufgabenbereichen.

92 Bei den spezialgesetzlichen Tatbeständen ist zunächst auf die §§ 399 ff. AktG zu verweisen, die insbesondere die unrichtige Darstellung der Vermögensverhältnisse bzw. das Tätigen falscher Angaben unter bestimmten Voraussetzungen

96 Vgl. etwa BGH, v. 17.09.2009 – 5 StR 521/08, NStZ 2009, 694,696.
97 BGH, Urt. v. 12.10.2016 – 5 StR 134/14, NJW 2017, 578, 579.
98 *Krause*, NStZ 2011, 57, 60.
99 Vgl. etwa die „Mannesmann"-Entscheidung des BGH, v. 21.12.2005 – 3 StR 470/04. NStZ 2006, 214, 217.

unter Strafe stellen. Ebenso kann Fehlverhalten im Zusammenhang mit der Abschlussprüfung strafbar sein, bei CRR-Kreditinstituten grundsätzlich unabhängig von deren Kapitalmarktorientierung. In diesem Zusammenhang sind auch die Bilanzdelikte gemäß § 331 HGB zu nennen.

Von besonderer praktischer Bedeutung dürften § 404 AktG bzw. § 333 HGB sein, 93
die eine Verletzung der Geheimhaltungspflicht eines Aufsichtsratsmitglieds unter bestimmten Voraussetzungen unter Strafe stellen. Wenngleich in der Praxis nicht selten gegen die Geheimhaltungspflicht als Organ verstoßen wird (das „Durchstechen" von Informationen an die Presse findet sich wahrscheinlich bei jedem größeren Unternehmen), so ist es regelmäßig schwer, den erforderlichen Nachweis zu führen. Zudem kann bereits der reine Vorwurf zu erheblichen Störungen innerhalb des Gremiums führen, ggf. bis hin zu Arbeitnehmer- und Anteilseignerbänken, die sich konfrontativ gegenüberstehen. Insofern sollte in der Praxis sorgsam abgewogen werden, ob und unter Kenntnis welchen Personenkreises überhaupt der Versuch unternommen wird, den Nachweis einer Geheimnispflichtverletzung zu erbringen (siehe dazu auch bereits unter B. I. 1. b), Rn. 12 f.).

F. Weitere Konsequenzen einer Pflichtverletzung

Neben den zuvor genannten möglichen Folgen kommen je nach Pflichtverlet- 94
zung noch weitere Konsequenzen in Betracht, insbesondere die Nichtentlastung durch die Hauptversammlung, die Abberufung, Maßnahmen der Aufsichtsbehörden sowie ggf. die Nichtigkeit der Wahl zum Aufsichtsratsmitglied.

I. Nichtentlastung, §§ 119 I Nr. 4, 120 AktG

Denkbar und eigentlich auch erwartbar ist, dass einem Aufsichtsratsmitglied, 95
welches seine Pflichten bekanntlich verletzt hat, die Entlastung durch die Hauptversammlung für das betreffende Geschäftsjahr verweigert wird. Allerdings bedeutet die Verweigerung der Entlastung im Ergebnis allein ein Misstrauensvotum, an das keinerlei automatische Rechtsfolgen anknüpfen.[100] Auch wenn sowohl für Entlastung als auch für Bestellung und Abberufung von Aufsichtsratsmitgliedern jeweils die Hauptversammlung zuständig ist, beinhaltet die Entlastungsverweigerung nicht zugleich den Widerruf der Bestellung. Dies folgt schon aus den unterschiedlichen Mehrheitserfordernissen.[101]

II. Abberufung aus wichtigem Grund § 103 AktG

Eine weitere Konsequenz einer Pflichtverletzung kann die gerichtliche Abbe- 96
rufung des Aufsichtsratsmitglieds aus wichtigem Grund gemäß § 103 Abs. 3 AktG sein. Diese Form der Abberufung gilt für alle Arten von Aufsichtsratsmitgliedern gleichermaßen. Erforderlich hierfür ist zunächst ein entsprechender

100 *Kubis*, in: Goette/Habersack/Kalss, MüKo AktG, 5. Aufl. 2022, § 120, Rn. 38.

101 Die Abberufung erfordert gemäß § 103 Abs. 1 S. 2 eine Dreiviertelmehrheit, während für die Entlastungsverweigerung die einfache Mehrheit ausreicht.

Antrag des Aufsichtsrats an das zuständige Gericht. Über die Frage der Antragstellung entscheidet das Gremium durch Beschluss der mit einfacher Mehrheit, § 103 Abs. 3 S. 2 AktG, ohne Beteiligung des vom Antrag betroffenen Aufsichtsratsmitglieds, gefasst wird. Erforderlich für eine gerichtliche Abberufung ist das Vorliegen eines wichtigen Grundes. Dieser ist in der Regel bei einer groben Pflichtverletzung bzw. der Unfähigkeit zur ordnungsgemäßen Amtsführung gegeben[102], was in der Praxis nicht häufig vorkommt. Sollte die Pflichtverletzung fahrlässig erfolgen, dürfte üblicherweise erst die wiederholte Pflichtverletzung den wichtigen Grund hervorrufen.

97 Je nach Zusammensetzung des Aktionariats, insbesondere etwa bei Konzerngesellschaften, kann eine Abberufung auch durch die Hauptversammlung erfolgen. Voraussetzung ist hierfür, dass mindestens drei Viertel der abgegebenen Stimmen für die Abberufung stimmen, § 103 Abs. 1 AktG.

III. Abberufung durch die Aufsicht

98 Für Kreditinstitute von größerer Relevanz dürfte die durch die Aufsichtsbehörden initiierte Abberufung[103] von Aufsichtsratsmitgliedern sein.[104] Gemäß § 36 Abs. 3 S. 1 KWG kann die BaFin die Abberufung von Aufsichtsratsmitgliedern verlangen und den Aufsichtsratsmitgliedern die Ausübung ihrer Tätigkeit untersagen. Als milderes, da grundsätzlich vorübergehendes Mittel, kann die BaFin zudem gemäß § 45c Abs. 2 Nr. 3 KWG einen Sonderbeauftragten bestellen und diesem die Aufgaben und Befugnisse eines oder mehrerer Aufsichtsratsmitglieder übertragen. Die Befugnisse der betroffenen Aufsichtsratsmitglieder ruhen für die Zeit der Bestellung des Sonderbeauftragten. Vom Mittel der Bestellung eines Sonderbeauftragten macht die BaFin durchaus Gebrauch. Als Beispiele aus der jüngeren Vergangenheit sind etwa die Anordnungen gegen die Deutschen Bank AG vom Ende September 2023, gegen Solaris SE vom Dezember 2022 oder gegen die N26 Bank GmbH vom Oktober 2021 zu nennen.

99 Während Adressat der Tätigkeitsuntersagung das betroffene Aufsichtsratsmitglied selbst ist, richtet sich das Abberufungsverlangen der BaFin an das Unternehmen, § 36 Abs. 3 S. 1 KWG. Das Unternehmen hat sodann die Abberufung gemäß den einschlägigen gesellschafts- und mitbestimmungsrechtlichen Vorschriften umzusetzen, im Fall einer Aktiengesellschaft hat somit gemäß § 103 AktG der Aufsichtsrat einen entsprechenden Antrag auf Abberufung bei Gericht zu stellen. Sollte der Aufsichtsrat dieser Verpflichtung nicht nachkommen, ist

102 *Habersack*, in: Goette/Habersack/Kalss, MüKo AktG, 5. Aufl. 2019, § 103 AktG, Rn. 41 f.

103 Vgl. hierzu insgesamt das Merkblatt der BaFin zu den Mitgliedern von Verwaltungs- oder Aufsichtsorganen gemäß KWG und KAGB vom 29. 12. 2020, insbesondere Absatznummern 262 ff.

104 Dies verdeutlicht zumindest ein Bericht aus Zeit Online vom 31. 08. 2010, in dem die BaFin von 10 Abberufungsverfahren gegen Aufsichtsratsmitglieder von Banken spricht, vgl. *https://www.zeit.de/wirtschaft/2010-08/bafin-aufsichtsrat* (zuletzt abgerufen am 28. 05. 2025).

gemäß § 36 Abs. 3 S. 3 KWG die BaFin selbst antragsberechtigt. Abberufung und Tätigkeitsuntersagung können getrennt oder kombiniert erlassen werden.

Diese Maßnahmen kommen dann in Betracht, wenn das Aufsichtsratsmitglied die für die Bestellung erforderlichen Eigenschaften nicht (mehr) aufweist, es insbesondere nicht mehr zuverlässig ist, die erforderliche Sachkunde fehlt, es dem Amt nicht ausreichend Zeit widmet oder gegen die Begrenzung der Anzahl von Mandaten verstößt. Als milderes Mittel zur Abberufung steht der BaFin das Mittel der Verwarnung zur Verfügung.[105] 100

Maßnahmen gegen Aufsichtsratsmitglieder muss die BaFin, anders als bei Maßnahmen gegen Geschäftsleiter, gemäß § 60b Abs. 1 KWG nicht zwingend auf ihrer Internetseite veröffentlichen. Insofern lässt sich schwer abschätzen, mit welcher Häufigkeit die BaFin Abberufungsverlangen oder Tätigkeitsuntersagungen bezogen auf Aufsichtsratsmitglieder ausspricht. Aus den Veröffentlichungen zu Geschäftsleitern lässt sich jedoch schließen, dass die BaFin auch mit Blick auf die Organe von Instituten recht aktiv ist und die Abberufung bzw. Tätigkeitsuntersagung als ultima ratio durchaus einsetzt, der Verwarnungen vorausgehen.[106] Sowohl für Verwarnung als auch für Abberufung gilt, dass die BaFin ihre Maßnahmen, die Verwaltungsakte darstellen, vorab gemäß allgemeinem Verwaltungsrecht androhen muss. In der Praxis reicht diese Androhung der Maßnahme in der Regel schon aus, um den Zweck der Maßnahme, ein personeller Wechsel, zu erreichen. Um die eigentliche Maßnahme und deren mögliche Veröffentlichung zu umgehen, sind sowohl Unternehmen als auch die betroffene Person daran interessiert, eine formale Verwarnung oder Abberufung „gesichtswahrend“ zu vermeiden. 101

Neben Maßnahmen in Form von Verwaltungsakten, gegen deren Erlass grundsätzlich der Rechtsweg gegeben ist, kommt es auch vor, dass die Aufsicht nicht die Abberufung formal erklärt, gleichwohl aber gegenüber dem Unternehmen andeutet, dass man die Voraussetzung für eine Abberufung, etwa fehlende erforderliche Zuverlässigkeit oder fehlende Sachkunde (vgl. § 36 Abs. 3 S. 1 Nr. 1 und Nr. 2 KWG) für gegeben ansieht. 102

> *Praxistipp:*
>
> Derartige Äußerungen der Aufsicht können heikel sein. Zum einen setzen sie das Unternehmen unter Druck, aktiv in Bezug auf eine konkrete Person zu werden, ohne sich jedoch auf eine Anordnung der BaFin berufen zu können. Zum anderen droht erheblicher persönlicher Schaden für die betroffene Person, sollten die

105 Ausdrücklich erwähnt als Voraussetzung für die Abberufung in § 36 Abs. 3 S. 1 Nr. 5 KWG.

106 Im Rahmen der anonymisierten Maßnahmen finden sich auf der Internetseite der BaFin (Stand 28.02.2023) zwei Abberufungen von Geschäftsleitern im Mai 2021, aber allein in 2022 sieben ausgesprochene Verwarnungen. Im Dezember 2021 erfolgte eine Bestellung eines Sonderbeauftragten mit vollständiger Übernahme der Befugnisse des betroffenen Geschäftsleiters. Vgl. *https://www.bafin.de/DE/Aufsicht/BankenFinanzdienstleister/Massnahmen/Mitteilungen/mitteilungen_node.html* (zuletzt abgerufen am 28.05.2025).

Zweifel der Aufsicht publik werden. Hier empfiehlt es sich, die Zweifel der Aufsicht aufzugreifen und diese, ggf. unter Einschaltung unabhängiger Dritter, sachlich zu analysieren. Die Analyse und ihr Ergebnis sollten schriftlich dokumentiert werden. Auf Basis dieser Analyse ist es dann im Fall von Aufsichtsratsmitgliedern am Aufsichtsratsvorsitzenden, ggf. unter Einbindung des für die Wahlvorschläge von Anteilseignervertretern zuständigen Nominierungsausschusses, über das weitere Vorgehen zu entscheiden. Dabei sollte der eingeweihte Personenkreis möglichst gering gehalten werden, um ein Bekanntwerden und damit eine Beschädigung der betroffenen Person zu vermeiden.

103 Sofern Kreditinstitute unmittelbar unter der Aufsicht der EZB stehen, werden die Vorgaben des § 36 KWG durch Art. 16 Abs. 4 lit. m SSM-VO teilweise verdrängt. Danach hat die EZB in Ausübung der ihr nach Art. 4 und Art. 9 SSM-VO übertragenen Aufsichtsbefugnisse die Befugnis, Mitglieder von Leitungsorganen, die den Anforderungen der Rechtsakte nach Art. 4 Abs. 3 Unterabschnitt 1 SSM-VO nicht entsprechen, jederzeit abzuberufen. Die dort genannten Vorgaben sind nicht deckungsgleich mit den in § 36 KWG genannten Regelungen, weisen jedoch mit diesen eine Schnittmenge auf, insbesondere mit § 36 Abs. 2 KWG[107].

IV. Nichtigkeit/Anfechtbarkeit von Wahlbeschlüssen, § 250 Abs. 1 AktG

104 Schließlich ist je nach Pflichtverletzung auch die Nichtigkeit gemäß § 250 AktG oder die Anfechtbarkeit gemäß § 251 AktG der Wahl zum Aufsichtsratsmitglied als weitere Konsequenz möglich. Denkbar wäre zum Beispiel, dass das (zukünftige) Aufsichtsratsmitglied hinsichtlich seiner persönlichen Voraussetzungen falsche Angaben macht und somit die Vorgaben, welche im Rahmen von § 250 AktG zum Beginn der Amtszeit gegeben sein müssen,[108] nicht einhält. Liegen die persönlichen Voraussetzungen zu einem späteren Zeitpunkt erstmalig nicht mehr vor, führt dies nicht zur Nichtigkeit des Wahlbeschlusses.

G. D&O Versicherung

105 Zulässig und in der Praxis üblich ist der Abschluss einer D&O-Versicherung zur Abdeckung der Haftungsrisiken des einzelnen Aufsichtsratsmitglieds. Für Vorstandsmitglieder ergibt sich die Zulässigkeit einer D&O-Versicherung durch die Gesellschaft aus § 93 Abs. 2 Satz 3 AktG, wonach ein Selbstbehalt von mindestens 10 % des Schadens bis mindestens zur Höhe des Eineinhalbfachen der festen jährlichen Vergütung des Vorstandsmitglieds vorgeschrieben wird. Da für den Aufsichtsrat in § 116 Satz 1 AktG explizit ein Verweis auf diese Regelung ausgeschlossen ist, ist ein Selbstbehalt des Aufsichtsratsmitglieds nicht zwingend erforderlich. Die früher im DCGK in Ziff. 3.8 Abs. 3 DCGK aF enthaltene Empfehlung, eine entsprechende Vereinbarung auch für den Aufsichtsrat zu vereinbaren, ist in der Neufassung des DCGK 2020 ersatzlos gestrichen und

107 *Fischer/Krolop* in Fischer/Schulte-Mattler, 6. Aufl. 2023, KWG § 36 Rn. 73a.
108 *J.Koch*, in: Goette/Habersack/Kalss, MüKo AktG, 5. Aufl. 2021, § 250 Rn. 13.

seitdem nicht mehr aufgenommen worden. Nach wie vor kann eine Selbstbehaltsregelung für die Aufsichtsratsmitglieder aber als best practice angesehen werden. Da die Vergütung des Aufsichtsrats bislang wesentlich geringer ausfällt als diejenige des Vorstands, wirkt sich ein Selbstbehalt, bezogen auf einen prozentualen Anteil an der Vergütung, wesentlich geringer aus als beim Vorstand. Deshalb könnte hier der Selbstbehalt eher in einem geringen prozentualen Anteil am Schaden bestehen, wobei die Höhe des Anteils sich an der Relation der Abweichung der Aufsichtsratsvergütung zur Vergütung des Vorstandes bestimmen kann.[109] Ist ein Selbstbehalt für die Aufsichtsratsmitglieder vereinbart, können diese eine sog. „D&O-Selbstbehalt-Versicherung" abschließen, durch die sie von dem Selbstbehalt-Versicherer von ihrem zu tragenden Selbstbehalt freigestellt werden. Der Abschluss einer D&O-Versicherung stellt im Übrigen grundsätzlich auch dann keinen Vergütungsbestandteil dar, wenn die Prämien von der Gesellschaft übernommen werden.[110]

H. Fazit

Die rechtliche Ausgestaltung der Verantwortlichkeit von Aufsichtsratsmitgliedern in Kreditinstituten entspricht im Wesentlichen der von Aufsichtsräten in anderen Unternehmen. Allerdings kommen durch das Bankaufsichtsrecht weitere Pflichten hinzu bzw. werden Pflichten konkretisiert, die von den Aufsichtsratsmitgliedern in Instituten zu beachten sind, um sich keiner Haftung auszusetzen. Auch führt das Bankaufsichtsrecht zu weiteren Sanktionen. Zudem ist ein weiterer Aspekt hervorzuheben, der bei der Betrachtung der Verantwortlichkeit von Aufsichtsratsmitgliedern in Kreditinstituten von Bedeutung ist: Aufgrund der Beaufsichtigung von Kreditinstituten ist mit den Aufsichtsbehörden ein weiterer Stakeholder vorhanden. Dieser zusätzliche Stakeholder bringt seine Vorstellungen und Überzeugungen direkt oder indirekt mit ein und verfolgt dabei bisweilen (auch) andere Interessen als das alleinige Unternehmensinteresse, z.B. sofern vorwiegend die Stabilität des Bankensystems bezweckt wird. Dies wirkt sich rein faktisch auch auf die Rolle und die Verantwortlichkeit der Aufsichtsratsmitglieder in Kreditinstituten aus und ist aus Unternehmenssicht stets in einem umfassenderen Umfeld zu betrachten. 106

109 *Spindler*, in Spindler/Stilz, beck-online.GROSSKOMMENTAR, Stand: 01.01.2023, § 116 Rn. 205.

110 *Habersack*, in: Goette/Habersack/Kalss, MüKo AktG, 5. Aufl. 2019, AktG § 116 Rn. 79.

Kapitel VI: Vergütung

Inhaltsübersicht

A. Einführung und gesetzliche Grundlagen (IVV)

Seit der Finanzkrise haben die aufsichtsrechtlichen Regularien zur Ausgestaltung von Vergütung bei Kreditinstituten erheblich zugenommen. Vergütung ist ein wesentliches Instrument der Corporate Governance. Gut ausgestaltete Vergütungssysteme bieten Anreize für nachhaltiges Handeln im langfristigen Unternehmensinteresse und sind dadurch auch Steuerungsinstrument des Aufsichtsrats wie für die Vorstandsmitglieder. 1

2 Die bankaufsichtsrechtlichen Anforderungen an Vergütung sind in § 25a Abs. 5 bis 6 KWG geregelt, in der Institutsvergütungsverordnung (IVV)[1] konkretisiert und werden teilweise um direkt aus der CRR (v. a. Art. 450) geltende Regelungen ergänzt. Die FAQs zur IVV[2] geben Erläuterungen zu den IVV-Anforderungen. Für Aufsichtsratsmitglieder ist zudem § 25d Abs. 5 KWG zu beachten, was unter anderem ein Verbot variabler Vergütung für die Ausübung des Aufsichtsratsmandats beinhält.

3 Das Bankaufsichtsrecht steht aber nie alleine, sondern ist bei den Mitarbeitern mit den allgemeinen Arbeitsschutzgesetzen bzw. bei den Vorstandsmitgliedern einer Aktiengesellschaft mit den gesellschaftsrechtlichen Anforderungen, insbesondere aus § 87 AktG, zu vereinbaren. Für börsennotierte Institute kämen weitere Vorgaben, etwa § 87a AktG, aber auch die Empfehlungen des Deutschen Corporate Governance Kodex (DCGK) sowie Erwartungen institutioneller Investoren hinzu.

4 Der Gesetzgeber hat weder KWG noch AktG für vorrangig erklärt, weshalb die Vergütungssysteme alle Anforderungen zu erfüllen haben. Das gilt nur nicht für DCGK und Erwartungen der Investoren, die keine Gesetzesqualität haben und bei gegenteiligen gesetzlichen Vorgaben zurücktreten müssen.

B. Vorstandsvergütung

5 Der gesamte Aufsichtsrat ist für die Ausgestaltung der Vorstandsvergütung zuständig. Diese Beschlusskompetenz kann nicht auf einen Ausschuss delegiert werden. Der Vergütungskontrollausschuss des Aufsichtsrats unterstützt ihn lediglich dabei, indem er Beschlüsse vorbereitet, die Einhaltung der festgelegten Vergütungsregelungen kontrolliert und dem Aufsichtsrat darüber berichtet.

6 Der Aufsichtsrat hat dazu ein Vergütungssystem zu beschließen, dem die individuellen Anstellungsverträge mit den einzelnen Vorstandsmitgliedern entsprechen.

I. Bestandteile

7 Vergütungssysteme für Vorstandsmitglieder von Instituten in Form der Aktiengesellschaft müssen verschiedene Elemente umfassen. Regelungen zur Fixvergütung, zur variablen Vergütung, zu Nebenleistungen, zu Pensionsansprüchen, aber auch zu Rückforderungsansprüchen (Clawback) oder Abfindungen. Gemäß § 25a KWG darf die variable Vergütung die fixen Vergütungsbestandteile nicht übersteigen (sog. 1:1-Regel), es sei denn, ein entsprechender Beschluss über die Hauptversammlung ist im Vorhinein gefasst worden.

---

1 *HTTPS://WWW.GESETZE-IM-INTERNET.DE/INSTITUTSVERGV_2014/*, zuletzt abgerufen am 24. 06. 2025.

2 *https://www.bafin.de/DE/RechtRegelungen/FAQ/Institutsverguetungsverordnung/faq_institutsverguetungsverordnung_node.html;jsessionid=22417D7A4CECD87210B54D8BD9E436A6.internet971*, zuletzt abgerufen am 24. 06. 2025.

Zur Vergütung gehören sämtliche Geld- und Sachleistungen, die dem Betroffenen für seine Arbeit als Vorstandsmitglied vom Institut oder einem Dritten gewährt werden.

II. Fixvergütung

Nach der IVV handelt es sich bei Vergütungsbestandteilen im Zweifel um variable Vergütung, wenn sie nicht die Anforderungen an die fixe Vergütung nach § 2 Abs. 6 IVV erfüllen. Fix ist eine Vergütung vor allem dann, wenn sie an keine weiteren Bedingungen als den bloßen Arbeitseinsatz geknüpft wird. Die Höhe darf in keinem Ermessen liegen und sie muss regelmäßig gewährt werden. 8

Zur Fixvergütung gehören damit das klassische Grundgehalt sowie feststehende Nebenleistungen wie bspw. nur für die Vorstandsmitglieder bestimmte Versicherungen, Dienstfahrzeuge und weitere Leistungen.

> *Praxistipp:*
>
> Wenn das Vergütungssystem und die damit verbundenen Vergütungshöhen für die Vorstandsmitglieder vorgelegt werden, sollten solche Nebenleistungen betrachtet werden, die teilweise erhebliche Summen ausmachen können. Hierzu zählen insbesondere Invalidenregelungen, Regelungen für Todesfälle usw.

III. Altersvorsorgeansprüche

Dienstverträge von Vorstandsmitgliedern weisen weit überwiegend Altersvorsorgeregelungen auf, müssten dies allerdings nicht. Bei einigen börsennotierten Gesellschaften wird von solchen Regelungen abgesehen und dafür das Fixum erhöht, da hohe Altersvorsorgeregelungen, die von den Unternehmen auch nach Ende der Dienstzeit lange gezahlt werden müssen, vermehrt auf Kritik von Investoren stoßen. 9

Insofern Altersvorsorgeansprüche gewährt werden, muss sich der Aufsichtsrat mit der Angemessenheit ihrer Ausgestaltung befassen. Dazu sind die Mechanismen zu verstehen.

- Fließt ein vorab feststehender Betrag oder ein variabler Betrag der Altersvorsorge zu?
- Wird der Betrag am Kapitalmarkt angelegt und/oder verzinst und das Vorstandsmitglied erhält entsprechend sein gesteigertes Kapital oder stehen die Bezugshöhen schon fest?

Wenn das eingesetzte Kapital angelegt oder verzinst wird, liegt das Risiko beim Vorstandsmitglied. Werden bestimmte Leistungen zugesagt, liegt das Risiko beim Unternehmen. In letzterem Fall muss der Aufsichtsrat darauf achten, eine Überlastung für das Unternehmen zu vermeiden. Wenn die Ansprüche ausgerechnet werden, ist einzubeziehen, dass das Unternehmen zum Renteneintritt nicht nur das einzelne Vorstandsmitglied, sondern mehrere Versorgungsansprüche zuzüglich der Ansprüche ehemaliger Mitarbeiter zu tragen hat. Neben der individuellen Kalkulation, sollte also die Gesamtbelastung prospektiert werden. 10

11 Sollten die Beiträge zur Altersvorsorge variabel errechnet werden, sind sie gegebenenfalls auch der variablen Vergütung zuzurechnen. Das hat wesentlichen Einfluss auf die 1:1-Grenze (s. dazu Rdn. 36 und 37).

IV. Variable Vergütung – allgemeine Anforderungen

12 Die Ausgestaltung der variablen Vergütung ist der für den Aufsichtsrat herausfordernste Teil. Über die variable Vergütung kann er erheblichen Einfluss auf die Unternehmensführung nehmen. Nach §4 IVV iVm §25c Abs. 4a Nr. 1 KWG muss die Vergütung die Erreichung der Geschäftsstrategie fördern. Die Geschäftsstrategie muss auf die nachhaltige Entwicklung des Instituts ausgerichtet werden. Gemäß § 10 IVV soll die variable Vergütung von Geschäftsleitern daher eine mehrjährige Bemessungsgrundlage (mind. drei Jahre) haben. In §4 Satz 2 IVV ist zusätzlich formuliert, dass sich die Vergütungsparameter, unter anderem also die Vergütungsziele, an den Strategien ausrichten und das Erreichen der strategischen Ziele unterstützen müssen. Das heißt, dass aus der mehrjährig ausgerichteten Strategie Ziele abgeleitet werden müssen, die auf die Umsetzung der Strategie einzahlen und über mehrere Jahre gemessen werden. Diese Ziele dürfen nicht nur „Erfolgsziele“ sein, die folglich auch zum Eingehen unverhältnismäßiger Risiken motivieren könnten. Zudem dürfen sie nicht dem Grundsatz zuwiderlaufen, Kunden in ihrem besten Interesse zu beraten. Reine Vertriebsziele werden daher unzulässig sein, wenn sie nicht durch die Einhaltung bestimmter Risikoanforderungen kompensiert werden (zu Beispielen s. unten).

13 *Praxistipp:*

ESG in der Vergütung: Ob in Umsetzung der CSRD, wegen bankaufsichtsrechtlicher Anforderungen oder Erwartungen der Aktionäre wird zunehmend ESG im Vergütungssystem berücksichtigt. Dies kann entweder durch individuelle Verzielung des einzelnen Vorstandsmitglieds auf bestimmte ESG-Ziele geschehen (s. zu den Anforderungen die nachfolgenden Kapitel) oder indem ESG als Unternehmensziel verankert wird. Bankaufsichtsrechtlich kann ESG aber nicht einfach in die Vergütung übernommen werden. Die Vergütung muss die Erreichung der strategischen Ziele fördern, weshalb eine Berücksichtigung von ESG in der Vergütung eine Verankerung von ESG in der Geschäfts- und/oder Risikostrategie voraussetzt.[3]

ESG beschränkt sich dabei nicht auf die Reduktion des CO_2-Ausstoßes bzw. der CO_2-Emissionen der im Kredit- und Anlageportfolio befindlichen Assets, wenn gleich dies oftmals erwartet wird. Das „S“ kann beispielsweise über Ziele zur Förderung der Mitarbeiterzufriedenheit berücksichtigt werden. Das „G“, was unter anderem auch die Regeleinhaltung umfasst, wird oftmals schon durch festgelegte Malus-Tatbestände berücksichtigt.

---

3 S. IVV-FAQs der BaFin, Frage 8, Seite 9, vgl.: *https://www.bafin.de/DE/RechtRegelungen/FAQ/Institutsverguetungsverordnung/faq_institutsverguetungsverordnung_node.html;jsessionid=22417D7A4CECD87210B54D8BD9E436A6.internet971*, zuletzt abgerufen am 24.06.2025.

V. Variable Vergütung – Anforderungen bei bedeutenden Instituten

Für Risikoträger bei bedeutenden Instituten gelten die gesonderten Regelungen der §§ 18 ff. IVV. Deren variable Vergütung wird in zwei Teile unterteilt, die ex-ante-Risikoadjustierung – also die Ausgestaltung der Ziele und der Zielmessung zur Bestimmung der Höhe der variablen Vergütung – sowie die ex-post-Risikoadjustierung, also die nachträgliche Überprüfung und ggf. Adjustierung, der ursprünglich ermittelten Höhe. 14

1. Definition Risikoträger

Risikoträger sind nach der Definition in § 1 Abs. 21 KWG Mitarbeiter, deren berufliche Tätigkeit sich wesentlich auf das Risikoprofil eines Instituts auswirkt; dazu zählen per se Geschäftsleiter (Vorstandsmitglieder bei einer AG) und Verwaltungs- sowie Aufsichtsratsmitglieder, aber auch die Leiter von Kontrollfunktionen (inkl. Geldwäsche, Informationssicherheit, Auslagerungen), Recht, Finanzen, Personal bzw. deren Vorgesetzten, Personen mit bestimmten Geschäftsverantwortungen und weitere Personen. 14a

Der Aufsichtsrat bzw. der Vergütungskontrollausschuss hat die Aufgabe, die Bestimmung der Risikoträger zu überprüfen. Der Vergütungsbeauftragte hat den Aufsichtsrat hierbei zu unterstützen. Diese Bestimmung erfolgt anhand der direkt geltenden delegierten Verordnung 2013/923. Folgende Punkte sind dabei besonders zu beachten:

- Die Risikoträgereigenschaft führt zu höheren Anforderungen bei der Ausgestaltung der Vergütung, v. a. zum Aufschub von Vergütungsbestandteilen über mehrere Jahre und wird daher naturgemäß eng ausgelegt.
- Bei Konzernen sind auch solche Personen zu betrachten, die in Tochtergesellschaften beschäftigt sind, aber in wesentliche Entscheidungen der Muttergesellschaft eingebunden sind, bspw. über Gremien der Muttergesellschaft.

Aufsichtsratsmitglieder sind zwar Risikoträger und ihre Vergütung ist entsprechend auszuweisen. Da ihnen der Erhalt variabler Vergütung aber verboten ist, sind die weiteren Ausführung zur variablen Vergütung für die Aufsichtsratsvergütung direkt aber unerheblich.

2. Sog. Ex-ante-Risikoadjustierung

Gemäß den §§ 18 und 19 IVV muss die Zielerreichung bei Vorstandsmitgliedern mindestens über drei Jahre gemessen werden (sog. Bemessungsgrundlage). Bei Risikoträgern unterhalb des Vorstands mindestens ein Jahr. 15

a) Bemessungsgrundlage

Für diesen Zeitraum sollen Vergütungsparameter bestimmt werden, gemeinhin auch als Vergütungsziele bezeichnet. Bei Geschäftsleitern müssen das nicht zwangsläufig Dreijahresziele sein, sondern können sich auch aus der Summe 15a drei einjähriger Ziele ergeben.[4] Diese können unterschiedlich gewichtet werden, wobei den „jüngsten" Zielen das höchste Gewicht zukommen muss.

> *Praxistipp:*
> In einem Beispiel formuliert, wo das jüngste Geschäftsjahr als n-1, das ältere Geschäftsjahr n-2 und das drei Jahre zurückliegende Geschäftsjahr als n-3 bezeichnet wird, könnte n-1 beispielsweise mit 50 %, n-2 mit 30 % und n-3 mit 20 % in die Ermittlung der variablen Vergütung eingehen.

b) Drei Zielebenen

16 Noch komplexer wird die Zielermittlung für Risikoträger dadurch, dass sich die Auswahl der Ziele zudem grundsätzlich über drei Ebenen zu erstrecken hat: Der Konzern- oder Institutsebene, der Organisations- sowie der Individualebene. Diese Ebenen können ebenso unterschiedlich gewichtet werden. Umso höher der Risikoträger in der Hierarchie positioniert ist, umso weniger Gewicht soll der Individualebene zukommen. Bei Vorstandsmitgliedern ist es daher nicht unüblich, dass sie nur noch über Konzern- bzw. Instituts- und Organisationsziele verfügen.

17 Ob es sich um Konzern- oder Institutsziele handelt, hängt vom Einfluss des Unternehmens auf das Ergebnis ab. Bei Muttergesellschaften oder wesentlichen Tochtergesellschaften sind Konzernziele zu wählen. Bei unwesentlicheren Tochter- oder Einzelgesellschaften sind Institutsziele zu bestimmen.

18 Mit Organisationszielen sind gemeint Ziele, die sich auf den vom Risikoträger zu verantwortenden Bereich beziehen. Bei Vorstandsmitgliedern das eigene Dezernat oder Ressort, bei Bereichsleitern der eigene Bereich usw.

19 Individualziele sollen vor allem ergänzt werden, damit auch die individuelle Leistung bestimmt werden kann. Das führt leider dazu, dass für Risikoträger die Orientierung an reinen Unternehmenszielen – was derzeit oftmals als vorzugswürdig empfunden wird, um die allgemeine Orientierung am Unternehmensinteresse zu steigern – unzulässig ist. Um dieser Idee trotzdem Genüge zu tun, muss mit dem einzelnen Vorstandsmitglied, der Führungskraft oder dem Mitarbeiter erarbeitet werden, wie er mit seinen individuellen Beiträgen das allgemeine Unternehmensinteresse, ggf. ausgedrückt in der Geschäftsstrategie, unterstützen kann.

c) Zielauswahl auf der jeweiligen Ebene

20 § 4 IVV legt das Grundprinzip fest, dass alle Vergütungsparameter die Erreichung der strategischen Zielen unterstützen müssen. Basis jeglicher Verzielung sollte die Geschäftsstrategie bzw. die darin festgelegten oder hieraus abgeleiteten Unternehmensziele sein.

21 Für Konzern- bzw. Institutsziele sollen vorwiegend quantitative Ziele ausgewählt werden, die allerdings auch eine gewisse Risikoadjustierung erfahren

4 IVV-Auslegungshilfe, S. 53.

haben. So ist das Abstellen auf Steigerungen des Zins- und Provisionsergebnisses beispielsweise nur möglich, wenn zeitgleich bestimmte Risikoparameter eingehalten werden, bspw., dass sich die durchschnittlichen RWA in einer gewissen Bandbreite halten sollen oder die CET-1-Ratio in einer bestimmten Höhe gehalten werden solle.

Die Unternehmensziele werden dann entsprechend auf die einzelnen Organisationseinheiten runtergebrochen. Bei Markt- oder Vertriebseinheiten sollen wiederum vor allem quantitative Ziele ausgewählt werden. Bei den Kontroll- und den Stabsbereichen kann flexibler agiert werden, wobei nichtsdestotrotz messbare Ziele verwendet werden sollten. Bei einer Personalabteilung kann beispielsweise eine Neueinstellungsquote verzielt werden. Im Rechtsbereich kann die Anzahl gerichtlich aufgehobener interner Rechtsauffassungen eine Rolle spielen. Bei der Marktfolge kann die Anzahl ausgefallener Kredite gegebenenfalls als Indikator für die Qualität der Arbeit herangezogen werden. 22

3. Sog. Ex-Post-Risikoadjustierung (Deferral, Aktienanteil usw.)

a) Deferral/Zurückbehaltungszeitraum

Bei Risikoträgern, die bestimmte Schwellenwerte überschreiten (siehe dazu unter d), ist ein Mindestanteil über mehrere Jahre zurückzubehalten. Zurückbehalten bedeutet, dass der ermittelte Betrag in einen unmittelbar zu gewährenden Anteil und einen zurückzubehaltenden Teil zu unterscheiden ist. Geregelt werden die nachfolgenden Gestaltungen in § 20 IVV. 23

Der zurückzubehaltende Anteil kann entweder über den gesamten Zurückbehaltungszeitraum aufgeschoben werden, sog. Cliff Vesting, oder auf jährlicher Basis gewährt werden. Der Mindestanteil beträgt bei Risikoträgern mindestens 40 % und 4 Jahre. Bei Vorstandsmitgliedern und der ersten Ebene unterhalb des Vorstands 60 % und 5 Jahre. 24

Auf den zurückbehaltenen Anteil darf kein direkter Anspruch bestehen, lediglich einer auf fehlerfreie Ermittlung, damit das Institut bzw. der Aufsichtsrat diesen noch nachträglich reduzieren kann. 25

> *Praxistipp:*
>
> Beispielsweise wurde für ein Vorstandsmitglied über die sog. Ex-Ante-Risikoadjustierung für das Geschäftsjahr 2021 eine Zielerreichung von 150 % ermittelt. Der Aufsichtsrat hat im April 2022 die variable Vergütung festzusetzen. Der Referenzbetrag bei hundertprozentiger Zielerreichung wäre 1 Mio. EUR. Rechnerisch ergeben sich dadurch 1,5 Mio. EUR für das Vorstandsmitglied.

900.000 EUR (60 %) sind nun über fünf Jahre zurückzubehalten, während 600.000 EUR direkt im Jahr 2022 für das Geschäftsjahr 2021 ausgezahlt werden könnten. Ein Cliff Vesting ist nicht vereinbart, sondern eine ratierliche, jährliche Gewährung. Dem Vorstandsmitglied werden folglich im Jahr 2023 weitere 180.000 EUR (1/5 von 900.000 EUR) gewährt, im Jahr 2024, 2025, 2026 und letztmalig im Jahr 2027 ebenso, jeweils noch für das Geschäftsjahr 2021.

Hinzu kommen die weiteren erdienten Vergütungen für die folgenden Geschäftsjahre. Hätte das Vorstandsmitglied bspw. dieselbe ermittelte variable Vergütung für das Geschäftsjahr 2022 erdient, würde er im Jahr 2023 die 180.000 EUR für das Geschäftsjahr 2021 sowie zusätzlich 600.000 EUR für das Geschäftsjahr 2022 erhalten. Im Folgejahr 2024 dann die zweiten 180.000 EUR für das Geschäftsjahr 2021, die ersten zurückbehaltenen 180.000 EUR für das Geschäftsjahr 2022 sowie gegebenenfalls die unmittelbar zu gewährende variable Vergütung für das Geschäftsjahr 2023.

b) Anteil vom Institut begebener Instrumente

26 Die variable Vergütung soll die nachhaltige Entwicklung des Instituts bzw. des Konzerns unterstützen, weshalb die variable Vergütung auch zu einem gewissen Anteil an die Entwicklung von Unternehmensinstrumenten orientiert werden soll. Das wird grundsätzlich die Aktienwertentwicklung sein.

Gemäß § 20 Abs. 5 KWG sollen mindestens 50 % der variablen Vergütung hieran orientiert werden. Das soll ausdrücklich die Hälfte des zurückbehaltenen, aber auch des nichtzurückbehaltenen Teils betreffen. Die IVV trifft keine Aussage darüber, ob es sich bestenfalls um virtuelle oder physische Aktienbestandteile handeln sollte. Im nachfolgenden wird der Einfachheit halber nur noch von „Aktien" gesprochen. Diese Aktien sollen über mindestens ein Jahr gehalten werden.

> *Praxistipp:*
>
> Im obigen Beispiel des Vorstands mit der hundertfünfzigprozentigen Zielerreichung würde das, das Folgende bedeuten: Ihm würden im Jahr 2022 für das Geschäftsjahr 2021 unmittelbar 600.000 EUR gewährt, allerdings nur hälftig in bar und die andere Hälfte in Aktien, die mindestens ein Jahr zu halten sind. Im Jahr 2023 würden wiederum 180.000 EUR gewährt, allerdings nur 90.000 EUR in bar und Aktien im Gegenwert von 90.000 EUR.

Bei börsennotierten Instituten bevorzugen Aktionäre typischerweise physische Aktien, um das sog. Shareholder Alignment zwischen Vorstands- und Aktionärsinteressen sicherzustellen.

4. Ausnahme für Risikoträger mit variabler Vergütung kleiner 50.000 und 1/3 an Gesamtvergütung

27 Die vorgenannten Regelungen gelten nicht bei Risikoträgern, für die in einem Geschäftsjahr eine variable Vergütung von weniger als 50.000 EUR ermittelt wurde und deren variable Vergütung weniger als 1/3 ihrer Gesamtvergütung ausmacht.

5. Praxistipp: Ex-Ante- und Ex-Post-Risikoadjustierung bei Mitarbeitern in der Kreditabteilung

28 Die der IVV zu entnehmenden Bemessungsgrundlagen zuzüglich der Zurückbehaltungszeiträume sind Mindestbemessungszeiträume. Der gesamte Messungszeitraum sollte sich materiell an der Länge der Risikonahme ausrichten, was

gerade bei Mitarbeitern und Führungskräften der Kreditabteilungen überprüft werden sollte. Wenn beispielsweise ein Risikoträger in einer Kreditabteilung typischerweise Kredite freigibt, die eine durchschnittliche Dauer von über 7 Jahren haben, würde die Aufsicht vermutlich erwarten, dass Bemessungszeitraum (ex ante) zuzüglich Zurückbehaltungszeitraum ebenfalls diese sieben Jahre abdecken, damit Defizite in der Kreditgewährung während dieser Zeit identifiziert und noch Auswirkungen auf die Vergütung des Mitarbeiters haben können.

6. *Variable Vergütung von Kontrollfunktionen*

Die variable Vergütung von Kontrollfunktionen soll zum einen 1/3 der möglichen Gesamtvergütung, also errechnet anhand der theoretisch-möglichen maximalen Zielerreichung, nicht überschreiten und zum anderen nicht anhand derselben Vergütungsparameter bestimmt werden, die der Vergütungsermittlung der von ihnen kontrollierten Einheiten zugrunde liegen. 29

Ein Mitarbeiter in einer Marktfolgeabteilung sollte demzufolge nicht an Vertriebszielen partizipieren, wie beispielsweise der Anzahl vergebener Kredite.

7. *Variable Vergütung des Chief Risk Officers auf Vorstandsebene*

Bei der Ausgestaltung der variablen Vergütung des Chief Risk Officer auf Vorstandsebene gelten teilweise die Regelungen für Kontrollfunktionen. Seine Organisations- und seine Individualziele dürfen nicht dieselben Parameter umfassen, wie die der Vertriebsorganisation. Umsatz- oder Ertragsziele sollten hierin nicht zu finden sein. Das gilt nicht für die Instituts- bzw. Konzernziele, die einheitlich für alle ausgestaltet sein müssen und demzufolge auch Ertragsziele umfassen werden. 30

Für den Chief Risk Officer gilt allerdings nicht die Beschränkung, dass nur maximal 1/3 der möglichen Gesamtvergütung variabel sein darf. Der Chief Risk Officer ist auch Vorstandsmitglied und hat daher auch die gesamtvorstandspflichtigen Aufgaben wie die Strategie- und Organisationsbeschlüsse mitzutreffen. Entsprechend soll auf ihn auch dasselbe Vergütungssystem angewendet werden.

VI. Zielermittlung und Malus-Prüfungen

Jährlich ist die Zielerreichung für die vorangehende Periode zu ermitteln. Dafür sind Ziele zur Bestimmung der Vergütung im Vorhinein zu bestimmen sowie Indikatoren, nach denen sie gemessen werden. Anhand dieser Indikatoren sollte nicht nur bestimmt werden können, ob ein Ziel erreicht wurde, sondern zu welchem Grad. Gerade bei Projekten wird oftmals auf die Umsetzung in „time, budget and quality" verzielt. Es bleibt aber vielmals offen, wie sich eine Nichterreichung auf die Zielermittlung auswirkt, wenn beispielsweise „time and quality" eingehalten wurden, aber dafür höhere Aufwände erforderlich waren. Nachdem die Zielerreichung ermittelt wurde, müssen verschiedene Prüfungen stattfinden. 31

32 Es ist zu überprüfen, ob die Zielerreichung aus Gründen, die ggf. außerhalb der Verzielung selbst liegen, zu reduzieren ist („Malus-Prüfung"). Verstöße gegen externe Regelungen oder interne Vorgaben kommen in Betracht. Es darf sich beispielsweise nicht lohnen, bewusst gegen interne Compliance-Vorgaben oder den Code of Conduct verstoßen zu haben, um eine höhere Zielerreichung zu erlangen. Dies müsste mindestens neutralisiert oder ggf. sogar durch einen höheren Abschlag auf die Zielerreichung pönalisiert werden. Ggf. handelt es sich aber auch um allgemeine Vergehen, unabhängig von den eigenen Zielen. Auch diese sollen zu einer Zielreduzierung, ggf. bis auf null, führen.

33 Hinsichtlich der zurückbehaltenen Teile hat der Aufsichtsrat jedes Jahr zu überprüfen, ob Umstände bekannt geworden sind, die die damalige Zielerreichung unzutreffend erscheinen lassen. Ist dies der Fall, ist der zurückbehaltene Teil entsprechend zu reduzieren. Dies gilt ebenso bei vereinbarten Clawback-Regelungen.

34 Der Aufsichtsrat sollte für die Überprüfung der Zielerreichung sowie der Überprüfung, ob etwaige Malus-Tatbestände vorliegen, einen entsprechenden Prozess einrichten und in einer Richtlinie festlegen. Im Rahmen dieses Prozesses sollten die Compliance-, Revisions- und Personalabteilungen einbezogen werden.

VII. Vertragskomponenten

35 Der Aufsichtsrat eines Instituts hat ein Vergütungssystem mit den vorstehenden Komponenten zu beschließen. Damit diese Ausgestaltung durch den Aufsichtsrat auch für den Vorstand gilt, müssen die wesentlichen Bestandteile auch im Dienstvertrag mit dem jeweiligen Vorstandsmitglied abgebildet werden. Das heißt, dass die fixen Vergütungsbestandteile, also Grundgehalt zuzüglich aller Nebenleistungen festgelegt werden müssen. Das sind u. a. Versicherungen, Invaliditäts-, Berufsunfähigkeits-, Pensions- sowie Regelungen für Todesfälle.

36 Die sehr komplexe variable Vergütung ist ebenso zu regeln. Im Rahmen der variablen Vergütung ist auch die Höchstgrenze zu regeln. Insofern keine gesonderte Zustimmung durch die Hauptversammlung eingeholt wurde, darf die maximale variable Vergütung den fixen Vergütungsbestandteil nicht überschreiten, sog. 1:1-Regelung. Um sie bei Bedarf durchsetzen zu können, müssen auch alle Reduktionsmöglichkeiten der variablen Vergütung (Backtesting, Malus- und Clawbackregelungen) festgelegt werden. Entweder werden diese Regelungen detailliert im Dienstvertrag aufgenommen oder auf eine entsprechende Richtlinie, deren Änderung die Zustimmung jedes einzelnen Vorstands erfordert, verwiesen.

37 Auch zu regeln sind etwaige Abfindungszahlungen. Nach der IVV zählen Abfindungszahlungen sowie Karenzentschädigungen für nachträgliche Wettbewerbsverbote zur variablen Vergütung, das heißt, dass auf sie grundsätzlich auch die 1:1-Regelung anzuwenden wäre. Höhere Abfindungen sind nichtsdestotrotz möglich, wenn sie in einer Richtlinie festgelegt sind und der Aufsichtsbehörde eine sachliche Begründung für die Abfindung vorgelegt wird. Eine Abfin-

dung wegen eigentlich fehlerhaften Verhaltens eines Vorstandsmitglieds oder Mitarbeiters dürfte folglich nicht üppig ausfallen. Abfindungszahlungen von 200.000 EUR oder weniger, die in einer Richtlinie festgelegten Mechanismen folgt, gelten als per se angemessen.

VIII. Der Vergütungsbeauftragte (bei bedeutenden Instituten)

Bei bedeutenden Instituten ist als zusätzliche Kontrollfunktion ein Vergütungs- 38
beauftragter einzurichten. Die Einordnung des Vergütungsbeauftragten in das sog. Three-Lines-of-Defense-Modell wird oft diskutiert. Da die Aufgaben, die er übernimmt, bei einem weniger bedeutenden Institut über die IVV und die MaComp der Compliance-Abteilung zugeordnet werden, liegt er sachlich dieser Funktion am nächsten.

Der Vergütungsbeauftragte unterstützt den Vergütungskontrollausschuss und den Aufsichtsrat in seiner Überwachung der Mitarbeitervergütung und kann zur Vorstandsvergütung beraten. Die genaue Arbeitsaufteilung, insbesondere im Hinblick auf die Vorstandsvergütung, sollte zwischen Aufsichtsrat und Vergütungsbeauftragten festgelegt werden.

Den Vergütungsbeauftragten zu bestellen, obliegt dem Vorstand. Der Aufsichts- 39
rat ist vor der Bestellung anzuhören. Der Aufsichtsrat kann allerdings für sich entscheiden, die Bestellung des Vergütungsbeauftragten in den Katalog der zustimmungspflichtigen Geschäfte aufzunehmen und damit in die Auswahlentscheidung mit der Möglichkeit einbezogen werden, gegen einen vom Vorstand vorgeschlagenen Kandidaten sein Veto einzulegen.

Um den Vergütungsbeauftragten möglichst von Interessenkonflikten zu be- 40
freien, darf er weder Mitglied im Vorstand, nicht Compliance-Beauftragter und nicht mit der Ausgestaltung der Mitarbeitervergütungssysteme betraut sein. Letzteres liegt typischerweise in der Personalabteilung. Der Vergütungsbeauftragte kann also auch dort angesiedelt werden, wenn er nicht in die Ausgestaltung der Mitarbeitervergütungssysteme involviert ist.

> *Praxistipp:*
>
> In der Wunschvorstellung der Aufsicht nimmt der Vergütungsbeauftragte seine Tätigkeit mit 100 % seiner Kapazität wahr und ist keiner anderen Organisationseinheit angehörig. Der Umfang der erforderlichen Kapazität ist aber von der Anzahl und der Komplexität der Vergütungssysteme abhängig. Bei der Ausgestaltung der Vergütungsbeauftragten-Position sollte hierauf geachtet werden und u. a. berücksichtigt werden, dass bspw. weitere Aufgaben oder eine Führungsrolle ebenso Kapazitäten beanspruchen. Der Aufsicht gegenüber müsste dargelegt werden, wieviel Zeit der Vergütungsbeauftragte für seine Aufgabenerfüllung nach Einschätzung des Instituts benötigt und wieviel Zeit für seine sonstigen Aufgaben, damit die Aufsicht diese Angaben plausibilisieren kann.

IX. Angemessenheitsprüfung des Aufsichtsrats

Mindestens einmal im Jahr hat der Aufsichtsrat die Angemessenheit der Vor- 41
standsvergütung zu beurteilen. Dabei müssen die zuvor genannten Kriterien

eingehalten werden, also insb. die variable Vergütung so ausgestaltet, dass sie keine Anreize zur Eingehung unangemessener Risiken setzt.

Im Rahmen dieser Angemessenheitsprüfung ist zu untersuchen, ob die Gesamtvorstandsvergütung zur Lage des Unternehmens und der Unternehmensperformance (ausgedrückt in den wesentlichen KPIs) sowie die individuelle Vergütung zur Aufgabenverteilung passt. Bei der Gesamtvorstandsvergütung sollte insbesondere ermessen werden, wie hoch der Anteil der Gesamtvorstandsvergütung am Personalaufwand und Ergebnis vor Steuern ist. Bei der individuellen Aufgabenverteilung kann Berücksichtigung finden, ob das Institut eher mit flacheren Hierarchien arbeitet und die Aufgaben daher auf mehr Personen als die Vorstandsmitglieder verteilt sind oder, ob die Vorstandsmitglieder neben den originären Vorstandsaufgaben auch eine Vielzahl operativer Aufgaben wahrnehmen. Die Anzahl geführter Mitarbeiter bzw. direkter Berichtslinien und die finanzielle Verantwortung fallen ebenso ins Gewicht.

42 Daneben wird bei der Vorstandsvergütung ein sog. horizontaler und vertikaler Gehaltsvergleich erwartet. Der horizontale Vergleich hat zwei Dimensionen und umfasst zum einen den Vergleich der Gehälter zwischen den Vorstandsmitgliedern und dann mit vergleichbaren Vorstandsmitgliedern in einer zu definierenden Peer Group. Der Aufsichtsrat sollte insbesondere darauf achten, dass weibliche Vorstandsmitglieder nicht grundlos weniger erhalten als ihre männlichen Kollegen. Objektivste Kriterien zur Unterscheidung sind das Aufgabenspektrum, weshalb vor allem der CEO typischerweise das höchste Gehalt beziehen wird, sowie die Leistung, insb. ausgedrückt in der Höhe der variablen Vergütung. Erfahrung dient nur eingeschränkt einer Unterscheidung und sollte allenfalls rechtfertigen, ein neues Vorstandsmitglied ohne bisherige Vorstandserfahrung für einen überschaubaren Zeitraum von zwei bis fünf Jahren geringer zu entlohnen, um auszugleichen, dass dieses neue Vorstandsmitglied noch Unterstützung durch sein Umfeld benötigt, um seinen Aufgaben gerecht zu werden.

43 Die Peer Group sollte sachlich nachvollziehbar sein. Zur Bildung einer Peer Group kann auf externe Berater zurückgegriffen werden. Daneben können auch interne Quellen bedient werden, bspw. ein Blick in die strategischen Umfeldanalysen des Vorstands, die zumeist die typischen Wettbewerber (=Peer Group) ausweist.

44 Neben dem horizontalen Vergleich ist der sog. vertikale Vergleich anzustellen, also ein Vergleich zwischen dem höchsten und dem durchschnittlichen Vorstandsgehalt mit den durchschnittlichen Vergütungen verschiedener Mitarbeitergruppen, insb. der Tarifkräfte, der außertariflichen Kräfte und der Führungsebene unterhalb des Vorstands. Der Aufsichtsrat hat sich nach dieser Transparenz mit der Frage zu beschäftigen, ob der Erhalt eines Gehalts in Höhe des Vielfachen eines durchschnittlichen Mitarbeitergehalts gerechtfertigt ist. Hierbei kommt es auf die spezifische Situation des Instituts an. Bei einem Institut mit ausgeprägtem Filialgeschäft wird es größere Spannen geben als bspw. bei einem Spezialinstitut, wo oftmals schon die vergleichsweise Geringer-Verdie-

nenden höhere Positionen innehaben. Bei Instituten sind die Spannen aber oftmals geringer als bei Industrieunternehmen.

Praxistipp: 45

Für seine Angemessenheitsprüfung kann der Aufsichtsrat neben seinen eigenen Erkenntnissen auf verschiedene Quellen zurückgreifen. Mindestens sollte er die Berichte des Abschlussprüfers, der internen Revision sowie ggf. des Vergütungsbeauftragten berücksichtigen. Daneben sollte er auch etwaige aufsichtliche Erwartungen, ggf. formuliert in direkten Gesprächen mit dem Aufsichtsrat oder ausgedrückt in Feststellungen aufsichtlicher Prüfungen, sowie neue regulatorische Anforderungen in den Blick nehmen.

Praxistipp:

Die Angemessenheitsprüfung wird oftmals im Dezember oder in der Sitzung vorgenommen, in der auch über die Höhe der variablen Vergütung für die vorangegangenen Geschäftsjahre Beschluss gefasst wird. Beides ist aber nicht zwingend. Sie sollte für eine Sitzung vorgesehen werden, in der ausreichend Zeit für eine tiefgehende Befassung zur Verfügung steht.

X. Prüfung von Restriktionen vor Auszahlung

Im Gegensatz zur Angemessenheitsprüfung gibt es bestimmte Prüfungsschritte, 46
die der Aufsichtsrat zwingend unmittelbar vor Beschluss über die zu gewährende Vergütung sicherstellen muss.

Nachdem die Höhe der variablen Vergütung ermittelt wurde, muss der Aufsichtsrat sicherstellen, dass ihre Gewährung die Risikotragfähigkeit – die sog. § 7-Prüfung[5] – nicht beeinträchtigt. Das heißt vereinfacht gesprochen, dass die HR- oder Risikofunktion eine Rechnung vorzulegen hat, in der bestätigt wird, dass der Abfluss der zu gewährenden Vergütung nicht zur Unterschreitung festgelegter Risikoschwellenwerte führen wird.

Ferner ist zu überprüfen, ob die Bankenaufsicht gegebenenfalls nur eine einge- 47
schränkte oder ein völliges Erlöschen der Ansprüche auf variable Vergütung angeordnet hat. Dies kann bspw. der Fall sein, wenn erhebliche Defizite in der Ausgestaltung der variablen Vergütung festgestellt wurden oder die variable Vergütung nur unter Verwendung staatlicher Hilfsgelder (zuletzt bspw. im Rahmen der Corona-Pandemie) gewährt werden könnte.

Praxistipp:

Sollte im vorangegangenen Geschäftsjahr ein Verlust erzielt worden sein, erwartet die Aufsicht vor Beschluss über die variable Vergütung eine Stellungnahme, in der die Geschäftsleitung eine Prognose abgibt, dass das Institut (trotz Gewährung der variablen Vergütung) in den Folgejahren voraussichtlich keine weiteren Verluste ausweisen wird.

5 Nach § 7 IVV.

> *Praxistipp:*
>
> Sollte sich die Lage des Instituts mittel- bis langfristig verschlechtern, ist der Aufsichtsrat verpflichtet, eine generelle Absenkung des Vergütungsniveaus zu prüfen, um die Kosten im Unternehmensinteresse an die wirtschaftliche Lage anzupassen. Dies hat er im Rahmen einer anlassbezogenen Angemessenheitsprüfung zu tun.

XI. Hinwirkungsgebot bei gesetzlichen Änderungen

48 Die Vergütungsregulierung wird in überschaubaren Abständen regelmäßig weiterentwickelt. Die Vorstandsdienstverträge haben aber ggf. eine längere Laufzeit als die im jeweiligen Gesetz festgelegten Umsetzungsfristen. In der IVV ist daher festgelegt, dass auf eine Anpassung an die bestehenden regulatorischen Anforderungen hingewirkt werden solle. Spätestens bei Vertragsverlängerungen sind die neuen Anforderungen zwingend umzusetzen.

C. Anforderungen an die Vergütung von Mitarbeitern und Risikoträgern bei bedeutenden Instituten

49 Für Risikoträger gelten grundsätzlich dieselben Regelungen wie für Vorstandsmitglieder. Die wenigen Abweichungen werden nachfolgend benannt.

- Einjähriger Bemessungszeitraum im Gegensatz zu Vorstandsmitgliedern (3 Jahre) ausreichend.
- Bei Risikoträgern, die nicht Vorstandsmitglied und nicht der ersten Ebene nach dem Vorstand angehören, kann der Anteil der zurückzubehaltenden Vergütung auch nur bei 40 % und der Zurückbehaltungszeitraum nur bei vier Jahren liegen, s. zu den Kriterien im Einzelfall 2 d und e.
- Bei Risikoträgern, die nicht ohnehin Vorstandsmitglied, Betriebsleiter oder leitende Angestellte sind, deren fixe Vergütung aber mehr als das Dreifache der Bemessungsgrenze in der Rentenversicherung (2023 ca. EUR 85.000) beträgt, also mehr als EUR 255.000, gilt ein gelockerter Kündigungsschutz. Eine Auflösung ihres Arbeitsverhältnisses bedarf keiner weiteren Begründung.

D. Festlegung der Aufsichtsratsvergütung, § 113 Abs. 1 AktG

I. Vergütungsstruktur

50 Die Vergütung von Aufsichtsratsmitgliedern in Instituten darf keine variablen Vergütungsbestandteile umfassen, wodurch ihre Ausgestaltung gegenüber der Vorstandsvergütung simpler ist. Die genaue Ausgestaltung ist dem Aufsichtsrat überlassen.

Jedes Aufsichtsratsvergütungssystem verfügt über feste Gehaltsbestandteile. Oftmals wird die Vergütung für die Mitgliedschaft in Ausschüssen erhöht, wobei zwischen Ausschüssen mit einer hohen Anzahl an Unterlagen und einem damit einhergehenden höheren Vorbereitungsaufwand differenziert wird. Die Mitgliedschaft im Risiko- und Prüfungsausschuss wird daher zumeist höher honoriert als die Mitgliedschaft im Nominierungs- oder Vergütungskontrollausschuss. Die Vorsitzenden und/oder ihre Stellvertreter von Aufsichtsrat und Ausschüssen erhalten oftmals weitere Zuschläge, in Höhe des drei- bzw. anderthalbfachen der Aufsichtsrats- bzw. Ausschussvergütung.

Neben der Grundvergütung werden teilweise auch Sitzungsgelder bezahlt. Einige Institute zahlen einen bestimmten Betrag pro Sitzung, andere pro Sitzungstag. In letzterem Fall wird demzufolge nur ein Sitzungsgeld bezahlt, auch wenn mehrere Ausschüsse an einem Tag stattfanden. 51

II. Angemessenheit der Aufsichtsratsvergütung

Der Aufsichtsrat hat die Angemessenheit seiner Vergütung ebenso zu untersuchen. Zwar obliegt ihre Ausgestaltung der Hauptversammlung. Der Aufsichtsrat gestaltet das Vergütungssystem aber zumeist aus und darf keine Vorschläge unterbreiten, die nicht mit dem Unternehmensinteresse vereinbar sind. 52

Es kann, wie unter I. beschrieben, unterschiedliche Vergütungshöhen vorsehen. Die Unterscheidung muss aber zur Vermeidung der Diskriminierung einzelner Gruppen sachlich nachvollziehbar sein. Eine Unterscheidung aufgrund des Geschlechts ist gemäß § 25d Abs. 5 KWG verboten. Relevanter Unterscheidungsfaktor ist der mit der Aufsichtsrats-, Ausschuss- oder Funktion als Vorsitzendem verbundene Aufwand.

So ist es nicht unüblich, dass der Aufsichtsratsvorsitzende das dreifache eines einfachen Aufsichtsratsmitglieds erhält. Teilweise erhält der stellvertretende Vorsitzende das Anderthalbfache. Teilweise werden auch Sitzungsgelder von 500 oder 1.000 EUR pro Sitzung oder Sitzungstag gezahlt.

III. Steuerrechtliche Implikationen

Das BMF[6] hat in einem Schreiben festgelegt, dass die Tätigkeit von Aufsichtsratsmitgliedern nur die steuerrechtliche Unternehmereigenschaft erfüllt, wenn der „variable Anteil“ im Sinne des BMF-Schreibens an der Aufsichtsratsvergütung 10 % der Gesamtvergütung übersteigt. 53

Variable Vergütungen sind nach § 25d Abs. 5 KWG für Aufsichtsratsmitglieder zwar untersagt. Das BMF-Schreiben umfasst mit variablem Anteil allerdings auch Sitzungsgelder.[7] Insofern die voraussichtlichen Sitzungsgelder mindestens

6 BMF-Schreiben v. 29.03.2022 – III C 2 – S 7104/19/10001:005 – vgl. *https://www.bundesfinanzministerium.de/Content/DE/Downloads/BMF_Schreiben/Steuerarten/Umsatzsteuer/Umsatzsteuer-Anwendungserlass/2022-03-29-unternehmereigenschaft-von-aufsichtsratsmitgliedern.pdf?__blob=publicationFile&v=1*, zuletzt abgerufen am 24.06.2025.

7 BMF-Schreiben v. 29.03.2022 – III C 2 – S 7104/19/10001:005 – vgl. *https://www.bundesfinanzministerium.de/Content/DE/Downloads/BMF_Schreiben/Steuerarten/Umsatzsteuer/Umsatzsteuer-Anwendungserlass/2022-03-29-unternehmereigenschaft-von-aufsichtsratsmitgliedern.pdf?__blob=publicationFile&v=1*, zuletzt abgerufen am 24.06.2025.

10 % der Gesamtvergütung ausmachen würden, sind die Anforderungen an die Unternehmereigenschaft erfüllt.

Sollte der „variable Anteil" im Sinne des BMF-Schreibens die 10 % nicht überschreiten, kann bspw. kein Vorsteuerabzug bei Ausgaben geltend gemacht werden.

Insofern die Unternehmereigenschaft grundsätzlich erfüllt ist, kann ggf. die sog. Kleinunternehmerregelung nach § 19 UStG genutzt werden.

IV. Nebenleistungen

54 Dem Aufsichtsrat können auch Nebenleistungen gewährt werden, die allerdings variablen Vergütungsbestandteilen nicht ähneln dürfen. So ist eine Einbeziehung in die D&O-Versicherung durchaus üblich.

V. Besonderheiten im Konzern

55 In Konzernstrukturen werden im Aufsichtsrat von Tochtergesellschaften oftmals Mitarbeiter aus Obergesellschaften eingesetzt. Es ist sachlich gerechtfertigt, diesen gegenüber anderen Aufsichtsratsmitgliedern keine gesonderte Aufsichtsratsvergütung zu gewähren, wenn die Übernahme des Aufsichtsratsmandats Teil der Funktionsausübung in der Obergesellschaft und damit mit dem dafür gewährten Gehalt schon abgegolten ist.

E. Vergütungsberichterstattung

56 Die IVV sowie Art. 435 CRR sehen verschiedene Regeln für die Offenlegung von Vergütungsvorgaben vor. Hierin sind zum einen die Vergütungssysteme zu beschreiben, die zur Ausgestaltung und Überwachung vorgesehenen Funktionen, wie bspw. der Aufsichtsrat und die gewährten Vergütungen, unterteilt nach definierten Personengruppen, mindestens aber Geschäftsleitung, Risikoträger und Nicht-Risikoträger. Diese Vergütungsberichterstattung ist eine Offenlegungspflicht des Vorstands, die der Aufsichtsrat – im Gegensatz zu den Jahresabschlussunterlagen – nicht im Vorfeld billigen muss. Er sollte sie sich nichtsdestotrotz zur Kenntnisnahme vorlegen lassen.

57 Hiervon abzugrenzen ist die nur für börsennotierte Unternehmen verpflichtende aktienrechtliche Vergütungsberichterstattung. Über diese sind die ermittelten, gewährten und zugeflossenen Vergütungsbestandteile, inklusive aller Nebenleistungen sowie der Altersvorsorgeansprüche, pro Vorstandsmitglied auszuweisen. Typischerweise wird hierin auch das Vorstandsvergütungssystem selbst bis ins Detail beschrieben. Teilweise findet sich die Beschreibung des Systems aber auch nur noch in den Hauptversammlungsunterlagen zur regelmäßigen Beschlussfassung über das Vorstandsvergütungssystem (sog. Say on Pay) wieder. Dies hat spätestens alle vier Jahre oder anlassbezogen bei Änderungen des Vergütungssystems zu geschehen.

Anhang: Checklisten

A. Bestellungs- und Auswahlprozess (idealtypischer Prozess)

1. Nominierungsausschuss: Erarbeitung Auswahlprozess

- □ Vakanz festgestellt (bspw. wegen absehbarer Beendigung des Mandats, Erweiterung des Organs, vorzeitige Aufhebung)
- □ Rahmenbedingungen für zukünftige vakante Position festgelegt (bspw. voraussichtliche Geschäftsverteilung, Amtszeit, Vergütungsrahmen usw.)
- □ Anforderungsprofil entworfen (allg. und funktionsspezifische Eignungsanforderungen aus dem Kompetenzprofil ergänzt um ggf. gewünschte Qualifikationen, bspw. IT)
- □ Prozessuales Vorgehen abgestimmt (bspw. Einschaltung Headhunter, vorgesehene Einbindung des Aufsichtsrats)

2. Aufsichtsrat: Abstimmung über Auswahlprozess auf Empfehlung des Nominierungsausschusses

- □ Entscheidung über Vorschlag zum Auswahlprozess (Rahmenbedingungen + Anforderungsprofil + prozessuales Vorgehen)

3. Bankenaufsicht: Information über Auswahlprozess

- □ Information und ggf. Abstimmung über geplanten Auswahlprozess

4. Nominierungsausschuss: Selektion des Kandidatenpools (ggf. mehrere Sitzungen)

- □ Kandidaten aus long list ausgewählt (noch keine persönliche Ansprache der Kandidatinnen)
- □ Pre-Check durch zuständige Organisationseinheit (u.a., ob Anforderungen an persönliche Zuverlässigkeit eingehalten sind, ggf. Prognose bei Eignungsdefiziten, ob diese mit Fortbildung kompensiert werden können)
- □ Festlegung short list (inkl. mind. 1 Mann und eine Frau)

5. Aufsichtsrat: Information über Übergang von long zur short list

- □ Information über short-list-Kandidatinnen
- □ Keine Intervention des Aufsichtsrats

6. Nominierungsausschuss: Interviews mit short-list-Kandidatinnen

- □ Ansprache der Kandidatinnen und Transparenz über suchendes Institut
- □ Interviews anhand Checklisten, um vergleichbare Fragen zu stellen und bewerten zu können sowie Zuverlässigkeits- und Skill-Fragen „abzuprüfen"
- □ Festlegung auf zwei Kandidaten mit Präferenz auf einem der Kandidaten

7. Aufsichtsrat

- □ Bestätigung, dass Auswahlprozess wie unter 2. festgelegt eingehalten wurde
- □ Erforderliche Unterlagen liegen vor (Eignungsbeurteilung durch Nominierungsausschuss, CV, ggf. relevante Dokumente wie Zeugnisse oder bestimmte Bestätigungen, ausgefüllte BaFin-Formulare)
- □ Beschluss über finalen Kandidat vorbehaltlich der Zustimmung der Bankenaufsicht, inkl. Beschluss über zukünftige Geschäftsverteilung, Amtszeit und Vergütung

8. Abstimmung mit der Bankenaufsicht

- □ Darstellung, dass Auswahlprozess wie unter 2. eingehalten
- □ Vorstellung des Kandidaten anhand CV und institutseigener Beschreibung
- □ ggf. Interview der Bankenaufsicht mit Kandidat

9. Umsetzung

- □ Beiderseitige Vertragsunterzeichnung
- □ Abgabe der „Absichtsanzeigen" gegenüber der Bankenaufsicht
- □ Onboarding (Vermittlung institutsspezifischer Inhalte, bspw. Geschäftsmodell usw.)
- □ Ggf. Fortbildung in bestimmten Bereichen, um Anforderungsprofil vollständig zu erfüllen
- □ Abgabe „Vollzugsanzeigen" gegenüber der Bankenaufsicht

B. Eignungsanforderungen

1. Persönliche Zuverlässigkeit

- □ Keine Indizien, die gegen die grundsätzlich vermutete persönliche Zuverlässigkeit sprechen (bspw. strafrechtliche Verurteilungen, Ermittlungen, verwaltungsrechtliche Sanktionen, persönliche Insolvenz)
- □ Unvoreingenommenheit/Independence in mind (bspw. brachte in persönlichen Interviews Meinung und Stärken proaktiv ein)
- □ Keine wesentlichen und dauerhaften Interessenkonflikte (bspw. Mandat bei Wettbewerber)
- □ Nur bei Aufsichtsratsmitgliedern: Unabhängigkeit des Aufsichtsratsmitglieds (bspw. bei EZB-beaufsichtigten Instituten zu beachtende Cooling-off-Perioden)
- □ Bei bedeutenden Instituten: Einhaltung der Mandatsgrenzen (bspw. max. 4 Aufsichtsratsmandate oder 1 Geschäftsleiter –/+ 2 Aufsichtsratsmandate)
- □ Angemessene zeitliche Verfügbarkeit (insg. maximal 300 Tage p. a., für VS-Mandate zwischen 220 und 270 Tagen p. a.)

2. Individuelle fachliche Eignung

s. die jeweilige Auflistung im Kapitel

3. Kollektive Eignung

- □ Alle Organmitglieder verfügen über Basisanforderungen (bspw. Verständnis des Geschäftsmodells, der damit verbundenen Risiken, Rechnungslegung usw.)
- □ Alle funktionsspezifischen Expertisen erfüllt (bspw. Strategische Expertise des CEOs, Risikoexpertise des Risikoausschussvorsitzenden usw.)
- □ Ggf. vom Aufsichtsrat für dieses Organ ergänze Qualifikationen erfüllt (bspw. zusätzliche IT- oder Nachhaltigkeitsexpertise)
- □ Erfüllung der Diversitätsziele (bspw. bestimmter Mindestanteil von Mann und Frau, Altersverteilung, Regelaltersgrenze, Ziele für Internationalität usw.)

C. Prüfung der Angemessenheit der Vorstandsvergütung

1. Ausgestaltung der Gesamtvergütung

- □ Variable Vergütung maximal = Fixer Vergütung (sog. 1:1-Regelung/es sei denn, Beschluss der Hauptversammlung erlaubt bis zu 2:1-Verhältnis)
- □ Alle Komponenten richtig zugeordnet (neben dem Grundgehalt bspw. auch Altersvorsorgebeiträge, Versicherungsleistungen usw. bei Fix-Vergütung eingerechnet)
- □ Komponenten zutreffend Fixum oder variabler Vergütung zugeordnet (insofern Altersvorsorgebeiträge von Gesamtvergütung abhängt, wäre sie variabel und müsste folglich dem variablen Vergütungsteil unter Beachtung der 1:1-Regelung zugeordnet werden)
- □ Folgen der Vergütungsansprüche für das Institut angemessen betrachtet (bspw. wie lange und wie hoch Altersvorsorgeansprüche Unternehmensergebnisse belasten werden)
- □ Nachvollziehbarkeit unterschiedlicher Vergütung zwischen Vorstandsmitgliedern (bspw. keine Benachteiligung wg. des Geschlechts)
- □ Vergütung angemessen im horizontalen Vergleich mit Wettbewerbern (Peer-Vergleich)
- □ Vergütung angemessen im vertikalen Vergleich im Institut (bspw. kein nicht nachvollziehbarer Abstand zwischen Vorstand und folgender Ebene)
- □ Vergütung in den letzten Jahren hat wie die Unternehmensergebnisse „geatmet“
- □ Anteil der Vorstandsvergütung an Gesamtunternehmensaufwand im angemessenen Verhältnis

2. Ausgestaltung variabler Vergütungsanteil

- □ Variable Vergütung insg. auf nachhaltige Entwicklung des Instituts ausgerichtet
- □ Vergütungsziele aus Geschäfts- und Risikostrategie abgeleitet bzw. mit ihnen im Einklang (bspw. nicht nur einjährige Vertriebsziele)
- □ Mindestens dreijährige Bemessungsgrundlage
- □ Gleiche Gewichtung der Jahre – bei unterschiedlicher Gewichtung höchstes Gewicht auf „jüngsten" Jahren
- □ Mindestens zwei Ebenen, Gruppen- oder Institutsziele und Ressort- und Individualziele
- □ Ambitionierte Ziele, die zu einer hohen und nachhaltigen Leistung motivieren
- □ Überwiegend quantitative und damit eindeutig messbare Ziele
- □ Mindestens 60 % über fünf Jahre zurückbehalten
- □ Mindestens 50 % in Instrumenten des Instituts
- □ Clawback-Regelung in Arbeitsverträgen
- □ Bei CRKontrollziele berücksichtigt

3. Vor Auszahlung der variablen Vergütung

- □ Stehen Ziele, Zielerreichung und ermittelter Betrag plausibel im Einklang (bspw. höhere variable Vergütung trotz niedriger Unternehmensergebnisse schwer nachvollziehbar)
- □ Negative Sachverhalte angemessen berücksichtigt (und wenn ja, richtiger Person und richtigem Bemessungsjahr zugeordnet)
- □ Ggf.: Vorherige Abstimmung mit der Aufsicht erfolgt (bspw. bei positiver Malusprüfung, bei Jahresverlust, bei aktuell geltender Sanierungs-Governance)
- □ Keine staatliche Hilfe in Anspruch genommen
- □ Keine gegenteilige Anordnung der Aufsicht
- □ § 7-Prüfung erfolgt

4. Governance

- □ Existieren verschriftliche Vergütungsregelungen (Arbeitsvertrag + Richtlinien)
- □ Festgelegte Malus-Regelungen
- □ Festgelegte Modifier-Regelungen

D. Prüfung der Angemessenheit der Aufsichtsratsvergütung

- □ Keine variable Vergütung
- □ Am Aufwand orientierte Vergütungshöhe (bspw. höhere Vergütung wegen Vorsitz)

- ☐ Durch Hauptversammlung beschlossen
- ☐ Nur „fixe“ Nebenleistungen
- ☐ 10 %-Grenze der Sitzungsgelder beachtet

Literaturverzeichnis

Kommentare und Bücher:

Backhaus/Tielmann, Der Aufsichtsrat, 2. Auflage 2023

Fischer/Schulte-Mattler, KWG, CRR, 6. Auflage 2023

Goette/Arnold, Handbuch Aufsichtsrat, 2. Auflage 2024

Goette/Habersack/Kalss, Münchener Kommentar zum Aktiengesetz, 6. Auflage 2023

Grigoleit, Kommentar zum Aktiengesetz, 2. Auflage 2020

Grigoleit, Münchener Kommentar zum Aktiengesetz, 6. Auflage 2023

Heidel, Kommentar zum Aktienrecht und Kapitalmarktrecht, 6. Auflage 2024

Henssler/Strohn, Kommentar zum Gesellschaftsrecht, 6. Auflage 2024

Hirte/Mülbert/Roth, Aktiengesetz Großkommentar, 5. Auflage 2021

Hoelscher/Altenhain, Handbuch Aufsichts- und Verwaltungsräte in Kreditinstituten, 2013

Hölters/Weber, Kommentar zum Aktiengesetz, 5. Auflage 2025

Hoffmann-Becking, Münchener Handbuch des Gesellschaftsrechts, Band 4, 5. Auflage 2020

Hopt/Binder/Böcking, Handbuch Corporate Governance von Banken und Versicherungen, 2. Auflage 2020

Hopt/Wohlmannstetter, Handbuch Corporate Governance von Banken, 2011

Koch, Kommentar zum Aktiengesetz, 19. Auflage 2025

Krieger/Schneider, Handbuch Managerhaftung, 3. Auflage 2017

Lutter/Krieger/Verse, Rechte und Pflichten des Aufsichtsrats, 7. Auflage 2020

Müller-Glöge/Preis/Schmidt, Erfurter Kommentar zum Arbeitsrecht, 25. Auflage 2025

Münchener Handbuch des Gesellschaftsrechts, Band 7, 6. Auflage 2020

Münchener Kommentar zum Aktiengesetz, 5. Auflage 2019

Schwennicke/Auerbach, KWG, 4. Auflage 2021

Semler/von Schenck/Wilsing, Arbeitshandbuch für Aufsichtsratsmitglieder, 5. Auflage 2021

Spindler/Stilz, Beck-online.GROSSKOMMENTAR, Stand 01.01.2023

Thüsing/Giebeler/Hey, Handwörterbuch für Aufsichtsräte, 2019

Wachter, AktG, 4. Auflage 2022

Zöllner/Noack, Kölner Kommentar zum Aktiengesetz, 3. Auflage 2013

Zeitschriften:

Goette, Grundsätzliche Verfolgungspflicht des Aufsichtsrats bei sorgfaltswidrig schädigendem Verhalten im AG-Vorstand?, ZHR 2012, 588 ff.

Krowas/Buhleier, Persönliche Pflicht zur Prüfung des Jahresabschlusses durch den Aufsichtsrat, DB 2010, 1165 ff.

Schneider/Schneider, Der Aufsichtsrat der Kreditinstitute zwischen gesellschaftsrechtlichen Vorgaben und aufsichtsrechtlichen Anforderungen, NZG 2016, 41 ff.

Wagner, Aufsichtsratssitzung in Form der Videokonferenz – Gegenwärtiger Stand und mögliche Änderungen durch das Transparenz- und Publizitätsgesetz, NZG 2002, 57 ff.

Sonstiges:

BaFin, Merkblatt zu den Geschäftsleitern gemäß KWG, ZAG und KAGB – abrufbar unter: *https://www.bafin.de/SharedDocs/Veroeffentlichungen/DE/Merkblatt/mb_geschaeftsleiter_KWG_ZAG_KAGB.html;jsessionid=299D2336CFB6D1B6ACFDF7A33BCEE1D7.internet972?nn=19659504* (zuletzt abgerufen am 22.09.2025)

BaFin, Merkblatt zu den Mitgliedern von Verwaltungs- und Aufsichtsorganen gemäß KWG und KAGB vom 4. 1. 2016, geändert am 17. 11. 2023 – abrufbar unter: *https://www.bafin.de/SharedDocs/Veroeffentlichungen/DE/Merkblatt/mb_verwaltungs-aufsichtsorgane_KWG_KAGB.html* (zuletzt abgerufen am 22.09.2025)

BaFin, Rundschreiben 06/2024 (BA) Mindestanforderungen an das Risikomanagement – MaRisk vom 29. 05. 2024 – abrufbar unter: *https://www.bafin.de/SharedDocs/Veroeffentlichungen/DE/Rundschreiben/2024/rs_06_2024_MaRisk_BA.html* (zuletzt abgerufen am 22.09.2025)

BaFin, Rundschreiben 05/2018 (WA) – Mindestanforderungen an die Compliance-Funktion und weitere Verhaltens-, Organisations- und Transparenzpflichten – MaComp vom 19. 04. 2018, geändert am 26. 09. 2024 – abrufbar unter: *https://www.bafin.de/SharedDocs/Downloads/DE/Rundschreiben/dl_rs_0518_MaComp_fassung_september_2024.html* (zuletzt abgerufen am 22.09.2025)

BCBS Principles for effective risk data aggregation and risk reporting – abrufbar unter: *https://www.bis.org/publ/bcbs239.pdf* (zuletzt abgerufen am 22.09.2025)

BMF-Schreiben v. 29. 3. 2022 – III C 2 – S 7104/19/10001:005 – abrufbar unter: *https://www.bundesfinanzministerium.de/Content/DE/Downloads/BMF_Schreiben/Steuerarten/Umsatzsteuer/Umsatzsteuer-Anwendungserlass/2022-03-29-unternehmereigenschaft-von-aufsichtsratsmitgliedern.pdf?__blob=publicationFile&v=1* (zuletzt abgerufen am 22.09.2025)

EBA Guidelines on Internal Governance (second revision), vom 2. Juli 2021 (EBA/GL/2021/05) – abrufbar unter: *https://eba.europa.eu/publications-and-media/press-releases/eba-publishes-its-final-guidelines-internal-governance* (zuletzt abgerufen am 22.09.2025)

EBA Leitlinien zur Bewertung der Eignung von Mitgliedern des Leitungsorgans und Inhabern von Schlüsselfunktionen vom 2. Juli 2021 (EBA/GL/2021/06) – abrufbar unter: *https://www.eba.europa.eu/sites/default/files/document_library/Publications/Guidelines/2021/EBA-GL-2021-06%20Joint%20EBA%20and%20ESMA%20GL%20on%20the%20assessment%20of%20sustainability/1022102/Joint%20EBA%20and%20ESMA%20GL%20on%20the%20assessment%20of%20suitability_DE.pdf (zuletzt abgerufen am 23.09.2025)*

ECB Guide on Fit & Proper assessments (2021) – abrufbar unter: *https://www.bankingsupervision.europa.eu/ecb/pub/pdf/ssm.fit_and_proper_guide_update202112~d66f230eca.en.pdf* (zuletzt abgerufen am 22.09.2025)

EZB, Leitfaden zur Beurteilung der fachlichen Qualifikation und persönlichen Zuverlässigkeit, Dezember 2021

Deutscher Corporate Governance Kodex (DCGK) – abrufbar unter: *https://dcgk.de//files/dcgk/usercontent/de/download/kodex/220627_Deutscher_Corporate_Governance_Kodex_2022.pdf* (zuletzt abgerufen am 22.09.2025)

FAQs, Institutsvergütungsverordnung, von Juni 2024 – abrufbar unter: *https://www.bafin.de/SharedDocs/Downloads/DE/FAQ/dl_faq_Institutsverguetungsverordnung_BA.html* (zuletzt abgerufen am 22.09.2025)

https://www.eba.europa.eu/activities/single-rulebook/regulatory-activities/internal-governance/joint-esma-and-eba-guidelines (zuletzt abgerufen am 22.09.2025)

Stichwortverzeichnis

Die römischen Zahlen verweisen auf die Kapitel, die arabischen auf die Randnummern.

Zahlen

Symbole

A

B